Daniel Kampert, Christoph Scherbeck

Elektronik verstehen mit Raspberry Pi

Der praktische Einstieg

Liebe Leserin, lieber Leser,

es gibt viele (Lehr-)Bücher zum Thema Elektronik. Doch selten werden Sie eines wie dieses finden. Ein Buch, das Ihnen die Grundlagen der Elektronik leicht verständlich erklärt und zugleich zeigt, wie Sie dieses Wissen praktisch anwenden und zugleich spannende Projekte realisieren. Und natürlich eignet sich kaum ein Stück Hardware besser dafür als der Raspberry Pi.

Hier erfahren Sie, wie Sie den RasPi zur Schaltzentrale für verschiedenste Steuerungen machen und damit z.B. Schaltungen für die Hausautomation Leben einhauchen. Das Hintergrundwissen zur Elektronik lernen Sie wie nebenbei. Alles wird an konkreten Beispielen erklärt, die Sie nachbauen können. Welche Bauteile Sie dazu jeweils brauchen, erfahren Sie natürlich auch.

Klingt nach Bastelspaß? Klar! Allerdings nehmen die Autoren auch das Thema Sicherheit ernst. Denn Strom bleibt Strom – und damit bei falschem Umgang gefährlich! Dementsprechend weisen sie bei Bedarf auf mögliche Gefahrenquellen hin, getreu dem Motto: safety first!

Ich wünsche Ihnen gutes Gelingen für Ihre Projekte. Sollten Sie Fragen, Hinweise, Lob oder Kritik zu diesem Buch haben, wenden Sie sich an mich. Ich freue mich auf Ihr Feedback.

Ihre Anne Scheibe
Lektorat Rheinwerk Technik

anne.scheibe@rheinwerk-verlag.de
www.rheinwerk-verlag.de
Rheinwerk Verlag · Rheinwerkallee 4 · 53227 Bonn

Auf einen Blick

1 Elektrischer Strom – was muss ich alles wissen? 11

2 Einrichtung 61

3 I/O-Grundlagen – die Ein- und Ausgänge des Raspberry Pi im Detail 75

4 Motoren 119

5 Die UART-Schnittstelle kennenlernen 149

6 Der Inter-Integrated Circuit (I²C) 201

7 Das Serial Peripheral Interface (SPI) 273

8 Zusätzliche Stromversorgung für Projekte mit dem Raspberry Pi und ein Ausblick auf weitere Projekte 345

Impressum

Wir hoffen, dass Sie Freude an diesem Buch haben und sich Ihre Erwartungen erfüllen. Bitte teilen Sie uns doch Ihre Meinung mit. Eine E-Mail mit Ihrem Lob oder Tadel senden Sie direkt an die Lektorin des Buches: *anne.scheibe@rheinwerk-verlag.de*. Im Falle einer Reklamation steht Ihnen gerne unser Leserservice zur Verfügung: *service@rheinwerk-verlag.de*. Informationen über Rezensions- und Schulungsexemplare erhalten Sie von: *hendrik.wevers@rheinwerk-verlag.de*.

Informationen zum Verlag und weitere Kontaktmöglichkeiten finden Sie auf unserer Verlagswebsite *www.rheinwerk-verlag.de*. Dort können Sie sich auch umfassend und aus erster Hand über unser aktuelles Verlagsprogramm informieren und alle unsere Bücher versandkostenfrei bestellen.

An diesem Buch haben viele mitgewirkt, insbesondere:

Lektorat Sebastian Kestel, Anne Scheibe
Fachgutachten Bernd Albrecht
Korrektorat Friedericke Daenecke, Zülpich
Herstellung Melanie Zinsler
Typografie und Layout Vera Brauner
Einbandgestaltung Janina Engel, Julia Schuster
Coverbilder Shutterstock: 92842312©Pink Blue, 120099262©Nndrln, 96253112©Irina Rogova
Satz III-Satz, Husby und SatzPro, Krefeld
Druck und Bindung Media-Print Informationstechnologie GmbH, Paderborn

Dieses Buch wurde gesetzt aus der TheAntiquaB (9,35/13,7 pt) in FrameMaker.
Gedruckt wurde es auf chlorfrei gebleichtem Offsetpapier (90 g/m²).

Bibliografische Information der Deutschen Nationalbibliothek:
Die Deutsche Nationalbibliothek verzeichnet diese Publikation in der Deutschen Nationalbibliografie; detaillierte bibliografische Daten sind im Internet über *http://dnb.d-nb.de* abrufbar.

ISBN 978-3-8362-2869-5
© Rheinwerk Verlag GmbH, Bonn 2017
1. Auflage 2017

Das vorliegende Werk ist in all seinen Teilen urheberrechtlich geschützt. Alle Rechte vorbehalten, insbesondere das Recht der Übersetzung, des Vortrags, der Reproduktion, der Vervielfältigung auf fotomechanischem oder anderen Wegen und der Speicherung in elektronischen Medien.

Ungeachtet der Sorgfalt, die auf die Erstellung von Text, Abbildungen und Programmen verwendet wurde, können weder Verlag noch Autor, Herausgeber oder Übersetzer für mögliche Fehler und deren Folgen eine juristische Verantwortung oder irgendeine Haftung übernehmen.

Die in diesem Werk wiedergegebenen Gebrauchsnamen, Handelsnamen, Warenbezeichnungen usw. können auch ohne besondere Kennzeichnung Marken sein und als solche den gesetzlichen Bestimmungen unterliegen.

Inhalt

1 Elektrischer Strom – was muss ich alles wissen? 11

1.1 Strom? Spannung? Was ist das? 11

1.2 Der elektrische Widerstand – das Verhältnis zwischen Spannung und Strom 14

1.3 Ein elektrischer Stromkreis in der Praxis – Anwendung des ohmschen Gesetzes 18

    1.3.1 Die Reihenschaltung von Widerständen 19

    1.3.2 Die Parallelschaltung von Widerständen 23

    1.3.3 Veränderliche Widerstände 27

1.4 Die elektrische Leistung als Produkt von Spannung und Strom 34

1.5 Fehlersuche in der Schaltung – richtig messen mit verschiedenen Messgeräten 38

    1.5.1 Das Multimeter als Universalwerkzeug 39

    1.5.2 Das Oszilloskop – den Verlauf von Spannungen verfolgen 44

    1.5.3 Der Logikanalysator – die Datenübertragung zwischen verschiedenen Chips verfolgen 45

1.6 Was ist eine Spannungsquelle und wie funktioniert sie? 46

    1.6.1 Die reale Spannungsquelle 46

    1.6.2 Spannungsquellen zusammenschalten 50

    1.6.3 Kapazität von Batterien und Akkus – was ist das? 52

1.7 Was benötige ich alles? 54

    1.7.1 Ein Raspberry Pi inklusive Zubehör 54

    1.7.2 Ein Multimeter 54

    1.7.3 Externe Spannungsversorgung 55

    1.7.4 Messleitungen 56

    1.7.5 Seitenschneider 57

    1.7.6 Steckbrett und Drahtbrücken 57

    1.7.7 Raspberry-Pi-Adapter für ein Steckbrett 59

    1.7.8 Lötkolben und Zubehör 59

2 Einrichtung 61

2.1 Installation 61
2.1.1 Einrichtung per raspi-config 62
2.2 Eine WLAN-Verbindung zum Heimnetzwerk herstellen 65
2.3 SSH-Verbindung herstellen und Dateien übertragen 67
2.4 Erste Schritte in Linux 70
2.4.1 Root-Rechte 70
2.4.2 Software-Verwaltung 71
2.4.3 Firmware- und Kernel-Updates 72
2.4.4 Navigation und Dateioperationen im Terminal 73

3 I/O-Grundlagen – die Ein- und Ausgänge des Raspberry Pi im Detail 75

3.1 J8-Header – die GPIO-Pins im Überblick 75
3.1.1 Nummerierungssysteme bzw. Pin-Namen 76
3.2 Eingänge, Ausgänge, Sonderfunktionen 77
3.2.1 Eingänge 78
3.2.2 Pull-up, Pull-down und Floating 78
3.2.3 Ausgänge 80
3.2.4 Sonderfunktionen 81
3.3 GPIO-Verbindungen herstellen 82
3.4 Vorsichtsmaßnahmen und ESD-Schutz 83
3.5 GPIO-Pin als Ausgang – LED ein- und ausschalten 84
3.5.1 Wissenswertes zur LED 85
3.5.2 Verdrahtung 89
3.5.3 Das Python-Programm 90
3.5.4 LED-Blinklicht 92
3.6 Transistoren 93
3.6.1 Transistoren im Praxiseinsatz 94
3.6.2 PWM: LEDs dimmen 97
3.7 Der GPIO-Pin als Eingang: der Taster 106
3.7.1 Prellen 111
3.7.2 Der erste Sensor 112

4 Motoren — 119

4.1 Der Gleichstrommotor — 119
4.1.1 Die Funktionsweise — 121
4.1.2 Die H-Brückenschaltung — 122
4.1.3 Der Motortreiber L298 — 123

4.2 Servomotoren — 135

4.3 Schrittmotoren — 139

5 Die UART-Schnittstelle kennenlernen — 149

5.1 Kurzer Exkurs: Wie werden Daten in einem Computer gespeichert? — 150
5.1.1 Rechenbeispiele — 155

5.2 Was ist die UART-Schnittstelle und wie funktioniert sie? — 156
5.2.1 Die erste Inbetriebnahme des Moduls — 162

5.3 Erweitern Sie Ihren Raspberry Pi um ein kleines Display — 168

5.4 RFID – ein einfaches Zugangssystem per Karte — 181
5.4.1 Was ist RFID? — 181

5.5 Kombination von LCD und RFID – die Zugangskontrolle mit einem LCD erweitern — 192

5.6 Jetzt funkt's – XBee-Funkmodule als Alternative für ein Kabel — 194

6 Der Inter-Integrated Circuit (I²C) — 201

6.1 I²C – Was ist das? — 203

6.2 Ein Computer erzeugt eine Spannung – eine beliebige Spannung erzeugen — 209
6.2.1 Was ist ein Digital/Analog-Wandler, und was macht er? — 209
6.2.2 Den Raspberry Pi mit einem Digital/Analog-Wandler versehen — 211
6.2.3 Den Digital/Analog-Wandler mit dem Raspberry Pi verbinden — 216
6.2.4 Den I²C-Bus mit Python verwenden — 218

6.3 Analoge Spannungen für einen Computer aufbereiten — 229
6.3.1 Was ist ein Analog/Digital-Wandler? — 229
6.3.2 Ein Python-Script für den ADS1015-Analog/Digital-Wandler erstellen — 234
6.3.3 Den ADC konfigurieren — 236

	6.3.4	Der ADC in der Praxis	242
6.4	Eine PWM mit einem PWM-Controller erzeugen		249
	6.4.1	Eine PWM erzeugen, um eine LED zu dimmen	249
	6.4.2	Eine PWM erzeugen, um einen Servomotor anzusteuern	265

7 Das Serial Peripheral Interface (SPI) — 273

7.1	Das SPI – ein weiterer Bus am Raspberry Pi		274
7.2	Die GPIO-Pins des Raspberry Pi mit einem Port Expander erweitern		279
	7.2.1	Konfiguration des Port Expanders	282
	7.2.2	Die I/Os des Port Expanders als zusätzliche Ausgänge	288
	7.2.3	Die I/Os des Port Expanders als Eingänge	295
7.3	Aktuelle Wetterdaten mit dem Raspberry Pi erfassen – Bestimmung von Luftfeuchtigkeit, Luftdruck und der Temperatur		303
	7.3.1	Konfiguration des Sensors	305
	7.3.2	Den Sensor kalibrieren – wie lese ich die Kalibrierwerte aus?	317
	7.3.3	Los geht's mit dem Auslesen der Temperaturdaten	321
	7.3.4	Der Sensor im Einsatz als Datenlogger	330
7.4	Die Ansteuerung eines WS2801-LED-Streifens – so erzeugen Sie ein buntes Farbspiel		334

8 Zusätzliche Stromversorgung für Projekte mit dem Raspberry Pi und ein Ausblick auf weitere Projekte — 345

8.1	Das Labornetzteil		346
8.2	Batteriefächer		347
8.3	Externe Netzteile		348
8.4	Ausgediente Netzteile		350
8.5	Spannungsregler		350
	8.5.1	Der Linearregler	351
	8.5.2	Der Schaltregler	351
8.6	Wie geht es nun weiter?		352
8.7	Alles hat ein Ende – eine kurze Zusammenfassung		355

Index 359

Geleitwort

Der Raspberry Pi übertrifft seit seinem Markteintritt 2012 alle Erwartungen und bricht sämtliche Verkaufsrekorde. Im September 2016 wurde die 10-Millionen-Marke überschritten, und es ist nur noch eine Frage der Zeit, bis der 17-Millionen-Rekord des bisher meistverkauften Home-Computers, des Commodore 64, eingestellt wird. Wer hätte gedacht, dass der ursprünglich in England als Lerncomputer konzipierte Mini-Rechner so populär werden würde.

Bei diesem großen Erfolg des Raspbery Pi ist es verständlich, dass es mittlerweile viel Literatur zum Thema gibt. Neben den frei verfügbaren Beschreibungen von kleinen Projekten in den Kategorien Teach, Learn, Make gibt es inzwischen eine Vielzahl von Zeitschriftenartikeln und Büchern in deutscher und englischer Sprache.

Dennoch schließt das vorliegende Buch »Elektronik verstehen mit Raspberry Pi« von Daniel Kampert und Christoph Scherbeck eine Lücke für Schüler, Studenten und auch für den interessierten Maker. Beide Autoren haben bereits erfolgreich Bücher (mit-)verfasst und betreiben jeweils eine Internet-Seite mit Beschreibungen zu beiden Aspekten des Themas: Elektronik und Raspberry Pi.

Mit ihrem neuen Buch zeigen die beiden Autoren nicht nur die vielfältigen Möglichkeiten des J8-Headers, besser bekannt als GPIO-(General Purpose Input Output-)Steckerleiste, sondern sie erklären umfassend die Grundlagen der Elektronik, die Konfiguration für die Nutzung der besonderen Schnittstellen UART, I^{2}C und SPI, die Beschaltung mit Bauteilen sowie den jeweiligen Python-Code.

Nach zwei Einstiegskapiteln in die Welt der Elektronik und zur Installation des Raspberry Pi werden in Kapitel 3 didaktisch sinnvoll zunächst die Pins als einfache Aus- und Eingänge vorgestellt. Am Beispiel von Leuchtdioden zeigen die Autoren, wie man die Widerstände zur Strombegrenzung berechnet und die Helligkeit durch Pulsweitenmodulation steuert. Außerdem geben sie einen Ausblick auf die besonderen Herausforderungen, die sich bei größerem Verbrauch und Relais stellen. Bei der Behandlung von Tastern oder schalterähnlichen Sensoren werden die verschiedenen Möglichkeiten für Pull-up/Pull-down-Widerstände sowie die Erkennung von Schaltvorgängen (Flanken) erläutert.

Im Kapitel 4 werden Gleichstrommotoren, Servos, Schrittmotoren sowie deren Steuerung mit elektronischen Bauteilen und Python-Code detailliert erklärt. Dabei lernen Sie auch den Umgang mit den Python-Modulen *RPi.GPIO*, *gpiozero* und *pigpio* kennen, die heute zur Softwareausstattung von Raspbian gehören.

Die Kapitel 5 bis 7 behandeln die drei standardisierten seriellen Schnittstellen des Raspberry Pi, die zur Kommunikation mit der Außenwelt, also mit anderen elektronischen Bauteilen dienen:

- **UART** (*Universal Asynchronous Receiver Transmitter*), die serielle COM-Schnittstelle von Fernschreibern und älteren PCs
- **I²C** oder IIC (*Inter-Integrated Circuit*)
- **SPI** (*Serial Peripheral Interface*)

Als Beispielprojekte dienen ein LC-Display, ein RFID-Empfänger, XBee/ZigBee-Funkmodule, Digital/Analog- und Analog/Digital-Konverter, Sensoren, Porterweiterungen und farbige LED-Streifen. An diesen ausgewählten Beispielen lernen Sie, liebe Leserinnen und Leser, wie Sie Schaltungen aufbauen, die Herstellerdatenblätter verstehen, wenn nötig die angeschlossenen Bauteile konfigurieren und den Betrieb der Bauteile mit einem Python-Programm gewährleisten. Besonders bemerkenswert finde ich die gut nachvollziehbaren Erläuterungen für das Auslesen, Verändern und Beschreiben von Speicherregistern, also Bitoperationen wie Bitverschiebungen und logische Verknüpfungen.

Mit diesem Wissen können Sie sich eine Vielzahl von weiteren Elektronik-Bausteinen und Schaltungen erschließen, die im Schlusskapitel genannt werden. Möglichkeiten für die häufig erforderliche zusätzliche Stromversorgung finden Sie dort ebenfalls.

Ausführliche Erläuterungen zu den elektronischen Bauteilen und deren Datenblättern sowie die schrittweise Entwicklung der jeweiligen Python-Programme tragen dazu bei, dass Sie nach der Lektüre tatsächlich Elektronik verstehen mit Raspberry Pi.

Bernd Albrecht

Kapitel 1

Elektrischer Strom – was muss ich alles wissen?

Wir begrüßen Sie ganz herzlich zum Einstieg in die geheimnisvolle (?) Welt der Elektrotechnik. Sie sind bestimmt schon ganz neugierig und können es kaum erwarten, sich mit der Elektrotechnik zu beschäftigen. Wir wollen Sie daher nicht weiter aufhalten und beginnen umgehend mit dem Einstieg.

In diesem Kapitel lernen Sie die elementaren Grundlagen der Elektrotechnik, die für das erfolgreiche Basteln und Experimentieren mit verschiedenen Komponenten benötigt werden. Zuallererst erwerben Sie alle notwendigen Kenntnisse für den erfolgreichen Start in die Elektronik. Mithilfe einfacher Beispiele können Sie dann das erlernte Wissen Schritt für Schritt anwenden. Im nächsten Schritt stellen wir Ihnen dann eine kleine Einkaufsliste vor, sodass Sie bestens ausgerüstet mit dem Basteln und Experimentieren loslegen können.

Was ist Elektronik?

Wenn heute von *Elektronik* die Rede ist, denken wir zunächst an Geräte mit elektronischen Bauelementen, z. B. Unterhaltungselektronik oder Steuerungselektronik im Auto. Wir wollen hier Elektronik (ein Kunstwort aus »Elektron« und »Technik«) als die Theorie dahinter, als »Lehre von der Steuerung von Elektronen« verstehen und Grundkenntnisse vermitteln, um mithilfe eines Stroms oder einer Spannung verschiedene Vorgänge zu steuern und zu kontrollieren.

1.1 Strom? Spannung? Was ist das?

Während des 18. und 19. Jahrhunderts stach die Elektrizitätslehre als Teilgebiet der Physik hervor und machte Männer wie Coulomb, Volta, Ampère, Ohm und viele andere weltberühmt, weil physikalische Einheiten nach ihren Namen benannt wurden. Doch womit genau haben sich diese Herren beschäftigt?

1 Elektrischer Strom – was muss ich alles wissen?

All diese Forscher haben die Natur beobachtet und versucht, Regeln für das beobachtete Verhalten aufzustellen. Für alle Phänomene, die sie beobachteten und erforschten, wählten sie umgangssprachliche Begriffe, um sie zu erklären. Bei diesen Beobachtungen haben sie beispielsweise festgestellt, dass sich bestimmte Materialien anziehen oder abstoßen. Heutzutage erfahren Sie das z. B. bei Ihren Haaren und einem T-Shirt aus Polyester.

Für dieses Phänomen prägten die Naturforscher den Begriff der *Ladung*, da die Ladung eines Fuhrwerks anschaulich die elektrische Eigenschaft eines geeigneten Stoffes erklärte, der geladen z. B. kleine Teilchen anzog oder die Haare »zu Berge« stellte. Man erkannte, dass es augenscheinlich zwei Arten von Ladungen geben muss, nämlich Ladungen mit einer positiven und Ladungen mit einer negativen Polarität.

Durch weitere Beobachtungen und Untersuchungen erkannten die Forscher, dass diese Polarität das Verhalten der Ladungen untereinander bestimmt, und sie stellten fest, dass sich Ladungen mit gleicher Polarität abstoßen und Ladungen mit unterschiedlicher Polarität sich anziehen.

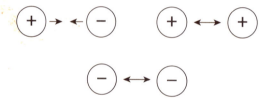

Abbildung 1.1 Anziehungsverhalten verschiedener Ladungen

Das Auftreten von Potenzialdifferenzen – also eines Spannungsunterschieds, der durch einen Ladungsunterschied hervorgerufen wird – in verschiedenen Stoffen wurde bereits im Mittelalter beobachtet, und man fand heraus, dass diese Potenzialdifferenz durch Reibung erzeugt werden konnte, ähnlich wie wenn Sie einen Luftballon an Ihren Haaren reiben. Diese Reibung sorgt dafür, dass sich die Ladungen beider Stoffe, wie z. B. des Ballons und der Haare, neu aufteilen, was einen Potenzialunterschied zur Folge hat.

Ende des 18. Jh. beschäftigte sich dann Alessandro Volta mit diesem Verhalten. Er erkannte, dass es einen Zusammenhang zwischen der Ladungsdifferenz, wie sie z. B. durch Reibung entsteht, und der Potenzialdifferenz gibt. Diesen Potenzialunterschied nannte er *Spannung*. In weiteren Untersuchungen, die Volta in Zusammenarbeit mit Luigi Galvani durchführte und die heutzutage als Frosch-Experimente bekannt sind, gelang es Volta um 1792, die erste Batterie als »Speicher« für die von ihm benannte Spannung zu bauen.

1.1 Strom? Spannung? Was ist das?

Anfang des 19. Jh. erforschte André-Marie Ampère die Phänomene der elektrischen Ladungen. Er untersuchte die Bewegung von Ladungen in Metallen mithilfe von Magnetismus, und er erkannte, dass bestimmte Stoffe, wie z. B. Metalle, viele bewegliche negative Ladungen, die sogenannten *Elektronen*, enthalten und dass diese Elektronen fließen, sobald ein elektrisches Potenzial an den Stoff angelegt wird. Dieser Strom aus Ladungen fließt dabei vom höheren Potenzial zum niedrigeren – genau wie das Wasser vom Bodensee (395 m über dem Meeresspiegel) in die Nordsee fließt.

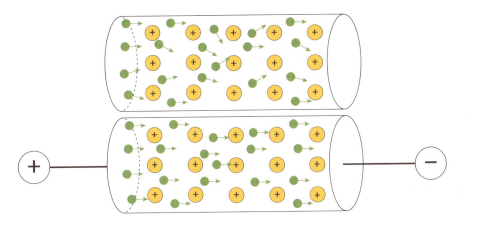

Abbildung 1.2 Ladungsfluss in einem elektrischen Leiter beim Anlegen eines elektrischen Potenzials

Auch in diesem Fall suchte man nach einem Begriff, um das Verhalten der Ladungen auszudrücken, und kam schließlich darauf, diese Bewegung der Ladungen *elektrischen Strom* zu nennen – analog zu dem strömenden Verhalten von Wasser.

Außerdem vollendete Ampère die Arbeit von Volta und definierte den Begriff der elektrischen Spannung vollständig. Er legte auch die Flussrichtung der Ladungen, die sogenannte Stromrichtung, als Bewegung vom positiven Potenzial (+) zum negativen Potenzial (−) fest.

Merke
Die elektrische Spannung ist die **Potenzialdifferenz** zwischen zwei Polen einer Spannungsquelle, und der elektrische Strom ist die **Menge** an Elektronen, die durch diese Potenzialdifferenz in Bewegung gesetzt werden können.

Die Flussrichtung des elektrischen Stroms ist in der Technik aus historischen Gründen von Positiv (+) nach Negativ (−) festgelegt.

Diese Erkenntnisse waren der Startschuss für die genauen analytischen Untersuchungen des elektrischen Stroms und des Verhaltens von Ladungsträgern. Im Laufe der Zeit wurden viele weitere und großartige Entdeckungen gemacht. So gilt Georg Simon Ohm als Entdecker des elektrischen Widerstandes, Werner von Siemens als Entdecker des dynamoelektrischen Prinzips zum Bau von Generatoren und James Clerk Maxwell als Urvater der modernen Elektrotechnik.

Aus allen Experimenten geht hervor, dass die Menge des fließenden Stroms primär von zwei Faktoren abhängt:

- von der Höhe der Potenzialdifferenz, sprich von der Höhe der *Spannung*
- von dem *elektrischen Widerstand* eines Leiters

1.2 Der elektrische Widerstand – das Verhältnis zwischen Spannung und Strom

Sie haben nun bereits den Unterschied zwischen Strom und Spannung kennengelernt und wissen, dass eine Potenzialdifferenz dafür sorgt, dass ein elektrischer Strom vom höheren Potenzial (+) zum niedrigeren Potenzial (–) fließt.

Nun besitzen bestimmte Materialien freie Elektronen, wobei die Anzahl der freien Elektronen vom Material abhängt. So verfügt z. B. Silber über mehr freie Elektronen als Aluminium. Durch den inneren Aufbau eines jeden Materials wird die Bewegung der Elektronen behindert, was zur Folge hat, dass sich nicht alle Elektronen in die gewünschte Richtung bewegen können – ähnlich als wenn Sie durch ein dicht bewaldetes Gebiet rennen wollen: Wenn es sehr viele Bäume gibt, müssen Sie sehr häufig ausweichen, was zur Folge hat, dass Sie sich langsamer fortbewegen, als wenn Sie geradeaus laufen können.

Die Menge der freien Elektronen und die Beeinflussung des Elektronenflusses durch den Aufbau des Leiters machen zusammen den *elektrischen Widerstand* eines Leiters aus, der in **Ohm** (abgekürzt Ω, Formelzeichen: *R*) angegeben wird. Dieser elektrische Widerstand stellt das Verhältnis der elektrischen Spannung zu dem daraus resultierenden Strom dar:

$$R = \frac{U}{I}$$

- R – elektrischer Widerstand (Ω)
- U – elektrische Spannung (V)
- I – elektrischer Strom (A)

1.2 Der elektrische Widerstand – das Verhältnis zwischen Spannung und Strom

Dieser Zusammenhang wird auch *ohmsches Gesetz* genannt, benannt nach Georg Simon Ohm.

Durch Umstellen der Formel können Sie auch die Spannung oder den Strom berechnen, wenn die beiden anderen Größen gegeben sind:

$$U = R \cdot I$$

$$I = \frac{U}{R}$$

Info: Rechenbeispiel

Angenommen, Sie haben eine 1,5-V-Batterie und verbinden beide Pole der Batterie mit einem Draht. Mithilfe eines Messgerätes, z. B. eines Multimeters, messen Sie einen Strom von 1 A. Wie groß ist der elektrische Widerstand des Drahtes?

$$R = \frac{1{,}5\,\text{V}}{1\,\text{A}} = 1{,}5\,\Omega$$

Der elektrische Widerstand eines Materials hängt von der Geometrie und der Länge des Leiters ab. Je länger und je dünner ein Leiter ist, desto mehr wird die Bewegung der Elektronen durch die Atome des Leitermaterials gestört, wodurch sich die Menge an Elektronen reduziert, die durch den Leiter fließen können.

Um den elektrischen Widerstand verschiedener Leitermaterialien miteinander vergleichen zu können, werden Leitermaterialien gleicher Abmessung benötigt, da der Widerstand eines Leiters von seinem Querschnitt und von seiner Länge abhängt. Aus diesem Grund werden elektrische Leiter mit einem Querschnitt von 1 mm² und einer Länge von 1 m verwendet.

Daraus ergibt sich dann der *spezifische Widerstand* (Formelzeichen: ρ) eines bestimmten Materials:

$$\rho = \frac{R \cdot q}{l}$$

- ρ – spezifischer Widerstand $\left(\frac{\Omega \cdot mm^2}{m}\right)$ bei 20 °C
- R – elektrischer Widerstand (Ω)
- q – Querschnitt des Leiters (mm²)
- l – Länge des Leiters (m)

Dieser spezifische Widerstand eines Materials ist unabhängig von der Länge und der Geometrie des Materials und für jedes Material unterschiedlich:

Material	Spezifischer Widerstand in $\frac{\Omega \cdot mm^2}{m}$
Gold	0,22
Kupfer	0,17
Papier	10^{15}

Tabelle 1.1 Einige Beispielwerte für die spezifischen Widerstände verschiedener Materialien

Der Widerstand eines Leiters steigt im gleichen Verhältnis wie die Länge des Leiters und reduziert sich im umgekehrten Verhältnis wie der Querschnitt des Leiters. Wenn also die Länge des Leiters verdoppelt wird, so verdoppelt sich auch der elektrische Widerstand. Wird hingegen der Querschnitt *halbiert*, so *verdoppelt* sich der elektrische Widerstand!

Rechenbeispiel

Sie haben eine Spannungsquelle mit einer Spannung von 1,5 V. Über einen Kupferdraht mit einer Länge von 10 cm und einem Querschnitt von 5 mm² verbinden Sie die beiden Pole der Spannungsquelle. Welcher maximale Strom kann durch den Draht fließen?

Als Erstes rechnen Sie den Widerstand des Drahtes aus. Dazu stellen Sie die Formel für den spezifischen Widerstand um:

$$R = \frac{\rho \cdot l}{q} = \frac{0{,}17 \, \frac{\Omega \cdot mm^2}{m} \cdot 0{,}1 \, m}{5 \, mm^2} = 0{,}0034 \, \Omega$$

Im zweiten Schritt können Sie dann den maximalen Strom ausrechnen. Dazu stellen Sie das ohmsche Gesetz um:

$$I = \frac{U}{R} = \frac{1{,}5 \, V}{0{,}0034 \, \Omega} = 441 \, A$$

Bei dem ausgerechneten Wert handelt es sich um den theoretischen maximalen Strom, der bei einer 1,5-V-Spannungsquelle durch den Draht fließen kann. In der Praxis ist es eher unüblich, dass eine handelsübliche Spannungsquelle einen derart hohen Strom liefern kann. Den Grund dafür werden Sie im Laufe dieses Kapitels kennenlernen.

Nichtsdestotrotz ist der Widerstand eines Leiters gegenüber dem Widerstand einer Schaltung sehr klein. Eine LED wird z. B. mit Widerständen um die 100–500 Ω betrieben. Da fallen die 3,4 mΩ einer 10 cm langen Drahtleitung nicht ins Gewicht. Daher können Sie den Leiterwiderstand in den meisten Fällen vernachlässigen.

1.2 Der elektrische Widerstand – das Verhältnis zwischen Spannung und Strom

Was jedoch nicht zu vernachlässigen ist, ist die Erwärmung des Drahtes, wenn Sie den Draht ohne dazwischengeschalteten Verbraucher, wie z. B. einen 100-Ω-Widerstand, mit der Spannungsquelle verbinden – es kommt zu einem sogenannten *Kurzschluss* (siehe Abbildung 1.3).

Durch den sehr kleinen Widerstand des Drahtes fließt ein sehr hoher Strom, nämlich der Maximalstrom, den die Spannungsquelle liefern kann. Da jeder Stromfluss für eine Erwärmung des Leiters und der Bauteile sorgt, die vom Strom durchflossen werden, erwärmt sich der Leiter bzw. das Bauteil bei einem sehr großen Strom so weit, bis er bzw. es durchbrennt und kaputtgeht. Die Erwärmung ist nämlich sehr viel größer als die Maximaltemperatur, für die der Leiter bzw. das Bauteil ausgelegt ist.

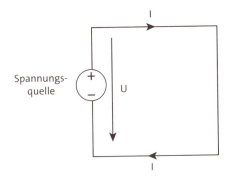

Abbildung 1.3 Ein typischer Kurzschluss: Beide Pole der Spannungsquelle sind ohne zwischengeschalteten Verbraucher miteinander verbunden.

Dieses Prinzip macht man sich z. B. bei Schmelzsicherungen zunutze. Jede Schmelzsicherung besitzt einen Draht, der bei einem ganz bestimmten Strom nach einer bestimmten Zeit durchbrennt und den Stromfluss unterbricht.

Abbildung 1.4 Eine handelsübliche Schmelzsicherung, z. B. für Leiterkarten

Der elektrische Leitwert – eine weitere Größe kurz vorgestellt

Wenn Sie den Kehrwert des elektrischen Widerstands bilden, erhalten Sie den *elektrischen Leitwert* (abgekürzt S, Formelzeichen G):

$$G = \frac{1}{R}$$

- G – elektrischer Leitwert (S)
- R – elektrischer Widerstand (Ω)

Am elektrischen Leitwert lässt sich direkt erkennen, wie gut ein Material Strom leitet, da Materialien mit einem niedrigen Widerstand einen hohen Leitwert besitzen. Der Leitwert spielt erst einmal eine untergeordnete Rolle. In Abschnitt 1.3.2 verwenden wir den Leitwert jedoch, um den Gesamtwiderstand bei den Parallelschaltungen von Widerständen einfacher zu berechnen.

1.3 Ein elektrischer Stromkreis in der Praxis – Anwendung des ohmschen Gesetzes

Nachdem Sie nun darüber informiert sind, was eine elektrische Spannung, ein elektrischer Strom oder ein elektrischer Widerstand ist, möchten wir Ihnen zeigen, wie Sie dieses Wissen in der Praxis anwenden können.

Wie Sie bereits gelernt haben, kann der Strom, der durch einen Leiter fließt, durch den Widerstand des Leiters beeinflusst werden. Im täglichen Leben wäre es aber nicht sehr vorteilhaft, wenn der Widerstand des Leiters nur durch die Länge und den Querschnitt des Leiters beeinflusst werden könnte.

Aus diesem Grund werden in der Elektrotechnik Bauteile eingesetzt, die den elektrischen Widerstand in einem elektrischen Stromkreis erhöhen, sogenannte *Widerstände* (siehe Abbildung 1.5).

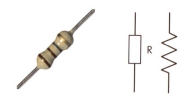

Abbildung 1.5 Beispiel für einen Widerstand (links) und das Symbol eines Widerstandes im Schaltplan in Europa (Mitte) und in Amerika (rechts)

1.3 Ein elektrischer Stromkreis in der Praxis – Anwendung des ohmschen Gesetzes

1.3.1 Die Reihenschaltung von Widerständen

Mit der Hilfe solcher Widerstände und des ohmschen Gesetzes ist es möglich, den Strom und die Spannung in einem elektrischen Stromkreis zu steuern. Wie dies funktioniert, erklären wir an dem Schaltungsbeispiel aus Abbildung 1.6, in dem der Strom berechnet werden soll.

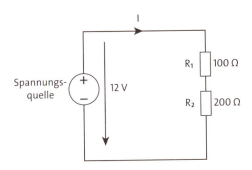

Abbildung 1.6 Ein einfaches Beispiel zum Einstieg

Die Schaltung, die Sie in Abbildung 1.6 sehen, besteht aus einer allgemeinen Spannungsquelle, die eine Spannung von 12 V erzeugt.

An diese Spannungsquelle sind zwei Widerstände hintereinander angeschlossen, die einen Widerstand von 100 Ω und 200 Ω haben. Dies nennt man *Reihenschaltung* von Widerständen.

> **Info: Reihenschaltung von Widerständen**
>
> Werden mehrere Widerstände hintereinandergeschaltet, sodass diese Widerstände einen zusammenhängenden Strompfad bilden, so nennt man dies eine *Reihenschaltung* von Widerständen.
>
> Bei einer Reihenschaltung von Widerständen werden die einzelnen Widerstandswerte addiert, da jeder dieser Widerstände die Elektronen an ihrer Bewegung hindert.

Der Gesamtwiderstand der Schaltung aus Abbildung 1.6 beträgt somit 300 Ω. Mithilfe des ohmschen Gesetzes und des Gesamtwiderstandes der Schaltung können Sie nun den Strom I ausrechnen:

$$I = \frac{U}{R} = \frac{12\text{ V}}{100\text{ Ω} + 200\text{ Ω}} = 0{,}04\text{ A}$$

Wenn Sie nun also erreichen möchten, dass in dem Stromkreis ein Strom von 0,04 A fließt, so benötigen Sie einen Widerstand von 300 Ω. Es ist egal, ob Sie dazu einen einzelnen 300-Ω-Widerstand nehmen oder einen 200-Ω- und einen 100-Ω-Widerstand oder drei 100-Ω-Widerstände. Der Strom, der durch die Leitung fließt, hängt ausschließlich vom Gesamtwiderstand ab.

Bei einer Reihenschaltung fließt an jedem Punkt der Schaltung der gleiche Strom. Eine weitere Eigenschaft der Reihenschaltung ist, dass sich die Gesamtspannung, die an der Reihenschaltung anliegt, auf alle Komponenten aufteilt. In Abbildung 1.7 sehen Sie die Reihenschaltung mit allen Strömen und Teilspannungen.

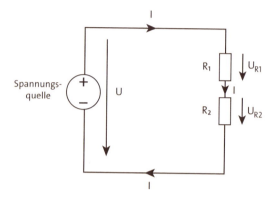

Abbildung 1.7 Ströme und Spannungen in der Beispielschaltung

Der Pfeil für die (Teil-)Spannung an einem Widerstand zeigt dabei immer in die Flussrichtung des Stroms. Wenn Sie nun alle Spannungen unter Beachtung der Pfeilrichtung miteinander addieren, kommt als Ergebnis immer 0 heraus. Dazu geben Sie allen Spannungen, die in die eine Richtung zeigen, ein positives Vorzeichen und allen anderen Spannungen ein negatives Vorzeichen. Dieser Zusammenhang wird *Maschenregel* oder *2. kirchhoffsches Gesetz* genannt (siehe Abbildung 1.8).

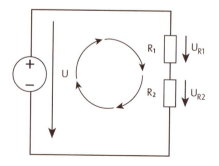

Abbildung 1.8 Anwendung der Maschenregel auf das Beispiel

1.3 Ein elektrischer Stromkreis in der Praxis – Anwendung des ohmschen Gesetzes

Für die Beispielschaltung würde die Rechnung also lauten:

$$U_{R_1} + U_{R_2} - U = 0$$

Die Spannungen, die an den Widerständen R_1 und R_2 abfallen, zeigen in die gleiche Richtung und werden demzufolge addiert. Die Spannung der Spannungsquelle zeigt in die entgegengesetzte Richtung und wird dementsprechend mit einem negativen Vorzeichen versehen.

Info: Maschenregel

Ein in sich geschlossener Stromkreis wird in der Elektrotechnik *Masche* genannt. Innerhalb der Masche wird ein Drehsinn festgelegt, und alle Spannungen, die dem Drehsinn folgen, erhalten ein positives Vorzeichen. Alle Spannungen, die gegen den Drehsinn gerichtet sind, erhalten ein negatives Vorzeichen. Die Summe aller Spannungen ergibt dann immer den Wert 0.

Die Teilspannungen an den einzelnen Widerständen lassen sich mithilfe des ohmschen Gesetzes über den Strom, der durch den Widerstand fließt, und den Wert des Widerstandes berechnen.

Für die Teilspannungen ergeben sich damit folgende Werte:

$$U_{R_1} = I \cdot R_1 = 0{,}04 \text{ A} \cdot 100 \text{ } \Omega = 4 \text{ V}$$

$$U_{R_2} = I \cdot R_2 = 0{,}04 \text{ A} \cdot 200 \text{ } \Omega = 8 \text{ V}$$

Bei einer genaueren Betrachtung der Teilspannungen und der Widerstände stellt sich heraus, dass das Verhältnis von Gesamtspannung zu Gesamtwiderstand immer genauso groß ist wie das Verhältnis einer Teilspannung zum Widerstandswert des jeweiligen Widerstandes:

$$\frac{U_{R_1}}{R_1} = \frac{U_{R_2}}{R_2} = \frac{U}{R_1 + R_2}$$

Die Reihenschaltung besitzt damit folgende Eigenschaften:

- In einer Reihenschaltung fließt überall derselbe Strom.
- In einem geschlossenen Stromkreis ist die Summe der Teilspannungen gleich der Gesamtspannung.
- In einer Reihenschaltung verhalten sich die Teilspannungen an den Widerständen so zueinander wie die Widerstandswerte.
- Der Gesamtwiderstand einer Reihenschaltung berechnet sich aus der Summe aller Einzelwiderstände.

1 Elektrischer Strom – was muss ich alles wissen?

Rechenbeispiel

Gegeben sei die Schaltung aus Abbildung 1.9. Rechnen Sie den Widerstand R_2 und alle Teilspannungen mit den gegebenen Werten aus!

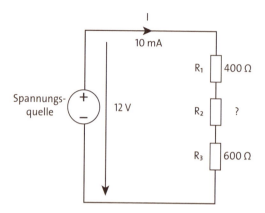

Abbildung 1.9 Wie groß ist der fehlende Widerstand R_2?

Über die gegebene Gesamtspannung und den gegebenen Gesamtstrom lässt sich der Gesamtwiderstand der Schaltung ausrechnen. (Erinnern Sie sich: Der Strom ist in einer Reihenschaltung überall gleich, daher ist der angegebene Strom der Gesamtstrom.)

$$R_{Gesamt} = \frac{U}{I} = \frac{12\,V}{0{,}01\,A} = 1200\,\Omega$$

In einer Reihenschaltung wird der Gesamtwiderstand aus der Summe der Einzelwiderstände berechnet. Daher gilt:

$$R_{Gesamt} = R_1 + R_2 + R_3$$

Nach R_2 umgestellt:

$$R_2 = R_{Gesamt} - R_1 - R_3$$

$$R_2 = 1200\,\Omega - 400\,\Omega - 600\,\Omega = 200\,\Omega$$

Die Einzelspannungen lassen sich nun mit dem ohmschen Gesetz berechnen:

$$U = R \cdot I$$

$$U_{R_1} = R_1 \cdot I$$

$$U_{R_1} = 400\,\Omega \cdot 0{,}01\,A = 4\,V$$

$$U_{R_2} = 200\,\Omega \cdot 0{,}01\,A = 2\,V$$

1.3 Ein elektrischer Stromkreis in der Praxis – Anwendung des ohmschen Gesetzes

Die dritte Spannung lässt sich dann über die Maschenregel berechnen:

$0 = U_{R_1} + U_{R_2} + U_{R_3} - U$

$U_{R_3} = U - U_{R_1} - U_{R_2}$

$U_{R_3} = 12\,\text{V} - 4\,\text{V} - 2\,\text{V} = 6\,\text{V}$

Noch einmal die Probe mit dem ohmschen Gesetz:

$U_{R_3} = 600\,\Omega \cdot 0{,}01\,\text{A} = 6\,\text{V}$

Damit hätten Sie die erste Grundschaltung der Elektrotechnik gemeistert. Atmen Sie einmal kurz durch, und dann geht es direkt weiter mit der Parallelschaltung.

Spannungsteiler

Eine Reihenschaltung von zwei Widerständen wird auch *Spannungsteiler* genannt, da diese Reihenschaltung die Betriebsspannung an den beiden Widerständen im Verhältnis der Widerstände zueinander aufteilt.

1.3.2 Die Parallelschaltung von Widerständen

Bei der Parallelschaltung sind die Widerstände, wie der Name schon sagt, parallel zueinander angeordnet (siehe Abbildung 1.10).

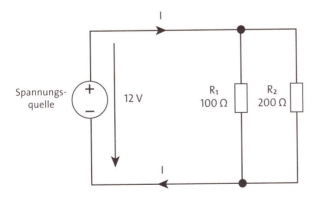

Abbildung 1.10 Eine Parallelschaltung aus zwei Widerständen

Die Spannung an den Bauteilen, die parallel zueinander geschaltet sind, ist an jedem der parallel geschalteten Bauteile gleich hoch. Diese Erkenntnis hilft uns dabei, die Ströme zu berechnen, die durch die einzelnen Widerstände fließen:

$$I = \frac{U}{R}$$

$$I_1 = \frac{U}{R_1} = \frac{12\,V}{100\,\Omega} = 0{,}12\,A$$

$$I_2 = \frac{U}{R_2} = \frac{12\,V}{200\,\Omega} = 0{,}06\,A$$

Wie Sie sehen, fließt durch jeden Zweig ein anderer (Teil-)Strom. Wie Sie an Abbildung 1.10 erkennen können, fließen die beiden Ströme in einem Punkt zusammen. Der Gesamtstrom I setzt sich also aus den Strömen I_1 und I_2 zusammen (siehe Abbildung 1.11).

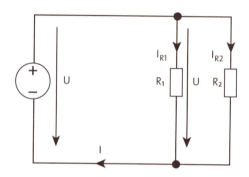

Abbildung 1.11 Alle Ströme und Spannungen der Parallelschaltung

Doch was bedeutet das nun für den Gesamtwiderstand der Schaltung? Die Herleitung des Gesamtwiderstandes erfolgt über den Strom:

$$I = I_{R_1} + I_{R_2}$$

Die Ströme können mithilfe des ohmschen Gesetzes wie folgt umgeschrieben werden:

$$\frac{U}{R} = \frac{U}{R_1} + \frac{U}{R_2}$$

Dividiert durch die Spannung, ergibt sich dann der folgende Zusammenhang:

$$\frac{1}{R} = \frac{1}{R_1} + \frac{1}{R_2}$$

Um die Rechnung zu vereinfachen, können Sie die Kehrwerte der Widerstände als Leitwerte schreiben. Auf diese Weise kann der Gesamtwiderstand über eine einfache Addition der Leitwerte und einer anschließenden Rücktransformation des Gesamtleitwertes in einen Widerstand berechnet werden:

$$G = G_1 + G_2$$

Info: Parallelschaltung von Widerständen

Werden mehrere Widerstände parallel zueinander geschaltet, sodass diese Widerstände mit derselben Spannung betrieben werden, so nennt man dies eine *Parallelschaltung* von Widerständen.

Bei einer Parallelschaltung von Widerständen werden die einzelnen Leitwerte der Widerstände addiert, wodurch sich der Gesamtwiderstand der Schaltung verringert. Dabei gilt: Der Gesamtwiderstand einer Parallelschaltung ist *immer* kleiner als der kleinste Einzelwiderstand, und je größer der Unterschied zwischen beiden Widerständen ist, desto mehr nähert sich der Gesamtwiderstand der Parallelschaltung dem Wert des kleinsten Einzelwiderstandes an.

Weiterhin gilt in einer Parallelschaltung die sogenannte *Knotenregel* oder das 1. kirchhoffsche Gesetz. Die Knotenregel besagt, dass sich alle Ströme innerhalb eines Knotens, also eines Verbindungspunktes mehrerer Leiter (siehe Abbildung 1.12), zu 0 addieren.

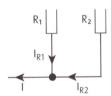

Abbildung 1.12 Anwendung der Knotenregel auf das Beispiel

Wie bei der Maschenregel muss auch für die Knotenregel eine Flussrichtung festgelegt werden. So kann z. B. definiert werden, dass alle Ströme, die aus dem Knoten herausfließen, ein positives Vorzeichen bekommen; und alle Ströme, die in den Knoten hineinfließen, erhalten ein negatives Vorzeichen. Dadurch ergibt sich für das Beispiel folgende Gleichung:

$$0 = I - I_{R_1} - I_{R_2}$$

Der Strom I fließt aus dem Knoten heraus und ist damit positiv. Die beiden Ströme I_{R_1} und I_{R_2} fließen in den Knoten hinein und erhalten damit ein negatives Vorzeichen.

Info: Knotenregel

Ein Verbindungspunkt von mehreren Leitungen wird *Knoten* genannt. Innerhalb eines Knotens addieren sich die Ströme zu 0. Wie auch bei der Maschenregel wird eine Flussrichtung festgelegt. Alle Ströme, die in dieselbe Richtung zeigen wie die Flussrichtung, erhalten ein positives Vorzeichen, und alle Ströme, die in die andere Richtung fließen, erhalten ein negatives Vorzeichen.

1 Elektrischer Strom – was muss ich alles wissen?

Für die Parallelschaltung gilt bekanntermaßen:

$U = R_1 \cdot I_{R_1}$

$U = R_2 \cdot I_{R_2}$

Da aus beiden Termen die Spannung U hervorgeht, können die Terme so umgeschrieben werden:

$R_2 \cdot I_{R_2} = R_1 \cdot I_{R_1}$

Alternativ kann die Spannung U auch über das ohmsche Gesetz ersetzt werden:

$R \cdot (I_{R_1} + I_{R_2}) = R_2 \cdot I_{R_2} = R_1 \cdot I_{R_1}$

Somit gilt, dass bei einer Parallelschaltung das Produkt aus Strom und Widerstand immer gleich groß ist.

Eine Parallelschaltung besitzt damit folgende Eigenschaften:

▶ In einer Parallelschaltung ist die Spannung überall gleich hoch.
▶ In einem geschlossenen Stromkreis ist die Summe der Teilströme gleich groß wie der Gesamtstrom.
▶ Durch den kleineren Widerstand fließt der größere Teilstrom.
▶ Der Gesamtwiderstand einer Parallelschaltung berechnet sich aus dem Kehrwert aller Einzelleitwerte.
▶ Der Gesamtwiderstand einer Parallelschaltung ist immer kleiner als der kleinste Einzelwiderstand.

Rechenbeispiel

Gegeben sei die Schaltung aus Abbildung 1.13.

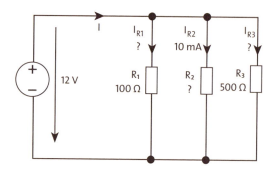

Abbildung 1.13 In dieser Aufgabe sollen die fehlenden Ströme berechnet werden.

1.3 Ein elektrischer Stromkreis in der Praxis – Anwendung des ohmschen Gesetzes

Rechnen Sie den Gesamtwiderstand R, den Widerstand R_2, die Ströme I_{R1}, I_{R3} und I aus!

Als Erstes können Sie den Widerstand R_2 berechnen. Da es sich bei der Schaltung um eine Parallelschaltung handelt, liegen alle Widerstände an derselben Spannung:

$$R_2 = \frac{U}{I_{R_2}} = \frac{12\,V}{0,01\,A} = 1200\,\Omega$$

Mit diesem Widerstand können Sie dann den Gesamtwiderstand ausrechnen:

$$\frac{1}{R} = \frac{1}{R_1} + \frac{1}{R_2} + \frac{1}{R_3}$$

$$\frac{1}{R} = \frac{1}{100\,\Omega} + \frac{1}{1200\,\Omega} + \frac{1}{500\,\Omega} = 0{,}0128\,S$$

$$R = \frac{1}{0{,}0128\,S} = 77{,}92\,\Omega$$

Über den Gesamtwiderstand kann jetzt der Gesamtstrom berechnet werden:

$$I = \frac{U}{R} = \frac{12\,V}{77{,}92\,\Omega} = 0{,}154\,A$$

Nun können Sie den Strom I_{R1} berechnen:

$$R \cdot I = R_1 \cdot I_{R_1}$$

$$I_{R_1} = \frac{U_{R_1}}{R_1}$$

$$I_{R_1} = \frac{12\,V}{100\,\Omega} = 0{,}12\,A$$

Aus der Knotenregel lässt sich der Strom I_{R3} bestimmen:

$$0 = I - I_{R_1} - I_{R_2} - I_{R_3}$$

$$I_{R_3} = I - I_{R_1} - I_{R_2}$$

$$I_{R_3} = 0{,}154\,A - 0{,}12\,A - 0{,}01\,A = 0{,}024\,A$$

Damit hätten Sie die beiden grundlegenden Schaltungstypen gemeistert. Jetzt ist die Zeit gekommen, um Ihr Wissen in der Schaltungstechnik anzuwenden.

1.3.3 Veränderliche Widerstände

Natürlich gibt es nicht nur Widerstände, deren Widerstandswerte konstant sind, sondern auch Widerstände, die einen variablen Widerstandswert haben.

In diesem Abschnitt stellen wir Ihnen folgende Widerstände vor:

- Potenziometer bzw. Trimmer
- nichtlineare Temperatursensoren – NTC / PTC
- lineare Temperatursensoren – Pt100 / Pt1000 etc.

Diese Widerstände erlauben es, Schwellenwerte von Strom und Spannung nachträglich einzustellen und/oder zu ändern bzw. Umwelteinflüsse wie Temperatur oder Licht umzuwandeln.

Potenziometer bzw. Trimmer

Bei einem Potenziometer bzw. einem Trimmer handelt es sich um einen einfachen Widerstand, dessen Widerstandswert mit der Hand (Potenziometer) oder einem Werkzeug (Trimmer) in einem vorgegebenen Bereich beeinflusst werden kann (siehe Abbildung 1.14).

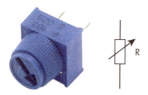

Abbildung 1.14 Ein handelsübliches Potenziometer (Poti) und sein Schaltplansymbol

Potenziometer oder auch Trimmer bestehen aus einem ringförmigen Widerstand, der über zwei Anschlüsse nach außen geführt ist (siehe Abbildung 1.15).

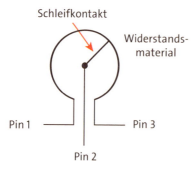

Abbildung 1.15 Prinzipieller Aufbau eines Potis oder eines Trimmers

Der Drehknopf ist mit einem Schleifkontakt verbunden, der über einen dritten Anschluss nach außen geführt wird. Dieser Schleifkontakt stellt eine veränderliche Strecke von Pin 1 nach Pin 2 oder von Pin 3 nach Pin 2 dar. Dadurch kann die Strecke verändert werden, die der Strom zurücklegen muss – und damit der Widerstand der Verbindung.

Nichtlineare Thermistoren – NTC/PTC

Bei nichtlinearen Thermistoren handelt es sich um temperaturabhängige Widerstände, die entweder im heißen Zustand (NTC, engl. *Negative Temperature Coefficient* oder auch *Heißleiter*) oder im kalten Zustand (PTC, engl. *Positive Temperature Coefficient* oder auch *Kaltleiter*) besser leiten, sprich ihren Widerstandswert verringern.

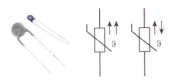

Abbildung 1.16 Zwei Kaltleiter und das Schaltplansymbol für einen Kaltleiter (links) und für einen Heißleiter (rechts)

> #### Hinweis: Schaltplansymbol Heißleiter/Kaltleiter
>
> Die beiden Pfeile im Schaltzeichen des Heißleiters und des Kaltleiters verdeutlichen den Zusammenhang zwischen der physikalischen Größe, die den Widerstandswert ändert (hier die Temperatur mit dem Zeichen *Theta* ϑ als linker Pfeil), und dem Verlauf des Widerstandswertes (rechter Pfeil).
>
> Bei einem Kaltleiter zeigen beide Pfeile nach oben. Dies bedeutet: Wenn sich die Temperatur erhöht, erhöht sich auch der Widerstandswert – der Widerstand leitet schlechter. Oder anders ausgedrückt: Er leitet im kalten Zustand besser, weswegen er auch *Kaltleiter* genannt wird.

Bei diesen Widerständen handelt es sich um *nichtlineare* Widerstände, da sich der Widerstandswert je nach Stärke der Temperaturänderung unterschiedlich stark verändert.

Die Widerstandswerte von Heißleitern und Kaltleitern lassen sich bei einer bekannten Temperatur wie folgt bestimmen:

Für den Heißleiter gilt:

$$R_T = R_N \cdot e^{B \cdot \left(\frac{1}{T} - \frac{1}{T_N}\right)}$$

1 Elektrischer Strom – was muss ich alles wissen?

Für den Kaltleiter gilt:

$$R_T = R_N \cdot e^{B \cdot (T - T_N)}$$

- R_T – Widerstand bei einer bestimmten Temperatur T (Ω)
- R_N – Widerstand bei einer bekannten Nenntemperatur (üblicherweise 20 °C) (Ω)
- B – Vom verwendeten Widerstand abhängige Materialkonstante $\left(\frac{1}{K}\right)$
- T – Temperatur, bei der der Widerstandswert bestimmt werden soll (K)
- T_N – Nenntemperatur (üblicherweise 20 °C) (K)
- e – Exponentialfunktion

Info: Unterschied zwischen Grad Celsius und Kelvin

Im wissenschaftlichen Bereich werden die Temperatur und ein Temperaturunterschied üblicherweise in *Kelvin* (K) angegeben. Die Kelvin-Skala beginnt bei −273,15 °C, der tiefsten Temperatur, die theoretisch erreicht werden kann.

Dementsprechend gilt:

0 K ≙ −273,15 °C

273,15 K ≙ 0 °C

373,15 K ≙ 100 °C

Temperaturunterschiede werden ebenfalls in Kelvin angegeben, wobei bei den Temperaturunterschieden die Umrechnung einfach durch das Austauschen der Einheit erfolgt, da ein Temperaturunterschied von beispielsweise 20 °C auch ein Temperaturunterschied von 20 K ist.

Den Wert für die Materialkonstante B eines jeden NTC oder PTC müssen Sie üblicherweise dem Datenblatt des Widerstands entnehmen, da dieser Wert je nach Nennwiderstand bzw. je nach Hersteller unterschiedlich sein kann.

Rechenbeispiel

Gegeben sei die Schaltung aus Abbildung 1.17 mit einem NTC vom Typ 2381 640 3 des Herstellers Vishay mit einem Nennwiderstand von 470 Ω.

Bestimmen Sie die Spannung U_2 bei den Temperaturen 20 °C, 40 °C und 100 °C!

Als Erstes müssen Sie anhand der gegebenen Typenbezeichnung das Datenblatt des Widerstands suchen. Dafür eignet sich eine Suchmaschine Ihrer Wahl. Das Datenblatt sollte in etwa so aussehen wie in Abbildung 1.18.

1.3 Ein elektrischer Stromkreis in der Praxis – Anwendung des ohmschen Gesetzes

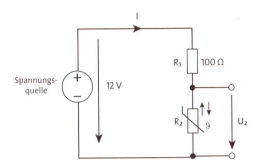

Abbildung 1.17 Gesucht ist die Spannung am NTC.

Abbildung 1.18 Das Herstellerdatenblatt des NTC

In diesem Datenblatt hat der Hersteller alle wichtigen Informationen zu dem Bauteil notiert. Solche Datenblätter sind immer Ihre erste Anlaufstelle, wenn Sie Informationen jeglicher Art über ein Bauteil benötigen.

Um die Spannung U_1 zu berechnen, brauchen Sie den Widerstand des NTC bei verschiedenen Temperaturen, und um den Widerstand berechnen zu können, benötigen Sie die Materialkonstante B des NTC, die Sie dem Datenblatt entnehmen können. Sie finden diesen Wert in der Tabelle des Datenblattes bei einem Nennwiderstand von 470 Ω.

Wichtig: Der Nennwiderstand bezieht sich bei diesem Widerstand auf 25 °C, daher auch die Kennzeichnung R_{25}! Zudem wird die Materialkonstante in der Tabelle mit dem Buchstaben K gekennzeichnet!

Der Wert für die Materialkonstante beträgt laut der Tabelle im Datenblatt 3560 K (siehe Abbildung 1.19).

ELECTRICAL DATA AND ORDERING INFORMATION								
R_{25}	$B_{25/85}$-VALUE		UL APPROVED	SAP MATERIAL NUMBER	OLD 12NC CODE	COLOR CODE [3]		
(Ω)	(K)	(± %)	(Y/N)	NTCLE100E3....B0/T1/T2 [2]	2381 640 3/4/6.... [1]	I	II	III
470	3560	1.5	Y	471*B0	*471	Yellow	Violet	Brown
680	3560	1.5	Y	681*B0	*681	Blue	Grey	Brown
1000	3528	0.5	Y	102*B0	*102	Brown	Black	Red
1500	3528	0.5	Y	152*B0	*152	Brown	Green	Red

Abbildung 1.19 In dieser Tabelle aus dem Datenblatt finden Sie die Materialkonstanten für die verschiedenen NTCs des Herstellers.

Mit diesem Wert können Sie nun die drei Widerstände für die unterschiedlichen Temperaturen berechnen. Dazu brauchen Sie die Formel für den Heißleiter:

$$R_T = R_N \cdot e^{B \cdot \left(\frac{1}{T} - \frac{1}{T_N}\right)}$$

$$R_{20} = 470\,\Omega \cdot e^{3560\,K \cdot \left(\frac{1}{273{,}15\,K + 20\,K} - \frac{1}{273{,}15\,K + 25\,K}\right)}$$

$$R_{20} = 576{,}16\,\Omega$$

$$R_{40} = 265{,}28\,\Omega$$

$$R_{100} = 42{,}64\,\Omega$$

Hier müssen Sie an die Umrechnung von Grad Celsius in Kelvin denken! Wie Sie sehen, verändert sich der Widerstand unterschiedlich stark. Von 20 °C auf 40 °C nimmt der Widerstand um 44 %, also um knapp die Hälfte ab, obwohl sich der Wert der Temperatur (in °C) verdoppelt. Und bei 100 °C ist der Widerstandswert nur noch etwa 8 % so groß wie der Originalwert, obwohl sich die Temperatur nur verfünffacht. Wie Sie anhand dieser Werte erkennen können, ist der Widerstand *nichtlinear* abhängig von der Temperatur, unabhängig von der Einheit °C oder K.

Mit den berechneten Widerständen können Sie nun die Werte für U_1 ausrechnen. Dies machen Sie einfach wieder über die Verhältnisse von Spannung und Widerstand, da es sich bei der Schaltung um eine Reihenschaltung handelt:

$$\frac{U_1}{R_2} = \frac{U}{R_1 + R_2}$$

$$U_1 = \frac{U}{R_1 + R_2} \cdot R_2$$

$$U_{1_{20}} = \frac{12\text{ V}}{100\ \Omega + 576{,}16\ \Omega} \cdot 576{,}16\ \Omega$$

$$U_{1_{20}} = 10{,}22\text{ V}$$

$$U_{1_{40}} = 8{,}27\text{ V}$$

$$U_{1_{100}} = 3{,}58\text{ V}$$

Lineare Thermistoren – Pt100, Pt1000 etc.

Thermistoren wie der Pt100 oder der Pt1000 bieten gegenüber üblichen NTCs oder PTCs den Vorteil, dass der Verlauf des Widerstands nahezu linear zur Temperatur verläuft. Außerdem ist der Verlauf des Widerstandes über die Temperatur, die sogenannte Kennlinie eines Pt100 etc., genormt und somit bei allen Herstellern gleich.

Die Benennung der Widerstände erfolgt nach ihrem Herstellungsmaterial und ihrem Nennwiderstand R_N bei einer Temperatur von 0 °C bzw. 273,15 K. Aus der Bezeichnung Pt100 lassen sich somit folgende Informationen gewinnen:

- Platin-Messwiderstand
- Nennwiderstand $R_N = 100\ \Omega$

Die Kennlinie eines Pt100 sieht typischerweise so aus wie in Abbildung 1.20.

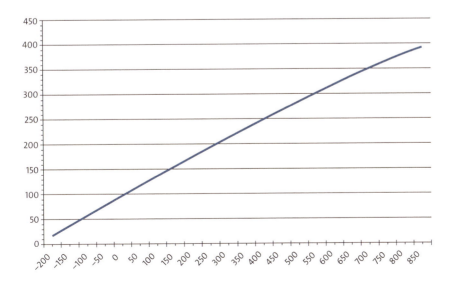

Abbildung 1.20 Der Widerstand eines Pt100 bei verschiedenen Temperaturen

1 Elektrischer Strom – was muss ich alles wissen?

Info: Was ist eine Kennlinie?

Eine Kennlinie beschreibt in der Elektrotechnik grafisch den Zusammenhang zwischen zwei Größen, wie z. B. in Abbildung 1.20 den Zusammenhang zwischen Widerstand und Temperatur und in Abbildung 1.21 den Zusammenhang zwischen Strom und Spannung.

Eine einfache Kennlinie ist z. B. die Widerstandskennlinie. Dazu schließen Sie einen Widerstand an eine einstellbare Spannungsquelle an und variieren die Spannung in festen Schritten. Zu jedem Spannungswert notieren Sie den Strom, der durch den Widerstand fließt. Wenn Sie die Ergebnisse nun als Graphen darstellen, bekommen Sie solch einen Verlauf:

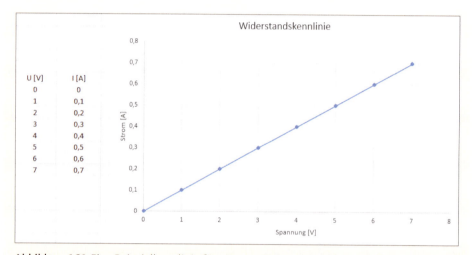

Abbildung 1.21 Eine Beispielkennlinie für einen 10-Ω-Widerstand

Sie können nun an jedem Punkt auf der Linie einen Strom- und einen Spannungswert ablesen, um so z. B. den Widerstand auszurechnen.

Solche Kennlinien benutzt man häufig, um einen Strom/Spannungsverlauf grafisch zu verdeutlichen oder um Berechnungen zu vereinfachen.

1.4 Die elektrische Leistung als Produkt von Spannung und Strom

In der Elektrotechnik lässt sich die Leistung als Produkt von Strom und Spannung bestimmen:

$P = U \cdot I$

1.4 Die elektrische Leistung als Produkt von Spannung und Strom

- P – elektrische Leistung [W]
- U – elektrische Spannung [U]
- I – elektrischer Strom [I]

Wahrscheinlich haben Sie den Begriff *Leistung* schon mal im Zusammenhang mit Ihrem Staubsauger oder Ihrem Herd gehört, sodass Ihnen dieser Begriff nicht komplett unbekannt ist.

Wird die Leistung über einen bestimmten Zeitraum betrachtet, erhält man die *elektrische Arbeit*, die in dieser Zeit verrichtet wurde:

$W = P \cdot t$

- W – elektrische Arbeit [Ws]
- P – elektrische Leistung [P]
- t – Zeit [s]

Den Begriff elektrische Arbeit sollten Sie spätestens bei der Einheit kWh einordnen können. Wenn Sie eine Stromrechnung Ihres Stromanbieters erhalten, bezahlen Sie nämlich immer die elektrische Arbeit, die Ihre Geräte vollbracht haben, bzw. die Energie, die sie verbraucht haben. Die elektrische Arbeit ist für unsere Zwecke uninteressant und soll nur der Vollständigkeit halber erwähnt werden.

Für uns ist die *elektrische Leistung* viel wichtiger, da einige Bauteile nur eine bestimmte Maximalleistung erfahren dürfen. Je höher die Betriebsspannung ist, desto niedriger muss der Strom sein, der durch das Bauteil fließt.

Die elektrische Leistung gibt Ihnen auch direkten Aufschluss über den Verbrauch einer Schaltung. Wenn Sie z. B. einen Spannungsteiler aufbauen wollen, der die Eingangsspannung halbiert, benötigen Sie zwei gleich große Widerstände:

$$\frac{U}{U_1} = \frac{R_1 + R_2}{R_2}$$

Dabei gilt:

$$U_1 = \frac{U}{2}$$

Daraus folgt:

$$2\frac{U}{U} = \frac{R_1 + R_2}{R_2}$$

$$2 \cdot R_2 = R_1 + R_2$$

$$R_2 = R_1$$

Sie können jetzt jeden x-beliebigen Widerstandswert nehmen, um damit einen Spannungsteiler aufzubauen, der die Spannung halbiert.

Angenommen, Sie haben die Wahl zwischen zwei 100-Ω-Widerständen oder zwei 10-kΩ-Widerständen. Welchen Widerstandswert würden Sie verwenden?

Je nach Anwendungsfall ergeben sich verschiedene Möglichkeiten. Wenn Sie den Spannungsteiler verwenden wollen, um eine halb so große Betriebsspannung zu erzeugen, damit diese anschließend gemessen werden kann, macht es durchaus Sinn, den größeren Widerstandswert zu verwenden.

»Warum das denn?«, fragen Sie sich bestimmt. Nun, durch den größeren Widerstand fließt in der Schaltung ein kleinerer Strom. Da die elektrische Leistung als Produkt von Strom und Spannung definiert ist, sinkt die aufgenommene Leistung der Schaltung, wenn der Strom oder die Spannung sinkt. Es ist natürlich unvorteilhaft, wenn ein Spannungsteiler, der ausschließlich zum Messen dient, permanent Energie verbrät.

Wenn Sie die halbe Betriebsspannung allerdings zum Betreiben einer weiteren Komponente verwenden wollen, dann dürfen Sie keinen zu großen Widerstandswert wählen, da sonst unter Umständen der Strom in der Schaltung zu klein wird. Außerdem wäre diese Komponente parallel zu einem der Widerstände des Spannungsteilers geschaltet und der Gesamtwiderstand würde sich dadurch ändern.

Wie Sie sehen, müssen Sie sich einige Gedanken machen, bevor Sie eine Schaltung aufbauen und die Bauteile berechnen können.

Rechenbeispiel

Gegeben sei die Schaltung aus Abbildung 1.22.

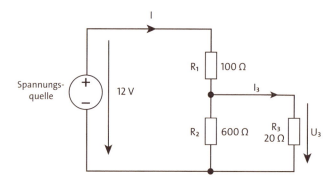

Abbildung 1.22 Wie groß sind der Spannungsabfall und der Stromfluss an der Lampe?

1.4 Die elektrische Leistung als Produkt von Spannung und Strom

Bei der Schaltung handelt es sich um einen sogenannten *belasteten Spannungsteiler*, da der normale Spannungsteiler aus den Widerständen R_1 und R_2 mit einem zusätzlichen Verbraucher belastet wird: hier mit dem Widerstand R_3.

Bei dem Widerstand R_3 handelt es sich um eine Lampe, bei der ein elektrischer Widerstand von 20 Ω gemessen wurde. Aus diesem Grund wird die Lampe als ohmscher Widerstand in der Schaltung dargestellt.

Bestimmen Sie die Betriebsspannung U_3 der Lampe und den Strom I_1, der durch die Lampe fließt! Anschließend berechnen Sie die in der Lampe umgesetzte Leistung.

Im ersten Schritt lösen Sie die Parallelschaltung aus den Widerständen R_2 und R_3 auf, um den Gesamtwiderstand für die beiden Widerstände zu erhalten:

$$\frac{1}{R_{23}} = \frac{1}{R_2} + \frac{1}{R_3}$$

$$\frac{1}{R_{23}} = \frac{1}{600\,\Omega} + \frac{1}{20\,\Omega}$$

$$R_{23} = 19{,}35\,\Omega$$

Sie haben den belasteten Spannungsteiler nun in eine einfache Reihenschaltung aus R_1 und R_{23} umgewandelt. Mithilfe des Widerstandes R_1 können Sie nun den Gesamtwiderstand der Schaltung und den daraus resultierenden Strom berechnen:

$$R = R_1 + R_{23}$$

$$R = 100\,\Omega + 19{,}35\,\Omega$$

$$R = 119{,}35\,\Omega$$

Mithilfe des Gesamtwiderstands der Schaltung lässt sich nun der Gesamtstrom I ausrechnen:

$$I = \frac{U}{R}$$

$$I = \frac{12\,\text{V}}{119{,}35\,\Omega} = 0{,}1005\,\text{A}$$

Um das Problem zu lösen, benötigen Sie allerdings den Strom I_3. Da es sich bei den Widerständen R_2 und R_3 um eine Parallelschaltung handelt, ist der Strom I_3 nur ein Teilstrom von I. Der Strom I_3 kann aber durch die Spannung U_3 am Widerstand R_3 ausgerechnet werden. Da bei einer Parallelschaltung die Spannung U_3 am Widerstand R_2 und R_3 identisch ist, rechnen Sie mit dem Strom I die Spannung am Widerstand R_2 aus:

$$U_3 = R_2 \cdot I$$

1 Elektrischer Strom – was muss ich alles wissen?

$U_3 = U - U_{R_1}$

$U_{R_1} = I \cdot R_1$

$U_3 = 12\,\text{V} - 100\,\Omega \cdot 0{,}1005\,\text{A}$

$U_3 = 1{,}95\,\text{V}$

Mit dieser Spannung lässt sich nun der Strom I_3 berechnen:

$I_3 = \dfrac{U_1}{R_3}$

$I_3 = \dfrac{1{,}95\,\text{V}}{20\,\Omega} = 0{,}0975\,\text{A}$

Aus dem Strom I_3 und der Spannung U_3 können Sie dann anschließend die Leistung berechnen, die an dem Widerstand R_3 – also der Lampe – umgesetzt wird:

$P = I_3 \cdot U_3$

$P = 0{,}0975\,\text{A} \cdot 1{,}95\,\text{V} = 0{,}19\,\text{W}$

1.5 Fehlersuche in der Schaltung – richtig messen mit verschiedenen Messgeräten

Wenn Sie später elektronische Schaltungen aufbauen, werden Sie früher oder später feststellen, dass eine Schaltung nicht so funktioniert, wie Sie es sich erhofft haben. Oft besteht dann der einzig effektive Weg darin, dass Sie sich ein Messgerät schnappen und auf Spurensuche gehen.

Das große Problem mit Messgeräten ist, dass die Geräte je nach Preisklasse beliebig komplex werden und ganze Bücher an Erklärungen benötigen. Wir werden Ihnen in diesem Abschnitt einen kurzen Überblick über ein paar Universalmessgeräte geben, die sich unserer Meinung nach im Hobbybereich bezahlt machen und Ihnen das Leben erleichtern können. Konkret beschreiben wir:

- das Multimeter als Universalwerkzeug
- das Oszilloskop, um den Verlauf von Spannungen zu verfolgen
- den Logikanalysator (Logic Analyzer), um die Datenübertragung zwischen verschiedenen integrierten Schaltkreisen (ICs oder Chips) zu verfolgen

Wenn Sie gerade erst anfangen, sich mit der Elektronik zu beschäftigen, und noch nicht wissen, wie intensiv Sie dieses Hobby ausüben wollen, reicht ein preiswertes Multimeter vollkommen aus. Oszilloskope und Logic Analyzer sind Geräte, die bei einigen Hundert Euro anfangen und die man sich nur kaufen sollte, wenn man das Hobby aktiv betreibt. Daher werfen wir nur einen sehr kurzen Blick auf diese Geräte. Gerade die Behandlung eines Oszilloskops benötigt viel Wissen; aber wir möchten Ihnen diese Geräte auch nicht vorenthalten.

1.5.1 Das Multimeter als Universalwerkzeug

Beginnen wir mit dem Multimeter. Das Multimeter ist quasi das Standardwerkzeug für jeden, der sich mit Elektronik beschäftigt. Es ist ein vielseitig einsetzbares Messgerät, mit dem Sie verschiedene Größen in einem elektrischen Stromkreis messen können.

Multimeter sind im Prinzip immer gleich aufgebaut, unabhängig davon, was sie kosten und welche Qualität sie besitzen bzw. von welcher Marke sie stammen.

Abbildung 1.23 Prinzipieller Aufbau eines Multimeters

Den Wechselspannungsmessbereich können Sie ignorieren. Dieses Buch handelt ausschließlich von Gleichspannung.

> **Info: Unterschied zwischen Gleich- und Wechselgrößen**
>
> Bei einer *Wechselgröße* handelt es sich um eine Größe (Strom oder Spannung), die in regelmäßigen Wiederholungen die Höhe ändert. Der Mittelwert einer Wechselgröße ist dabei aber immer null, und der Verlauf einer Wechselgröße führt immer von null zum Maximalwert und anschließend durch den Wert null zum negativen Maximalwert.

Eine *Gleichgröße* ist eine Größe, deren Höhe über die ganze Zeit gleich bleibt und sich nicht ändert.

Werden Gleich- und Wechselgrößen kombiniert, so erhält man eine *Mischgröße*. Im Gegensatz zu einer Wechselgröße muss eine Mischgröße nicht unbedingt den Wert null erreichen!

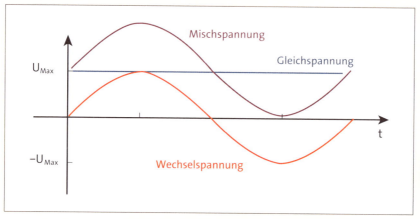

Abbildung 1.24 Der Unterschied zwischen den drei Spannungsarten, wenn der Verlauf über eine bestimmte Zeit t betrachtet wird

Für Sie ist nur der Messbereich für einen Gleichstrom, eine Gleichspannung und den Widerstand interessant – und eben diese Bereiche schauen wir uns jetzt einmal genauer an und bringen in Erfahrung, wie man die Größen der jeweiligen Bereiche richtig misst. Dazu fangen wir mit dem Messen einer Gleichspannung an.

Gleichspannung messen

Um mit dem Multimeter eine Gleichspannung zu messen, müssen Sie die Messspitzen in die Buchsen mit der Aufschrift *COM* und *VΩmA* (die Bezeichnung kann je nach Multimeter variieren) stecken und das Multimeter auf den höchsten Wert des Gleichspannungsmessbereichs stellen.

Einige Multimeter stellen den Messbereich automatisch ein. Bei diesen Geräten reicht es aus, als Messbereich Gleichspannung auszuwählen. Den Rest macht dann das Multimeter.

Anschließend wird das Multimeter mithilfe der Messspitzen parallel zum Verbraucher angeschlossen, an dem die Spannung gemessen werden soll (siehe Abbildung 1.25).

1.5 Fehlersuche in der Schaltung – richtig messen mit verschiedenen Messgeräten

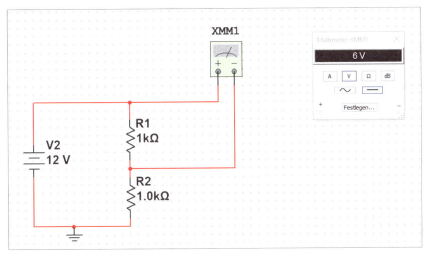

Abbildung 1.25 Schematischer Messaufbau mit einem Multimeter zum Messen einer Spannung

Info: Simulationsprogramme zum Simulieren von Schaltungen

Gerade für den Bereich Schaltungsentwicklung und Schaltungsaufbau sind Simulationsprogramme ein sehr wertvolles Werkzeug, um die Schaltung in der Theorie zu testen und Signalverläufe zu kontrollieren. Solche Simulationsprogramme gibt es teilweise kostenlos zum Download (*LTSpice* von Linear Technology) oder kommerziell zu erwerben wie das in Abbildung 1.25 gezeigte *MultiSim* von National Instruments.

Wenn Sie Zeit und Lust haben, sich mit einem Simulationsprogramm zu beschäftigen, dann können wir Ihnen für den Anfang LTSpice empfehlen. Im Internet sind zudem zahlreiche Tutorials zu diesem Tool zu finden, sodass der Einstieg mit diesem Programm nicht allzu kompliziert wird.

Durch das Parallelschalten des Multimeters zum Widerstand entsteht eine Parallelschaltung zweier Widerstände: des Widerstands, an dem die Spannung gemessen wird, und des Innenwiderstands des Multimeters. Aus diesem Grund besitzen Multimeter während einer Spannungsmessung einen sehr hohen Innenwiderstand (üblicherweise 1–20 MΩ). Dadurch bleibt der Gesamtwiderstand dieser Parallelschaltung möglichst genauso groß wie der zu messende Widerstand – probieren Sie es doch einmal aus.

Stellen Sie sich vor, dass Sie eine Reihenschaltung aus zwei 1-kΩ-Widerständen haben, und zu einem der beiden Widerstände schließen Sie einen 20-MΩ-Widerstand parallel. Was erhalten Sie dann als Gesamtwiderstand der Parallelschaltung?

Nun können Sie den Wert des maximalen Gleichspannungsmessbereiches so lange reduzieren, wie die gemessene Spannung kleiner als der Maximalwert ist. Dann wird die Spannung in der bestmöglichen Genauigkeit angezeigt.

Stromfluss messen

Wenn Sie nun mit dem Multimeter aber den Stromfluss in der Schaltung messen möchten, so müssen Sie die Messspitzen in die Buchsen *COM* und *10A* stecken (auch hier können die Bezeichnungen wieder abweichen) und das Multimeter auf den höchsten Wert des Gleichstrommessbereiches stellen.

Für eine Strommessung muss das Multimeter *in Reihe* geschaltet werden, sodass der zu messende Strom durch das Multimeter hindurchfließen kann (siehe Abbildung 1.26).

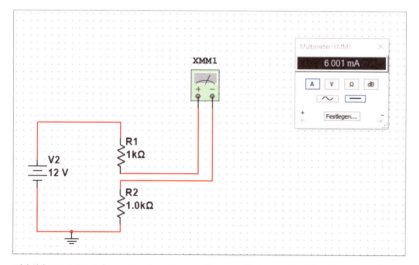

Abbildung 1.26 Schematischer Messaufbau mit einem Multimeter zum Messen eines Stroms

Auch hier reduzieren Sie anschließend den Messbereich für den Gleichstrom so lange, bis das Multimeter den Strom in der bestmöglichen Genauigkeit anzeigt.

Damit das Multimeter den Gesamtwiderstand nicht zu stark erhöht und damit den eigentlich zu messenden Strom zu stark beeinflusst, besitzt es bei der Strommessung einen sehr kleinen Innenwiderstand (je nach Gerät und je nach Messbereich bis zu 20 Ω).

Bei beiden Messungen ist es egal, wie Sie die Messspitzen des Multimeters mit der Schaltung verbinden. Wenn das Multimeter falsch herum angeschlossen wurde, zeigt es lediglich einen negativen Wert an.

Widerstand von Bauteilen messen

Mit dem Multimeter ist es außerdem möglich, den Widerstand von Bauteilen zu messen. Dazu stecken Sie die Messspitzen des Multimeters wieder in die Anschlüsse *COM* und *VΩmA* und wählen den größten Wert des Widerstandsmessbereiches aus. Anschließend verbinden Sie das zu vermessende Bauteil mit den Messspitzen des Multimeters (siehe Abbildung 1.27).

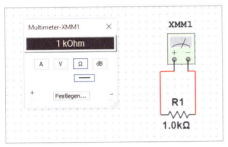

Abbildung 1.27 Schematischer Messaufbau mit einem Multimeter zum Messen eines Widerstands

Vorsicht beim Vermessen eines Widerstandes in einer Schaltung

Es kommt häufig vor, dass sich der Widerstand, den Sie vermessen wollen, in einer Schaltung befindet. In diesem Fall müssen Sie die Schaltung stromlos schalten, und bei der Messung müssen Sie berücksichtigen, dass Widerstände, die parallel zum gemessenen Widerstand liegen, das Messergebnis beeinflussen können!

Mithilfe der Widerstandsmessung können Verbindungen durchgemessen und Bauteile kontrolliert werden. Eine ordnungsgemäße Verbindung zwischen zwei Punkten in der Schaltung ist immer niederohmig. Das heißt, sie hat einen kleinen Widerstand (in den meisten Fällen im Bereich unter 1Ω). Kaputte Bauelemente verhalten sich ähnlich: So besitzen Transistoren (siehe Abschnitt 3.6) einen sehr großen Widerstand zwischen ihren Anschlüssen, aber sobald sie kaputt sind, sinkt der Widerstand auf einen sehr kleinen Wert ab. Kaputte Widerstände erkennen Sie daran, dass sie einen sehr großen bzw. unendlichen Widerstand besitzen. Üblicherweise besitzen Multimeter auch eine eingebaute Funktion zum Messen von Dioden (siehe Abschnitt 3.5.1), die so wie in Abbildung 1.28 gekennzeichnet ist.

Abbildung 1.28 Das Symbol für die Diodentestfunktion

Diese Funktion wird genau so genutzt wie eine normale Widerstandsmessung, nur müssen Sie bei dieser Funktion darauf achten, dass der Anschluss *VΩmA* am Pluspol (Anode) und der Anschluss *COM* am Minuspol (Kathode) der Diode angeschlossen wird. Wenn alles richtig gemacht wurde, zeigt das Multimeter die Betriebsspannung der Diode an (z. B. 0,7 V).

Außerdem besitzen Multimeter auch noch eine Funktion, mit der Sie Verbindungen »durchpiepen« können (siehe Abbildung 1.29).

Abbildung 1.29 Das Symbol für die Summerfunktion des Multimeters

Mit dieser Funktion gibt das Multimeter ein akustisches Signal, sobald die Verbindung zwischen den Messleitungen niederohmig wird. Dies eignet sich besonders gut, um Verbindungen auf dem Steckbrett oder auf Leiterbahnen auf eine korrekte Verbindung hin zu überprüfen.

Mit diesem Wissen sind Sie in der Lage, mit dem Multimeter auf Spurensuche zu gehen, falls ein Fehler in einer Ihrer Schaltungen auftritt. Werfen wir noch einen kurzen Blick auf die beiden anderen (optionalen) Geräte.

1.5.2 Das Oszilloskop – den Verlauf von Spannungen verfolgen

Ein Oszilloskop ist ein Messgerät, mit dem Sie den Verlauf von Spannungen live mitverfolgen können (siehe Abbildung 1.30).

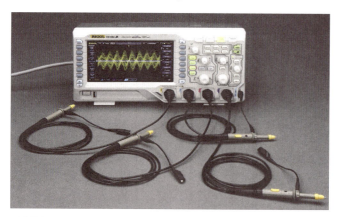

Abbildung 1.30 Produktbild eines Oszilloskops von Adafruit

Diese Geräte werden üblicherweise nur dann eingesetzt, wenn es sich bei der zu messenden Spannung um eine schnell schwingende Spannung handelt, für die die Messung mit einem Multimeter zu träge ist, oder wenn der Anwender den genauen Signalverlauf ermitteln will.

Oszilloskope sind deutlich teurer als gleichwertige Multimeter (mind. 300 EUR), bieten dafür aber auch mehr Möglichkeiten, Signale vernünftig zu vermessen. Für Anfänger sind solche Geräte jedoch zu komplex und werden daher hier nur am Rande erwähnt.

1.5.3 Der Logikanalysator – die Datenübertragung zwischen verschiedenen Chips verfolgen

Zu guter Letzt stellen wir Ihnen noch den Logikanalysator vor, mit dem Sie die digitale Kommunikation zwischen zwei Chips oder Ähnlichem verfolgen können (siehe Abbildung 1.31).

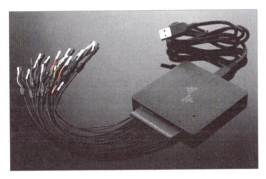

Abbildung 1.31 Produktfoto eines preiswerten Logikanalysators (Quelle: Hackaday Online Store)

Diese Geräte erhalten Sie schon für einige Hundert Euro. Logikanalysatoren sind aus dem Bereich der digitalen Schaltungsentwicklung und der Kommunikation von Mikrocontrollern und verschiedenen Bausteinen nicht mehr wegzudenken.

Als Resultat der Messung erhält man die Daten, die zwischen verschiedenen Bausteinen versendet werden (siehe Abbildung 1.32).

Damit haben Sie einen ersten Überblick über eine kleine Auswahl an nützlichen Messgeräten für den Hobbybereich bekommen. Welche Messgeräte Sie sich am Ende anschaffen wollen, bleibt Ihnen überlassen. Es ist natürlich nicht sinnvoll, viel Geld in teure Oszilloskope und Multimeter zu investieren, wenn Sie noch nicht wissen, wie aktiv Sie das Hobby betreiben wollen. Es reicht vollkommen aus, wenn Sie sich für den Anfang ein preiswertes Multimeter anschaffen.

1 Elektrischer Strom – was muss ich alles wissen?

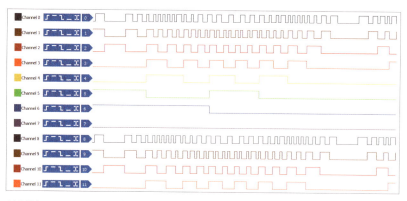

Abbildung 1.32 Beispielmessung mit einem Logikanalysator

1.6 Was ist eine Spannungsquelle und wie funktioniert sie?

Da Sie nun bereits bestens über Strom, Spannung und Leistung Bescheid wissen, werden wir Ihnen den allgemeinen Aufbau und ein paar Besonderheiten von Spannungsquellen vorstellen. Bisher wurde die Spannungsquelle als ideales Gerät dargestellt, das eine Spannung mit einer fest definierten oder einer einstellbaren Höhe erzeugt, z. B. 12 V. Leider gibt es solch eine ideale Spannungsquelle in der Realität nicht.

1.6.1 Die reale Spannungsquelle

Eine reale Spannungsquelle besteht nicht nur aus dem Teil, der die Spannung erzeugt, sondern auch aus einem *Innenwiderstand* (siehe Abbildung 1.33).

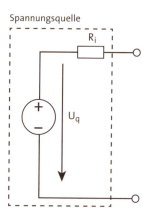

Abbildung 1.33 Das Ersatzschaltbild einer Spannungsquelle, z. B. einer Batterie

1.6 Was ist eine Spannungsquelle und wie funktioniert sie?

Info: Was ist ein Ersatzschaltbild?

Ein Ersatzschaltbild ist die Überführung eines realen Bauelements in eine Schaltung unter Berücksichtigung einiger Eigenschaften, die für die Analyse interessant sind.

So kann z. B. eine Batterie in der Schaltung als einfache Spannungsquelle ohne Innenwiderstand dargestellt werden, wenn der Innenwiderstand für die Betrachtung der Schaltung nicht relevant ist. Wenn die Schaltung aber möglichst realitätsnah analysiert werden soll, so sollten möglichst viele Parameter der Batterie mit in die Schaltung eingezeichnet werden, wie z. B. der Innenwiderstand.

Der Widerstand R_i kennzeichnet den Innenwiderstand der Spannungsquelle und die Spannung U_q die sogenannte *Quellspannung* oder auch *Leerlaufspannung*.

Angenommen, wir verwenden das in Abbildung 1.33 gezeigte Ersatzschaltbild einer Spannungsquelle für eine Batterie und verbinden die beiden Pole der Batterie über einen Widerstand, der einen Verbraucher darstellt, z. B. eine Lampe. Was würde nun passieren?

Um das zu analysieren, zeichnen wir uns erst einmal die komplette Schaltung auf (siehe Abbildung 1.34).

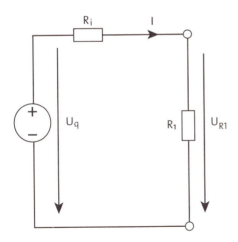

Abbildung 1.34 Die komplette Schaltung mit dem erweiterten Ersatzschaltbild einer Batterie

Da es sich bei der Schaltung um eine Reihenschaltung zweier Widerstände handelt, teilt sich die Spannung im Verhältnis beider Widerstände in eine Spannung U_{Ri} und U_{R1} auf.

Nun können mehrere Fälle betrachtet werden:

- **Der Widerstand R_i ist sehr groß, und der Widerstand R_l ist sehr klein.**
  In diesem Fall ist der Strom I durch die Lampe sehr klein, da der Gesamtwiderstand der Schaltung sehr groß ist. Außerdem ist der Spannungsabfall an dem Innenwiderstand R_i sehr groß, sodass die Spannung, die an dem Widerstand R_l abfällt, sehr klein ist.

  Aus dem Produkt von Strom durch den Widerstand R_i und der Spannung an dem Widerstand R_i ergibt sich die Leistung, die an dem Innenwiderstand abfällt. Da der Großteil der Spannung am Innenwiderstand abfällt, fällt auch beinahe die komplette Leistung am Innenwiderstand ab.

  Dieser Fall ist sehr schlecht, da die Spannungsquelle als solche nicht zu gebrauchen ist.

- **Der Widerstand R_i ist sehr klein, und der Widerstand R_l ist sehr groß.**
  In diesem Fall ist der Strom I durch die Lampe ebenfalls sehr klein, aber der Spannungsabfall am Widerstand R_l ist sehr groß. Somit fällt fast die komplette Leistung am Widerstand R_l ab. Dieser Fall ist schon besser, da in diesem Fall die komplette Leistung, die die Spannungsquelle liefert, nicht an der Spannungsquelle, sondern am Verbraucher abfällt – in diesem Fall am Widerstand R_l.

- **Der Widerstand R_i und der Widerstand R_l sind beide sehr klein.**
  In diesem Fall ist der Strom I durch die Lampe sehr groß, aber die Spannung U_q teilt sich je nach Verhältnis der Widerstände R_i und R_l zueinander auf die beiden Widerstände auf. Dieser Fall tritt üblicherweise dann auf, wenn die Spannungsquelle einen zu großen Strom liefern muss, sprich zu stark belastet wird, z. B. durch einen Kurzschluss oder eine andere niederohmige Verbindung.

Aber wie können Sie den Innenwiderstand R_i und die Spannung U_q nun bestimmen?

Um den Innenwiderstand zu bestimmen, verwenden Sie wieder das ohmsche Gesetz:

$$R_i = \frac{U_0}{I_K}$$

- R_i – Innenwiderstand der Spannungsquelle (Ω)
- U_0 – Klemmspannung – die Spannung zwischen beiden Polen der Spannungsquelle (V)
- I_K – Kurzschlussstrom (A)

Um den Innenwiderstand zu bestimmen, werden die beiden Pole der Spannungsquelle über einen Widerstand und ein Strommessgerät (Amperemeter) miteinander verbunden (siehe Abbildung 1.35).

1.6 Was ist eine Spannungsquelle und wie funktioniert sie?

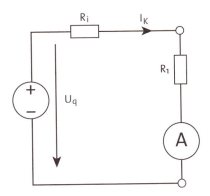

Abbildung 1.35 Messen des Kurzschlussstroms mit einem Amperemeter

Der angezeigte Strom wird notiert, und anschließend wird der Widerstandswert des Widerstands R_1 verringert. Auch hier wird die Höhe des Stroms notiert. Diese Vorgehensweise wird nun fünf- bis sechsmal wiederholt, und anschließend werden die Punkte in eine Kennlinie übertragen. Dabei wird der Strom auf der horizontalen Achse (der x-Achse) und die Spannung auf der vertikalen Achse (der y-Achse) aufgetragen.

Das Ergebnis ist eine Kennlinie, wie sie in Abbildung 1.36 zu sehen ist.

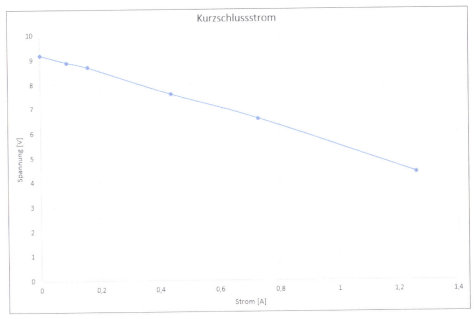

Abbildung 1.36 Beispiel für eine Strommessung, um den Kurzschlussstrom zu bestimmen

Der Schnittpunkt der Kennlinie mit der y-Achse, also der Spannung, stellt die Quellspannung U_q dar, und wenn die Kennlinie verlängert wird, ergibt der Schnittpunkt mit der x-Achse den maximalen Kurzschlussstrom I_K.

Info: Was ist ein elektrischer Kurzschluss?

Unter einem elektrischen Kurzschluss versteht man eine quasi widerstandslose Verbindung zweier Pole einer Spannungsquelle. Ein Kurzschluss hat die Eigenschaft, dass der Spannungsabfall zwischen beiden Polen praktisch auf null fällt (da der Widerstand zwischen den beiden Polen sehr klein ist) und der Strom sehr groß wird.

Mithilfe der Quellspannung U_q und des Kurzschlussstroms I_K kann dann der Innenwiderstand R_i der Spannungsquelle berechnet werden.

1.6.2 Spannungsquellen zusammenschalten

Es kommt oft vor, dass eine einzelne Spannungsquelle nicht ausreicht – entweder weil die Schaltung mehr Strom benötigt, als die Quelle bereitstellen kann, oder weil die benötigte Spannung höher ist als die Spannung, die die Spannungsquelle liefern kann. In so einem Fall müssen Sie mehrere Spannungsquellen miteinander verbinden.

Werden Spannungsquellen in Reihe geschaltet, so addieren sich die Einzelspannungen zu einer größeren Gesamtspannung (siehe Abbildung 1.37).

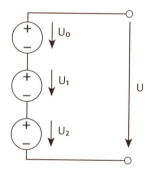

Abbildung 1.37 Eine Reihenschaltung von Spannungsquellen

Durch die Reihenschaltung von Spannungsquellen werden allerdings auch die Innenwiderstände der einzelnen Spannungsquellen addiert, sodass für den Gesamtinnenwiderstand gilt:

$$R_i = R_{i_1} + R_{i_2} + R_{i_3} + \dots R_{i_n}$$

1.6 Was ist eine Spannungsquelle und wie funktioniert sie?

Der größere Innenwiderstand hat zur Folge, dass sich der maximale Strom, der den Spannungsquellen entnommen werden kann, verringert. Werden also z. B. zwei 12-V-Spannungsquellen mit einem Innenwiderstand von 1Ω hintereinandergeschaltet, so beträgt der maximale Strom für eine Spannungsquelle 12 A:

$$I_K = \frac{U}{R_i} = \frac{12\text{ V}}{1\text{ Ω}} = 12\text{ A}$$

Bei einer Reihenschaltung der beiden Spannungsquellen ergibt sich ein maximaler Strom von 12 A:

$$I_K = \frac{U}{R_i + R_i} = \frac{24\text{ V}}{1\text{ Ω} + 1\text{ Ω}} = 12\text{ A}$$

Sie erkennen an diesem Beispiel, dass die Reihenschaltung von zwei Spannungsquellen den maximalen Strom pro Spannungsquelle nicht beeinflusst.

Merke

Eine Reihenschaltung von Spannungsquellen *erhöht* die maximale Spannung auf eine Summe aller Einzelspannungen der Spannungsquellen.

Wenn eine Schaltung nun aber mehr Strom benötigt, als eine einzelne Spannungsquelle liefern kann (z. B. bedingt durch den Innenwiderstand der Spannungsquelle), so können die Spannungsquellen auch parallelgeschaltet werden (siehe Abbildung 1.38).

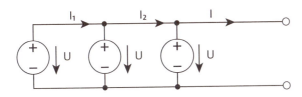

Abbildung 1.38 Eine Parallelschaltung von drei Spannungsquellen

Bei einer Parallelschaltung von Spannungsquellen mit einem gleich großen Innenwiderstand R_i und einer gleich großen Quellspannung U_q ist die Klemmspannung gleich der Klemmspannung einer einzelnen Spannungsquelle.

Wenn nun zu jeder Spannungsquelle noch der entsprechende Innenwiderstand eingezeichnet wird, ergibt das eine Parallelschaltung aus einer beliebigen Anzahl (hier drei) gleich großer Innenwiderstände.

Der Gesamtinnenwiderstand lässt sich nun wie folgt berechnen:

$$\frac{1}{R_i} = \frac{1}{R_{i_1}} + \frac{1}{R_{i_2}} + \frac{1}{R_{i_3}} + \dots \frac{1}{R_{i_n}}$$

Bei einer Parallelschaltung aus *gleich großen* Widerständen kann der Gesamtwiderstand aber auch einfacher berechnet werden:

$$R_G = \frac{R}{n}$$

Für den Innenwiderstand der parallel geschalteten Spannungsquellen gilt daher:

$$R_i = \frac{R_{i_1}}{n}$$

Je mehr gleiche Spannungsquellen also parallelgeschaltet werden, desto kleiner wird der Gesamtinnenwiderstand R_i. Daraus folgt, dass der maximale Kurzschlussstrom – bzw. der maximale Strom, den die Spanungsquellen liefern können – größer wird.

> **Achtung: Immer baugleiche Spannungsquellen für eine Parallelschaltung verwenden!**
>
> Sie dürfen keine unterschiedlichen Spannungsquellen von z. B. verschiedenen Herstellern oder unterschiedlich große Batterien parallelschalten.
>
> Da jede Spannungsquelle einen anderen Innenwiderstand besitzt, fließt ein sogenannter *Ausgleichsstrom*, wenn Spannungsquellen mit unterschiedlichen Innenwiderständen verwendet werden. Dieser Effekt wird durch eine unterschiedlich hohe Quellspannung der Spannungsquellen zusätzlich verstärkt.
>
> Daher dürfen Sie nur identische Spannungsquellen parallelschalten!

1.6.3 Kapazität von Batterien und Akkus – was ist das?

Gerade wenn Sie Batterien und/oder Akkus als mobile Spannungsquelle verwenden wollen, stoßen Sie recht schnell auf den Begriff der *Kapazität* eines Akkus. Was ist damit gemeint?

Akkus oder Batterien (allgemein auch *galvanische Zellen* genannt) sind Energiespeicher, die eine gewisse Menge an elektrischer Energie aufnehmen können. Dieses Speichervermögen wird *Kapazität* genannt.

1.6 Was ist eine Spannungsquelle und wie funktioniert sie?

Info: Unterschied zwischen Akku und Batterie

Ein Akku (Kurzform für *Akkumulator*) ist, wie die Batterie, eine Energiequelle. Im Gegensatz zur Batterie kann der Akku aber wieder aufgeladen werden. Ein Nachteil von Akkus ist, dass die Spannung zwischen den Polen immer etwas kleiner ist als bei einer Batterie mit derselben Bauform. Des Weiteren müssen Sie, je nach Akkutyp, darauf achten, dass der Akku entweder nicht komplett entladen (z. B. bei einem Bleiakku im Auto) wird oder dass eine besondere Ladetechnik verwendet werden muss (Li-Ionen-Akkus von Smartphones etc.). Akkus können zudem nicht beliebig oft geladen werden, da sie bei jedem Ladevorgang ein bisschen ihrer Speicherkapazität verlieren.

Eine Batterie ist eine Spannungsquelle, die nur ein einziges Mal geladen wird und die nicht wieder neu aufgeladen werden kann, sobald die Energie erschöpft ist. Üblicherweise liefern Batterien aufgrund ihres Aufbaus eine etwas höhere Spannung als Akkus mit derselben Baugröße. So beträgt die Spannung einer normalen AA-Batterie 1,5 V, die eines baugleichen Akkus aber nur 1,2 V. Gerade diese unterschiedliche Spannung kann bei einigen Geräten Probleme verursachen, wenn Sie das Gerät mit einem Akku betreiben. Batterien dürfen auf keinen Fall wieder aufgeladen werden, sobald sie erschöpft sind. Dies führt zu Schäden am Ladegerät und an der Batterie selbst und kann je nach Größe der Batterie auch sehr gefährlich sein!

Häufig wird der Begriff *Batterie* als Oberbegriff für Batterien und Akkumulatoren verwendet. Ein prominentes Beispiel dafür ist die sogenannte »Autobatterie«, die eigentlich »Autoakkumulator« heißen müsste, da sie wiederaufladbar ist.

Die *Kapazität* von Akkus und Batterien wird üblicherweise in *Amperestunden* (abgekürzt mit dem griechischen Buchstaben Kappa κ_N und dem Formelzeichen *Ah*) gekennzeichnet. Wie Sie dem Begriff schon entnehmen können, handelt es sich um eine Einheit, die den Strom (Ampere) über eine bestimmte Zeit (Stunden) angibt:

$$\kappa_N = I \cdot t$$

- κ_N – Kapazität (Ah)
- I – Strom (A)
- t – Zeit (h)

Eine galvanische Zelle mit einer Kapazität von 2 Ah kann also für eine Stunde einen konstanten Strom von 2 A liefern. In der Praxis kann es vorkommen, dass eine galvanische Zelle, je nach entnommenem Strom, unterschiedliche Kapazitätswerte besitzt.

1.7 Was benötige ich alles?

Bevor Sie loslegen können, verschaffen wir uns erst einmal einen kurzen Überblick über das benötigte Equipment.

1.7.1 Ein Raspberry Pi inklusive Zubehör

Dass Sie einen Raspberry Pi (siehe Abbildung 1.39) benötigen, dürfte für Sie bestimmt keine Überraschung sein. Sie benötigen außerdem ein passendes Netzteil und eine Micro-SD-Karte. Für die Arbeit mit diesem Buch benötigen Sie den Raspberry Pi mit einem Betriebssystem Ihrer Wahl (empfehlenswert ist die aktuelle Version des Betriebssystems *Raspbian*).

Abbildung 1.39 Der Raspberry Pi in der Version 3 für 38 EUR von Adafruit

Welche Version des Raspberry Pi Sie verwenden, bleibt Ihnen überlassen, allerdings sollten Sie nach Möglichkeit nicht den Raspberry Pi Zero verwenden. Der Zero ist wegen der fehlenden Schnittstellen für Anfänger nicht ganz so geeignet.

1.7.2 Ein Multimeter

Gerade wenn Sie Schaltungen aufbauen und kontrollieren wollen, ist es ratsam, ein Multimeter zur Hand zu haben. Da sich die Multimeter in ihren Grundfunktionen nicht stark unterscheiden, reicht für den Anfang ein preiswertes Gerät vollkommen aus. Bei einem Händler wie Reichelt Elektronik sind Multimeter bereits ab 10 EUR erhältlich.

Diese Multimeter sind aber schon von ihren Funktionen her eingeschränkt und unserer Meinung nach nicht empfehlenswert. Wenn Sie bereit sind, mindestens 30 EUR auszugeben, bekommen Sie ein anständiges Multimeter, das von den Funktionen her gut ausgestattet ist und erst einmal keine Wünsche offenlässt (siehe Abbildung 1.40).

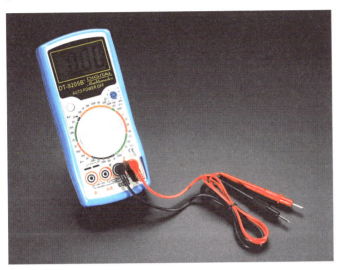

Abbildung 1.40 Ein preiswertes Einsteigermultimeter von Adafruit für etwa 30 EUR

1.7.3 Externe Spannungsversorgung

Der Raspberry Pi eignet sich nur für kleine Schaltungen als Stromquelle. Bei größeren Spannungen und/oder Strömen kommt man um eine externe Spannungsversorgung nicht herum. Als externe Spannungsversorgung können Sie z. B. Batterien oder Netzgeräte von Smartphones oder alten Routern etc. verwenden (siehe Abbildung 1.41).

Abbildung 1.41 Ein 12-V-Steckernetzteil eines alten Routers

Den runden Stecker am Steckernetzteil können Sie z. B. einfach abschneiden und einen anderen Stecker anlöten, um das Steckernetzteil mit Ihrem Steckbrett oder Ähnlichem zu verbinden.

Diese Netzgeräte bzw. Batterien haben allerdings den Nachteil, dass sie meistens nur eine feste Spannung ausgeben und je nach Netzteil vom maximalen Strom her begrenzt sind.

Ein einstellbares Labornetzteil (siehe Abbildung 1.42) bietet Ihnen mehr Freiheiten, ist aber auch deutlich teurer. Solche Netzteile besitzen eine Kurzschlusssicherung. Das heißt, sie schalten ab, wenn der entnommene Strom zu groß wird, und die Ausgangsspannung kann in einem bestimmten Rahmen (z. B. 0–12 V) eingestellt werden.

Abbildung 1.42 Ein einstellbares Labornetzteil von Sparkfun

Das in Abbildung 1.42 gezeigte Netzteil bietet den Vorteil, dass der maximale Ausgangsstrom im Bereich von 0 bis 5 A und die maximale Ausgangsspannung im Bereich von 1 bis 30 V eingestellt werden können, wodurch Sie sehr flexibel sind.

1.7.4 Messleitungen

Um ein Labornetzteil oder ein Multimeter flexibel nutzen zu können, benötigen Sie in der Regel ein paar zusätzliche Kabel, um z. B. die Schaltung mit dem Netzteil zu verbinden.

Solche Messleitungen können Sie entweder selbst anfertigen (hierfür brauchen Sie allerdings einen Lötkolben, ein bisschen Löterfahrung und einen Schraubstock) oder als fertiges Set kaufen.

Abbildung 1.43 Messleitungen für z. B. Labornetzteile von Sparkfun für 3,40 EUR

Bei den Messleitungen aus Abbildung 1.43 handelt es sich um Leitungen mit einem 4-mm-Stift, der für eine 4-mm-Buchse verwendet wird, wie sie in jedem Multimeter oder Labornetzteil verbaut ist.

Um die Leitungen verwenden zu können, werden unter anderem Prüfspitzen oder Klemmen benötigt (siehe Abbildung 1.44). Sie können ebenfalls separat bestellt werden.

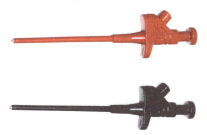

Abbildung 1.44 Passende Klemmen für einen 4-mm-Stift

1.7.5 Seitenschneider

Wenn Sie Schaltungen aufbauen möchten, benötigen Sie einen Seitenschneider, um z. B. Leitungen oder Anschlussbeinchen zu kürzen. Auch hier gibt es im Fachhandel eine große Auswahl an Seitenschneidern in verschiedenen Größen.

Zum Basteln reicht ein kleiner Seitenschneider für unter 20 EUR locker aus (siehe Abbildung 1.45).

Abbildung 1.45 Ein kleiner Elektronikerseitenschneider von Adafruit für 18 EUR

1.7.6 Steckbrett und Drahtbrücken

Ein Steckbrett (siehe Abbildung 1.46) ist eine ideale Möglichkeit, um Schaltungen schnell und einfach aufzubauen und zu testen.

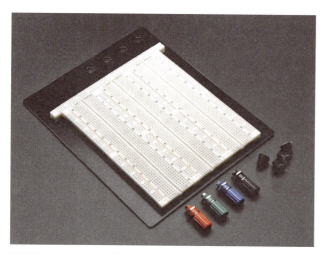

Abbildung 1.46 Die große Variante des Steckbretts von Adafruit für 19 EUR

Ein Steckbrett erspart Ihnen lästige Lötarbeiten, und Sie können eventuell auftretende Fehler schnell beheben, da Sie die Bauteile ganz einfach umstecken können. Ein weiterer Vorteil ist, dass die Bauelemente für weitere Schaltungen wiederverwendet werden können. Solche Steckbretter gibt es in verschiedenen Größen. Welche Größe Sie kaufen, bleibt Ihnen überlassen.

Für die elektrischen Verbindungen auf dem Steckbrett benötigen Sie unbedingt sogenannte Drahtbrücken (siehe Abbildung 1.47), meistens die mit zwei Steckern (*male-male*), einige wenige auch mit Stecker und Buchse (*male-female*).

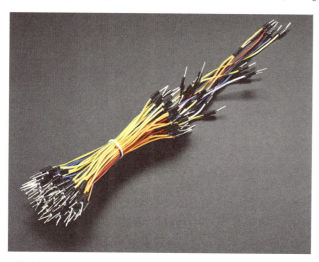

Abbildung 1.47 Notwendige Drahtbrücken für das Steckbrett, ebenfalls von Adafruit

1.7.7 Raspberry-Pi-Adapter für ein Steckbrett

Für Ihre ersten Gehversuche im Bereich der Elektronik wäre es äußerst praktisch, wenn Sie Ihren Raspberry Pi mit dem Steckbrett verbinden könnten. Speziell dafür gibt es diverse Adapterplatinen, die unter anderem bei *www.watterott.com* für kleines Geld bestellt werden können (siehe Abbildung 1.48).

Abbildung 1.48 Raspberry-Pi-Steckbrettadapter von Adafruit

Auf diesen Adaptern ist nebenbei bemerkt noch die Pinbelegung aufgedruckt, sodass Sie diese immer griffbereit haben. Sie müssen bei der Bestellung nur aufpassen, dass Sie den richtigen Adapter für Ihre Raspberry-Pi-Version bestellen.

1.7.8 Lötkolben und Zubehör

Wenn Sie Ihre entwickelte und getestete Schaltung auf einer Leiterkarte aufbauen möchten, um die Schaltung z. B. in ein Gehäuse zu integrieren, werden Sie um einen Lötkolben nicht herumkommen.

Bei der Auswahl eines geeigneten Lötkolbens haben Sie die Wahl zwischen ungeregelten Lötkolben, die permanent eine feste Temperatur erreichen, oder einer geregelten Lötstation (siehe Abbildung 1.49), bei der die Temperatur variabel eingestellt werden kann.

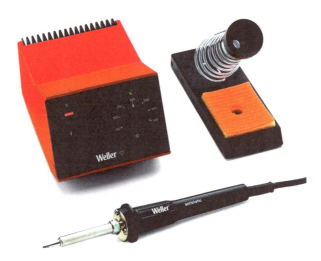

Abbildung 1.49 Produktfoto einer für den Hobbybereich ausreichenden Lötstation für 72 EUR von Weller

Wir empfehlen, eine einstellbare Lötstation zu kaufen, da beim Löten, je nach Größe der Lötfläche, unterschiedliche Temperaturen verwendet werden müssen. Die teureren Lötstationen bieten etwas mehr Komfort beim Arbeiten. Hinzu kommen noch Kosten für Zubehör wie Lötzinn etc., sodass eine komplette Lötausrüstung gut über 100 EUR kosten kann.

Kapitel 2
Einrichtung

Auch wenn Sie mit diesem Buch in erster Linie etwas über Elektronik lernen möchten, müssen Sie sich jetzt mit den Grundlagen der Einrichtung des Raspberry Pi befassen. Im weiteren Verlauf des Buches setzen wir diese Kenntnisse voraus. Lesen Sie in diesem Kapitel unter anderem, wie Sie den Raspberry Pi einrichten, mit Ihrem Heimnetzwerk verbinden, eine SSH-Verbindung herstellen und Updates durchführen.

2.1 Installation

Wenn Sie den kleinen Mini-PC vor sich liegen haben, müssen Sie ihn startklar machen. Dazu benötigen Sie mindestens eine 8-GB-Micro-SD-Karte, ein Micro-USB-Kabel samt Netzteil, das mindestens 2 A Strom liefern kann, und idealerweise eine Tastatur samt Maus und einen HMDI-fähigen Bildschirm oder Fernseher.

Das Betriebssystem finden Sie auf der Raspberry-Pi-Webseite *www.raspberrypi.org* zum Download. Die heruntergeladene Image-Datei können Sie dann mit Tools wie Win32-DiskImager (Windows) oder Apple PiBaker (macOS) auf die SD-Karte schreiben.

Wir empfehlen Ihnen an dieser Stelle jedoch das Tool *PiBakery* für Windows, macOS und Linux. Das kleine Programm kann Raspian in der Full- oder in der Lite-Version installieren und erfordert nicht das vorige Herunterladen der Image-Datei, da diese in dem Tool integriert ist. Die Besonderheit an PiBakery ist, dass direkt bei der Installation des Images diverse Einstellungen mitgegeben werden können. So können Sie z. B. bei der Installation direkt die WLAN-Konfiguration vornehmen, Programme installieren und grundlegende Einstellungen vornehmen (siehe Abbildung 2.1).

Wählen Sie nach einem Klick auf WRITE die zuvor eingesteckte SD-Karte aus, und der Übertragungsvorgang startet.

Sobald der Vorgang abgeschlossen ist, haben Sie bereits ein funktionierendes Betriebssystem auf der SD-Karte und können diese in den Micro-SD-Slot Ihres Raspberry Pi stecken.

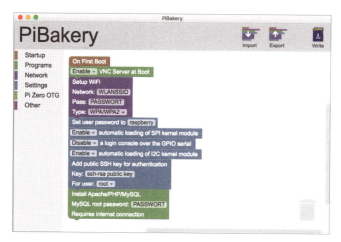

Abbildung 2.1 Bereits vor dem Überspielen der Image-Datei können Sie in PiBakery dem Betriebssystem zahlreiche Einstellungen mitgeben.

Schalten Sie den Raspberry Pi nun ein, indem Sie das Micro-USB-Kabel in den dafür vorgesehenen Port stecken. Sie sollten nun ebenfalls eine Tastatur per USB und einen Bildschirm per HDMI angeschlossen haben. Melden Sie sich nach dem Bootvorgang mit dem Nutzer pi und dem Passwort raspberry an. Beachten Sie, dass das Tastaturlayout möglicherweise noch auf eine amerikanische Tastatur eingestellt ist (Y und Z sind dann vertauscht).

Die Komplettlösung NOOBS

Auf der Homepage der Raspberry Pi Foundation finden Sie außerdem das sogenannte NOOBS. Dabei handelt es sich um ein fertiges Image, das eine Art Installationsassistenten mit an Bord hat. Damit können Sie jedes andere verfügbare Betriebssystem kinderleicht auf dem Raspberry Pi installieren. Wir empfehlen NOOBS trotzdem nicht uneingeschränkt, da es bei jedem Einschalten eine Wiederherstellungsoption anbietet, die eine gewisse Sicherheit suggeriert, in Wirklichkeit aber alle Daten und installierten Programme löscht und nur die Urversion von Raspbian wiederherstellt.

2.1.1 Einrichtung per raspi-config

Starten Sie den Raspberry Pi nun, indem Sie das Micro-USB-Kabel in die passende Buchse stecken. Nach einer kurzen Bootphase werden Sie gebeten, sich anzumelden. Das tun Sie bei Raspbian standardmäßig mit dem Benutzernamen pi und dem Passwort raspberry.

Rufen Sie nun mit folgendem Konsolenbefehl den Einrichtungsassistenten auf:

sudo raspi-config

Wir werden nun alle Einstellungen vornehmen, die Sie im Verlauf dieses Buchs benötigen werden. Sie können raspi-config aber auch jederzeit erneut aufrufen, um die Einstellungen nachträglich vorzunehmen.

Um den vollen Speicherplatz Ihrer SD-Karte nutzen zu können, sollten Sie als Erstes den Menüpunkt 1 EXPAND FILESYSTEM auswählen (siehe Abbildung 2.2).

Die Standard-Anmeldedaten sind in jeder frischen Raspbian-Installation gleich. Mit dem Nutzer pi und dem Passwort raspberry kann sich jeder Bediener im Betriebssystem anmelden. Da dies also kein Geheimnis mehr ist, sollten Sie das Passwort ändern. Das erledigen Sie mit der Option 2 CHANGE USER PASSWORD.

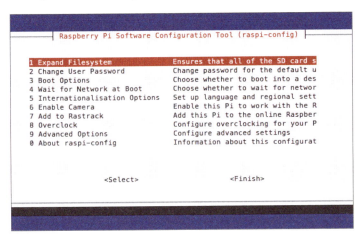

Abbildung 2.2 Das Einstellungsmenü »raspi-config« erlaubt es, viele grundlegende Einstellungen vorzunehmen.

Der Menüpunkt 3 BOOT OPTIONS bietet die Wahl zwischen dem Boot in die Konsole mit automatischer Anmeldung sowie den automatischen Start der grafischen Oberfläche. Empfehlung: Lassen Sie die Einstellung unverändert.

Über Punkt 4 WAIT FOR NETWORK AT BOOT können Sie festlegen, ob der Raspberry Pi auf die erfolgreiche Anmeldung im Netzwerk wartet, was etwas länger dauert, oder den Bootvorgang etwas beschleunigt, ohne auf das Netzwerk zu warten. Empfehlung: Lassen Sie die Einstellung unverändert.

Unter dem Punkt 5 INTERNATIONALISATION OPTIONS stellen Sie Tastaturlayout, Zeitzone, Systemsprache und WLAN-Kanäle für Ihr Heimatland aus.

Falls Sie später das Raspberry-Pi-Kameramodul nutzen möchten, können Sie die nötigen Treiber mit der Option 6 ENABLE CAMERA laden. Empfehlung: Lassen Sie die Einstellung vorerst unverändert.

7 ADD TO RASTRACK: Rastrack war ein Projekt, das auf einer Landkarte alle Standorte von aktiven Raspberry Pis anzeigt. Das Projekt wird aber momentan nicht weiter fortgesetzt und hat den Dienst bis auf Weiteres eingestellt: *http://rastrack.co.uk/index.php*. Lassen Sie daher auch diese Option unberührt.

Über den Punkt 8 OVERCLOCK können Sie die Taktfrequenzen für CPU und Speicher erhöhen. Der Raspberry Pi 3 kann nicht mehr auf diese Weise übertaktet werden. Lassen Sie auch bei älteren Modellen diese Option unverändert.

Aktivieren Sie beziehungsweise überprüfen Sie unter dem Punkt 9 ADVANCED OPTIONS, ob die folgenden Punkte aktiviert (Einstellung ENABLE) sind:

- SSH
- Device Tree
- SPI
- I2C
- Serial
- 1-Wire

Mit FINISH beenden Sie *raspi-config*. Der Raspberry Pi übernimmt alle Einstellungen nach einem Neustart. Alternativ können Sie alle Einstellungen auch in der grafischen Oberfläche von Raspbian vornehmen. Navigieren Sie dazu im Startmenü zum Menüpunkt EINSTELLUNGEN • RASPBERRYPI-KONFIGURATION (siehe Abbildung 2.3).

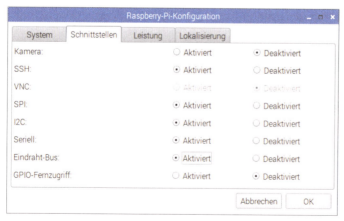

Abbildung 2.3 Die grafische Variante von »raspi-config« im X-Desktop

2.2 Eine WLAN-Verbindung zum Heimnetzwerk herstellen

Die Verbindung des Raspberry Pi in das Heimnetzwerk und damit ins Internet ist essenziell, und wir empfehlen Ihnen, vor dem Start der Elektronikprojekte eine Netzwerkverbindung herzustellen. Sie haben dadurch die Möglichkeit, die Pakete und das Betriebssystem jederzeit auf dem aktuellen Stand zu halten. Zudem können Sie den Raspberry Pi dadurch *kopflos* (headless) betreiben. Das bedeutet, dass Sie keinen Bildschirm sowie keine Tastatur und Maus an den Raspberry Pi anschließen müssen, um ihn zu bedienen. Ebenso wird die Dateiübertragung der *SSH* zum Kinderspiel. *SSH* steht für *Secure Shell*, ein Netzwerkprotokoll für verschlüsselte Verbindungen.

Die Einrichtung einer SSH-Verbindung erläutern wir in Abschnitt 2.3, »SSH-Verbindung herstellen und Dateien übertragen«.

Wir möchten direkt auf die Verbindung per WLAN eingehen, denn wenn Sie eine LAN-Verbindung via Ethernet-Kabel herstellen möchten, müssen Sie das Kabel bloß in die Ethernet-Schnittstelle des Raspberry Pi und in Ihren Router stecken. Eine weitere Einrichtung ist in der Regel nicht notwendig.

In den Raspberry Pi 3 ist bereits ein WLAN-Modul integriert. Für ihn benötigen Sie keine externen USB-Sticks mehr. Das ist bei den Vorgängermodellen sowie beim Raspberry Pi Zero jedoch anders. Hier benötigen Sie einen WLAN-USB-Dongle. Wir empfehlen Ihnen z. B. den *Edimax-WLAN-Stick*, den Sie unter seinem Namen problemlos bei Amazon finden können. Mittlerweile beinhaltet Raspbian alle grundlegenden Treiber, sodass nach dem Anstecken des USB-Sticks keine weitere Installation von Treibern notwendig ist.

Egal ob Sie das integrierte WLAN des Raspberry Pi 3 oder einen USB-Dongle nutzen, die folgenden Schritte sind für alle Varianten gleich.

Starten Sie den Raspberry Pi, diesmal noch mit einem Bildschirm sowie einer Tastatur und Maus. Sofern Sie nicht direkt zum Desktop booten, müssen Sie sich mit Ihren Anmeldedaten einloggen und die grafische Oberfläche mit dem Befehl `startx` starten. Damit starten Sie den Desktop von Raspbian. Auch wenn Sie ein kompletter Neueinsteiger in die Linux-Welt sind, werden Sie sofort Ähnlichkeiten zu gängigen Betriebssystemen wie Windows erkennen.

Klicken Sie nun einfach oben rechts neben der Uhr auf das WLAN-Symbol (siehe Abbildung 2.4). Wählen Sie Ihr Heimnetzwerk aus, und geben Sie in dem darauffolgenden Eingabefeld Ihr Passwort ein. Nun ist Ihre Netzwerkverbindung bereits eingerichtet.

Wir gehen davon aus, dass Ihr Router mit *DHCP*, der Standardkonfiguration, konfiguriert ist, sodass der Raspberry Pi nun automatisch eine IP-Adresse vom Router zugewiesen bekommt.

WLAN-Empfangsreichweite des Raspberry Pi 3

Wir haben die Erfahrung gemacht, dass die Reichweite des eingebauten WLAN-Moduls des Raspberry Pi 3 nicht wirklich ideal ist. So sollte der Router am besten im gleichen Raum wie der Mini-PC aufgestellt sein. Anderenfalls werden Sie das Netzwerk nicht finden können oder mit Verbindungsabbrüchen zu kämpfen haben.

Abhilfe schafft hier ein USB-LAN-Stick. Selbstverständlich können Sie diesen auch im Raspberry Pi 3 verwenden.

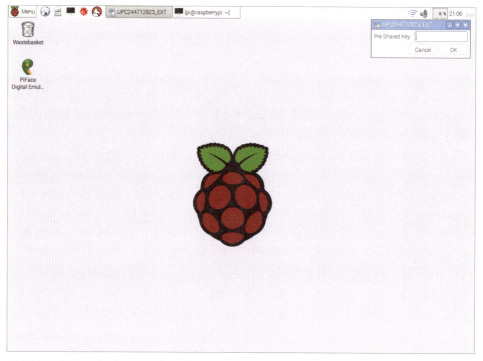

Abbildung 2.4 Nach einem Klick auf das WLAN-Symbol können Sie ein Netzwerk auswählen und sich mit Ihrem Passwort anmelden.

Welche IP-Adresse vergeben wurde, finden Sie heraus, indem Sie nach dem Herstellen der Verbindung nochmals mit dem Mauszeiger über das WLAN-Symbol gehen, im Terminal den Befehl `ifconfig` oder `ip addr` eingeben oder mit Ihrem PC die IP-Adressen im Router auslesen.

Sofern Sie sich noch in der grafischen Oberfläche befinden, starten Sie aus dem Startmenü ZUBEHÖR • LXTERMINAL, um ein Terminal-Fenster zu öffnen. Führen Sie darin nun den Befehl IFCONFIG aus. Sie erhalten eine Ausgabe wie in Abbildung 2.5.

```
pi@raspberrypi: ~
File Edit Tabs Help
          RX packets:0 errors:0 dropped:0 overruns:0 frame:0
          TX packets:0 errors:0 dropped:0 overruns:0 carrier:0
          collisions:0 txqueuelen:1000
          RX bytes:0 (0.0 B)  TX bytes:0 (0.0 B)

lo        Link encap:Local Loopback
          inet addr:127.0.0.1  Mask:255.0.0.0
          inet6 addr: ::1/128 Scope:Host
          UP LOOPBACK RUNNING  MTU:65536  Metric:1
          RX packets:208 errors:0 dropped:0 overruns:0 frame:0
          TX packets:208 errors:0 dropped:0 overruns:0 carrier:0
          collisions:0 txqueuelen:0
          RX bytes:17136 (16.7 KiB)  TX bytes:17136 (16.7 KiB)

wlan0     Link encap:Ethernet  HWaddr b8:27:eb:59:21:c3
          inet addr:192.168.192.6  Bcast:192.168.192.255  Mask:255.255.255.0
          inet6 addr: fe80::ba27:ebff:fe59:21c3/64 Scope:Link
          UP BROADCAST RUNNING MULTICAST  MTU:1500  Metric:1
          RX packets:1025 errors:0 dropped:146 overruns:0 frame:0
          TX packets:444 errors:0 dropped:0 overruns:0 carrier:0
          collisions:0 txqueuelen:1000
          RX bytes:180128 (175.9 KiB)  TX bytes:121609 (118.7 KiB)

pi@raspberrypi:~ $
```

Abbildung 2.5 Die Ausgabe von »ifconfig«. Ihre Heimnetz-IP lautet in diesem Fall »192.168.192.6«.

2.3 SSH-Verbindung herstellen und Dateien übertragen

Wir empfehlen Ihnen, den Raspberry Pi *headless* zu betreiben. Das bedeutet, dass Sie ihn von Tastatur, Maus und Monitor befreien und ihn lediglich mit Versorgungsspannung und Netzwerkzugang ausstatten. Die Steuerung erfolgt dann über einen PC oder Laptop. Das erleichtert die parallele Recherche im Internet und das Kopieren von Programmcodes ungemein.

Der *headless*-Betrieb ist einfach einzurichten. Den Grundstein haben Sie bereits gelegt, als Sie in RASPI-CONFIG die Option SSH aktiviert haben.

Der Recher, von dem aus Sie den Raspberry Pi steuern wollen, benötigt dazu zusätzliche Software. Wir gehen im Folgenden kurz auf die Windows- und Mac-Tools ein, die Sie im Internet kostenlos herunterladen können.

Windows

Nutzen Sie für Windows das Konsolen-Tool *PuTTY* (http://www.putty.org). *PuTTY* stellt per SSH eine Verbindung zum Raspberry Pi her und erlaubt es Ihnen, die Shell, also die Konsole, so vom PC aus zu bedienen, als säßen Sie direkt am Raspberry Pi.

Zudem benötigen Sie noch ein Programm, um Dateien von Ihrem PC auf den Raspberry Pi zu schieben. Hier ist das Programm *FileZilla* zu empfehlen (*https://filezilla-project.org*). FileZilla ist ein FTP-Client, der das Protokoll *SFTP* unterstützt, das Sie benötigen, um Dateien auf den Raspberry Pi zu übertragen (siehe Abbildung 2.6).

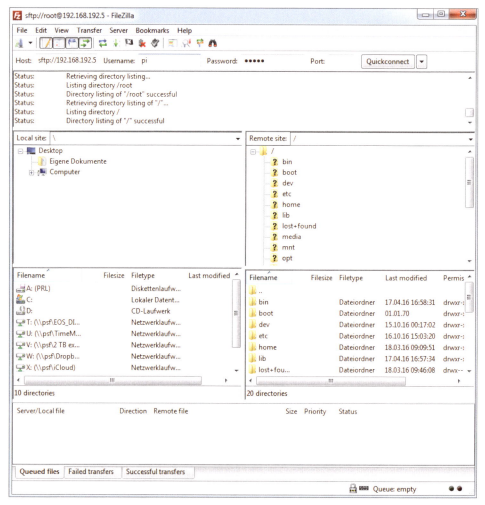

Abbildung 2.6 Der Dateimanager FileZilla erlaubt den unkomplizierten Datentransfer zwischen PC und Raspberry Pi.

Bei beiden Programmen müssen Sie die IP-Adresse eingeben, die Sie im vorigen Abschnitt ermittelt haben.

2.3 SSH-Verbindung herstellen und Dateien übertragen

Nun können Sie mit PuTTy und FileZilla eine Verbindung zum Raspberry Pi herstellen (siehe Abbildung 2.7). Die Konsole können Sie nun wie gewohnt nutzen. Durch den Dateimanager schieben Sie nun einfach z. B. Python-Programme, die Sie am PC geschrieben haben, auf den Raspberry Pi.

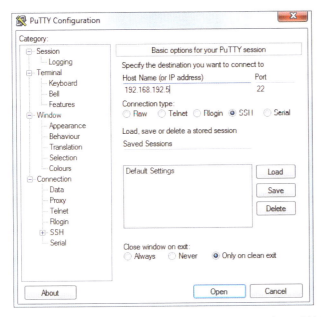

Abbildung 2.7 Die Verbindung von PuTTY zum Raspberry Pi ist simpel.

macOS

Falls Sie einen Rechner mit macOS nutzen, so können Sie das hauseigene TERMINAL einsetzen. Sie verbinden sich mit dem Befehl ssh pi@192.168.192.5 mit dem Raspberry Pi.

Daraufhin können Sie sich mit Ihren Raspberry-Pi-Anmeldedaten einloggen (siehe Abbildung 2.8).

```
Christophs-iMac:~ Christoph$ ssh pi@192.168.192.5
pi@192.168.192.5's password:

The programs included with the Debian GNU/Linux system are free software;
the exact distribution terms for each program are described in the
individual files in /usr/share/doc/*/copyright.

Debian GNU/Linux comes with ABSOLUTELY NO WARRANTY, to the extent
permitted by applicable law.
Last login: Sun Oct 16 15:46:46 2016 from 192.168.192.6
pi@raspberrypi:~ $
```

Abbildung 2.8 Die Anmeldung am Raspberry Pi über das macOS-Terminal

Für den Datentransfer können Sie das kostenlose Programm *Cyberduck* nutzen (*https://cyberduck.io*). Ähnlich wie beim Windows-Programm FileZilla handelt es sich bei Cyberduck um einen übersichtlichen Dateimanager für unterschiedliche Übertragungsprotokolle.

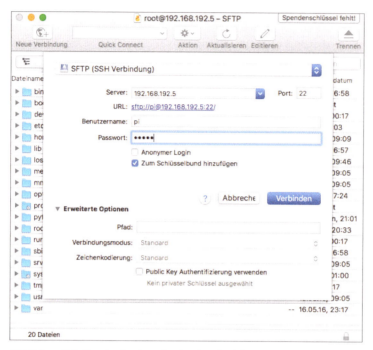

Abbildung 2.9 Das kostenlose Tool Cyberduck kann via SFTP eine Datenverbindung zum Raspberry Pi aufbauen.

2.4 Erste Schritte in Linux

Wir können Ihnen in diesem Buch keine grundlegende Linux-Anleitung bieten. Dazu ist das Betriebssystem schlichtweg zu umfangreich. Trotzdem stellen wir Ihnen einige notwendige Befehle und Werkzeuge vor, die Ihnen den Einstieg in die Linux-Welt erleichtern.

2.4.1 Root-Rechte

Sofern Sie keine Änderung vornehmen, können Sie sich nach der Installation von Raspbian lediglich als Benutzer pi anmelden. Dieser Nutzer besitzt keine Admin-Rolle, die in der Linux-Welt als *Root* bezeichnet wird. Viele Aktionen jedoch erfordern eben diese

Root-Rechte, so z. B. auch der Befehl `apt-get update`, der die Paketlisten aktualisiert. Dazu aber später mehr.

Wenn Sie den Befehl als Nutzer `pi` ausführen, erhalten Sie prompt eine Fehlermeldung, die Sie über Ihre fehlenden Rechte belehrt. Nun haben Sie die Möglichkeit, dem Nutzer `pi` kurzfristig Superuser-Rechte zu geben, sodass er diesen einen Befehl mit vollen Rechten ausführen darf. Dazu setzen Sie vor den eigentlichen Befehl das Kürzel `sudo` (*superuser do*). Damit sieht Ihr neuer Befehl also wie folgt aus:

```
sudo apt-get update
```

Ein weiterer Weg ist es, sich direkt als Root-User anzumelden. In einer frischen Raspbian-Installation müssen Sie jedoch dem Root-User zuerst ein Passwort zuweisen, da er noch über keines verfügt.

Führen Sie dazu den Befehl `sudo passwd root` aus. Sie werden nun zweimal nach einem Passwort gefragt, das Sie jetzt festlegen können und zur Sicherheit noch einmal wiederholen. Von nun an können Sie sich auch nach dem Bootvorgang mit dem Nutzer `root` und dem gewählten Passwort anmelden. Im laufenden Betrieb wechseln Sie mit dem Befehl `su root` beziehungsweise `su pi` zwischen den Nutzern.

> **Root-Rechte stellen ein Sicherheitsrisiko dar!**
>
> Wir empfehlen Ihnen dringendst, nicht dauerhaft die vollen Root-Rechte zu verwenden. Im Normalfall können Sie alle Aufgaben mit dem Nutzer `pi` und dem Zusatz `sudo` ausführen. Denn ein Root-User darf *alles*. Und zwar wirklich alles. Wer sich als Root-User anmeldet, dem gewährt Linux alle Rechte im gesamten System. Sie sollten wissen, was Sie tun, denn als Root-User wird Ihnen Linux nur selten die Frage »Sind Sie sicher?« stellen.
>
> Bitte beachten Sie auch, dass nicht nur Sie dadurch über die vollen Rechte verfügen, sondern auch die Programme, die als Root-User gestartet wurden. Stellen Sie sich vor, Sie starten aus Versehen ein schädliches Programm mit Root-Rechten. Der Virus wird nun seine helle Freude an Ihrem System haben.

2.4.2 Software-Verwaltung

Das Raspberry-Pi-Betriebssystem wird nach wie vor fleißig gepflegt und verbessert, ebenso wie die Programmpakete, die Sie auf Ihrem System installieren. Daher ist es ratsam, regelmäßig eine Prüfung auf Updates durchzuführen.

Zum Aktualisieren Ihres Betriebssystems und der installierten Programme (Pakete) benötigen Sie zwei Befehle:

```
sudo apt-get update

sudo apt-get dist-upgrade
```

Der erste Befehl aktualisiert die Paketlisten; er lädt also eine Liste aller verfügbaren Programme herunter. Dadurch kann der darauffolgende Befehl die Paketliste mit den Programmen abgleichen, die Sie tatsächlich installiert haben. Sollten nun Versionsunterschiede festgestellt werden, so werden Ihnen diese angezeigt und Sie können alle notwendigen Updates durchführen. Führen Sie immer den `update`-Befehl direkt vor dem `dist-upgrade`-Befehl aus, denn der Abgleich mit den aktuellsten Paketversionen erfolgt immer über die lokale Liste. Daher benötigt die Ausführung dieser Befehle auch zwingend eine Internetverbindung.

Doch wozu sollten Sie Programme aktualisieren, wenn Sie nicht wissen, wie Sie überhaupt neue Programme installieren? Doch auch das erledigen Sie mit dem Paketmanager `apt-get`. Möchten Sie beispielsweise den Editor *Joe* installieren, so führen Sie folgenden Konsolenbefehl aus:

```
sudo apt-get install joe
```

Die Konsole zeigt Ihnen nun die Schritte an, die durchgeführt werden:

```
sudo apt-get install joe
    Die folgenden NEUEN Pakete werden installiert: joe
    Es müssen noch 0 B von 474 kB an Archiven herunter
    geladen werden.
```

Wenn Sie das Update zum ersten Mal nach der Raspbian-Installation durchführen beziehungsweise seit dem letzten Update schon lange keines mehr durchgeführt haben, wird das Update relativ lange dauern – durchaus auch eine Viertelstunde: Zeit kostet nicht nur der Download, der oft viele MByte umfasst, sondern auch das Dekomprimieren der Pakete und schließlich ihre Installation auf der SD-Karte. Sie können etwas Zeit sparen, wenn Sie vorher Programme deinstallieren, die Sie nicht benötigen, beispielsweise das Audio-Programm *Sonic Pi* oder das Computeralgebraprogramm *Mathematica*:

```
sudo apt-get remove sonic-pi wolfram-engine
```

2.4.3 Firmware- und Kernel-Updates

Der Befehl `sudo apt-get dist-upgrade` aktualisiert die komplette Raspbian-Distribution – mit zwei Ausnahmen. Nicht berücksichtigt werden der Kernel und die Firmware des Raspberry Pi. Der Kernel ist jener Teil von Linux, der alle essenziellen Low-Level-Funktionen enthält, also Speicherverwaltung, Prozessverwaltung, Hardware-Treiber etc. Die Firmware enthält Software für die GPU (*Graphics Processing Unit*) des Broadcom-System-on-a-Chip, also für die Recheneinheit des Raspberry Pi.

Um nun ein Update der Firmware und des Kernels durchzuführen, führen Sie den Befehl `sudo rpi-update` aus. `rpi-update` lädt dann die gerade aktuelle Firmware- und Kernelversion herunter und installiert die Dateien in die Verzeichnisse */boot* und */lib/modules/n.n*. Vorher wird der ursprüngliche Inhalt von */boot* nach */boot.bak* kopiert, sodass Sie ein Backup der bisherigen Kernel- und Firmware-Version haben. Wenn Sie das Update rückgängig machen möchten, kopieren Sie alle Dateien von */boot.bak* nach */boot* – einmal vorausgesetzt, es gibt nach dem Update keine Boot-Probleme. Bei unseren Tests hat aber immer alles klaglos funktioniert.

Vielleicht fragen Sie sich, warum Sie Firmware und Kernel nicht getrennt voneinander aktualisieren können. Die beiden Programme sind aufeinander abgestimmt. Deswegen aktualisiert `rpi-update` grundsätzlich immer beide Komponenten.

2.4.4 Navigation und Dateioperationen im Terminal

In Tabelle 2.1 finden Sie einige wichtige Befehle, um im Terminal durch die Verzeichnisstrukturen zu navigieren und Operationen wie das Kopieren und Löschen durchzuführen.

Befehl	Funktion
`cd`	Wechselt ins Home-Verzeichnis.
`cd XY`	Wechselt in das Verzeichnis *XY*.
`ls`	Listet den Verzeichnisinhalt auf.
`cp datei1 datei2`	Erstellt eine Kopie von *datei1* und gibt ihr den neuen Namen *datei2*.
`mv altername neuername`	Benennt die Datei *altername* in *neuername* um.
`mv datei1 datei2 datei3 verzeichnis`	Verschiebt die Dateien *datei1*, *datei2*, *datei3* in *verzeichnis*.
`rm datei.bak`	Löscht die Datei *datei.bak*.
`rm -r XY`	Löscht das Verzeichnis *XY*.

Tabelle 2.1 Übersicht einiger wichtiger Linux-Befehle

Befehl	Funktion
touch XY.xyz	Erzeugt die neue leere Datei *XY.xyz*.
mkdir test	Erzeugt das Verzeichnis *test*.

Tabelle 2.1 Übersicht einiger wichtiger Linux-Befehle (Forts.)

Für den Umgang mit diesem Buch sollte Ihnen dieser kleine Einblick reichen. Befehle und Konfigurationen, die für die einzelnen Projekte notwendig sind, erfahren Sie immer zu Beginn des jeweiligen Kapitels.

Wenn Sie einen kompletten Überblick über das Betriebssystem Linux haben möchten, können wir Ihnen das kostenlose Openbook zum Buch »Linux – Das umfassende Handbuch« vom Rheinwerk Verlag empfehlen:

http://openbook.rheinwerk-verlag.de/linux/

(Und wenn Sie lieber ein gedrucktes Buch in den Händen halten, können wir Ihnen »Einstieg in Linux« von den Autoren des Openbooks empfehlen oder das Handbuch »Linux« von Michael Kofler.)

Kapitel 3

I/O-Grundlagen – die Ein- und Ausgänge des Raspberry Pi im Detail

In diesem Abschnitt lernen Sie in erster Linie die GPIO-Leiste des Raspberry Pi kennen. Dies wird die Schnittstelle sein, die wir in diesem Buch bevorzugt nutzen.

Die GPIO-Leiste besitzt in den aktuellen Versionen des Raspberry Pi 40 Pins und wird J8-Header genannt. Neben den bekannteren Schnittstellen wie USB, HDMI und LAN sieht man als Anfänger nicht direkt den Nutzen des J8-Headers. Dabei sind die GPIO-Pins für Elektronikbastler das Kernelement des Raspberry Pi. Durch den J8-Header werden sowohl digitale Ein- und Ausgänge für den Bastler erreichbar gemacht, als auch komplexe BUS-Schnittstellen wie SPI, UART und I^{2}C. Sie werden im Verlauf dieses Buches alle Schnittstellen kennenlernen und deren Funktionsweise verstehen.

3.1 J8-Header – die GPIO-Pins im Überblick

Bei den Modellen A und B des Raspberry Pi umfasste die GPIO-Steckerleiste 26 Pins. Für die Modelle B+, 2 sowie für den aktuellen Raspberry Pi 3 wurde die Steckerleiste auf 40 Pins vergrößert, wobei die ersten 26 Pins unverändert geblieben sind. In die 14 Zusatz-Pins wurden bei den Modellen A und B schwer zugänglichen Kontakte des P5-Headers integriert.

Häufig werden alle 40 Pins einfach als GPIO-Pins bezeichnet. Genau genommen ist das aber falsch! Vielmehr bilden diese Pins lediglich den sogenannten J8-Header. Nur ein Teil der J8-Kontakte sind tatsächlich GPIO-Pins.

GPIO steht *für General Purpose Input Output* und bezeichnet die Pins, die für allgemeine Zwecke frei programmierbar sind.

Nicht dazu zählen die Pins für Masse (GND) und 3,3 V sowie 5 V. Abbildung 3.1 zeigt Ihnen alle 40 Pins des J8-Headers inklusive aller gängigen Bezeichnungen.

3 I/O-Grundlagen – die Ein- und Ausgänge des Raspberry Pi im Detail

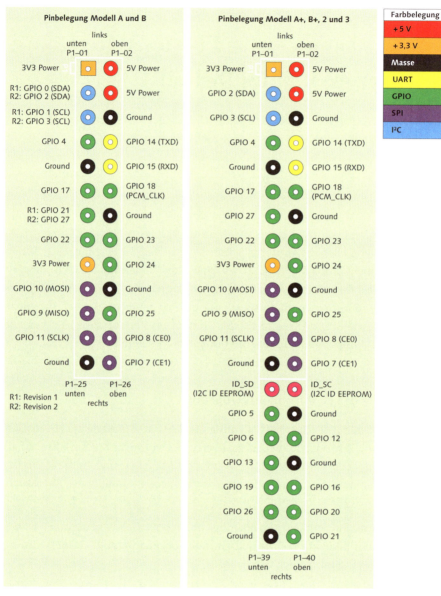

Abbildung 3.1 Pin-Belegung des J8-Headers des Raspberry Pi 3 inklusive Bezeichnung

3.1.1 Nummerierungssysteme bzw. Pin-Namen

Leider gibt es unterschiedliche Nummerierungssysteme zur Bezeichnung der Pins, die in der Praxis viele Verwechslungen verursachen:

- **Physische Pins:** Die Spalte *Pin* bezeichnet die physische Position des Pins auf dem Board (von oben gesehen). Pin 1 ist auch auf dem Board durch ein quadratisches Lötpad markiert. Die ungeraden Nummern von 1–25 (Raspberry Pi A bzw. B) bzw. 1–39 (Raspberry Pi A+, B+, 2, 3, Zero) stehen auf der linken Seite, die geraden Nummern 2–26 bzw. 2–40 auf der rechten Seite. Im Python-Modul *RPi.GPIO* werden diese Pin-Bezeichnungen durch den Befehl `GPIO.setmode(GPIO.BOARD)` ausgewählt.
- **BCM-Pins:** Die BCM-Pin-Bezeichnungen in Abbildung 3.1 beziehen sich auf die Nummerierung bzw. auf die offizielle Dokumentation des BCM2837 der Broadcom-SoCs. Im Python-Modul RPi.GPIO werden diese Pin-Bezeichnungen durch den Befehl `GPIO.setmode(GPIO.BCM)` ausgewählt. Das neue Python-Modul `gpiozero` und das später verwendete Modul `pigpio` verwenden nur diese Bezeichnungen.
- **Pin-Namen:** Zu guter Letzt haben die Raspberry-Pi-Entwickler den Pins auch Namen gegeben. Zum Teil weisen diese Namen auf die Funktion des Pins hin. Beispielsweise ist SCLK (Pin 23) das Taktsignal (Clock) für den SPI-Kanal 0. Zum Teil enthalten die Namen aber nur eine GPIO-Nummer, z. B. GPIO3 (Pin 15). Vorsicht: Diese Nummern stimmen weder mit der physischen Pin-Nummer noch mit der BCM-Nummerierung überein!

In den späteren Projekten und Programmen haben Sie häufig die Wahl zwischen der Pin-Nummer und der BCM- Nummer.

Weitere Pin-Bezeichnungen

Um die Verwirrung komplett zu machen, wurden anfänglich Namen für die Pins vergeben. Die Programm-Bibliothek *wiringpi* verwendet diese Bezeichnungen.

Wir empfehlen, bei der Programmierung die BCM-Bezeichnungen zu verwenden.

3.2 Eingänge, Ausgänge, Sonderfunktionen

Die GPIO-Pins des J8-Headers können in verschiedene Modi versetzt werden. Je nach Anwendungszweck haben Sie die Wahl zwischen Eingängen, Ausgängen und gegebenenfalls Sonderfunktionen.

Eine Besonderheit der GPIO-Pins ist, dass Sie bei der Wahl der Ein- und Ausgänge nicht auf einen Pin festgelegt sind. Sie können nahezu jeden Pin beliebig programmieren. Anders sieht es bei den Sonderfunktionen aus. Hier gibt es festgelegte Pins, die besondere Schnittstellen unterstützen. Als Ein- und Ausgänge können Sie alle GPIO-Pins nutzen. Dazu zählen nicht die 3,3-V-, 5-V- und GND-Pins. Diese führen immer eine konstante Spannung oder stellen die Masse dar.

3.2.1 Eingänge

Als Eingang bezeichnen wir einen Pin, der Signale von außen wahrnimmt und verarbeitet. Genau genommen handelt es sich hierbei bereits um einen Sensor. Ist ein Pin als Eingang programmiert, so nimmt er wahr, ob eine externe Spannung anliegt oder nicht. Alle GPIO-Pins arbeiten mit einem 3,3-V-Level. Das bedeutet, dass die *maximale* Spannung, die an einem GPIO-Pin anliegen darf, 3,3 V beträgt.

Hinweis

Beachten Sie, dass die Pins *nicht 5-V-tolerant* sind. Eine Spannung über 3,3 V kann den Raspberry Pi möglicherweise beschädigen. Eine Spannung ab 5V an einem 3,3-V-Pin wird ihn definitiv zerstören. Das können wir aus eigener Erfahrung bestätigen!

Ausgenommen sind hier die 5-V-Pins des J8-Headers. Diese können auch nicht programmiert werden und führen dauerhaft einen 5-V-Pegel.

Ist ein Pin als Eingang (engl. *Input*) deklariert, so ist er *digital*. Das bedeutet, dass er nur zwei Zustände erkennt: an und aus (engl. *high* und *low*). Dazwischen gibt es keinen Zustand. Eingänge, die auch Werte dazwischen interpretieren können, bezeichnet man als *analoge Eingänge*. Der Raspberry Pi besitzt leider keine analogen Eingänge und benötigt externe Beschaltungen, um analoge Signale auszuwerten.

Doch wie in der Mechanik so gibt es auch in der Elektrotechnik Grenzen und Toleranzen. Sie könnten sich nun fragen: »Ab wann wertet ein Eingangs-Pin nun eine anliegende Spannung als high und bis wann als low?«

Laut Datenblatt des SoC liegt die

- maximale Low-Level-Spannung bei 0,8 V.
- minimale High-Level-Spannung bei 2 V.

Die oben genannten Werte sind die Maximalwerte für die High-Low-Schwellenspannung. Der Zeitpunkt, ab dem der Pin eine Änderung des Zustands bemerkt, liegt oft irgendwo dazwischen. Achten Sie also am besten darauf, dass Sie für Low möglichst 0 V erreichen und für einen High-Pegel etwas nahe 3 V.

3.2.2 Pull-up, Pull-down und Floating

Schon wieder drei englische Begriffe, die Ihnen im ersten Moment sicher kryptisch vorkommen, jedoch für den Umgang mit der GPIO-Leiste von großer Bedeutung sind.

Wird ein GPIO-Pin als Eingang deklariert, so kann ihm in der Software ebenfalls ein Pull-up- oder Pull-down-Widerstand zugeschaltet werden. Diese Widerstände *ziehen,* wie es der englische Name suggeriert, einen Eingangs-Pin auf High oder Low. Das ist in der Regel sinnvoll und gewollt, da der Eingang so immer einen definierten Zustand hat. Wird ein Pull-up-Widerstand verwendet, so hat der Eingangs-Pin standardmäßig den Zustand High. Möchten Sie, dass er ein Ereignis registriert, so müssen Sie den Pin gegen Masse ziehen. Mit einem Pull-down-Widerstand bleibt der Pin immer im Low-Zustand, und zwar so lange, bis Sie z. B. durch einen externen Taster oder Sensor dort ein 3-V-Signal anlegen.

In Ihrer Software können Sie später jede negative Flanke (Wechel von High auf Low) oder positive Flanke (Wechsel von Low auf High) abfangen und verwerten.

Schwebende Zustände oder Floating

Verbannen Sie den Gedanken aus Ihrem Kopf, dass ein Eingangs-Pin den Zustand Low hat, wenn er nirgends angeschlossen ist beziehungsweise keine Spannung anliegt.

Ist ein von Ihnen verwendeter Eingangs-Pin nicht angeschlossen oder liegt er *nicht* auf einem High- oder Low-Potenzial, so ist er im Schwebezustand. In der Elektronik nennt man diese Situation *Floating*. Ein floatender Eingang ist undefiniert und kann seinen Zustand durch kleinste elektrische Felder ändern. So kann das Einschalten einer Leuchtstoffröhre im Raum bereits unkontrollierte Zustandsänderungen erzeugen, und das gilt sogar, wenn Sie mit der Handfläche an dem Pin vorbeifahren.

Der Schaltplan in Abbildung 3.2 zeigt je eine Schaltung mit Pull-up- und Pull-down-Widerstand.

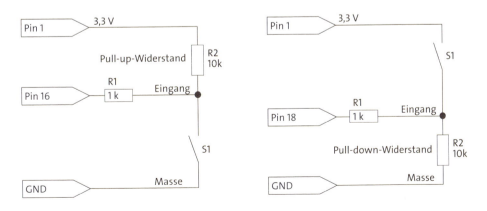

Abbildung 3.2 Links: Pull-up-Schaltung, rechts: Pull-down-Schaltung

In der linken Schaltung sehen Sie eine typische Schaltung mit einem Pull-up-Widerstand für Pin 16, der als Eingang programmiert wurde. Pin 16 soll nun wahrnehmen, wenn der Taster S1 gedrückt wird. Solange der Taster nicht betätigt wird, besteht ein geschlossener Stromkreis zwischen Pin 16 und Pin 1. Der Strom fließt durch R1 und R2. An Pin 16 liegen nun also auch 3,3 V an. Pull-up- und Pull-down-Widerstände werden möglichst hochohmig gewählt, damit der Strom, der nun zwischen Pin 1 und 16 fließt, möglichst gering ist.

Wird nun der Schalter S1 geschlossen, so stellen Sie sich vor, dass der Strom jetzt den Weg des kleineren Widerstandes wählt und über den neuen Strompfad gen Masse fließt. Pin 16 führt nun nahezu 0 V. Ihre Software erkennt jetzt eine negative Flanke. Die rechte Schaltung funktioniert nach dem gleichen Prinzip, nur findet dort bei Betätigung des Schalters S1 eine positive Flanke statt.

Der Widerstand R1 ist für die Funktion der Schaltung nicht relevant, sondern hat einen sicherheitstechnischen Aspekt. Er begrenzt den Strom, der beim Schließen von S1 zwischen dem GPIO-Pin und Masse beziehungsweise dem 3,3-V-Pin fließt. Da Sie nur reine Signalpegel benötigen, sollte der Strom in allen Signalen so gering wie möglich gehalten werden. Fehlende Strombegrenzungswiderstände können die GPIO-Pins an ihre Belastungsgrenze von ca. 16 mA führen und sogar zu irreparablen Schäden führen.

Die internen Widerstandswerte

Die internen Pull-up- und Pull-down-Widerstände haben einen Wert von ca. 50 kOhm. Ausgenommen davon sind die I²C-Pins (Pin 3 und 5): Diese besitzen einen Wert von nur 1,8 kOhm.

Die beiden Schaltungen zeigen externe Pull-up- beziehungsweise Pull-down-Widerstände. Der Raspberry Pi bietet jedoch die Möglichkeit, durch einen Softwarebefehl interne Widerstände für jeden Pin ein- und auszuschalten. Dies werden Sie später im ersten Übungsprojekt mit den Eingängen näher kennenlernen.

3.2.3 Ausgänge

Genauso wie bei den Eingängen können Sie auch jeden beliebigen GPIO-Pin als Ausgang programmieren. Ein Ausgang bedeutet, dass der Pin in diesem Modus keine Signale erfasst, sondern selbst ein Signal erzeugt. Das wird immer dann notwendig, wenn Sie mit dem Raspberry Pi ein externes Bauteil ansteuern möchten. Dazu zählen LEDs, Mikrocontroller, Motoren, Transistoren und vieles mehr.

Ein Pin im Ausgangsmodus ist ebenfalls digital, liefert also nur die Zustände High oder Low. Ein inaktiver Ausgangs-Pin führt 0 V, ein aktiver Ausgang dagegen 3,3 V. Werte dazwischen sind nicht möglich! Die GPIO-Pins im Ausgangsmodus sind nur für Signale vorgesehen. Daher beträgt der maximal zulässige Strom, der aus einem GPIO-Pin fließen sollte, nur 16 mA. Das ist für Signale vollkommen ausreichend. Auch eine kleine LED kann damit betrieben werden, wie Sie im nächsten Abschnitt lernen werden.

Schließen Sie aber niemals Bauteile mit großem Leistungsbedarf *direkt* an einen GPIO-Pin an. Darunter fallen z. B. Motoren, Relais, Elektromagnete, Power-LEDs etc. Wir zeigen Ihnen im ersten LED-Projekt (siehe Abschnitt 3.5, »GPIO-Pin als Ausgang – LED ein- und ausschalten«) einen Weg auf, wie Sie die oben genannten Bauelemente dennoch sicher betreiben können.

3.2.4 Sonderfunktionen

Viele Pins erfüllen je nach Konfiguration alternative Funktionen. Beispielsweise können die Pins 3 und 5 nicht nur als GPIO-Kontakte verwendet werden, sondern auch zum Anschluss einer elektronischen Komponente mit I^2C-Bus.

Eine detaillierte Beschreibung jedes einzelnen GPIO-Kontakts inklusive aller alternativen Belegungen finden Sie unter:

http://elinux.org/RPi_BCM2835_GPIOs

Diese Seite enthält eine umfassende Beschreibung aller GPIO-Pins des Broadcom BCM2835 System-on-Chip. Dabei handelt es sich noch um den alten SoC, der auf den ersten beiden Raspberry-Pi-Modellen verbaut war. Jedoch sind fast alle Funktionen vergleichbar. Eine ebenso umfassende Dokumentation zum SoC des Raspberry Pi 3, dem BCM2837, ist bisher noch nicht verfügbar.

Vor jedem Projekt müssen Sie sich die Frage stellen: Welche der vielen GPIO-Pins setzen Sie ein? Solange es nur darum geht, erste Experimente durchzuführen und ein paar Leuchtdioden ein- und auszuschalten, können Sie den GPIO-Pin frei auswählen. Diverse Spezialfunktionen stehen allerdings auf ausgewählten Pins zur Verfügung. Hier folgt ein kurzer Überblick über die Spezialfunktionen, wobei sich die Pin-Nummern auf den J8-Header des Raspberry Pi 3 beziehen:

- **Pin 3 und 5** sind für I^2C-Komponenten erforderlich. Die beiden Pins sind mit einem 1,8-k-Pull-up-Widerstand verbunden und eignen sich auch gut als Signaleingänge (z. B. für Schalter/Taster).
- **Pin 7** wird vom 1-Wire-Kerneltreiber verwendet oder kann als Taktgeber eingesetzt werden.
- **Pin 8 und Pin 10** werden beim Booten des Raspberry Pi standardmäßig als serielle Schnittstelle konfiguriert. Dort werden normalerweise die Kernelmeldungen ausge-

geben. Wenn Sie die Pins für allgemeine I/O-Aufgaben nutzen möchten, müssen Sie diese umprogrammieren, z. B. mit dem Kommando `gpio` aus der WiringPi-Bibliothek.

- **Die Pins 11, 12 und 13** können zum Anschluss von SPI-Komponenten verwendet werden (SPI-Kanal 1).

- **Pin 12** wird standardmäßig vom LIRC-Kerneltreiber verwendet und eignet sich daher gut als Signaleingang für einen IR-Empfänger. Dieser Pin kann auch als PWM-Ausgang verwendet werden. Vorsicht: Wenn Sie Audio-Signale über den Kopfhörerausgang ausgeben, wird automatisch ein Audio-Kanal als PWM-Signal über Pin 12 geleitet.

- **Pin 19, 21, 23, 24 und 26** können zum Anschluss von SPI-Komponenten verwendet werden (SPI-Kanal 0).

- **Pin 27 und 28** bilden die Schnittstelle zum I^{2}C-Bus 0. Seit dem Raspberry Pi B+ und somit auch beim Raspberry Pi 3 ist der Bus jedoch für EEPROMS reserviert, die auf den standardisierten *HAT*-Erweiterungsboards zu finden sind.

Weiterführende Informationen

Noch mehr Informationen finden Sie auf der folgenden Seite, auf der sich die Autoren allerdings *nicht* auf die Pin-Nummern des J8-Headers beziehen, sondern die Pin-Nummerierung der BCM283X-Chips verwenden:

http://wiringpi.com/pins/special-pin-functions

3.3 GPIO-Verbindungen herstellen

Bevor Sie Ihr erstes Bastelprojekt beginnen, müssen Sie sich überlegen, wie Sie den elektronischen Kontakt zu einem der 40 Pins herstellen. Für kleine Versuchsaufbauten auf einem Steckbrett sind kurze Kabel mit Stecker und Buchse ideal, sogenannte Jumper Wires (siehe Abbildung 3.3).

Fertige Kabel finden Sie zuhauf in diversen Online-Shops. Suchen Sie z. B. in eBay oder bei Amazon nach *breadboard jumper wire male female*.

Auf einem Breadboard oder Steckbrett benötigen Sie Male-male-Kabel und für die Verbindung vom Raspberry Pi zum Steckbrett brauchen Sie Female-male-Kabel.

Mit ein wenig Erfahrung im Löten und einer in jedem Elektronikmarkt erhältlichen Buchsenleiste im 2,54-mm-Raster können Sie sich selbst passende Stecker machen. Eine andere Alternative ist ein 40-Pin-Stecker mit einem Flachbandkabel, dessen Drähte Sie dann trennen. Manche Raspberry-Pi-Händler bieten auch spezielle *Cobbler* an, um alle

Pins des J8-Headers über ein Flachbandkabel mit den Kontaktreihen eines Steckboards zu verbinden.

Abbildung 3.3 Male-female-Jumper-Wire

Die 40-poligen Flachbandkabel wurden für IDE-Festplatten/CD/DVD-Laufwerke verwendet. Leider ist bei den neueren Kabeln eine Öffnung vergossen (Verpolschutz), so dass diese nicht weiterverwendet werden können.

> **Löten Sie nie direkt auf die GPIO-Pins!**
> Löten Sie auf keinen Fall die Kabel direkt an die Stecker-Pins. Die unvermeidlichen Lötreste machen es nahezu unmöglich, später einen Flachbandstecker zu verwenden.

3.4 Vorsichtsmaßnahmen und ESD-Schutz

Beim Umgang mit dem Raspberry Pi müssen Sie einige wichtige Grundregeln beachten, die natürlich auch für andere elektronische Komponenten gelten:

- Durch elektrostatische Ladungen können Sie Ihren Raspberry Pi zerstören. Es reicht schon, einen elektrischen Kontakt bloß zu berühren, und schon ist das Unglück passiert! Verwenden Sie ein Antistatikband (ESD-Armband). ESD steht steht übrigens für

Electro Static Discharge, also für eine elektrostatische Entladung. Dieses Phänomen kennen Sie sicher aus Ihrem Alltag. Ein sogenannter ESD-Event findet beispielsweise statt, wenn Sie sich nach dem Gang über einen Teppich an der Türklinke elektrisieren. Bei der Berührung entladen sich mehrere tausend Volt von Ihrem Körper in die metallische Türklinke. Stellen Sie sich nun vor, das Ziel der Entladung wäre nicht die Türklinke, sondern der Raspberry Pi: Vor allem die Prozessoreinheit kann durch die hohen Spannungen einer ESD-Entladung Schaden nehmen. Wir raten Ihnen daher, Ihren Körper zu entladen, indem Sie einen Heizkörper anfassen oder ESD-Armbänder mit entsprechender Erdung tragen. Mehr über das ESD-Phänomen und die Vorbeugung gegen Schäden finden Sie unter diesem Link:

http://de.wikipedia.org/wiki/Elektrostatische_Entladung

- Auch versehentliche Kurzschlüsse, die falsche Beschaltung von Pins und dergleichen können Ihrem Minicomputer den Garaus machen.
- Schalten Sie Ihren Raspberry Pi immer aus, wenn Sie Veränderungen an der Schaltung durchführen.
- Beachten Sie außerdem, dass die GPIO-Pins eine maximale Spannung von 3,3 Volt erwarten. Die für viele andere elektronische Bauteile üblichen 5 Volt sind zu hoch und können den Raspberry Pi ebenfalls kaputt machen.

3.5 GPIO-Pin als Ausgang – LED ein- und ausschalten

Für den Programmierer ist es der erste `print`-Befehl, für uns ist die erste LED das »Hallo-Welt-Projekt«. Auch wenn die Aufgabenstellung im ersten Moment wenig spannend erscheint: Hier muss jeder einmal durch! Das Projekt dient als Grundstein für alle weiteren Bastelprojekte.

Wir nutzen in den meisten Projekten Python. Für den Anfang benötigen Sie kaum Vorwissen über diese Programmiersprache. Wir starten Schritt für Schritt und begleiten Sie durch jede Zeile des Programmcodes.

Info: Was tun, wenn mein Programm nicht läuft?

Wenn Sie Ihr Programm erstellen, kann es passieren, dass sich Fehler einschleichen und Ihr Programm deswegen nicht funktioniert. Aus diesem Grund können Sie alle Programme, die in diesem Buch gezeigt werden, als getestete und lauffähige Version aus dem Internet herunterladen. Besuchen Sie dafür einfach die Seite *www.rheinwerk-verlag.de/3602*.

Softwareseitig ist für dieses Kapitel keine Vorarbeit notwendig. Python sowie die benötigte Bibliothek `RPi.GPIO` sind bereits im Betriebssystem Raspbian vorinstalliert.

Widmen wir uns daher direkt der Hardware. Sie benötigen für dieses Projekt folgende Bauteile und Werkzeuge:

- einen Kohleschichtwiderstand passend zur LED (typisch: 100–300 Ω)
- eine bedrahtete LED in beliebiger Farbe
- ein Breadboard
- Jumper Wire oder andere Drähte zur Verbindungsherstellung

3.5.1 Wissenswertes zur LED

Wir starten mit einem kleinen Ausflug in die Bauteilkunde. Sie sollten zumindest im Groben eine Ahnung haben, mit welchen Bauteilen Sie arbeiten. Das erleichtert es ungemein, ihre Funktionsweisen zu verstehen.

Das erste Bauteil, das Sie in diesem Buch in einem kleinen Projekt nutzen werden, ist die LED. Die englische Abkürzung LED steht für *Light Emitting Diode,* eine lichtaussendende Diode.

Da es sich bei der Leuchtdiode um eine besondere Form der Diode handelt, ist das elektrische Verhalten der LED und einer Diode sehr ähnlich.

Die Eigenschaften einer Diode sollten Sie daher kennen: Dioden sind die *Einbahnstraßen* unter den elektronischen Bauteilen. Sie verfügen über eine Sperr- und eine Flussrichtung.

Die Diode ist also ein gepoltes Bauteil. Das heißt, sie kann nicht in beliebiger Richtung (wie z. B. der Widerstand) verbaut werden. Wird die Diode in Flussrichtung verbaut, so kann der Strom durch die Diode fließen. Drehen Sie die Diode um und verbauen sie somit in Sperrrichtung, so kann der Strom die Diode nicht durchfließen und der Stromkreis ist nicht geschlossen.

Die Anschlüsse der Diode nennt man *Anode* (+) und *Kathode* (–). Eine gängige Anwendungsart ist z. B. der Verpolschutz. Fließt z. B. der Strom bei einer Diode, die in der 5-V-Versorgungsleitung verbaut ist, durch das Bauteil hindurch, so würde beim versehentlichen Verpolen der Versorgungsspannung kein Schaden entstehen. Die Diode blockiert den Stromfluss im Verpolungsfall und bewahrt die Schaltung so vor weiteren Schäden.

Beim Umgang mit Dioden sollten Sie beachten, dass die Diode eine bestimmte Flussspannung benötigt, um leitend zu werden. Gewöhnliche Dioden, die wir für unsere Schaltungen verwenden, bestehen meist aus Silizium und haben eine Durchlassspannung von ca. 0,7 V. In der Schaltungsplanung bedeutet das für Sie, dass 0,7 V von z. B. einer Versorgungsspannung bereits an der Diode abfallen. Dies müssen Sie bei der Dimensionierung einer Versorgungsspannung berücksichtigen.

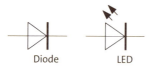

Abbildung 3.4 Die Schaltzeichen für Dioden und LEDs

Sie können diese Eigenschaften nun auf die LED übertragen. Auch bei einer LED unterscheiden wir zwischen Anode und Kathode. In der simpelsten Bauform, der bedrahteten Diode, ist die Anode (+) am längeren Beinchen zu erkennen.

Anders als bei Glühlampen muss eine LED nicht glühen, um Licht zu erzeugen. Die LED erzeugt Licht einer bestimmten Wellenlänge durch das Beschleunigen von Elektronen. Dadurch benötigen LEDs nur einen Bruchteil des Stroms, den eine Glühlampe verbrauchen würde.

Die LED benötigt (wie die normale Diode auch) eine bestimmte Durchlassspannung, die auch Fluss- oder Schwellenspannung genannt wird. Ist diese Spannung erreicht, beginnt die LED zu leuchten. Je nach Höhe der Durchlassspannung stellt sich ein Strom ein, der durch die LED fließt. Die Charakteristik einer Diodenkennlinie beschreibt das typische Verhalten. Eine Änderung von wenigen Millivolt Spannung an der LED führt zu einer drastischen Erhöhung des Stromflusses durch das Bauteil. Hier kann es schnell zum Abbrennen der LED kommen. Genau dieses Problem löst der Vorwiderstand (siehe Abbildung 3.5).

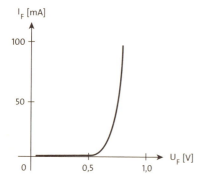

Abbildung 3.5 Diodenkennlinie in Durchlassrichtung

3.5 GPIO-Pin als Ausgang – LED ein- und ausschalten

Hier ist ein einfaches Beispiel zur Ermittlung des Vorwiderstandes am Beispiel einer weißen LED: Die LED hat eine Durchlassspannung von 3,2 V und benötigt einen Strom von maximal 20 mA. Als Versorgungsspannung stehen Ihnen 5 V zur Verfügung. Am Vorwiderstand soll also eine Spannung von 1,8 V abfallen und der Strom auf 20 mA begrenzt werden.

Die Spannung ist Ihnen also bekannt. 1,8 V Spannungsdifferenz müssen am Vorwiderstand abfallen. Der ideale Stromfluss ist Ihnen mit 20 mA ebenfalls bekannt. Als einzige Unbekannte bleibt der Widerstand. Hier kommt das ohmsche Gesetz zum Einsatz:

$R = U / I$

$R = 1,8 V / 0,02 A$

$R = 90 \Omega$

In den seltensten Fällen werden Sie genau den Widerstand mit dem errechneten Wert zur Hand haben. Wählen Sie im Zweifel einfach den nächsthöheren.

Die Durchlassspannungen von farbigen LEDs unterscheiden sich ebenfalls nach ihren Farbwerten (siehe Tabelle 3.1). Den genauen Wert erfahren Sie jedoch immer im Datenblatt Ihrer LED.

LED-Farbe	Typische Flussspannung
weiß	3,0–4,0 V
rot	1,6–2,2 V
grün	1,9–2,6 V
blau	3,0–4,0 V
gelb	2,0–2,2 V
infrarot	1,2–1,8 V

Tabelle 3.1 Typische Flussspannungen von farbigen LEDs

LEDs können auf vielerlei Weise eingesetzt werden, z. B. als:

- Signalgeber
- Leuchtmittel in der Automobilindustrie
- Leuchtwände und Displays
- Haus- und Straßenbeleuchtung

Dimensionierung der Schaltung

Bevor Sie sich dem Basteln widmen können, müssen Sie sich noch ein paar Gedanken über die geplante Schaltung machen. Dazu gehört, wie Sie schon gelernt haben, auch das Dimensionieren eines Vorwiderstandes.

Der Vorwiderstand hängt von der LED-Art und -Farbe ab, die Sie verwenden. Wir empfehlen Ihnen für den Anfang ein LED-Sortiment, wie es in Abbildung 3.6 zu sehen ist. Hier haben Sie eine gute Auswahl an verschiedenen LEDs und meist auch die notwendigen Daten vorliegen. Wenn Sie eine spezielle LED für dieses Projekt verwenden möchten, dann suchen Sie im Datenblatt des Bauteils nach der Flussspannung und dem zulässigen Betriebsstrom der LED.

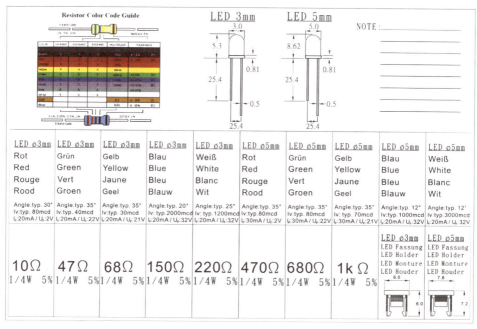

Abbildung 3.6 Viele LED-Sets geben bereits die spezifizierten Werte der LEDs an. (Hier: Conrad LED- und Widerstandssortiment)

In diesem Projekt möchten wir die LED an einem der GPIO-Pins betreiben. Wie bereits anfangs erwähnt, ist dies möglich, aber keine Dauerlösung, da die GPIO-Pins nicht der Stromversorgung dienen sollten. Als erste Übung können Sie unseren Aufbau jedoch ohne Bedenken nachbauen.

Wir geben Ihnen die folgenden Daten mit an die Hand, um den Vorwiderstand zu ermitteln:

- maximaler Strom: 16 mA
- Versorgungsspannung: 3,3 V

Sie sehen, dass wir den Strom diesmal nicht aufgrund des zulässigen Stroms der LED bestimmen, sondern 16 mA als maximalen Strom wählen, um die GPIO-Pins vor Überlastung zu schützen.

Wir nutzen eine rote LED mit 3 mm Durchmesser. Diese hat eine Flussspannung von 2 V. Für unseren Fall ergibt sich daraus die folgende Gleichung:

$R = U / I$

$R = (3,3V - 2V) / 0,016$

$R = 81,25 \Omega$

Wir wählen als Vorwiderstand nun den nächsthöheren Widerstand, den wir zur Verfügung haben. Das sind 150 Ω (siehe Abbildung 3.6).

3.5.2 Verdrahtung

Nutzen Sie ein Breadboard, um die LED und den Widerstand mit dem Raspberry Pi zu verbinden. Das hat den Vorteil, dass Sie nicht löten müssen und die Schaltung jederzeit wieder um- oder abbauen können. Bauen Sie die Schaltung mit Jumper Wires auf wie in Abbildung 3.7 zu sehen.

Abbildung 3.7 Die LED-Schaltung auf einem Breadboard

Den dazugehörigen Schaltplan finden Sie in Abbildung 3.8. Sie sollten bei diesem Aufbau lediglich auf die Polung der LED achten. Das lange Beinchen, die Anode, muss mit dem Widerstand verbunden werden.

Sie sehen, dass die komplette Schaltung eine Reihenschaltung ergibt. Sobald Pin 26 aktiv ist, fließt der Strom durch den Widerstand R1, durch die LED und schlussendlich zur Masseanbindung an Pin 6 des Raspberry Pi. Das ist eine sehr simple Form einer elektronischen Schaltung. Sie legt jedoch den Grundstein für Ihre weiteren Elektronikbasteleien. Damit haben Sie auch bereits den Hardwareteil für dieses Projekt abgeschlossen. Im nächsten Schritt widmen wir uns der Software.

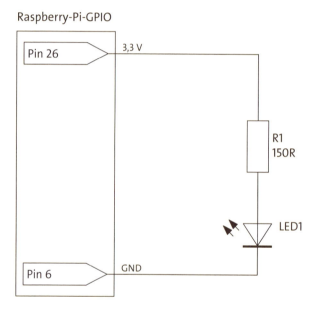

Abbildung 3.8 Der Schaltplan für die LED-Schaltung

3.5.3 Das Python-Programm

Wie wir bereits erwähnt haben, brauchen Sie die Software nicht extra einrichten, um sie anzuwenden. Die Voraussetzung dafür ist aber, dass Sie die aktuellste Raspbian-Version auf Ihrem Raspberry Pi installiert haben.

Im nächsten Schritt erstellen wir ein Python-Programm. Legen Sie dazu eine Datei mit dem Namen *led.py* an. Speichern Sie diese idealerweise im *home*-Verzeichnis des Nutzers pi. Der Inhalt der Datei sieht wie folgt aus:

3.5 GPIO-Pin als Ausgang – LED ein- und ausschalten

```python
#!/usr/bin/python3
import RPi.GPIO as GPIO
import time
GPIO.setmode(GPIO.BOARD) # Pin 26 (= BCM 7)
GPIO.setup(26, GPIO.OUT)
GPIO.output(26, GPIO.HIGH)
time.sleep(5)
GPIO.output(26, GPIO.LOW)
GPIO.cleanup()
```

Listing 3.1 »led.py« – das Python-Programm zum Steuern einer LED an GPIO-Pin 26

Wechseln Sie auf dem Raspberry Pi als Nutzer pi in Ihr *home*-Verzeichnis, und starten Sie das Programm mit python led.py.

Die erste Zeile des Programms ist die sogenannte *Shebang-Zeile*. Sie gibt an, mit welchem Programm die Datei geöffnet wird. In unserem Fall mit Python.

In der zweiten Zeile wird mit import RPi.GPIO as GPIO die benötigte RPi.GPIO-Bibliothek importiert. Diese ist in der aktuellsten Raspbian-Distribution bereits vorinstalliert und bedarf keiner separaten Einrichtung. Zudem importieren wir das Modul time, um später eine Wartezeit zu definieren.

GPIO.setmode(GPIO.BOARD) legt fest, dass Sie im kompletten Programm die physischen Pin-Nummern des J8-Headers verwenden können, um einen Pin zu beschreiben. Alternativ können Sie auch GPIO.setmode(GPIO.BCM) verwenden. Dadurch erwartet das Programm von nun an die BCM-Nummerierung zur Identifikation des Pins. Welche der beiden Methoden Sie verwenden, können Sie frei entscheiden.

Die darauffolgende Zeile deklariert den verwendeten Pin 26 als GPIO-Ausgang.

Die Zeile GPIO.output(26, GPIO.HIGH) aktiviert nun den Pin 26. Nach der Ausführung dieser Zeile führt der GPIO-Pin einen 3,3-V-Pegel. Die LED fängt nun an zu leuchten. Die nächste Zeile im Programmcode definiert eine Wartezeit von 5 Sekunden. In dieser Zeit geschieht nichts. Das Programm wartet die festgelegte Zeit ab, bis es mit der Ausführung der nächsten Codezeile fortsetzt. In diesen fünf Sekunden leuchtet auch die LED weiterhin.

Ist die Wartezeit abgelaufen, so sorgt GPIO.output(26, GPIO.LOW) dafür, dass der Pin 26 wieder ausgeschaltet wird. An ihm liegen nun 0 V an. Das gleicht dem Massepotenzial von Pin 6. Ein Stromfluss findet daher nicht mehr statt. Die LED erlischt.

Die letzte Zeile des Programms versetzt alle GPIO-Pins wieder in ihren Standardzustand. Dies sollten Sie am Ende jedes Programms nutzen, damit sich zum Neustart des Programms keiner der GPIO-Pins in einem unerwarteten Zustand befindet.

Das Programm beendet sich nun und kann erneut gestartet werden.

3.5.4 LED-Blinklicht

Ohne eine Änderung in der Schaltung können Sie die LED nun blinken lassen. Anstatt das Programm manuell dauerhaft neu zu starten, setzen wir eine Schleife ein. Wir nutzen eine For-Schleife und lassen die LED nun neunmal blinken, bevor sich das Programm beendet (beginnend bei 0, 1, 2, ... 8; ausschließlich 9).

```
#!/usr/bin/python3
import RPi.GPIO as GPIO
import time
GPIO.setmode(GPIO.BOARD) # Pin 26 (= BCM 7)
GPIO.setup(26, GPIO.OUT)
For i in range (9)
  GPIO.output(26, GPIO.HIGH)
  time.sleep(1)
  GPIO.output(26, GPIO.LOW)
  time.sleep(1)
GPIO.cleanup()
```

Listing 3.2 Durch das Einfügen der For-Schleife blinkt die LED nun zehnmal.

Sie können das Programm nun auch erweitern. Schließen Sie doch einmal weitere LEDs an freie GPIO-Pins an, und lassen Sie auch diese durchschalten. Fügen Sie dazu für jede weitere LED die Einrichtungszeile für den entsprechenden GPIO-Pin ein – für eine LED an Pin 11 z. B.:

```
GPIO.setup(11, GPIO.OUT)
```

Sie aktivieren die Ausgänge einfach durch das Hinzufügen der entsprechenden Zeile im Code. Eine weitere LED an Pin 11 schalten Sie ein mit:

```
GPIO.output(11, GPIO.HIGH)
```

Denken Sie daran, für jede andersfarbige LED einen separaten Vorwiderstand zu nutzen und vorab auszurechnen. Die Kathoden aller LEDs können Sie zusammenlegen und auf einen Masse-Pin führen.

3.6 Transistoren

Wir hoffen, dass nach dem ersten Projekt der Ehrgeiz Sie gepackt hat und dass Sie nun nach Größerem streben!

Mit der vorherigen Schaltung ist das allerdings nicht möglich. Sie erinnern sich: Ein GPIO-Pin sollte nicht zur Stromversorgung von (Leistungs-)Bauteilen dienen. Mehr als eine kleine LED können und sollten Sie nicht direkt betreiben. Um dieses Limit zu umgehen und quasi jedes noch so leistungshungrige Bauteil betreiben zu können, verwenden wir Transistoren.

Ein Transistor ist auf den ersten Blick ein Schalter. Ist er aktiv, so ermöglicht er den Stromfluss zwischen zwei seiner Anschlüsse. Anderenfalls bleiben sie getrennt. Anders als ein mechanischer Schalter wird der Transistor jedoch elektronisch betätigt.

In der Regel besitzt ein Transistor drei Anschlussbeinchen: die Basis, die das Steuersignal empfängt, und die zu schaltende Strecke, die sich zwischen den Beinchen *Kollektor* und *Emitter* einstellen wird.

Das Grundprinzip ist sehr simpel: Fließt ein ausreichender Strom in die Basis, so wird die Strecke zwischen Kollektor und Emitter niederohmig und lässt einen Strom fließen. Bleibt der Strom an der Basis weg, so wird der Stromkreis zwischen Kollektor und Emitter wieder unterbrochen.

Etwas umfangreicher wird es, betrachtet man die unterschiedlichen Typen der Transistoren. So gibt es zum einen die *bipolaren Transistoren*: Diese bestehen aus drei unterschiedlich dotierten Halbleiterschichten. Zum einen wäre dort die Kombination aus P(ositiv) – N(egativ) – P(ositiv) möglich. In diesem Fall spricht man von einem PNP-Transistor. Sind die Schichten in der Reihenfolge N-P-N aufgebaut, so handelt es sich um einen NPN-Transistor.

Der Unterschied zwischen den beiden Typen liegt in der Polarität: Beim *NPN-Transistor* liegt der Kollektoranschluss an einer positiven Spannung, ebenso wie der Basisanschluss. Der Emitter wird an die Masse angeschlossen. Im geschalteten Zustand fließen der Kollektor- und der Basisstrom in Richtung des Emitters zur Masse. Ein typischer, preiswerter NPN-Transistor ist z. B. der BC547.

Beim *PNP-Transistor* liegen der Kollektor und die Basis an Masse. Der Emitter wird an eine positive Spannung angeschlossen. Wird der PNP-Transistor angesteuert, so fließt ein großer Strom vom Emitter zum Kollektor und ein kleiner Strom fließt aus der Basis heraus. Ein gängiger PNP-Transistor ist z. B. der BC557.

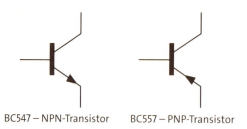

BC547 – NPN-Transistor   BC557 – PNP-Transistor

Abbildung 3.9 NPN- und PNP-Transistoren unterscheiden sich auch durch ihre Schaltzeichen.

Dann wären da noch die **MOSFET-Transistoren**. MOSFET ist die Abkürzung für *Metal Oxide Field Effect Transistor*. Der erste Unterschied, der Ihnen im Umgang mit diesen Transistoren auffallen wird, ist die Bezeichnung der Anschlüsse. So wird der Steuereingang als *Gate* (Tor) bezeichnet und die leitende Strecke stellt sich zwischen den Anschlüssen *Drain* (Abfluss) und *Source* (Quelle) ein. Im Gegensatz zu einem bipolaren Transistor benötigt ein MOSFET keinen Steuerstrom. Das Gate öffnet die Drain-Source-Strecke, sobald eine Spannung anliegt. MOSFETs werden eingesetzt, um sehr große Leistungen zu schalten. Richtig gekühlt, kann ein MOSFET ein Vielfaches mehr an Strom und Spannung schalten als ein bipolarer Transistor.

3.6.1 Transistoren im Praxiseinsatz

Zum Einstieg starten wir wieder mit einer simplen Schaltung. Wir bleiben bei der LED, steuern diese nun aber über einen Transistor an. Das hat den Vorteil, dass wir nicht mehr vom kleinen Strom der GPIO-Pins limitiert sind. Das Steuersignal und die Stromversorgung der LED werden durch den Transistor voneinander entkoppelt.

Wir nutzen den bipolaren Transistor BC547. Dieses Bauteil ist sehr gängig und in jedem Elektronikhandel verfügbar. Sie benötigen die folgenden Komponenten und Werkzeuge für diesen Abschnitt:

- eine LED wie im vorigen Kapitel
- Kohleschichtwiderstände 10 kΩ, 160 Ω
- den Transistor BC547
- ein Breadboard
- Jumper Wires

Den Umgang mit einem Transistor erlernen Sie wieder am Beispiel einer LED. Diesmal versorgen Sie die LED nicht direkt über einen 3,3-V-GPIO-Pin mit Strom, sondern über den 5-V-Ausgang, gesteuert mit einem Transistor, der an einem GPIO-Pin angeschlossen ist.

Diese Methode hat zum einen den Vorteil, dass Sie weitaus mehr Strom als 16 mA aus dem 5-V-Pin ziehen können. Zum anderen ist der 5-V-Pin der GPIO-Leiste nicht mit dem Mikrocontroller verbunden und kann somit im Falle eines Fehlers weniger Schaden anrichten.

Das Transistor BC547 liegt in 3-Pin-Ausführung vor. Der BC547 ist für einen maximalen Kollektor-/Emitterstrom von 100 mA dimensioniert. Das ist also der Strom, der durch die später angeschlossene LED fließt – für unsere Anwendung also vollkommen ausreichend.

Wie Sie bereits wissen, ist die Basis der Anschluss, der zum Steuern des Transistors genutzt wird. An die Basis wird später ein GPIO-Pin des Raspberry Pi angeschlossen. Allerdings gilt es hierbei eine Kleinigkeit zu beachten: Bei einem bipolaren Transistor wie dem BC547 ist der Basisstrom ausschlaggebend für den Öffnungsgrad des Transistors. Ein zu großer Strom könnte womöglich den Ausgang des Raspberry Pi beschädigen, und ein zu kleiner Strom öffnet den Transistor nicht vollständig.

Um das zu verhindern, verwenden Sie zwischen dem GPIO-Pin und der Basis des BC547 einen Basiswiderstand. Mit diesem Widerstand bestimmen Sie den Strom, der in die Basis fließt. Zur Berechnung des Widerstandes ist es notwendig, dass Sie einen Blick auf das Datenblatt des BC547 werfen:

http://www.nxp.com/documents/data_sheet/BC847_BC547_SER.pdf

Meist wird im Datenblatt die Stromverstärkung des Transistors angegeben (z. B. Beta). Im Falle des BC547 hat die kleinste Stromverstärkung einen Faktor von 200. Dies bedeutet, dass der Kollektor-/Emitterstrom das Zweihundertfache des Basisstroms sein kann. Der benötigte Widerstand kann aus dem zu erwartenden Kollektor-/Emitterstrom und der Stromverstärkung errechnet werden. Falls Sie die gleiche LED wie im vorigen Beispiel nutzen, so ergibt sich folgende Formel:

$$\frac{0{,}02\ A}{200} = 0{,}0001\ A = 100\ \mu A$$

$$\frac{(3{,}3\ V - 0{,}7\ V)}{0{,}0001\ A} = 26000\ \Omega = 26\ k\Omega$$

In der Praxis allerdings muss diese Berechnung nicht zwingend durchgeführt werden. Bei normalen Schaltaufgaben, wie dem Schalten einer LED, kann ohne Probleme ein gängiger Basiswiderstand von 1kΩ verwendet werden. Hiermit ist der mögliche Kollektor-/Emitterstrom mehr als ausreichend.

Ebenso schützt dieser Widerstand im Fehlerfall den Raspberry Pi. Sollte der Transistor durchbrennen und einen Kurzschluss verursachen, so ist der Ausgang gegen übermäßigen Stromfluss geschützt.

Berechnen Sie nun auch den Vorwiderstand der LED. Dieser kann nicht aus dem vorigen Beispiel übernommen werden, da Sie nun 5 V Versorgungsspannung für die LED nutzen und dementsprechend mehr Spannung am Vorwiderstand abfallen muss.

Wir wählen für diese Aufgabe eine rote LED mit 5 mm Durchmesser aus unserem LED-Sortiment. Diese ist mit folgenden Werten spezifiziert:

- Durchlassspannung: 2 V
- optimaler Strom: 30 mA

Wir kommen dadurch auf folgende Rechnung:

$$\frac{(5\,V - 2\,V)}{0{,}03\,A} = 100\,\Omega$$

Nutzen Sie wieder das Breadboard, um die Schaltung nach dem Schaltplan in Abbildung 3.10 aufzubauen.

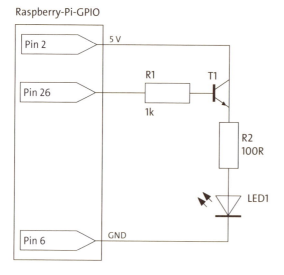

Abbildung 3.10 Die LED-Schaltung mit dem NPN-Transistor BC547

Gehen wir die Schaltung also noch einmal durch: Ist der GPIO-Ausgang Pin 26 inaktiv, so bleibt der Transistor geschlossen. Es findet kein Stromfluss von Pin 2 nach Pin 6 statt.

Die LED leuchtet nicht. Wird nun aber der GPIO-Ausgang aktiviert, so fließt ein sogenannter Basisstrom durch R1 in die Basis des Transistors. Dadurch wird die Strecke zwischen Kollektor und Emitter leitend und der Strom kann von Pin 2 durch den Transistor, durch den Vorwiderstand R2 und schlussendlich durch die LED gen Masse fließen. Die LED leuchtet.

> **Wohin fließt der Basisstrom?**
>
> Beachten Sie, dass bei kritischeren Schaltungen auch der Basisstrom berücksichtigt werden sollte. Dieser fließt im eingeschalteten Zustand nämlich von Pin 26 ebenfalls durch die LED nach Masse. Durch den großen Basiswiderstand fällt dies bei dieser Schaltung kaum ins Gewicht. Behalten Sie diesen Fakt jedoch für zukünftige Basteleien im Hinterkopf.

Die Software für dieses Programm können Sie ganz einfach aus dem vorigen Projekt übernehmen (siehe Abschnitt 3.5.3).

Ihre LED verhält sich nun genauso wie im vorigen Projekt. Sie haben allerdings nun die korrekte Betriebsart genutzt und ebenso den Grundstein für jedes weitere, leistungshungrige Bauteil gelegt. Sie sollten jedoch beachten, dass der BC547 für maximal 100 mA spezifiziert wurde. Sollten Sie mehr Strom durch die Kollektor-Emitter-Strecke schicken, kann das kleine Bauteil durchaus in Rauch aufgehen. (Und das meinen wir wirklich wörtlich!)

Eine Alternative stellt zum Beispiel der 2N3904 dar, der mit 200 mA das Doppelte an Strom verkraften kann.

3.6.2 PWM: LEDs dimmen

LEDs sind schöne Übungsbauteile, daher nutzen wir sie ein letztes Mal für die folgende Lektion. Hier möchten wir Ihnen die *Pulsweitenmodulation* näher bringen, kurz *PWM*.

Wie Sie in der Diodenkennlinie erkennen können, kann eine LED nur mit der Flussspannung betrieben werden. Eine höhere oder niedrigere Spannung lässt die LED entweder durchbrennen oder erlöschen. Das kommt daher, dass auch bei nur sehr geringem Überschreiten der empfohlenen Flussspannung der Strom extrem stark ansteigt. Die LED wird in kurzer Zeit sehr heiß und brennt wortwörtlich ab.

Das führt sicherlich zu der Frage, wie man eine LED nun nur halb so hell leuchten oder gar glimmen lässt. Der korrekte Weg führt Sie zum *PWM-Signal*. PWM steht für Pulsweitenmodulation und bietet die Möglichkeit, eine konstante Spannung in An- und Aus-Phasen einzuteilen. Gehen wir dazu etwas ins Detail.

Stellen Sie sich vor, dass Sie die LED in den beiden vorangehenden Projekten immer mit einem gleichbleibenden Spannungspegel versorgt haben. Dieser lag, solange die LED eingeschaltet war, entweder bei 3,3 V oder bei 5 V und sprang auf 0 V, sobald Sie die LED ausgeschaltet haben.

Die Pulsweitenmodulation hingegen erzeugt eine Spannung, die mehrfach pro Sekunde zwischen der Betriebsspannung und 0 V wechselt. Am einfachsten ist dies in einer Grafik darzustellen (siehe Abbildung 3.11).

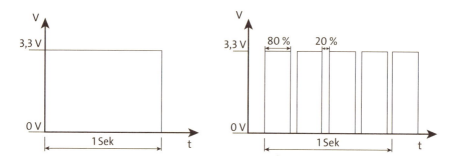

Abbildung 3.11 Links: konstanter 3,3-V-Spannungspegel; rechts: PWM-Spannung mit einem Duty-Cycle von 80 % und einer Frequenz von 4 Hz

Das Bestimmen eines PWM-Signals erfolgt durch drei Parameter:

- **Die Spannung:** Sie bestimmt die Spannungsdifferenz zwischen High und Low. Im Fall von Abbildung 3.11 sind es 3,3 V für High und 0 V für Low.
- **Der Duty-Cycle:** Dieser gibt an, wie groß das zeitliche Verhältnis zwischen High- und Low-Phasen ist. Der Duty-Cycle wird immer in Prozent angegeben und bezeichnet den prozentualen Anteil der High-Phase.
- **Die Frequenz:** Diese bezeichnet die Anzahl der Pegelwechsel pro Sekunde.

 Interpretationsbeispiel

Schauen Sie sich noch einmal das PWM-Signal aus Abbildung 3.11 an. Die PWM-Spannung beträgt 3,3 V. Der Duty-Cycle beträgt 80 %. Und die Frequenz beträgt 4 Hz. Ein Duty-Cycle von 80 % bei 4 Hz besagt, dass ein Pegelwechsel 25 ms dauert. Eine High-Phase dauert 20 ms (80 % von 25 ms), die Low-Phase im Umkehrschluss 5 ms (20 % von 25 ms). Der Wechsel von High auf Low findet viermal pro Sekunde statt. Auf diese Weise wird 80 % der elektrischen Energie zum Verbraucher übertragen.

Software-PWM vs. Hardware-PWM

Der Raspberry Pi beherrscht zwei Arten des PWM-Signals. Das Software-PWM-Signal ist an jedem freien GPIO-Pin möglich. Die modulierte Spannung wird von dem Prozessor berechnet. Das hat den Vorteil, dass Sie jeden und auch mehrere Pins in den PWM-Modus setzen können. Leider ist das softwareseitig modulierte Signal nicht ganz stabil.

Die Generierung der PWM-Spannung kann von der CPU-Auslastung beeinflusst werden. Das hat zur Folge, dass sowohl der Duty-Cycle als auch die Frequenz durch Hintergrundbelastung des Prozessors leicht schwanken können.

Beim Dimmen einer LED werden Sie dies kaum feststellen. Wir haben jedoch die Erfahrung gemacht, dass z. B. Servomotoren an einem Software-PWM-Signal leicht stottern.

Abhilfe schafft hier das Hardware-PWM-Signal. Der signifikante Unterschied ist, dass dieses Signal durch einen Quarz erzeugt wird. Ein Quarz ist ein elektronisches Bauteil, das dauerhaft schwingt. Eine Beeinflussung durch die Prozessorauslastung ist hierbei ausgeschlossen. Ein kleiner Wermutstropfen bleibt jedoch: Das Hardware-PWM-Signal ist nur an zwei GPIO-Pins verfügbar (Pin 12 und Pin 35). Diese beiden Pins wiederum teilen sich einen PWM-Kanal mit den Pins 32 und 33.

Jedoch gibt es eine kleine Python-Bibliothek, die die Generierung von PWM-Signalen extrem vereinfacht. Diese nennt sich *pigpio* und sorgt durch einen Dämon-Prozess, der im Hintergrund laufen muss, dafür, dass die GPIO-Pins direkten Zugriff auf den DMA-Takt des Prozessors haben. Dies sorgt dafür, dass an allen GPIO-Pins ein auslastungsunabhängiges PWM-Signal erzeugt werden kann. In der Elektronik bezeichnet man verschobene Impulslängen als *Jitter*. Die Bibliothek *pigpio* generiert uns also Jitter-freie PWM-Signale.

Nutzen Sie nun den gleichen Schaltungsaufbau wie in Abbildung 3.10.

Das dazugehörige Python-Programm hat folgenden Inhalt:

```python
import pigpio
import time

pi = pigpio.pi()
pi.set_mode(7, pigpio.OUTPUT)

pi.set_PWM_frequency(7,100)
for dc in range (0,256,15):
    pi.set_PWM_dutycycle(7,dc)
    time.sleep(.5)
```

```
pi.write(7,0)
pi.stop()
```

Speichern Sie das Programm z. B. unter */pi/home/pwm.py* ab. Wie eingangs erwähnt, bietet *pigpio* die Möglichkeit, direkten Zugriff auf den Speichertakt zu erlangen. Das erfordert jedoch, dass ein Dämon-Programm im Hintergrund gestartet wird. Führen Sie dazu in der Konsole den Befehl

```
sudo pigpiod
```

aus. Starten Sie nun das Programm mit dem Python-Interpreter:

```
python /pi/home/pwm.py
```

Nach dem Start des Programms wird die an Pin 26 angeschlossene LED langsam immer heller, bis sie ihre maximale Helligkeit erreicht hat. Danach geht die LED wieder aus und das Programm wird beendet.

Aber wieso ist das so?

Sehen wir uns kurz die relevanten Codezeilen an:

```
pi.set_mode(7, pigpio.OUTPUT)
```

Diese Zeile definiert BCM 7 (physischer Pin 26) als Ausgang. Beachten Sie, dass *pigpio* nur die BCM-Bezeichnung der Pins nutzt.

```
pi.set_PWM_frequency(7,100)
```

Diese Zeile legt die Frequenz an BCM 7 fest. Diese beträgt in unserem Fall 100 Hertz (Hz). Wir haben diesen Wert gewählt, da er für das LED-Beispiel nicht von allzu großer Bedeutung ist. 100 Hz ist jedoch eine ausreichend hohe Frequenz, bei der das menschliche Auge kein Flackern der LED mehr wahrnimmt. Sie sehen die LED durchgehend leuchten. Probieren Sie ruhig mit diesem Wert ein wenig herum. Sie können Frequenzen von 10 bis 8000 Hz einstellen.

```
pi.set_PWM_dutycycle(7,dc)
```

Wie Sie bereits wissen, ist die Helligkeit der LED abhängig vom Duty-Cycle. In dieser Zeile wird der Duty-Cycle für BCM 7 eingestellt. Die Variable dc startet bei 0 und wird innerhalb der for-Schleife in Fünfzehner-Schritten bis auf 255 erhöht, was ebenfalls den höchsten zulässigen Wert für diese Funktion darstellt.

Ihr Duty-Cycle kann ganz einfach in Prozent umgerechnet werden (siehe Tabelle 3.2).

Parameter	Duty-Cycle in Prozent
0	0 %
64	25 %
128	50 %
192	75 %
255	100 %

Tabelle 3.2 Duty-Cycle-Parameter als Prozentwert

Sie können sowohl die Frequenzwerte als auch den Duty-Cycle nach Belieben im Programm ändern: Es können keine Schäden an den Bauteilen oder am Raspberry Pi entstehen. Beobachten Sie dabei das Verhalten der LED.

▶ Was passiert bei einer Frequenz von 10 Hz?
▶ Sieht Ihr Auge bei 30 Hz bereits ein durchgängiges Leuchten?
▶ Wie verhält sich die LED bei 10 % Duty-Cycle?

Eine komplette Dokumentation und alle Funktionen finden Sie auf der offiziellen Seite von *pigpio* (*http://abyz.co.uk/rpi/pigpio/*).

Relais

Lassen wir die LEDs nun endlich hinter uns, und widmen wir uns größeren Bauteilen. In diesem Abschnitt möchten wir Ihnen das *Relais* vorstellen.

Ein Relais ist auf den ersten Blick ein elektromechanischer Schalter, ähnlich dem Transistor. Bei diesem Vergleich würde allerdings jeder Elektroniker die Hände über dem Kopf zusammenschlagen, denn der Aufbau und die Funktionsweise sind grundlegend anders.

Das Relais besteht aus einem mechanischen Anker, der die zu schaltende Strecke öffnet und schließt. Das hat den Vorteil, dass ein Relais den Steuerstromkreis komplett vom Laststromkreis trennt. Man nennt dies eine *galvanische Trennung*.

Durch das Anlegen einer Spannung an die Steueranschlüsse zieht im Relais ein Elektromagnet an, der den Laststromkreis trennt oder schließt.

Sie können also mit einer geringen Steuerspannung von z. B. 5 V eine Wechselspannung von 230 V schalten. Dadurch bekommt der Raspberry Pi die Möglichkeit, wirklich seine Umgebung zu beeinflussen und zu steuern.

Wenn Sie in das große Gebiet der Heimautomation einsteigen möchten, sind Relais oft eine große Hilfe.

Achtung, Lebensgefahr!

Dennoch müssen wir an dieser Stelle eine Warnung aussprechen: Das Arbeiten mit 230 V birgt immer eine Lebensgefahr! Solche Arbeiten sollten in der Regel nur von ausgebildeten Elektrikern durchgeführt werden. Daher schalten wir in unseren Beispielen maximal 12 V mit dem Relais.

Ein Relais gibt es in unterschiedlichen Ausführungen. Sie werden bei der Relaisauswahl sicherlich über die Bezeichnungen *NO*, *NC* und *CO* stolpern. Schauen Sie sich dazu Abbildung 3.12 genauer an.

Relais gibt es in vielen unterschiedlichen Ausführungen. Die benötigte Spannung zum Schalten des Relais sowie die Anordnung und Funktion der Arbeitskontakte sind wichtige Faktoren, die Sie bei der Auswahl eines Relais beachten sollten. Die Steuerspannung kann z. B. auf die typischen Werte von 5 V, 12 V oder 24 V ausgelegt sein. Informationen dazu finden Sie meist in der Produktbeschreibung oder im Datenblatt des Relais.

Bei den Arbeitskontakten des Laststromkreises unterscheidet man drei Ausführungen:

- **Schließer (NO):** Ist ein Kontakt als Schließer ausgeführt, so ist der Arbeitskontakt im unbeschalteten Zustand geöffnet und schließt sich bei der Ansteuerung des Relais. Die Abkürzung NO steht für *Normally Open*.
- **Öffner (NC):** Der Öffner ist bereits im Ruhezustand des Relais geschlossen. Sobald der Steuerstromkreis angesprochen wird, öffnet sich der Kontakt und trennt somit die Verbindung der beiden Arbeitskontakte. Das Kürzel NC steht daher für *Normally Closed*.
- **Wechsler (CO):** Als Wechsler ausgeführte Arbeitskontakte schalten je nach Zustand des Relais zwischen zwei Kontakten *hin und her*. Stellen Sie sich einen Wechsler als Weiche vor, die den Stromfluss umleitet. Einer der beiden Wechslerkontakte ist in diesem Fall als NO ausgeführt, der andere als NC. Die Abkürzung CO steht für *Change Over*.

Je nach Relaismodell sind die unterschiedlichsten Kombinationen verfügbar. So gibt es Relais mit nur einem einzigen Schließer oder Typen mit Schließern, Öffnern und Wechslern und mehrfacher Ausführung.

Was Sie hier benötigen, hängt ganz allein von dem Anwendungszweck ab. Wenn Sie mit dem Raspberry Pi lediglich eine höhere Spannung als 5 V schalten möchten, so reicht in der Regel ein einziger Schließer.

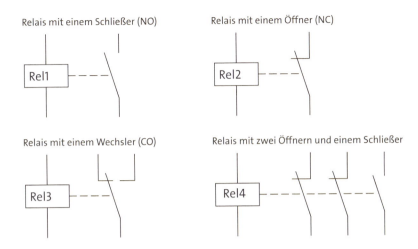

Abbildung 3.12 Alle Ausführungen der Arbeitskontakte im Überblick

Bei Relais finden Sie nicht nur die verschiedenen Ausführungen der Kontakte, sondern auch viele unterschiedliche Bauformen (siehe Abbildung 3.13). Diese reichen vom kleinen SMD-Relais bis hin zur faustgroßen Ausführung für die Hutschiene im Schaltschrank.

Abbildung 3.13 Relais in unterschiedlichen Bauformen

Verdrahtung

Relais besitzen im Innern einen Elektromagneten, der einen Anker anzieht und so mechanisch eine leitende Verbindung der Arbeitskontakte herstellt beziehungsweise unterbricht. Dieser Elektromagnet sorgt allerdings auch dafür, dass Sie eine zusätzliche Sicherheitsvorkehrung beim Aufbau der Schaltung treffen müssen: die *Freilaufdiode*.

Spule und Freilaufdiode

Ein Elektromagnet besteht aus einer Spule. Spulen sind Induktivitäten und werden in der Einheit Henry (H) gemessen. Eine einfache Spule besteht aus einem Eisenkern, der mit einem Kupferdraht umwickelt ist. Je nach Modell kann die Wicklung auch mehrere Schichten enthalten.

Fließt ein Strom durch eine Spule, so erzeugt sie zunächst ein magnetisches Feld und lässt erst nach getaner Arbeit den Strom wieder aus der Spule herausfließen. Der ganze Vorgang dauert nur einen Bruchteil einer Sekunde, ist aber von großer Bedeutung, auch wenn es um das Abschalten der Spule geht. Solange das Magnetfeld vorhanden ist, kann der Elektromagnet den Relaisanker anziehen und so den Laststromkreis steuern.

Endet nun der Stromfluss – und das tut er, wenn Sie das Relais abschalten –, so baut sich nun das Magnetfeld ab. Die dadurch entstehende Energie nutzt die Spule, um weiterhin den Stromfluss aufrechtzuerhalten. Stellen Sie sich vor, dass für kurze Zeit weiterhin Strom aus der Spule fließt, obwohl keiner mehr hineinfließt. In diesem Moment kann auch die Spannung, die durch die Spule in dieser Situation erzeugt wird, gefährlich hoch werden.

Dieses Verhalten nennt man *Selbstinduktion*. Mehr über dieses Phänomen erfahren Sie in der Fachliteratur auch, wenn Sie dort nach der *lenzschen Regel* suchen.

Damit der Raspberry Pi und alle angeschlossenen Bauteile der Schaltung dadurch nicht beschädigt werden, wird eine Freilaufdiode eingesetzt. Sehen wir uns dazu den Schaltplan in Abbildung 3.14 genauer an. Der Steuerstromkreis befindet sich links und grenzt sich beim *Rel1-Kasten* vom Laststromkreis ab. Dieser Kasten stellt den Elektromagneten dar, der später den rechts daneben befindlichen Schalter ansteuern soll. Bleiben wir zunächst beim Steuerstromkreis. Der Elektromagnet wird mit 5 V versorgt. Der Stromkreis ist jedoch erst geschlossen und damit aktiv, wenn der Transistor T1 durch Pin 26 angesteuert wurde. Die Diode D1 ist parallel zum Elektromagneten in Sperrrichtung verbaut. Das sehen Sie daran, dass das dreieckige Dioden-Schaltzeichen in Richtung der 5-V-Quelle zeigt. Der Strom kann also nicht durch diese parallele Einbahnstraße fließen, sondern fließt durch den Magneten und steuert somit das Relais an. Schalten Sie nun aber das Relais wieder ab, so kommt es zur zuvor erläuterten Selbstinduktion. Die Diode lässt nun den entgegengesetzt fließenden Strom passieren und führt ihn, bildlich gesprochen, so lange im Kreis, bis das Magnetfeld der Spule abgebaut wurde. Sie sollten bei jeder induktiven Last eine Freilaufdiode verwenden. Dazu zählen neben den Spulen und Elektromagneten ebenfalls Elektromotoren.

Der Laststromkreis beinhaltet im Schaltplan einen beliebigen Verbraucher und eine eigene Spannungsquelle. Sie sehen also, dass Sie mit 5 V des Raspberry Pi selbst Stromkreise mit 12 V oder mehr schalten können.

Um das Relais zu schalten, benötigen Sie lediglich ein digitales Signal, also ein High- oder Low-Signal. Sie können daher jeden beliebigen GPIO-Pin nutzen. Als Software zum Testen dieser Schaltung können Sie weiterhin das Programm aus Abschnitt 3.5.3 verwenden.

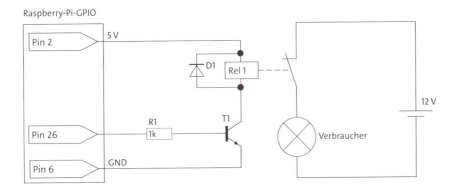

Abbildung 3.14 Relaisschaltung am Raspberry Pi

In zahlreichen Onlineshops finden Sie unter dem Begriff *Relaisboard* bestückte Relaisleiterplatten. Diese besitzen bereits integrierte Freilaufdioden und ersparen Ihnen eine Menge Löt- und Verdrahtungsarbeit. Oftmals werden Sie sehr günstige Modelle finden, mit denen laut Hersteller eine Spannung von bis zu 250 V geschaltet werden kann. Ihrer eigenen Sicherheit zuliebe sollten Sie darauf jedoch verzichten und sich im Elektronik-Fachhandel geprüfte und zugelassene Geräte für diesen Anwendungsfall besorgen.

Abbildung 3.15 4-fach-Relaisboard

Reaktionsgeschwindigkeit

Auch wenn Sie es weiter oben gelernt haben: Verwenden Sie keine PWM-Signale, um ein Relais anzusteuern!

Ein Relais ist nicht auf die Ansteuerung mit schnellen PWM-Signalen ausgelegt. Die Zeit für das Anziehen und Lösen des Ankers (Reaktionszeit) liegt je nach Ausführung bei ca. 3 ms. Damit zählt das Relais im Vergleich zu einem Transistor eher zu den Schnecken in der Elektrotechnik.

3.7 Der GPIO-Pin als Eingang: der Taster

In den vorangegangenen Abschnitten haben Sie einen GPIO-Pin bereits als Ausgang konfiguriert und mit ihm verschiedene Bauteile angesteuert. In diesem Abschnitt lernen Sie, wie Sie mit einem GPIO-Pin externe Signale wahrnehmen und verarbeiten können. Der entsprechende GPIO-Pin wird dazu als Eingang deklariert.

Wir starten dazu mit einem sehr einfachen Projekt: dem Taster. Wir werden einen externen Taster an den GPIO-Pin 26 anschließen. Beim Druck auf den Taster reagiert der Raspberry Pi mit dem Einschalten einer LED (siehe Abbildung 3.16).

Der Unterschied zwischen Taster und Schalter

Oft verwechselt man diese beiden Begriffe. In der Elektrotechnik versteht man unter einem Taster jedoch ein Bedienelement, das nach dem Betätigen wieder in seine Ursprungsposition zurückfällt (z. B. Tasten auf der Fernbedienung).

Ein Schalter behält nach dem Ändern des Zustandes seine Position bei (zum Beispiel Lichtschalter).

Taster und Schalter sind elektromechanische Bauteile, da sie eine Mechanik beinhalten, die den Stromkreis schließen und unterbrechen kann.

In der Regel wird beim Betätigen des Schalters und Tasters eine metallische Verbindung hergestellt, die den Stromfluss ermöglicht. Es gibt Schalter und Taster in den unterschiedlichsten Ausführungen. So finden Sie Hebel, Wippen, Knöpfe, Schieber und vieles mehr. Je nach Anwendungszweck suchen Sie eine Bauform aus und achten ebenfalls auf die maximal zulässige Schaltspannung sowie auf den Schaltstrom. Das ist sehr wichtig, denn ein Schalter oder Taster wird vom Menschen berührt und darf unter keinen Umständen außerhalb der Spezifikation betrieben werden.

Abbildung 3.16 Die fertige Schaltung auf dem Breadboard

Für dieses Projekt benötigen Sie die folgenden Bauteile:

- eine LED
- einen Vorwiderstand von 150 Ω oder passend zur LED
- einen Strombegrenzungswiderstand von 1kΩ
- einen Taster: Wir nutzen einen Mikro-Eingabetaster.
- Jumper Wires

Schließen Sie die Komponenten wie in Abbildung 3.17 gezeigt an den Raspberry Pi an. Achten Sie dabei wie immer auf die korrekte Polung der LED.

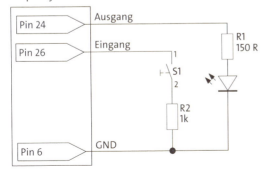

Abbildung 3.17 Der Taster ist an einem Eingang angeschlossen, die LED an einem Ausgang.

Der Taster S1 wird an Pin 26 angeschlossen und schließt bei Betätigung den Stromkreis zwischen Pin 26 und Masse über einen Begrenzungswiderstand R2.

Damit diese Schaltung funktioniert, muss Pin 26 im Ruhezustand einen High-Pegel führen. Das erledigt der interne Pull-up-Widerstand, den wir im Programm festlegen werden. Bei Druck auf den Schalter ändert sich der Pegel dann auf 0 V, also Massepotenzial. Wir arbeiten also mit einer *fallenden Flanke*. Das hat den Grund, dass durch diese Art der Verdrahtung weniger Unfälle durch falsche Spannungen am GPIO-Pin passieren können. Sie erinnern sich: Die GPIO-Pins werden bei anliegenden Spannungen größer 3,3 V bereits zerstört!

Die LED, die dem nach Betätigung des Schalters leuchten soll, wird von Pin 24 über den Vorwiderstand R1 betrieben.

Das dazugehörige Python-Programm enthält den nun folgenden Inhalt. Im Anschluss gehen wir noch detaillierter auf die Funktionsweise ein:

```python
#!/usr/bin/python
import RPi.GPIO as GPIO
import time
import sys
GPIO.setmode(GPIO.BOARD)

led= 24
taster= 26

GPIO.setup(led, GPIO.OUT)
GPIO.setup(taster, GPIO.IN, pull_up_down = GPIO.PUD_UP)
GPIO.output(led, False)

def led_an (taster):
   if GPIO.input (taster) == True:
     GPIO.output(led, False)    # steigende Flanke (Loslassen)
   else:
     GPIO.output(led, True)     # fallende Flanke (Druecken)

GPIO.add_event_detect(taster,GPIO.BOTH)
GPIO.add_event_callback(taster, led_an)

try:
  while True:
    time.sleep(5)
```

```
except KeyboardInterrupt:
  GPIO.cleanup()
  sys.exit
```

Listing 3.3 Wird der Taster gedrückt, leuchtet die LED.

Wie Sie es bereits aus den vorigen Programmen kennen, legen wir zuerst die Pin-Bezeichnung und die Funktionsarten der GPIO-Pins fest.

Durch `GPIO.setmode(GPIO.BOARD)` nutzen wir wieder die physische Pin-Nummerierung, also die Anordnung auf der GPIO-Steckerleiste.

Pin 24, an dem die LED angeschlossen ist, muss ein Ausgang sein. Dies wird in der Zeile `GPIO.setup(led, GPIO.OUT)` festgelegt, wobei `led` den Inhalt 24 hat, was dem LED-GPIO-Pin entspricht.

Pin 26 allerdings muss nun als Eingang deklariert werden. Dazu nutzen wir die nächste Zeile: `GPIO.setup(taster, GPIO.IN, pull_up_down = GPIO.PUD_UP)`.

Wir haben den Taster im Schaltplan so angeschlossen, dass Pin 26 bei Betätigung des Tasters auf Masse gezogen wird. Darum möchten wir, dass Pin 26 im Ruhezustand einen High-Pegel führt. Dazu aktivieren wir den internen Pull-up-Widerstand mit dem optionalen Parameter des `GPIO.setup()`-Befehls. (`pull_up_down = GPIO.PUD_UP`).

Um einen Pull-down-Widerstand zu aktivieren, verwenden Sie stattdessen:

`pull_up_down = GPIO.PUD_DOWN`

Wir arbeiten in diesem Programm mit Events. Das erkennen Sie an den `GPIO.add_event`-Funktionen.

Bevor es weitergeht, machen wir erts einmal einen kurzen Ausflug in die Python-Welt.

Sie könnten den Zustand des Tasters am Pin 26 auch durch eine dauerhafte `if`-Schleife abfragen. Diese würde in etwa so aussehen:

```
while True:
  if GPIO.input(taster) == 1:
    GPIO.output(led,False)
  else:
    GPIO.output(led,True)
```

Eine solche unendliche Schleife wird jedoch ungern programmiert. Die CPU unseres kleinen Rechners wird nämlich versuchen, so schnell es ihr möglich ist, diese Schleife *durchzurennen*. Und zwar unendlich lange – beziehungsweise bis wir das Programm manuell abbrechen. Das kostet sehr viel Rechenleistung und kann auch weitere Hintergrundprozesse extrem verlangsamen. Für diese simple Aufgabe wäre das komplett unverhältnismäßig.

Hier kommen die Events ins Spiel. Mit einem Event erstellen wir quasi einen Wachhund, der im Hintergrund den Pin 26 überwacht. Währenddessen kann der Rechner beziehungsweise das Programm andere beliebige Funktionen ausführen. Sollte nun aber der Wachhund Alarm schlagen, so wird sofort jede laufende Aktion abgebrochen und die Callback-Funktion ausgeführt. Die Callback-Funktion wird von uns geschrieben und enthält die Anweisungen für den Fall, dass der Schalter gedrückt wird. In unserem Fall soll die Callback-Funktion Anweisungen zum Einschalten der LED enthalten.

Unsere Callback-Funktion wird im Abschnitt `led_an(taster)` erzeugt.

Innerhalb der Funktion wird nun abgefragt, ob die Funktion durch eine fallende oder eine steigende Flanke aufgerufen wurde. Sie erinnern sich: Wir ziehen den Eingangs-Pin 26 durch Drücken des Tasters auf Masse. Wir erwarten beim Betätigen des Tasters also eine fallende Flanke.

Jedes Event wird mit den zwei folgenden Zeilen erstellt und konfiguriert:

```
GPIO.add_event_detect(taster,GPIO.BOTH)
GPIO.add_event_callback(taster, led_an)
```

Die erste Zeile verlangt als ersten Parameter den zu überwachenden GPIO-Pin und als zweiten Parameter die Art des Zustandswechsels, der beobachtet werden soll.

Zur Auswahl stehen drei Modi:

- `GPIO.FALLING`: nur bei fallender Flanke reagieren
- `GPIO.RISING`: nur bei steigender Flanke reagieren
- `GPIO.BOTH`: bei jedem Zustandswechsel reagieren

Durch die Wahl von `GPIO.BOTH` wird die Callback-Funktion beim Drücken sowie beim Loslassen des Tasters ausgeführt.

Die zweite Zeile erwartet als ersten Parameter wieder den Eingangs-Pin und als zweiten Parameter den Namen der Callback-Funktion (`led_an`).

Der letzte *Try-Except*-Abschnitt lässt das Programm während Überwachung des Tasters etwas tun: nämlich nichts!

Das Programm *schläft* durch `time.sleep()` und wartet darauf, dass wir den Taster drücken oder das Programm mit Strg+C abbrechen. Dadurch ist die CPU-Auslastung minimal.

3.7.1 Prellen

Bei der Verwendung von mechanischen Schaltern und Tastern kommen Sie am Thema *Prellen* nicht vorbei. Sie werden damit spätestens dann konfrontiert, wenn es Ihnen zum Problem wird und Sie die Symptome nicht deuten können.

Unter Prellen versteht man in der Elektrotechnik das ungewollte, mehrmalige Schalten eines Tasters.

Stellen Sie sich vor, dass zwei gefederte Metallplättchen im Innern des Tasters bei Berührung eine leitende Verbindung herstellen. Beim Drücken und Loslassen des Schalters federn diese Plättchen jedoch kurz nach. Oftmals trennt sich dabei für Bruchteile einer Sekunde die leitende Verbindung, bis die beiden hüpfenden Kontakte wieder zur Ruhe gekommen sind. Das nehmen Sie selbst nicht wahr. Der Raspberry Pi aber tut es! Für ihn kann daher ein Tastendruck wie drei einzelne Signale aussehen.

Wir haben ein für Sie optionales Beispielprogramm geschrieben, das diesen Effekt verdeutlicht. Ändern Sie dazu das vorige Programm ein klein wenig ab, behalten Sie den Schaltungsaufbau aber bei:

```python
#!/usr/bin/python3
import RPi.GPIO as GPIO
import time
import sys
GPIO.setmode(GPIO.BOARD)
led= 24
taster = 26

GPIO.setup(led, GPIO.OUT)
GPIO.setup(taster, GPIO.IN, pull_up_down = GPIO.PUD_UP)
GPIO.output(led, False)
def led_an (taster):
  print ("Ups!")
GPIO.add_event_detect(taster,GPIO.FALLING)
GPIO.add_event_callback(taster, led_an)
try:
  while True:
    time.sleep(5)
except KeyboardInterrupt:
  GPIO.cleanup()
  sys.exit
```

Listing 3.4 In diesem angepassten Programm gibt die Callback-Funktion lediglich ein Wort auf dem Bildschirm aus.

In Listing 3.4 haben wir den Inhalt der Callback-Funktion und die Flankenüberwachung geändert (von `BOTH` auf `FALLING`).

Das Programm soll nun bei einer fallenden Flanke, also beim Drücken des Tasters, einmal das Wort `Ups!` auf dem Bildschirm ausgeben. Wenn Sie das Programm starten, ist es nicht verwunderlich, wenn die Bildschirmausgabe nach einem einzigen Druck auf den Taster so aussieht:

```
root@raspberrypi:/python# python prellen.py
Ups!
Ups!
Ups!
Ups!
```

Listing 3.5 Die Auswirkungen des Prellens bei einem einzigen Tastendruck

So wird das Problem direkt sichtbar. Stellen Sie sich vor, Ihr Programm soll durch den Tastendruck ein Licht einschalten oder einen Motor drehen lassen. Das führt oft zu Fehlverhalten der angesteuerten Bauelemente, und ohne dieses Hintergrundwissen kann sich die Fehlersuche schwierig gestalten.

Schnelle Abhilfe schafft ein optionaler Parameter im Python-Programm. Fügen Sie der Funktion `GPIO.add_event_detect()` den Parameter `bouncetime` hinzu:

```
GPIO.add_event_detect(taster,GPIO.FALLING, bouncetime=200)
```

Der Wert gibt die Zeit in Millisekunden an, die nach der ersten erkannten Flanke ignoriert werden soll. Das bedeutet einfach: Alles, was der Eingang an Pin 26 in den nachfolgenden 200 ms wahrnimmt, ignoriert er.

Diese Zeit ist mehr als ausreichend, um den Prelleffekt zu unterdrücken. Möchten Sie das Problem ganz umgehen, so suchen Sie bei Ihrer Bauteilauswahl nach *prellfreien Schaltern*.

3.7.2 Der erste Sensor

Die Eingänge des Raspberry Pi bieten sich wunderbar an, um Sensoren auszulesen. Unter einem Sensor versteht man Bauteile oder kleine Schaltungen, die Ereignisse oder Umgebungsbedingungen wahrnehmen und in elektronische Signale umwandeln.

Sensoren gibt es für die verschiedensten Anwendungsfälle. So können Sensoren z. B. Geräusche, Licht oder auch Bewegungen wahrnehmen.

Mit Letzterem möchten wir Ihnen einen Einstieg in die Welt der Sensoren vorstellen.

Im kommenden Projekt werden wir einen PIR-Sensor anschließen und geben dem Raspberry Pi so die Möglichkeit, auf Bewegungen in seiner Umwelt zu reagieren.

Der PIR-Sensor (*Passive Infrared Sensor*) ist einer der gängigsten Bewegungsmelder und ist oftmals auch in bewegungssensitiven Außenleuchten oder Alarmanlagen verbaut. Sie erkennen einen PIR-Sensor an seiner meist runden, milchigen Kuppel, die mit vielen einzelnen Waben versehen ist (siehe Abbildung 3.18). Der Sensor reagiert auf Temperaturveränderungen in seinem Sichtfeld. Somit können Menschen oder Tiere im Aktionsradius des Sensors erkannt werden. Jedoch kann der Sensor nur Veränderungen wahrnehmen. Bleibt ein Objekt ruhig im Bereich des Sensors stehen, so wird es nicht weiter erkannt. Sobald es sich weiterbewegt, schlägt der Sensor erneut an.

Abbildung 3.18 Der PIR-Sensor HC-SR501 kann direkt an den Raspberry Pi angeschlossen werden.

Dieses Verhalten ist durch die Funktionsweise des PIR-Sensors bedingt. So nimmt dieser passive Sensor lediglich thermische Strahlung wahr, die durch Objekte in seiner Umgebung abgestrahlt wird. Die Strahlung führt im Inneren des Sensors zu Spannungsänderungen, die verstärkt werden und durch eine intern verbaute Schaltung als Signal ausgegeben werden. Diese Art von Sensor kann daher auch nur *warme* Objekte detektieren.

Dabei ist nicht nur die Temperaturdifferenz des Körpers zu seiner Umgebung entscheidend, sondern auch die Bewegung, die zur Änderung des elektrischen Potenzials führt.

Detektierbare Objekte sind z. B. der Körper eines Menschen oder eines Tieres. Objekte, die sich zwar bewegen, jedoch gleich der Umgebungstemperatur sind, werden nicht erkannt. Sie sollten bei der Positionierung des Sensors ebenfalls darauf achten, dass er nicht in der Nähe von Wärmequellen verbaut wird oder direkter Sonneneinstrahlung ausgesetzt ist. Das kann zu Fehlauslösungen führen.

Der PIR-Sensor ist sehr leicht zu handhaben, da das Ausgangssignal lediglich eine logische 1 in Form eines 3,3-V-Pegels ist. Sehr günstige Lösungen finden Sie in Online-Auktionshäusern unter den Suchbegriffen *HC-SR501* oder *PIR Sensor*. Rechnen Sie mit Preisen bis maximal drei Euro pro Stück. Im Online-Shop *EXP-Tech* finden Sie verschiedene Ausführungen des Sensors (*http://www.exp-tech.de*).

Verdrahtung

Für diese Schaltung nutzen wir den PIR-Sensor HC-SR501. Das ist ein gängiges Modell für Bastler, das Sie ist für wenig Geld in vielen Onlineshops kaufen können. Der HC-SR501 eignet sich wunderbar für den Raspberry Pi, da er mit 5V versorgt werden kann, jedoch nur 3,3V als Ausgangssignal abgibt. Dadurch benötigen Sie keine Zwischenschritte und können den Sensor direkt an die GPIO-Pins anschließen.

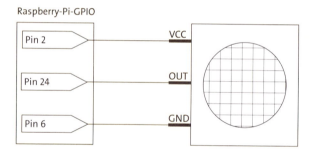

Abbildung 3.19 Der PIR-Sensor am Raspberry Pi

Schließen Sie die drei Pins wie in Abbildung 3.19 gezeigt an den Raspberry Pi an. Sie werden im Laufe Ihrer Basteleien mit vielen Anschlussbezeichnungen konfrontiert werden. Tabelle 3.3 enthält die gängigsten Abkürzungen und sollte Ihnen in den meisten Fällen Aufschluss über die Funktion des jeweiligen Anschlusses geben.

Anschlussbezeichnung	Funktion
VCC, VDD	Positive Versorgungsspannung
GND	Masse

Tabelle 3.3 Einige oft verwendete Anschlussbezeichnungen

Anschlussbezeichnung	Funktion
VSS	Negative Spannung; oftmals Masse
OUT, Signal	Signalausgang
IN	Eingang
AOUT	Analoger Ausgang
DOUT	Digitaler Ausgang

Tabelle 3.3 Einige oft verwendete Anschlussbezeichnungen (Forts.)

Das dazugehörige Python-Programm ähnelt dem für den Taster. Hier sollten Sie auch wieder die Event-Überwachung samt Callback-Funktion nutzen:

```python
#!/usr/bin/python3
# Datei pir.py

import time, sys
import RPi.GPIO as GPIO

GPIO.setmode(GPIO.BOARD)
GPIO.setup(24, GPIO.IN, pull_up_down=GPIO.PUD_DOWN)

def bewegung(pin):
    print("Bewegung erkannt!")
    return

GPIO.add_event_detect(24, GPIO.RISING)
GPIO.add_event_callback(24, bewegung)

try:
  while True:
    time.sleep(0.5)
except KeyboardInterrupt:
  GPIO.cleanup()
  sys.exit()
```

Listing 3.6 Python-Programm für den PIR-Sensor

Auf dem Sensormodul selbst befinden sich an der Unterseite in der Regel zwei *Potenziometer* (kurz: *Potis*, siehe Abbildung 3.20). Mit einem Poti kann die Empfindlichkeit eingestellt werden (meist mit *S* beschriftet). Wird das Poti nach rechts gedreht, so kann eine Reichweite von bis zu sieben Metern erzielt werden. Die kleinstmögliche Empfindlichkeit liegt bei drei Metern.

Das meist mit *t* beschriftete Poti bestimmt die Verzögerungszeit. Diese Zeit legt fest, wie lange nach dem Erkennen einer Bewegung der OUT-Pin ein High-Signal liefert. Minimal sind hier ca. 5 Sekunden möglich, maximal 300 Sekunden.

Zudem bieten die Module je nach Ausführung per Jumper oder Lötbrücke eine weitere Einstellungsoption. In der Beschreibung wird diese meist als *repeatable trigger* und *non-repeatable trigger* bezeichnet.

Als Standardwert ist der *repeatable trigger* eingestellt: Falls innerhalb der Verzögerungszeit eine weitere Bewegung erkannt wird, wird die Verzögerungszeit zurückgesetzt und beginnt erneut bei null. So bleibt das Ausgangssignal aktiv, solange Bewegungen im Sensorbereich stattfinden.

Der *non-repeatable trigger* setzt die Verzögerungszeit nicht zurück. Sobald nach einer Bewegung der Ausgang aktiv ist, fällt er nach Ablauf der Verzögerungszeit auf Low zurück. Erst nach erneuter Bewegungserkennung wird der Ausgang wieder aktiviert.

Abbildung 3.20 Die beiden Potis befinden sich auf der Rückseite des Sensors.

Potenziometer

Ein Potenziometer oder kurz Poti ist ein einstellbarer Widerstand. Dreh- oder Schiebepotis bestehen meist aus einer Bahn aus Widerstandsmaterial, auf der ein Schleifer bewegt werden kann. Stellen Sie sich vor, dass die gesamte Widerstandsbahn einen Wert von 100 Ω hat. Ein Ausgang des Potis ist jedoch mit dem Anfang der Widerstandsbahn verbunden, der andere mit dem Schleifer. Bewegen Sie nun den Schleifer durch das Drehen am Poti auf die Hälfte der Widerstandsbahn, so beträgt der Widerstand zwischen den beiden Ausgängen nur noch 50 Ω. Oftmals haben Potenziometer jedoch drei Beinchen. Das dritte Beinchen ist am anderen Ende der Widerstandsbahn angeschlossen. So lässt sich ein Poti sehr einfach als variabler Spannungsteiler nutzen.

Als kleine Übung können Sie jetzt einmal das verbinden, was Sie in den vorangegangenen Abschnitten gelernt haben, um folgende Aufgaben zu lösen:

1. Eine LED an Pin 26 soll leuchten, wenn der PIR-Sensor eine Bewegung wahrgenommen hat.
2. Eine LED an Pin 26 soll bei Bewegungserkennung aufleuchten, aber nach fünf Sekunden ohne Bewegung wieder erlöschen.
3. Wie in Punkt 2, jedoch muss ein Taster, der an einem beliebigen GPIO-Pin angeschlossen wird, gedrückt werden, um die LED wieder auszuschalten (wie beim Abschalten einer Alarmanlage von Hand).

Die Lösungen zu diesen Aufgaben finden Sie auf der Homepage des Rheinwerk-Verlags zum Download (*www.rheinwerk-verlag.de/3602*).

Kapitel 4

Motoren

Wenn Sie in diesem Kapitel angekommen sind und noch nicht vor der Technik kapituliert haben, erwartet Sie nun ein spannendes Thema. An LEDs haben Sie bereits viele grundlegende Funktionen und Bauteile kennengelernt. Nun können Sie Ihr Wissen anwenden und wirklich etwas bewegen: Motoren. Wir zeigen Ihnen den Umgang mit einem Gleichstrommotor und einem Servomotor. Dem Bau des eigenen Roboters steht also schon bald nichts mehr im Wege!

Motoren sind für Bastler wirklich toll! Sie wandeln die elektrischen Signale in eine mechanische Bewegung um. Haben Sie den Umgang mit Elektromotoren einmal erlernt, so eröffnet sich Ihnen eine schier unendliche Vielfalt an Anwendungsmöglichkeiten: angefangen vom Antrieb eines kleinen Autos über kleine Förderbänder oder bewegliche Kameras bis hin zum kompletten Roboterarm. Oder möchten Sie Ihr Glück vielleicht an einem selbst gebauten Flugobjekt versuchen?

Sie sehen: Motoren kommen in den unterschiedlichsten Anwendungen vor. Ein Grund mehr, ihnen ein ganzes Kapitel zu widmen.

4.1 Der Gleichstrommotor

Wir beginnen mit dem Gleichstrommotor. Hämisch kann man sagen, es handele sich um den *dümmsten* aller Elektromotoren. Ein Gleichstrommotor kann sich im Prinzip *nur* drehen oder eben nicht. Richtig angesteuert, kann er jedoch auch recht präzise Bewegungen durchführen und im richtigen Moment zum Stoppen kommen.

Zuerst sollten Sie sich Gedanken über den Anwendungszweck des Motors machen, da die Produktpalette vom winzigen Lüftermotor bis hin zum Elektro-Fahrzeugmotor reicht. So gibt es einige Kernparameter, die Sie im Vorfeld betrachten sollten:

- **Betriebsspannung [V]:** Welche Spannung haben Sie zur Verfügung? Können Sie die nötige Spannung eventuell mit Batterien erzeugen? Können oder wollen Sie für Ihre Anwendung ein Netzteil verwenden? Überlegen Sie, welche Art der Spannungsversorgung für Ihr Projekt am ehesten geeignet ist.

- **Stromaufnahme [A]**: Wie viel Strom kann Ihre Spannungsquelle zur Verfügung stellen? Ist die Laufzeit bei batteriebetriebenen Projekten mit dem angegebenen Strom noch sinnvoll? Beachten Sie auch die Angaben für die Leerlaufstromaufnahme sowie die Aufnahme bei voller Last oder beim Blockieren.
- **Drehzahl [U/min]**: Wie viele Umdrehungen pro Minute muss Ihr Motor maximal leisten können? Dieser Wert ist von der Anwendung abhängig, die Sie planen. Ein PC-Lüftermotor sollte im Bereich von 5000 U/min liegen. Möchten Sie allerdings das Spanferkel auf dem Grill drehen lassen, so sollten Sie die Drehzahl im einstelligen Bereich wählen.
- **Drehmoment [Nm]**: Das Drehmoment steht für die Kraft des Motors. Stellen Sie gegebenenfalls Berechnungen für Ihre Anwendung an, um das für Ihr Projekt nötige Drehmoment zu bestimmen. Auch hier gilt: Der PC-Lüfter sollte eine hohe Drehzahl erzeugen. Das benötigte Drehmoment ist in diesem Fall allerdings sehr niedrig, da keine großen Kräfte benötigt werden. Das Spanferkel hingegen wiegt etwas mehr, soll sich aber sehr langsam drehen. Daher ist das Drehmoment in diesem Fall höher zu wählen. Beide Kenngrößen – die Drehzahl sowie das Drehmoment – können durch ein Getriebe am Motor beeinflusst werden. Das Getriebe kann nachträglich angebaut werden oder aber bereits im Motorgehäuse verbaut sein. Das Drehmoment wird in Newtonmeter [Nm] angegeben. Bei kleineren Motoren im Modellbau kann die Angabe auch in Milli-Newtonmeter angegeben werden [mNm].

All diese Werte finden Sie im Datenblatt des Herstellers oder direkt in der Produktbeschreibung des Händlers.

Wir werden uns hier auf kleine Motoren aus dem Modellbau beschränken, die mit Spannungen im Bereich von 5 bis 12 V arbeiten (siehe Abbildung 4.1).

Abbildung 4.1 Ein kleiner Gleichstrommotor mit Ritzel an der Antriebswelle

4.1.1 Die Funktionsweise

Im Niederspannungsbereich sind Gleichstrommotoren weit verbreitet, z. B. als Antrieb für Festplatten und CD/DVD-Laufwerke. Als Spannungsversorgung genügt häufig eine Batterie oder ein Akkumulator. Die Antriebsmotoren in Roboterbausätzen kosten nur wenige Euro. Deshalb sind sie für unsere Experimente mit dem Raspberry Pi gut geeignet.

Der Gleichspannungsmotor besteht aus einem Stator mit einem Permanentmagneten und einem Rotor mit einem Elektromagneten. Dabei gilt bekanntermaßen: Unterschiedliche Pole ziehen sich an, gleiche Pole stoßen sich ab. Es kommt also darauf, die Richtung des magnetischen Flusses im Rotor im richtigen Moment umzudrehen, damit dieser sich dann durch die Anziehungskraft des anderen Pols des Stators weiterdreht. Und dies erreicht man durch die Umkehrung der Stromrichtung in den Spulen des Elektromagneten. Technisch realisiert wird dies, indem zwei Schleifer den Strom über sogenannte Kommutatoren auf die rotierenden Teile übertragen. Nach circa einer halben Umdrehung und einer kleinen Pause wird dann die Stromrichtung in den Spulen umgedreht. Das Prinzip sehen Sie in Abbildung 4.2.

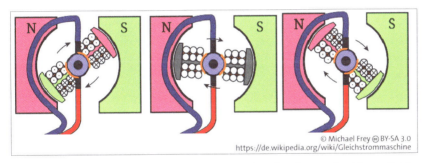

Abbildung 4.2 Durch die Drehung des Rotors polen die Bürsten das Magnetfeld um. Dadurch stoßen sich Rotor und Stator dauerhaft ab und es entsteht eine Drehbewegung.

Das linke Bild zeigt die gegensätzlichen Pole, die aufgrund der Lorentzkraft den Rotor in die waagerechte Position bewegen. Das mittlere Bild zeigt diese waagerechte Position, in der der Stromfluss unterbrochen wird, der Rotor sich aufgrund der Massenträgheit jedoch weiterbewegt. Kurz darauf berühren die Schleifer die anderen Kontakte des Kommutators (rechtes Bild). Das magnetische Feld des Rotors wird umgepolt, und die gleichen Pole stoßen sich nun ab. Die Drehung wird fortgesetzt.

Haben Sie nun einen Motor gefunden, der zu Ihren Bedürfnissen passt, müssen Sie ihn mit dem Raspberry Pi sowie mit der passenden Versorgungsspannung verbinden. Denn Sie sollten es unbedingt vermeiden, die Versorgungsspannung aus einem der GPIO-Pins des Raspberry Pi zu entnehmen! Die Stromaufnahme eines Motors übersteigt – vor allem beim Anlaufen und beim Blockieren – deutlich die für den Raspberry Pi angedachte Stromabgabe. Für Motoren sollten Sie daher immer ein zweites, externes Netzteil oder Batterien mit der geeigneten Versorgungsspannung nutzen!

4.1.2 Die H-Brückenschaltung

Der Gleichstrommotor, den Sie vor sich liegen haben, wird aller Voraussicht nach über zwei Anschlussleitungen verfügen. An diese Leitungen wird die Versorgungsspannung angeschlossen. Es gibt in der Regel keine festgeschriebene Polung. Je nachdem, wie Sie die Spannung anschließen, dreht der Motor in die eine oder in die andere Richtung. Diese Aufgabe soll später der Raspberry Pi übernehmen. Dazu braucht er allerdings eine zusätzliche Schaltung: die H-Brückenschaltung.

Die H-Brücke hat ihren Namen aufgrund ihrer Darstellung im Schaltplan, die dem Buchstaben *H* ähnelt (siehe Abbildung 4.3). Auf den ersten Blick sieht die Schaltung sicher wüst aus, aber schauen Sie einmal genauer hin. Sie haben alle verwendeten Elemente bereits in den vorigen Projekten kennengelernt.

Der Motor in der Mitte ist mit M1 beschriftet und stellt das Kernstück der Schaltung dar. Durch die Taster S1 bis S4 können Sie den Motor nun steuern. Schließen sich die Taster S1 und S4, so liegt an der linken Seite des Motors das positive Potenzial an und an der rechten Seite des Motors das negative Potenzial. Schließen sich jedoch die Taster S3 und S2, so liegt das positive Potenzial rechts, das negative links. Dadurch kann die Drehrichtung des Motors verändert werden. Soll der Motor abrupt gebremst werden, so schließen Sie die Taster S2 und S4 und schließen so den Motor kurz.

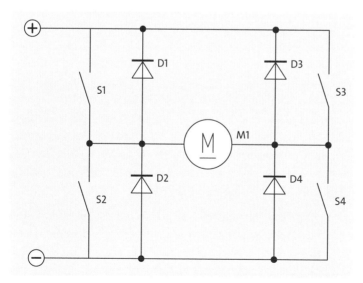

Abbildung 4.3 Die H-Brückenschaltung ähnelt dem Buchstaben H.

Die Dioden D1 bis D4 sind Freilaufdioden, wie wir sie bereits bei dem Relais angewendet haben. Sie erinnern sich? Der Elektromagnet im Relais bestand aus einer Spule – genau so, wie der Motor aus sehr starken Induktivitäten besteht. Aus diesem Grund verwenden wir die Freilaufdioden, die die Ansteuerelektronik vor Spannungsspitzen aus den Wicklungen des Motors schützen. Diese Dioden sind zwingend notwendig und nicht zu unterschätzen. Sehr schnell kann der Raspberry Pi zerstört werden!

Falls Sie alle Bauteile zur Hand haben, so können Sie sich eine H-Brücke auf einem Steckbrett selbst bauen. Als Spannungsversorgung sollten Sie am besten Batterien nutzen. Testen Sie das Verhalten des Motors, wenn Sie die Taster in unterschiedlichen Kombinationen betätigen.

4.1.3 Der Motortreiber L298

Sie werden es sicherlich vermuten: Der Raspberry Pi kann keine Taster drücken. Daher könnten Sie nun die Taster durch Transistoren ersetzen. Wir möchten aber praxisorientiert bleiben und nutzen einen Motortreiberbaustein. Das verwendete Bauteil heißt L298 und beinhaltet gleich zwei H-Brücken in einem Gehäuse.

In der Praxis werden Sie immer solche Treiberbausteine einsetzen, da Sie dadurch sehr viel Zeit bei der Verdrahtung sparen. Zudem verfügt der L298 über diverse Funktionen, die Sie in einer Selbstbau-H-Brücke nicht so einfach realisieren können. Dazu zählen z. B. ein Überspannungsschutz und eine ausgezeichnete Kühlung durch die Multiwatt-Gehäuseform. Zudem kann der L298 Motoren antreiben, die eine Spannung bis zu 48 V und einen Strom von bis zu 4 A benötigen. Die interne Logik des Bausteins erlaubt es Ihnen zudem, die Ausgänge des Raspberry Pi direkt an den L298 anzuschließen und durch das bereits gelernte Schalten weniger GPIO-Pins die Umschaltung der H-Brücke vorzunehmen.

Der L298 verfügt über jede Menge Anschlussbeinchen, von denen Sie sich aber nicht abschrecken lassen sollten. Wir haben Ihnen im Folgenden eine Übersicht über alle Pins und deren Funktionen zusammengestellt.

Im Pin-Belegungsplan sind die Anschlüsse unterschiedlich lang dargestellt (siehe Abbildung 4.4). Die Pins sind zweireihig angeordnet. Aus dem Blickwinkel der Zeichnung sind die längeren vorne, die kürzeren hinten.

- **Pin 1 und Pin 15 – Current Sensing A/B:** Schließen Sie an die beiden Pins einen Widerstand gegen Masse an, so kann durch das Messen des Spannungsabfalls über diesem Widerstand der aktuelle Strom zurückgelesen werden. Wird diese Funktion nicht benötigt, so können die beiden Pins auf Masse gelegt werden.

- **Pin 2, Pin 3, Pin 13, Pin 14 – Output 1/2:** Hier schließen Sie die beiden Versorgungsanschlüsse der Motoren A (Pin 2/3) und B (Pin 13/14) an. Sollten Sie Motoren verwenden, bei denen der L298 an seine Grenzen stößt (z. B. wegen einer Stromaufnahme > 2 A), empfiehlt es sich, an der Massefläche des L298 einen geeigneten Kühlkörper anzubringen.

- **Pin 4 – Supply Voltage:** Dieser Pin ist nur einmal ausgeführt. Hier wird die gemeinsame Versorgungsspannung der Motoren angeschlossen (maximal 46 V).

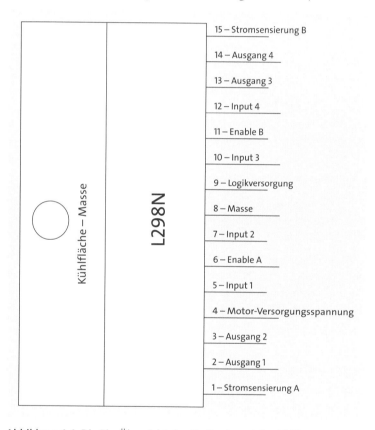

Abbildung 4.4 Die Pin-Übersicht des Treiberbausteins L298

- **Pin 5, Pin 7, Pin 10, Pin 12 – Input 1–4:** Die Input-Pins dienen zur Ansteuerung des Bausteins. Sehr hilfreich ist, dass die Input-Pins einen High-Pegel bereits ab 2,3 V erkennen. Damit lässt sich der L298 direkt, ohne Zwischenbeschaltung, über die 3,3-V-Ausgänge der GPIO-Steckerleiste des Raspberry Pi ansteuern.

- **Pin 6 und Pin 11 – Enable A/B:** Legen Sie diese Pins auf Masse, so können Sie die H-Brücke A oder B komplett deaktivieren. Hier ist es unter Umständen sinnvoll, einen

Pull-down-Widerstand zu verwenden, damit der L298 kontrolliert abgeschaltet bleibt, während der Raspberry Pi bootet.

- **Pin 8 – GND:** Gemeinsame Masseanbindung. Die große Metallfläche am Bauteil ist ebenfalls Masse. Die Masse des Raspberry Pi muss mit der Masse der externen Spannungsquelle des L298 verbunden werden.
- **Pin 9 – Logic Supply Voltage:** Logikversorgung des Bauteils. Hier wird eine Spannung von 4,5 bis 7 V angeschlossen, um den internen Logikteil des L298 zu versorgen. Dafür eignen sich die 5 V der GPIO-Leiste ideal.

Sie können den L298 samt Motor und Freilaufdioden nun so mit dem Raspberry Pi verbinden, wie es auf dem Schaltplan in Abbildung 4.7 zu sehen ist.

Lassen Sie sich vom Umfang der Schaltung nicht abschrecken. Bauen Sie Sie die Schaltung am besten auf einem Breadboard mit Jumper Wires auf.

Wir möchten vorab jedoch kurz auf die Dimensionierung der Freilaufdioden eingehen.

Dioden gibt es, wie fast jedes andere elektronische Bauteil auch, in unzählig vielen verschiedenen Ausführungen. So finden Sie zum einen unterschiedliche Gehäuseformen und -größen, aber auch die elektrischen Werte der Dioden unterscheiden sich.

Wir nutzen hier eine 1N400X-Reihe. Das sind Standarddioden, die in jedem Elektronikhandel verfügbar sind und sich wunderbar als Freilaufdioden eignen. Werfen wir nun einen Blick in das Datenblatt:

http://www.diodes.com/_files/datasheets/ds28002.pdf

MAXIMUM RATINGS (T_A = 25 °C unless otherwise noted)

PARAMETER	SYMBOL	1N4001	1N4002	1N4003	1N4004	1N4005	1N4006	1N4007	UNIT
Maximum repetitive peak reverse voltage	V_{RRM}	50	100	200	400	600	800	1000	V
Maximum RMS voltage	V_{RMS}	35	70	140	280	420	560	700	V
Maximum DC blocking voltage	V_{DC}	50	100	200	400	600	800	1000	V
Maximum average forward rectified current 0.375" (9.5 mm) lead length at T_A = 75 °C	$I_{F(AV)}$	1.0							A
Peak forward surge current 8.3 ms single half sine-wave superimposed on rated load	I_{FSM}	30							A
Non-repetitive peak forward surge current square waveform T_A = 25 °C (fig. 3) t_p = 1 ms	I_{FSM}	45							A
t_p = 2 ms		35							
t_p = 5 ms		30							
Maximum full load reverse current, full cycle average 0.375" (9.5 mm) lead length T_L = 75 °C	$I_{R(AV)}$	30							µA
Rating for fusing (t < 8.3 ms)	I^2t (1)	3.7							A^2s
Operating junction and storage temperature range	T_J, T_{STG}	- 50 to + 150							°C

Note
(1) For device using on bridge rectifier appliaction

Abbildung 4.5 Datenblatt der 1N400X-Dioden (Quelle: Datenblatt Vishay 1N400X)

In Abbildung 4.5 sehen Sie, dass es verschiedene Ausführungen dieser Diode gibt. So hat eine 1N4001 eine Sperrspannung von 50 V, eine 1N4007 hingegen eine Sperrspannung von 1000 V. Die Freilaufdiode soll den vom Motor induzierten Strom ableiten, den wir nicht gebrauchen können, und der Entstehung von Spannungsspitzen vorbeugen. Wählen Sie eine Diode, die mindestens der Betriebsspannung des Motors entspricht. Wir wählen hier die 1N4002, um auch bei großen Motoren mit 40 V und mehr noch eine Sicherheit zu haben.

Der Strom, der die Diode dauerhaft durchfließen kann, ohne dass sie Schaden nimmt, ist in der Zeile *Maximum average forward rectified current* zu finden. Er beträgt bei allen Modellen 1 A. Die Freilaufdiode ist allerdings in Sperrichtung verbaut, was bedeutet, dass im Normalbetrieb kein Strom durch das Bauteil fließt. Kritische Momente sind das Abschalten und Nachlaufen des Motors. Selbstinduzierte Spannungen sind negativ, und somit ist auch der Stromfluss in diesen Momenten umgekehrt. Jetzt wird der Strom über die Diode abgeleitet. Dieser Stromfluss dauert jedoch nur wenige Millisekunden an.

Dazu schauen Sie sich das Diagramm auf Seite 2 des Datenblattes an (siehe Abbildung 4.6). Für 100 Perioden bei 60 Hz darf die Diode noch von 8 A durchflossen werden. Das ergibt eine Zeit von 1,6 Sekunden. Das ist lange genug, um etwaige ungewollte Ströme sicher abzuleiten.

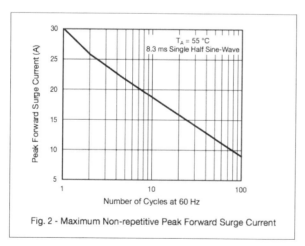

Abbildung 4.6 Die Diode kann für 1,6 Sekunden ca. 8 A ableiten.
(Quelle: Datenblatt Vishay 1N400X)

Wie auch früher in der Schule sollen Sie hier zuerst den *richtigen*, aber schwierigeren Weg kennenlernen. Sie kennen bereits die beiden schwersten Wege, den Motor mit dem

4.1 Der Gleichstrommotor

Raspberry Pi zu verbinden: den Bau einer kompletten H-Brücke und den Anschluss des Motors über den Treiberbaustein L298.

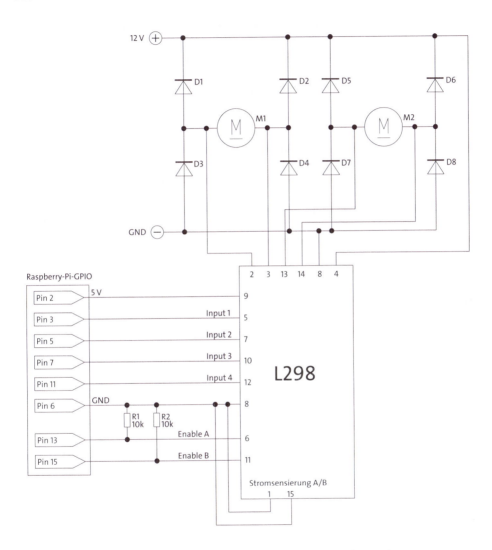

Abbildung 4.7 Schaltplan für den L298 mit zwei Motoren am Raspberry Pi

Aber als Bastler suchen Sie immer nach Lösungen, die am wenigsten Verdrahtungsaufwand mit sich bringen. Auch hier haben wir einen Tipp für Sie: Besorgen Sie sich *L298-Fertigmodule*. Das sind fertige Leiterplatten, die mit dem L298, den Freilaufdioden und Anschlussklemmen bestückt sind (siehe Abbildung 4.8). Dann müssen Sie nur noch die

Steueranschlüsse IN1 bis IN4 und Enable A und B mit dem Raspberry Pi, die Versorgungsspannung mit dem Modul und die Ausgänge des Treibers mit den Zuleitungen des Motors verbinden. Nun wissen Sie jedoch, was alles hinter solchen Fertigmodulen steckt.

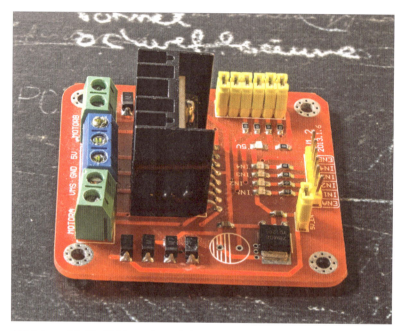

Abbildung 4.8 Ein L298-Fertigmodul samt Anschlussklemmen und Kühlkörper.

Sie können sich nun für eine Variante der Verdrahtung entscheiden. Das Programm zur Ansteuerung des Motors ist auf alle drei Anschlussvarianten übertragbar. Wir empfehlen Ihnen jedoch, den L298-Treiber zu verwenden. Dabei ist es aus unserer Sicht keine Mogelei, auf ein fertiges Modul zurückzugreifen. Dessen Herstellungsqualität und Kompaktheit samt Leiterkarte und Kühlkörper werden Sie im Eigenbau sicherlich nicht so einfach erreichen. Sie finden diese Module unter dem Suchbegriff *L298 Modul* in vielen Online-Shops. Die Ausführung ist oft sehr ähnlich und unterscheidet sich nur minimal.

Mit ziemlicher Sicherheit finden Sie nun auf dem Modul Anschlussklemmen mit der Bezeichnung *IN1* bis *IN4* und *EN(able) A* und *B*. Zudem sollten die Anschlüsse *Motor A* und *Motor B* sowie V_{mot} und *GND* ersichtlich sein.

Diese Anschlüsse kennen Sie bereits vom L298-Baustein. Auf dem Modul werden die Pins vom L298 zur komfortableren Verdrahtung lediglich als Anschlussklemmen ausgeführt.

Schließen Sie das Modul so an, wie es in Tabelle 4.1 aufgeführt ist.

Vom Pin des L298-Moduls	zu
IN1	GPIO-Pin 3
IN2	GPIO-Pin 5
EN(able)A	GPIO-Pin 11
Motor1	Anschlussleitungen Motor
V_{mot}	Versorgungsspannung Motor
GND	Masse (V_{mot} *und* Raspberry-Pi-Pin 6)

Tabelle 4.1 Anschlussplan des L298-Moduls

Die Klemmen für die Zuleitungen des Motors haben jeweils zwei Anschlüsse. Verbinden Sie beide Leitungen des Motors mit den beiden Anschlüssen der Klemme *Motor 1*. Die Polung ist dabei egal. Der Motor wird ohnehin von uns immer wieder umgepolt.

Als Versorgungsspannung nehmen Sie unbedingt eine externe Spannungsquelle, also keinen GPIO-Pin vom Raspberry Pi! Hier bieten sich Batteriefächer, Modellbauakkus oder externe Netzteile an (siehe Abbildung 4.9).

Abbildung 4.9 Nutzen Sie externe Spannungsquellen, um leistungshungrige Komponenten wie Motoren mit Spannung zu versorgen.

Abbildung 4.10 Verbinden Sie ENA, IN1 und IN2 mit dem Raspberry Pi.

Abbildung 4.11 Die Anschlussklemmen für zwei Motoren sowie GND und VMS (V_{mot}).

Wie bereits anfangs erwähnt, sind in einem L298-Treiber zwei H-Brücken verbaut und er kann daher auch zwei Motoren steuern. Wir schließen jedoch nur einen Motor an und benötigen nur die Hälfte der Anschlüsse (siehe Abbildung 4.10). Lassen Sie die Pins *IN3*, *IN4*, *EN(able)B* sowie *Motor 2* unbelegt.

Nun sollte die komplette Verkabelung bereits abgeschlossen sein, und wir können mit der Software fortfahren. Auch hier schreiben wir ein Python-Programm. Erstellen Sie eine Datei namens *motor.py*, und füllen Sie die Datei mit dem Inhalt aus Listing 4.1. Wie alle Programme in diesem Buch können Sie auch dieses Python-Programm von der Homepage des Rheinwerk Verlags herunterladen (*www.rheinwerk-verlag.de/3602*). Wir erläutern Ihnen im Anschluss die Einzelheiten des Programms.

```
#!/usr/bin/python3
# coding: utf-8
```

```python
from time import sleep
import RPi.GPIO as GPIO
import sys
import pigpio
GPIO.setmode(GPIO.BCM)
EnableA = 4
Input1 = 2
Input2 = 3
GPIO.setup(EnableA,GPIO.OUT)
GPIO.setup(Input1,GPIO.OUT)
GPIO.setup(Input2,GPIO.OUT)
pi = pigpio.pi()
pi.set_mode(EnableA, pigpio.OUTPUT)
pi.set_PWM_frequency(EnableA,100)

def runMot(dir,speed):
    pi.set_PWM_dutycycle(EnableA,int(speed*2.55))
    print (speed*2.55)
    if dir == 1:
        GPIO.output(Input1, True)
        GPIO.output(Input2, False)
    if dir ==2:
        GPIO.output(Input1, False)
        GPIO.output(Input2, True)
    if dir == 0:
        GPIO.output(EnableA, False)
        GPIO.output(Input1,False)
        GPIO.output(Input2,False)
try:
  while True:
    runMot(1,80)
    sleep(5)
    runMot(2,40)
    sleep(5)
    runMot(0,0)
except KeyboardInterrupt:
  GPIO.cleanup()
  sys.exit()
```

Listing 4.1 Der Python-Code zur Motorsteuerung

4 Motoren

Das Programm sollte für Sie bereits gut zu interpretieren sein. Sie kennen bereits die verwendeten Bibliotheken *RPi.GPIO* und *pigpio*.

Zu Beginn legen wir fest, dass die BCM-Bezeichnung der verwendeten Pins genutzt werden soll und schreiben sie in drei Variablen. Nennen Sie die Variablen ruhig wie die Anschlüsse am L298 oder Fertigmodul. Dadurch wissen Sie immer, welchen Pin Sie im Programm ansteuern. Danach werden die Pins als Ausgänge deklariert, und *pigpio* wird instanziiert. Diese Vorgänge sollten Sie bereits kennen.

In der darauffolgenden Funktion `runMot()` wird nun festgelegt, in welche Richtung und wie schnell der Motor laufen soll. Ein Blick in die Logiktabelle aus Tabelle 4.2 hilft Ihnen bei der Interpretation der `runMot()`-Funktion.

Input 1	Input 2	Enable A	Funktion
0	0	0	Motor läuft aus.
0	0	1	Vollbremsung
0	1	0	Motor läuft aus.
1	0	0	Motor läuft aus.
0	1	1	Rückwärts
1	1	1	Vollbremsung
1	1	0	Motor läuft aus.
1	0	1	Vorwärts

Tabelle 4.2 Logiktabelle für Motor A am L298

Sollten Sie einen zweiten Motor verwenden wollen, so gilt die gleiche Tabelle für *Input 3* und *4* sowie *Enable B*, die die Steueranschlüsse für *Motor 2* darstellen.

Findige Leser haben sicherlich bereits im Programmcode erkannt, dass an *Enable A* ein PWM-Signal generiert wird. Das brauchen wir, um die Motorgeschwindigkeit zu beeinflussen. Wer nun dachte, er könne (oder müsse) die Versorgungsspannung ändern, um die Motorgeschwindigkeit zu ändern, der liegt falsch. Dadurch würde nämlich sehr viel Motorleistung verloren gehen. Werte wie Leistung und Drehmoment, nach denen Sie Ihren geeigneten Motor in der Regel auswählen, beziehen sich nämlich immer auf die angegebene Versorgungspannung. Daher nutzen wir hier wieder das praktische PWM-Signal.

Sie erkennen ebenfalls, dass der *Enable-A*-Pin aktiv sein muss, damit sich der Motor überhaupt bewegt. Warum also nicht hier einen PWM-Puls anlegen, um den Motor weiterhin mit ausreichend Strom und Spannung zu versorgen, jedoch nur einhundertmal pro Sekunde? Dazu legen wir mit `pi.set_PWM_frequency(EnableA,100)` die Frequenz auf 100 Hz fest. Wie auch bei der LED bestimmt der Duty-Cycle die Drehzahl des Motors, daher kann er bei jedem Aufruf der `runMot()`-Funktion verändert werden. Dazu wird die Funktion mit den zwei Übergabeparametern `dir` und `speed` aufgerufen: `runMot(1,80)`. Der erste Parameter füllt die Variable `dir`, der zweite die Variable `speed`. Verwenden Sie die Parameter so wie in Tabelle 4.3 und Tabelle 4.4 angegeben.

Parameter »dir«	Resultat
0	Motor macht Vollbremsung.
1	Vorwärts
2	Rückwärts

Tabelle 4.3 Zulässige Werte für den Parameter »dir«

Parameter »speed«	Resultat
0	Duty-Cycle 0 % = Stillstand
50	Duty-Cycle 50 % = halbe Geschwindigkeit
100	Duty-Cycle 100 % = volle Geschwindigkeit
Jeder Wert in %	Duty-Cycle von X % = X % der Maximalgeschwindigkeit

Tabelle 4.4 Zulässige Werte für den Parameter »speed«

Im Beispiel `runMot(1,80)` dreht der Motor vorwärts mit 80 % seiner Maximalgeschwindigkeit.

Wenn Sie das Programm unverändert starten, so dreht der Motor mit 80 % Geschwindigkeit für 5 Sekunden vorwärts und für 5 Sekunden mit 50 % Geschwindigkeit rückwärts. Das wiederholt sich so lange, bis Sie das Programm mit [Strg]+[C] beenden. Denken Sie daran, den *pigpiod*-Dämon zu starten, bevor Sie das Python-Programm ausführen. Das machen Sie mit dem Konsolenbefehl `sudo pigpiod`.

Jetzt sind Sie an dem Punkt angelangt, an dem Sie experimentieren sollten. Verändern Sie die Drehzahlen, schließen Sie einen zweiten Motor an oder bauen Sie sogar ein kleines Auto. Die Vorgehensweise zum Ansteuern eines zweiten Motors ist ganz simpel.

So erweitern Sie die Funktion um Motor 2:

```python
def runMot(mot,dir,speed):
    if dir == 1 and mot == 'r':
        GPIO.output(Input1, True)
        GPIO.output(Input2, False)
    if dir == 2 and mot == 'r':
        GPIO.output(Input1, False)
        GPIO.output(Input2, True)
    if dir == 0 and mot == 'r':
        GPIO.output(EnableA, False)
        GPIO.output(Input1,False)
        GPIO.output(Input2,False)

    if dir == 1 and mot == 'l':
        GPIO.output(Input3, True)
        GPIO.output(Input4, False)
    if dir ==2 and mot == 'l':
        GPIO.output(Input3, False)
        GPIO.output(Input4, True)
    if dir == 0 and mot == 'l':
        GPIO.output(EnableB, False)
        GPIO.output(Input3,False)
        GPIO.output(Input4,False)
```

Nun können Sie mit dem weiteren Parameter mot auch den zweiten Motor ansteuern. Das Beispiel runMot(1,2,50) lässt den linken Motor nun mit halber Geschwindigkeit rückwärts drehen.

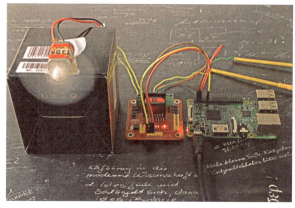

Abbildung 4.12 Ein kleiner Motor mit L298-Modul und Raspberry Pi

4.2 Servomotoren

Sie können nun einfache Gleichstrommotoren mit dem Raspberry Pi ansteuern. Jedoch haben Sie sicherlich gemerkt, dass die Steuerung eines Gleichstrommotors sich auf das Starten, Stoppen und den Richtungswechsel beschränkt. Genaue Positionen sind allenfalls durch einen zeitlichen Ablauf möglich. Das ist jedoch nicht wirklich genau genug, um z. B. Greifer, Roboterarme oder das Ruder eines Modellbauschiffs zu kontrollieren.

Für diesen Zweck setzen wir Servomotoren ein (siehe Abbildung 4.13). Diese spezielle Art von Motoren kann sehr genau gesteuert werden. Zudem haben sie den Vorteil, dass Sie immer die aktuelle Position des Motors kennen.

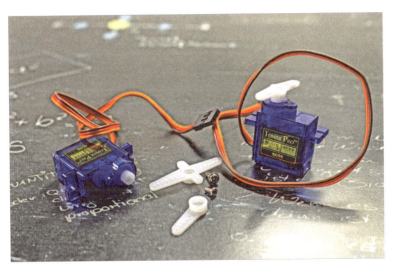

Abbildung 4.13 Typische Servomotoren aus dem Modellbau

Den ersten Unterschied zum Gleichstrommotor werden Sie feststellen, wenn Sie sich die Zuleitungen ansehen. Ein Servomotor hat nämlich in der Regel drei Zuleitungen. Davon dient eine als Steuerleitung, die anderen beiden sind für die Versorgungsspannung des Motors da.

Damit Sie die Ansteuerung später im Programm vornehmen können und vor allem auch verstehen, was Sie da tun, brauchen Sie zunächst ein wenig Grundwissen über die Funktionsweise von Servomotoren.

Die interne Regelung des Servos arbeitet mit sogenannten Perioden. Eine Periode ist 20 ms lang und stellt das Intervall dar, in dem sich die Steuerelektronik des Servos mit der tatsächlichen Position der Motorwelle abgleicht. Das bedeutet, dass im Innern eines Servomotors noch eine kleine zusätzliche Schaltung verbaut ist, die die Signale auf der

Steuerleitung interpretieren kann. Diese Schaltung prüft also alle 20 ms, ob die gewünschte Position noch mit der tatsächlichen Position übereinstimmt. Falls nicht, wird die Motorwelle auf die gewünschte Position bewegt.

Die Position können Sie nun bestimmen, indem Sie innerhalb dieser 20 ms einen Impuls auf die Steuerleitung senden. Dazu haben Sie ein Impulsfenster von 2 ms, in dem Sie sich bewegen können.

Das klingt noch ein wenig kryptisch? Sehen wir uns ein praktisches Beispiel an: Ein Impuls von 1 ms fährt den Servomotor in seine linke Endposition, ein Impuls von 2 ms fährt ihn in seine rechte Endlage. Demnach erreichen Sie die Mittelstellung des Motors, wenn Sie einen Impuls von 1,5 ms auf die Steuerleitung senden.

Sie erkennen, dass ein Servo in der Regel Endlagen hat und nicht, wie ein Gleichstrommotor, unendlich im Kreis dreht. Der Bewegungsspielraum des Servos hängt von dem Modell ab, für das Sie sich entscheiden. Typische Bewegungsradien sind 180° oder 45°. In Abbildung 4.14 sehen Sie, wie das Steuersignal generiert werden muss und welche Motorstellung daraus resultiert. Das sollte Ihnen bekannt vorkommen, denn es handelt sich bei dem Steuersignal wieder um eine Pulsweitenmodulation. Die Länge des Impulses ist – Sie erraten es – der Duty-Cycle.

Auch wenn wir im weiteren Verlauf die Länge des Impulses in Millisekunden angeben werden, können Sie sich den Duty-Cycle auch in Prozent ausrechnen. Dazu haben Sie die Periodenlänge von 20 ms. Dies entspricht einer Frequenz von 50 Hz:

$$\frac{1}{0{,}02\ \text{ms}} = 50\ \text{Hz}$$

Der Duty-Cycle eines 2-ms-Signals bei einer Periodenlänge von 20 ms entspricht 10 %, 10 ms Impulsdauer entsprechen dagegen 5 % des Duty-Cycle. Sie könnten nun mit den Funktionen der *pigpio*-Bibliothek, die Sie bereits kennen, die Frequenz und den Duty-Cycle verwenden, um die passenden PWM-Signale zu generieren.

Sie sehen, mit Ihrem jetzigen Wissen sind Sie bereits in der Lage, Signale zu interpretieren und die Elektronik etwas greifbarer werden zu lassen. Doch *pigpio* bietet uns hier eine passende Funktion für Servomotoren. Dazu kommen wir später.

Der Servo, den wir verwenden, ist ein kleiner *SG90-Servomotor* von *Tower Pro*. Dieser kleine Motor eignet sich prima zum Experimentieren und z. B. zum Auslegen von Rudern oder zum Bewegen der Raspberry-Pi-Kamera. Ein Datenblatt des Motors finden Sie unter diesem Link:

http://www.ee.ic.ac.uk/pcheung/teaching/DE1_EE/stores/sg90_datasheet.pdf

4.2 Servomotoren

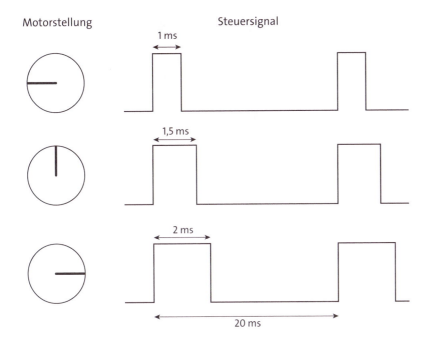

Abbildung 4.14 Die Stellung der Motorwelle in Abhängigkeit vom Steuerimpuls

Der Motor benötigt 5 V Versorgungsspannung, sollte aber – wie auch der Gleichstrommotor – über ein externes Netzteil oder über Batterien betrieben werden.

Versorgung über die GPIO-Pins

Wir gestehen, dass wir es probiert haben, den Motor über einen der 5-V-Pins des Raspberry Pi zu versorgen. Das funktionierte auch, ist aber nicht zu empfehlen. Gerade wenn Sie vorhaben, größere Lasten mit dem Motor zu bewegen, benötigt der Motor zu viel Strom, um sicher über den Raspberry Pi versorgt zu werden.

Schließen Sie den Motor also nach dem Schaltplan in Abbildung 4.15 an.

Je nach Modell sind die Anschlussleitungen farbig ausgeführt. Oft ist die Signalleitung gelb oder orange, die Zuleitung VCC rot und die Masseleitung braun. Schauen Sie aber immer im Datenblatt Ihres Motors nach. Beachten Sie, dass Sie die Masseleitung von der externen Spannungsquelle mit der Masse des Raspberry Pi verbinden. Das ist notwendig, damit die Elektronik des Motors und die Steuersignale des Raspberry Pi den gleichen Masse-Bezugspunkt haben.

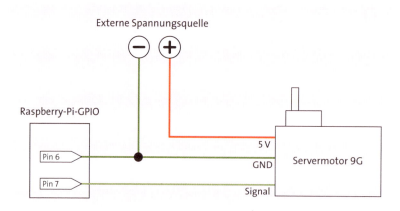

Abbildung 4.15 Anschluss des Servomotors an den Raspberry Pi

Das Python-Programm, das wir dazu schreiben, kann den Motor nun zwischen den Endpositionen bewegen. Wie Sie es bereits kennen, gehen wir im Anschluss die wichtigsten Zeilen noch einmal im Detail durch.

```python
#!/usr/bin/python
# coding: utf-8
# servo.py

import time
import pigpio
import sys

servo = 4
pos = sys.argv[1]  #  1000 bis 2000
pi = pigpio.pi()   # Verbindung zum pigpio-Dämon

pi.set_mode(servo, pigpio.OUTPUT)
pi.set_servo_pulsewidth(servo, pos)
time.sleep(5)
pi.set_servo_pulsewidth(servo, 0)
pi.stop()
```

Listing 4.2 Python-Programm zur Ansteuerung eines Servomotors

Auch in diesem Programm nutzen wir *pigpio*, da die dort enthaltenen Klassen zur Servoansteuerung sehr komfortabel zu bedienen sind.

In diesem kleinen Programm lernen Sie auch eine weitere nützliche Funktion von Python kennen, nämlich die Übergabeparameter, die wir mit `pos=sys.argv[1]` definieren. Dadurch können Sie der Variablen `pos` direkt beim Starten des Programms einen Wert zuweisen.

Das eigentliche Signal für den Servo wird in der Zeile `pi.set_servo_pulsewidth(servo, pos)` generiert. Der Parameter `servo` beinhaltet den verwendeten Signal-Pin (hier BCM-Pin 4 = physischer Pin 7). Der Parameter `pos` kann nun Werte in µs von 1000 bis 2000 enthalten (1000 µs = 1 ms). Danach wird das Signal für 5 Sekunden erzeugt und im Anschluss daran wird das Programm beendet.

Um das Programm zu starten, speichern Sie den Code in einer Datei namens *servo.py* ab und legen sie z. B. in */home/pi/* ab. Wechseln Sie nun in das Verzeichnis mit `cd /home/pi/`.

Sie starten nun zuerst den pigpio-Dämon mit dem Konsolenbehl `sudo pigpiod`. Anschließend führen Sie das Python-Programm mit dem Befehl `python servo.py 1500` aus. Der Wert 1500 wird nun direkt der Variablen `pos` zugewiesen und entspricht 1,5 ms. Damit fährt der Motor nun direkt in die Mittelstellung. Wenn Sie nun etwas mit dem Motor bewegen möchten, so sollten Sie ihn immer zuerst in die Mittelstellung fahren, um zu sehen, wie Sie Ihre mechanischen Komponenten anbringen müssen.

> **Auf das Grad genau!**
> Wenn Sie Ihren Motor gerne gradgenau bewegen möchten, so können Sie dies ganz einfach errechnen. In unserem Beispiel hat der Motor einen maximalen Bewegungsradius von 180°. Im Python-Programm können Sie die Pulsweite in tausend Schritten einstellen. Dadurch ergibt sich eine Bewegung von 0,18° pro Änderung der Pulsweite um eine Stelle.

4.3 Schrittmotoren

Als letzte Variante eines Elektromotors stellen wir Ihnen den Schrittmotor vor. Sie kennen bereits den einfachen Gleichstrommotor, der sich abhängig von Strom und Spannung endlos lange im Kreis dreht. Der Servomotor dagegen kann durch gezielte elektrische Impulse sehr genau auf eine Position eingestellt werden.

Der Schrittmotor verbindet die Vorteile des Gleichstrommotors (kein Endanschlag) mit denen des Servos (gradgenaue Einstellung). Er verfügt jedoch über eine sehr besondere Eigenschaft: Er kann schrittweise bewegt werden.

Im folgenden Beispiel wird Ihnen dieser Vorteil sicherlich bewusst: Sie möchten einen Elektromotor um zwei Dreiviertel-Umdrehungen bewegen und danach wieder in die Ausgangsposition drehen lassen. Mit einem einfachen Gleichstrommotor können Sie die Aufgabe nur zeitgesteuert lösen. Bei Motoren mit Drehzahlen von 5000 U/min oder höher kann diese Angelegenheit äußerst mühsam werden. Bei Anwendungen, in denen es auf eine sehr hohe Genauigkeit ankommt, ist diese Lösungsvariante zum Scheitern verurteilt.

Genau für solche Fälle können Sie in Zukunft den Schrittmotor nutzen. Durch die schrittgenaue Ansteuerung sind extrem präzise Fahrten möglich. Wenn Sie z. B. wissen, dass Ihr Schrittmotor für eine Umdrehung 100 Schritte benötigt, so lassen Sie ihn für die Erfüllung der Aufgabe einfach 275 Schritte drehen. Sie wissen nun immer genau, wo sich Ihr Motor befindet, und können durch das Verfahren von 275 Schritten in die Gegenrichtung immer wieder genau auf die Ausgangsposition zurückfahren.

Das ist ideal für Anwendungen wie Robotorarme, 3D-Drucker, Plotter oder sogar CNC-Arbeitstische.

In diesem Abschnitt nutzen wir den Schrittmotor *28BYJ-48*. Diesen Motor finden Sie unter seinem Namen bei Amazon, eBay oder anderen Online-Shops. Für einen Preis von ca. 6 EUR erhalten Sie den Motor und ein kleines Board, das mit einem *ULN2003A*, diversen Anschluss-Pins und einigen LEDs bestückt ist (siehe Abbildung 4.16).

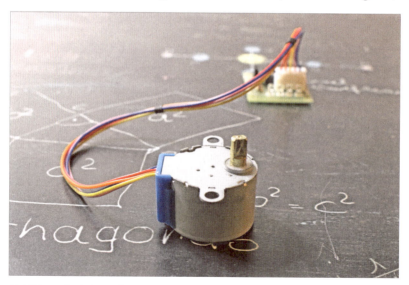

Abbildung 4.16 Der Schrittmotor 28BYJ-48 mit Treiberboard

Der ULN2003A ist ein Darlington-Array in einem Gehäuse mit 16 Beinchen.

Im Blockdiagramm wird die Funktionsweise des Bauteils etwas deutlicher (siehe Abbildung 4.17). Der ULN2003A besitzt sieben Ein- beziehungsweise Ausgänge und integrierte Freilaufdioden, die bei Bedarf hinzugeschaltet werden können. Was aus dem Blockbild nicht ganz ersichtlich wird, ist die Funktionsweise einer Darlington-Schaltung. Hinter diesem Begriff verbringt sich lediglich die Hintereinanderschaltung von mindestens zwei Transistoren. Dadurch kann eine sehr große Stromverstärkung realisiert werden.

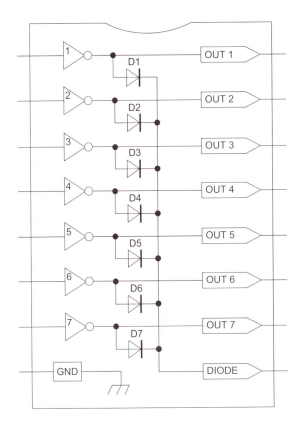

Abbildung 4.17 Blockbild vom Darlington-Array ULN2003A

Auch wenn Sie es für die Ansteuerung des Schrittmotors nicht benötigen, stellen wir Ihnen kurz das *Darlington-Prinzip* näher vor.

In Abbildung 4.18 sehen Sie eine Darlington-Schaltung. Diese ist für jedes Ein- und Ausgangspaar im ULN2003A verbaut. Das Verstärkungsprinzip beruht darauf, dass Sie nur einen sehr kleinen Basisstrom benötigen, um einen großen Stromfluss zwischen dem

Kollektor und dem Emitter des zweiten Transistors zu ermöglichen. Dies ist praktisch genau das Problem, vor dem Sie im Umgang mit dem Raspberry Pi stehen. Auf diese Weise können Sie die kleinen Ausgangsströme von ca. 16 mA auf mehrere Ampere verstärken.

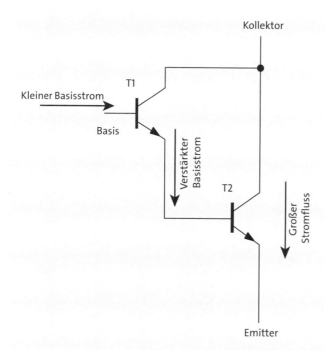

Abbildung 4.18 Das Verstärkungsprinzip der Darlington-Schaltung

Stellen Sie sich, um das Darlington-Prinzip zu verstehen, einmal vor, dass jede Basis eines Transistors ein Ventil ist, das Sie voll, aber auch wenig öffnen können. Im Datenblatt Ihres Transistors finden Sie die Angabe, wie viel Basisstrom erforderlich ist, um die Kollektor-/Emitterstrecke vollständig zu öffnen.

Reicht Ihr Strom an der ersten Basis nicht aus, können Sie mit dem Darlington-Prinzip trotzdem die volle Öffnung eines Transistors erreichen, nämlich die des zweiten Transistors. Diesem steht nun ausreichend Basisstrom zur Verfügung.

Nun wird es Zeit, dass wir uns dem Schrittmotor widmen. Der *28BYJ-48* ist ein unipolarer Schrittmotor und verfügt über fünf Anschlussleitungen. Ein Schrittmotor verfügt über einen ähnlichen Aufbau wie ein normaler Gleichstrommotor, mit dem Unterschied, dass Sie das Magnetfeld der Spulen gezielt steuern können. In der Regel können Sie den Motor in acht Schritten gesteuert. Das heißt, dass der Rotor sich pro Schritt um

45° dreht. Durch ein integriertes Getriebe ist der effektive Drehwinkel pro Schritt an der Motorausgangswelle jedoch viel kleiner. Damit Sie später wissen, was Sie tun, hilft bereits jetzt ein Blick in das Datenblatt des Motors:

http://www.raspberrypi-spy.co.uk/wp-content/uploads/2012/07/Stepper-Motor-28BJY-48-Datasheet.pdf

Auf dem einseitigen Datenblatt finden Sie die mechanischen Maße, die erforderliche Schrittfolge, die elektrischen Daten sowie Angaben zum integrierten Getriebe.

Die *Switching Sequence*, also die Schrittfolge, die später im Programm definiert wird, lassen Sie zuerst einmal links liegen. Dieser widmen wir uns später.

Springen Sie zunächst zur letzten Tabelle des Datenblatts (siehe Abbildung 4.19). Hier erfahren Sie, wie genau Sie den Motor gesteuert können und ob der Motor für Ihre Zwecke fein genug ist.

MODEL SPECIFICATIONS

Rated Voltage (Vdc)	No. of Phase	Resistance per Phase (Ω)	Gear Reduction Ratio	Step Angle (deg)	Pull-in Torque at 500pps (g-cm)	Pull-in Rate (pps)	Detent Torque (g-cm)	Noise (dB)
12	2	300	1 : 64	5.625° / 64	≥ 300	≥ 500	≥ 350	≤ 35

Abbildung 4.19 Auszug aus Datenblatt 28BJY-48 (Quelle: www.raspberrypi-spy.co.uk)

Der Tabelle können Sie entnehmen, dass die Teilung des Motors 64 (*Step Angle*) beträgt. Zudem finden Sie in der Spalte *Gear Reduction Ratio* eine Übersetzung des Getriebes von 1:64. Damit können Sie sich nun den Winkel eines einzigen Schrittes ausrechnen:

$$\frac{360°}{64} = 5{,}625°$$

$$\frac{5{,}625°}{64} = 0{,}087890625°$$

Sie haben im Endeffekt also ein Vierundsechzigstel von 5,625°, also 0,087890625° pro Schritt. Wie eingangs erwähnt, haben Sie acht Einzelschritte zur Verfügung, die Sie im Programm später immer wieder durchlaufen lassen. Wie Sie sich sicherlich ausrechnen können, erreichen Sie mit dem zuvor ermittelten Schrittwinkel bei acht Schritten keine ganze Umdrehung des Motors.

Dazu teilen Sie 360° durch den Winkel eines einzelnen Schritts:

$$\frac{360°}{0{,}087890625°} = 4096 \text{ Schritte}$$

Sie benötigen also 4096 Schritte, um die Welle des Motors einmal um die eigene Achse drehen zu lassen.

Nun können Sie den Motor mit dem Raspberry Pi verbinden. Genau genommen stellen Sie die Verbindung zwischen dem mitgelieferten Treiberboard und dem Raspberry Pi her. Das erspart einiges an Verdrahtungsarbeit. Der Schaltplan in Abbildung 4.20 zeigt Ihnen, wie der ULN2003A auf dem Treiberboard mit dem Motor verbunden ist. Sie erkennen aber auch, wie Sie eine Schaltung ohne das Board aufbauen können, indem Sie den ULN2003A als Einzelbauteil erwerben.

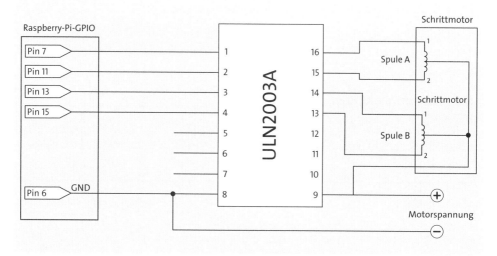

Abbildung 4.20 Anschlussplan eines Schrittmotors über einen ULN2003A an den Raspberry Pi

Auf dem Board ist der Anschluss des Motors bereits für Sie erledigt, Sie müssen lediglich den Anschlussstecker des Motors in die Steckerwanne auf dem Board stecken. Damit stehen Ihnen nun die vier freien Pins zum Anschluss an den Raspberry Pi zur Verfügung. Diese Pins stellen nun lediglich die Verbindung zu den Eingängen 1 bis 4 am ULN2003 her.

Schließen Sie die Pins IN1 bis IN4 wie im Schaltplan in Abbildung 4.20 an die Pins 7, 11, 13 und 15 des Raspberry Pi an. Die Versorgungsspannung wird an die Pins + und − angeschlossen.

Haben Sie alle Verbindungen hergestellt (siehe Abbildung 4.21), so folgt im nächsten Schritt das Python-Programm zur Ansteuerung des Motors.

Hinweis

Wir können es nicht oft genug erwähnen: Auch wenn der Motor mit einer Spannung von 5 V oder 12 V betrieben werden kann, nutzen Sie *nicht* die 5 V der GPIO-Leiste! Motoren benötigen je nach Last viel mehr Strom, als der Raspberry Pi beschädigungsfrei liefern kann. Nutzen Sie stattdessen ein Batteriefach oder ein externes Netzteil. Denken Sie jedoch daran, den Masseanschluss der externen Spannung mit der Masse am Raspberry Pi zu verbinden (z. B. GPIO-Pin 6).

Abbildung 4.21 Stellen Sie über die Pins IN1 bis IN4 die Verbindung zwischen dem ULN2003 und dem Raspberry Pi her.

In diesem Programm nutzen wir die neue Bibliothek *gpiozero*, die in allen aktuellen Raspbian-Distributionen vorinstalliert ist. Wir möchten Ihnen hiermit eine weitere Möglichkeit zur Handhabung der GPIO-Pins aufzeigen. Genauso gut können Sie das Programm umschreiben und weiterhin die *RPi.GPIO*-Bibliothek nutzen. Es liegt ganz an Ihnen, welche der beiden Bibliotheken Sie bevorzugen.

Erstellen Sie eine neue Datei, und nennen Sie diese *stepper.py* (siehe Listing 4.3). Wir empfehlen, die Datei unter */home/pi/* abzulegen.

```
#! /usr/bin/python3
# coding: utf-8
# Datei: stepper.py
```

4 Motoren

```python
import time
import gpiozero

IN1 = gpiozero.OutputDevice(4)     # GPIO 4 = BOARD-Pin 7
IN2 = gpiozero.OutputDevice(17)    # GPIO 17 = BOARD-Pin 11
IN3 = gpiozero.OutputDevice(27)    # GPIO 27 = BOARD-Pin 13
IN4 = gpiozero.OutputDevice(22)    # GPIO 22 = BOARD-Pin 15
MotorPins = [IN1,IN2,IN3,IN4]      # Schrittmotor-GPIO-Pins
Sequence = [[0,0,0,1],   # Sequenz aus dem Datenblatt
            [0,0,1,1],   # auch in Zweierschritten möglich
            [0,0,1,0],   # umgekehrte Sequenz = andere Drehrichtung
            [0,1,1,0],
            [0,1,0,0],
            [1,1,0,0],
            [1,0,0,0],
            [1,0,0,1]]
Step = int(input("Richtung und Drehgeschwindigkeit: "))
Winkel=int(input("Frage Drehwinkel? "))

def turn(Step, NumSteps):
    counter = 0
#    Step =  1 oder 2 für R (rechts), -1 or -2 für L (links)
    StepCounter = 0
    while counter <= NumSteps:
        for Pin in range(0, 4):
            MotorPin = MotorPins[Pin]   # M
#            print("counter = ",counter," Pin = ",Pin," MotorPin = ",MotorPin)
            if Sequence[StepCounter][Pin]!=0:
                MotorPin.on()
            else:
                MotorPin.off()
        StepCounter += Step
        if (StepCounter>=8): # Sequenz mit 8 Zwischenschritten
            StepCounter = 0  # gezählt von 0 bis 7
        if (StepCounter<0):  # für andere Drehrichtung (Step negativ)
            StepCounter = 8+Step
        time.sleep(0.01)
        counter+=1
Start=time.time()
```

```
turn(Step,NumSteps=4096/abs(Step) *Winkel/360)
Dauer=time.time()-Start
print("Zeitdauer war: ",round(Dauer,2)," Sekunden")
```

Listing 4.3 Python-Programm für die Ansteuerung des Schrittmotors 28BYJ-48

Die Zeilen `INX = gpiozero.OutputDevice(X)` legen die verwendeten Pins als Ausgänge fest. Das kennen Sie bereits von der *RPi.GPIO*-Bibliothek her und von der Funktion `GPIO.setup(PinX,GPIO.OUT)`.

Nun sehen Sie unter der Variablen `Sequence` die Schrittfolge aufgeführt. Diese Schrittfolge sehen Sie ebenfalls im Datenblatt unter *Switching Sequence*. Im Anschluss wird das Programm Sie nach der Richtung und Drehgeschwindigkeit sowie nach dem Drehwinkel fragen. Beide Werte werden in den Variablen `Step` und `Winkel` hinterlegt. Die Variable `Step` erwartet die Werte 1, 2 oder –1, –2. Entnehmen Sie die Funktionen der Werte der Tabelle 4.5.

Wert	Funktion
1	Drehung nach rechts langsam (Vollschritt)
2	Drehung nach rechts schnell (Halbschritt)
–1	Drehung nach links langsam (Vollschritt)
–2	Drehung nach links schnell (Halbschritt)

Tabelle 4.5 Mögliche Eingaben für die Drehrichtungs- und Geschwindigkeitsabfrage

Sie sehen, dass hier zwischen einem Vollschritt- und einem Halbschrittbetrieb unterschieden wird. Im Vollschrittbetrieb werden alle acht Schritte aus dem Datenblatt hintereinander durchgeführt. Im Halbschrittbetrieb dagegen führen Sie nur jeden zweiten Schritt aus. Dadurch dreht der Motor zwar schneller, verliert jedoch an Genauigkeit und Drehmoment. Im Halbschrittbetrieb benötigen Sie daher nur 2048 Schritte für eine Umdrehung, legen jedoch auch den doppelten Winkel pro Schritt zurück als im Vollschrittbetrieb.

Auch hier liegt es später an Ihnen und Ihrer Anwendung, welche Betriebsart für Sie am sinnvollsten ist.

In der Winkelabfrage können Sie mit ganzzahligen Werten von 1 bis 360 antworten.

In der Funktion `turn()` wird nun die Sequenz auf die Motor-Pins IN1 bis IN4 übertragen. Je nachdem, welche Auswahl Sie getroffen haben, werden entweder alle acht Schritte oder nur jeder zweite Schritt ausgeführt. Ebenso werden die Schritte in umgekehrter Reihenfolge durchlaufen, wenn Sie die Frage nach der Drehrichtung mit einer negativen Zahl beantwortet haben.

Die Geschwindigkeit des Motors beeinflussen Sie, indem Sie die Wartezeit zwischen den Schritten verändern. Die Wartezeit finden Sie im Programm unter `time.sleep(0.01)`. Mit dieser Einstellung wird alle 10 ms ein Schritt ausgeführt. Spielen Sie ein wenig mit dem Wert, und beobachten Sie die Geschwindigkeit des Motors. Der Wert kann jedoch nicht 0 oder kleiner sein. Zudem kann eine zu kurze Pause den Motor ebenfalls überfordern, da die mechanische Bewegung des Rotors etwas Zeit benötigt, bis er am nächsten Spulensegment angekommen ist und für den nächsten Schritt *bereit* ist.

Bipolar vs. unipolar

Der von uns verwendete Motor ist ein unipolarer Schrittmotor. Das bedeutet, dass er durch das Schalten eines Spulenendes gegen Masse (was Sie mit dem ULN2003A getan haben) umgepolt werden kann und sich damit einen Schritt weiter bewegt. Die Spulen eines bipolaren Schrittmotors dagegen müssen vollständig umgepolt werden. Dazu ist es notwendig, auf Schaltungen wie die H-Brücke zurückzugreifen. Bipolare Motoren werden auch häufig mit dem L298 betrieben. Grundsätzlich ist der Betrieb eines unipolaren Schrittmotors einfacher.

Weiterführende Informationen zum Thema

Eine umfangreiche Dokumentation der *gpiozero*-Bibliothek finden Sie unter folgendem Link:

https://gpiozero.readthedocs.io/en/v1.3.1/index.html

Informationen zu Schrittmotoren erhalten Sie hier:

http://rn-wissen.de/wiki/index.php?title=Schrittmotoren

Kapitel 5

Die UART-Schnittstelle kennenlernen

Nachdem Sie nun ein paar elementare Grundlagen über die Elektrotechnik und den Raspberry Pi gelernt haben, werfen wir einen Blick auf die erste der verschiedenen Schnittstellen des Raspberry Pi.

In diesem Kapitel widmen wir uns der seriellen Schnittstelle des Raspberry Pi. Sie lernen ein paar Grundlagen über diese Schnittstelle, und anschließend werden wir Ihnen anhand einiger Praxisbeispiele zeigen, wie Sie die Schnittstelle nutzen können.

Am Ende des Kapitels sind Sie dann in der Lage, den Raspberry Pi mit einem Kartenzugangssystem und einem zusätzlichen LC-Display auszustatten.

Für dieses Kapitel benötigen Sie folgende Materialien:

- ein Steckbrett inklusive Steckbrücken
- einen Raspberry-Pi-Cobbler und ein Anschlusskabel für den Raspberry Pi
- ein UM232R-Modul (siehe Abbildung 5.1)
- ein LCD-Modul in einer beliebigen Größe (z. B. 20 × 4 oder 16 × 2) (siehe Abbildung 5.2)

Abbildung 5.1 UM232R-Modul von FTDI

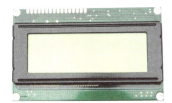

Abbildung 5.2 Ein 20 × 4-LCD-Modul

- ein USB-A-auf-USB-B-Kabel
- ein LCD-Backpack, z. B. von Watterott (siehe Abbildung 5.3)
- ein 125-kHz-RFID-Modul mit *UART-Schnittstelle* und passende 125-kHz-RFID-Tags (siehe Abbildung 5.4)

Abbildung 5.3 LCD-Backpack von Sparkfun

Abbildung 5.4 125-kHz-RFID Leser mit UART-Schnittstelle von Watterott

Doch bevor wir damit beginnen, Ihnen zu zeigen, wie Sie Daten über die serielle Schnittstelle des Raspberry Pi senden können, möchten wir Ihnen erklären, wie ein Computer oder ein Mikrocontroller Daten speichert.

5.1 Kurzer Exkurs: Wie werden Daten in einem Computer gespeichert?

Ein Computer kennt nur die Zustände »Schalter aus« = 0 und »Schalter an« = 1. Diese kleinste Informationseinheit wird *Bit* genannt, und wegen der zwei Zustände bzw. Zeichen sprechen wir vom Dual- oder Binärsystem. Je acht Bit werden zu einem *Byte* zusammengefasst. Mithilfe dieser beiden Zustände können Zahlen in einem Computer dargestellt werden, indem jedem Zustand eine Zahl zugewiesen wird. Mit einem Bit, das ingesamt zwei Zustände besitzt, können Sie also zwei Zahlen darstellen. Verwenden Sie nun zwei Bits, so erhöht sich die Anzahl der darstellbaren Zustände auf vier – jedes Bit besitzt zwei Zustände. Auf diese Weise lassen sich nun die Zahlen 0 bis 3 eindeutig darstellen (2^2 Werte). Dieses Vorgehen kann man beliebig erweitern, sodass mit n Schaltern 2^n Zahlen dargestellt werden können.

5.1 Kurzer Exkurs: Wie werden Daten in einem Computer gespeichert?

Ein Byte repräsentiert im Rechner die kleinste Einheit, mit der die Daten gespeichert werden. Jedes Byte besteht aus 8 Bit und kann somit verschiedene Zahlen von 0 bis 255 (2^8 Werte, mit 0 beginnend) speichern. Als Speichermedium in einem Computer können Sie sich einen Stapel an Speicherplätzen vorstellen, von denen jeder Speicherplatz z. B. 1 Byte, also 8 Bit, speichern kann. Jeder dieser Speicherplätze ist mit einer Adresse versehen (siehe Abbildung 5.5).

7	8 Bit
6	8 Bit
5	8 Bit
4	8 Bit
3	8 Bit
2	8 Bit
1	8 Bit
0	8 Bit

Abbildung 5.5 Beispiel eines Speichermediums, das 8 Byte speichern kann

Soll nun z. B. ein Schwarz-Weiß-Foto gespeichert werden, so wird jeder Bildpunkt des Fotos in einen Zahlenwert zwischen 0 und 255 (das entspricht 256 Werten) umgewandelt. Dieser Wert wird anschließend in einen der Speicherbereiche geschrieben (siehe Abbildung 5.6).

7	8 Bit	1000 1111
6	8 Bit	0000 1111
5	8 Bit	1001 0000
4	8 Bit	0000 0000
3	8 Bit	1111 1111
2	8 Bit	1111 1001
1	8 Bit	1010 1111
0	8 Bit	1000 0000

Abbildung 5.6 Das Speichermedium, gefüllt mit Daten von z. B. einem Foto

Aber wie generiert man nun aus einer Zahl, wie wir sie kennen, z. B. aus einer 12, eine entsprechende Folge aus Einsen und Nullen, wie ein Computer sie versteht?

Zunächst einmal benötigen Sie eine kurze Einführung in die verschiedenen Zahlensysteme, sprich in die schriftliche Darstellung von Zahlen. Für uns sind die folgenden Systeme von Relevanz:

- das Dezimalsystem mit der Basis 10 sowie zehn verschiedenen Zeichen (0–9)
- das Dual- oder Binärsystem mit der Basis 2 sowie zwei verschiedenen Zeichen (0 und 1)
- das Hexadezimalsystem mit der Basis 16 sowie sechzehn verschiedenen Zeichen (0–9 und A–F)

Beginnen wir erst einmal mit dem einfachsten Zahlensystem, nämlich mit dem, das Sie tagtäglich benutzen – dem Dezimalsystem.

Das Dezimalsystem benutzt also die Zahl 10 als Basis. Doch was genau bedeutet das? Die Basis sagt nichts anderes aus, als dass eine Zahl als Summe von Vielfachen der ganzzahligen Potenzen der Basis dargestellt werden kann.

Schauen wir uns das Ganze einmal an der Zahl 126_{10} an. Die Zahl 126 kann als Summe aus 100, 20 und 6 dargestellt werden. Wenn Sie nun mit einem ganz scharfen Auge auf die Zahlen schauen, werden Sie Folgendes feststellen:

$$100 \triangleq 1 \cdot 10^2$$

$$20 \triangleq 2 \cdot 10^1$$

$$6 \triangleq 6 \cdot 10^0$$

Sie sehen, dass die Zahl 126 als Summe der unterschiedlichen Zehnerpotenzen dargestellt werden kann.

Und genau so verhält es sich bei den Dualzahlen. Betrachten wir einmal eine Dualzahl aus Abbildung 5.6, nämlich die $1000\,1111_2$.

Info: Kennzeichnung der Zahlensysteme

Wie Sie vielleicht festgestellt haben, habe ich hinter der Zahl 126 eine *10* und hinter der Dualzahl 1000 1111 eine *2* als Index geschrieben. Dies dient zur Kennzeichnung der Zahlensysteme, damit Sie immer genau wissen, aus welchem Zahlensystem die genannte Zahl stammt.

Wird der Index weggelassen, so kann z. B. bei der Zahl 11 nicht bestimmt werden, ob die Zahl nun eine 11 im Dualsystem oder eine 11 im Dezimalsystem darstellen soll.

Um die Dualzahl als Dezimalzahl darzustellen, kann das gleiche Schema verwendet werden wie bei den Dezimalzahlen. Nur verwenden wir in diesem Fall nicht Vielfache der Zehnerpotenzen, sondern Vielfache der Zweierpotenzen:

$$1 \triangleq 1 \cdot 2^7$$

$$0 \triangleq 0 \cdot 2^6$$

5.1 Kurzer Exkurs: Wie werden Daten in einem Computer gespeichert?

$0 \triangleq 0 \cdot 2^5$

$0 \triangleq 0 \cdot 2^4$

...

Insgesamt entsteht so eine Summe aus 2^7, 2^3, 2^2, 2^1 und 2^0, woraus die Zahl 143_{10} resultiert.

Da Dualzahlen oftmals sehr lang sind, wurde eine zweite Darstellung entwickelt, das sogenannte *Hexadezimalsystem* mit der Basis 16. Dieses System verwendet die Zahlen 0–9 und die Buchstaben A–F für die Dezimalzahlen 0–9 und 10–15 (siehe Tabelle 5.1).

Dezimal	Hexadezimal
0	0
1	1
...	...
5	5
...	...
9	9
10	A
12	C
15	F

Tabelle 5.1 Dezimal- und Hexadezimalsystem im Überblick

Um eine Dualzahl in eine Hexadezimalzahl umzuwandeln, muss die Dualzahl erst einmal in Viererblöcke aufgeteilt werden:

1000 1111_2

→ 1000_2 und 1111_2

Jeder dieser Viererblöcke kann nun nach der bekannten Regel in eine Dezimalzahl konvertiert werden:

$1000_2 = 1 \cdot 2^3 + 0 \cdot 2^2 + 0 \cdot 2^1 + 0 \cdot 2^0 = 8_{16}$

$1111_2 = 1 \cdot 2^3 + 1 \cdot 2^2 + 1 \cdot 2^1 + 1 \cdot 2^0 = F_{16}$

Diese Dezimalzahlen werden anschließend durch die entsprechenden Zahlen aus dem Hexadezimalsystem ersetzt:

$8_{10} = 8_{16}$

$15_{10} = F_{16}$

Nun können die Hexadezimalzahlen in der richtigen Reihenfolge aneinandergesetzt werden:

$1000\,1111_2 \triangleq 143_{10} = 8F_{16}$

Wie Sie sehen, lässt sich die Zahl 143 angenehmer in Form einer Hexadezimalzahl schreiben als in Form einer Dualzahl.

Nun können Sie bereits eine Dualzahl in eine Dezimal- und eine Hexadezimalzahl umwandeln. Sie müssen aber noch verstehen, wie Sie eine Dezimalzahl in eine Dualzahl umwandeln können.

Dazu bedienen wir uns wieder der Zahl 143_{10}. Die Umwandlung einer Dezimalzahl in ein anderes Zahlensystem geschieht durch eine fortlaufende Division durch die Basis des Zahlensystems, in das die Dezimalzahl überführt werden soll. Dazu wird die Dezimalzahl ganzzahlig durch die Basis geteilt. Der Rest der ganzzahligen Division ergibt jeweils die letzte, vorletzte usw. Ziffer der Zahl im anderen Zahlensystem. Mit dem Ergebnis der ganzzahligen Division wird der Vorgang genauso fortgesetzt, Sie führen also eine erneute ganzzahlige Division durch.

Dieser Vorgang wird so lange fortgesetzt, bis als Ergebnis null rauskommt. Die Ergebnisse der einzelnen Divisionen stellen die umgewandelte Zahl in umgekehrter Reihenfolge dar.

Wenn also die Zahl 143_{10} in das Dualsystem überführt werden soll, so sieht die Division folgendermaßen aus:

$143_{10} \div 2 = 71$ *Rest* 1

$71_{10} \div 2 = 35$ *Rest* 1

$35_{10} \div 2 = 17$ *Rest* 1

$17_{10} \div 2 = 8$ *Rest* 1

$8_{10} \div 2 = 4$ *Rest* 0

$4_{10} \div 2 = 2$ *Rest* 0

5.1 Kurzer Exkurs: Wie werden Daten in einem Computer gespeichert?

$2_{10} \div 2 = 1$ *Rest* 0

$1_{10} \div 2 = 0$ *Rest* 1

Das erste Ergebnis stellt die Stelle der Dualzahl dar, die am weitesten rechts steht. Das Ergebnis der Umwandlung lautet also $1000\ 1111_2$. Mit derselben Methode kann eine Dezimalzahl direkt in eine Hexadezimalzahl umgewandelt werden:

$143_{10} \div 16 = 8$ *Rest* 15

$8_{10} \div 16 = 0$ *Rest* 8

mit $15_{10} = F_{16}$ und $8_{10} = 8_{16}$ ergibt sich:

$143_{10} = 8F_{16}$

Info: Alternative Darstellung von Dualzahlen und Hexadezimalzahlen

In der Softwareentwicklung hat es sich eingebürgert, Dualzahlen mit dem Präfix »0b« und Hexadezimalzahlen mit dem Präfix »0x« zu versehen, um diese eindeutig zu kennzeichnen.

5.1.1 Rechenbeispiele

Wandeln Sie die Zahl 430_{10} in das Dual- und Hexadezimalsystem und die Zahl $1010\ 0001_2$ in das Dezimalsystem um!

Zu allererst wandeln Sie die Zahl 430_{10} in das Dualsystem um. Dies geschieht mithilfe einer fortlaufenden Division:

$430_{10} \div 2 = 215$ *Rest* 0

$215_{10} \div 2 = 107$ *Rest* 1

$107_{10} \div 2 = 53$ *Rest* 1

$53_{10} \div 2 = 26$ *Rest* 1

$26_{10} \div 2 = 13$ *Rest* 0

$13_{10} \div 2 = 6$ *Rest* 1

$6_{10} \div 2 = 3$ *Rest* 0

$3_{10} \div 2 = 1$ *Rest* 1

$1_{10} \div 2 = 0$ *Rest* 1

Als Ergebnis erhalten Sie die Dualzahl 0001 1010 1110$_2$. Anschließend kann die Zahl in das Hexadezimalsystem umgewandelt werden. Dazu werden die einzelnen Viererblöcke separat umgewandelt:

$0001_2 = 1_{16}$

$1010_2 = A_{16}$

$1110_2 = E_{16}$

Als Hexadezimalzahl erhalten Sie nun 1AE$_{16}$ (0x1AE).

Im zweiten Teil soll die Dualzahl 1010 0001$_2$ in eine Dezimalzahl umgewandelt werden. Dazu wird eine Summe aus Zweierpotenzen mit den entsprechenden Werten aus der Dualzahl gebildet, und zwar von hinten bginnend mit 2^0:

$0001_2 = 1 \cdot 2^0 + 0 \cdot 2^1 + 0 \cdot 2^2 + 0 \cdot 2^3 = 1_{10}$

$1010_2 = 0 \cdot 2^4 + 1 \cdot 2^5 + 0 \cdot 2^6 + 1 \cdot 2^7 = 160_{10}$

Als Summe erhalten Sie die Zahl 161$_{10}$.

Wozu brauchen Sie dieses Wissen nun? Gerade wenn es an die Kommunikation mit zusätzlichen Chips oder die Programmierung von Mikrocontrollern jeglicher Art geht, ist es sehr wichtig, dass Sie die Zahlensysteme verstanden haben, da die Konfiguration dieser Bausteine durch das Setzen und Löschen von Bits in verschiedenen Speicherplätzen, sogenannten *Registern*, geschieht.

5.2 Was ist die UART-Schnittstelle und wie funktioniert sie?

Bei der UART-Schnittstelle (engl. *Universal Asynchronous Receiver Transmitter* – universeller, asynchroner Empfänger und Transmitter) handelt es sich um eine *serielle Schnittstelle*, mit der der Raspberry Pi Daten an andere Geräte übertragen kann bzw. Daten von Geräten empfangen kann. Die Schnittstelle besitzt zwei Anschlüsse, je einen zum Empfangen (RxD) und einen zum Senden (TxD) von Daten (siehe Abbildung 5.7, gelb).

Info: UART und USART – zwei ähnliche Schnittstellen

Einige Prozessoren und Mikrocontroller verwenden statt einer UART-Schnittstelle eine USART-Schnittstelle (*Universal Synchronous and Asynchronous Receiver and Transmitter*). Diese Schnittstelle verwendet zusätzlich noch eine Taktleitung, um Daten zu versenden (synchron).

5.2 Was ist die UART-Schnittstelle und wie funktioniert sie?

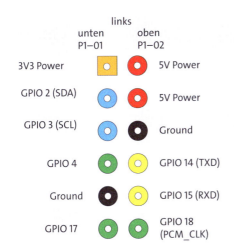

Abbildung 5.7 Anschlussbelegung der ersten 12 Pins der GPIO-Leiste. Bei den gelben Anschlüssen handelt es sich um die UART-Schnittstelle des Raspberry Pi.

Damit Pin 8 und Pin 10 nicht als programmierbare Ein-/Ausgänge GPIO 14 bzw. 15, sondern als serielle Schnittstelle funktionieren, muss diese bei der Raspberry-Pi-Konfiguration aktiviert werden. Dazu gehen Sie in das Menü unter EINSTELLUNGEN • RASPBERRY PI-KONFIGURATION und öffnen die Registerkarte SCHNITTSTELLEN. Dort angekommen, aktivieren Sie den Punkt SERIELL (siehe Abbildung 5.8) und klicken dann auf OK.

Abbildung 5.8 Die serielle Schnittstelle wurde aktiviert.

Damit die Kommunikation mit dem Modul funktioniert, müssen Sie die Ausgabe der Konsole über die serielle Schnittstelle deaktivieren. Dazu öffnen Sie die Datei */boot/cmdline.txt* und entfernen den fett markierten Bereich:

sudo nano /boot/cmdline.txt
… console=tty1 **console=serial0,115200** root=/dev/mmcblk0p2 …

Anschließend speichern Sie die Datei und starten den Raspberry Pi neu:

sudo reboot

Nach dem Reboot muss sich im Verzeichnis */dev* ein Eintrag namens *serial0* befinden. Den Inhalt eines Verzeichnisses können Sie sich mit dem Befehl ls anzeigen lassen:

ls /dev

Info: Unterschied zwischen serieller und paralleler Datenübertragung

Bei der seriellen Datenübertragung werden die Daten nacheinander über die Datenleitungen übertragen, während bei der parallelen Datenübertragung die Daten auf die einzelnen Leitungen aufgeteilt und dann gleichzeitig übertragen werden. Die serielle Datenübertragung bietet den Vorteil, dass wenig Leitungen benötigt werden (im Idealfall eine einzelne plus Masseverbindung). Der Nachteil ist allerdings, dass die Übertragung länger dauert, da alle Daten über eine einzelne Leitung geschickt werden.

Bei der parallelen Datenübertragung werden die Daten gleichzeitig über mehrere Leitungen versendet (z. B. 32 Leitungen), wodurch die Übertragung sehr schnell stattfindet. Der Nachteil ist allerdings, dass diese Art der Datenübertragung sehr viel Platz und sehr viele Leitungen benötigt.

Ein Beispiel für eine parallele Datenübertragung ist die Kommunikation zwischen Prozessor und Arbeitsspeicher im Computer. Hier müssen schnell viele Daten übertragen werden. Die serielle Datenübertragung finden Sie z. B. bei einer USB-Schnittstelle. Hier geht es darum, einen kleinen Stecker und ein dünnes Kabel zu haben. Die Geschwindigkeit der Übertragung ist in der Regel nicht so wichtig.

Mithilfe der UART-Schnittstelle ist der Raspberry Pi in der Lage, Daten zu einem anderen Gerät zu schicken, das ebenfalls eine UART-Schnittstelle besitzt. Beim UART handelt es sich um eine Point-to-Point-Verbindung, was bedeutet, dass immer nur zwei Geräte miteinander kommunizieren können. Es ist somit *nicht* möglich, mehr als ein Gerät an eine UART-Schnittstelle anzuschließen!

Doch bevor wir damit anfangen, die Schnittstelle für unsere eigenen Projekte zu nutzen, müssen wir uns erst einmal mit den Grundlagen dieser Schnittstelle beschäftigen.

5.2 Was ist die UART-Schnittstelle und wie funktioniert sie?

Wie schon erwähnt, besitzt die Schnittstelle zwei Pins für die Datenübertragung:

- RxD – für *Receive Data* (empfange Daten)
- TxD – für *Transmit Data* (sende Daten)

Damit eine Kommunikation zwischen zwei Geräten über die UART-Schnittstelle stattfinden kann, müssen die RxD- und TxD-Anschlüsse der Geräte *gekreuzt* miteinander verbunden werden, sprich: RxD von Gerät 1 wird mit TxD von Gerät 2 verbunden und umgekehrt (siehe Abbildung 5.9).

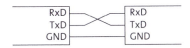

Abbildung 5.9 Beispiel für die UART-Verbindung zwischen zwei Geräten

Die Ground-Leitung (GND), also die Masse oder auch den Minuspol des Stromkreises, dürfen Sie natürlich nicht vergessen, da sonst kein vollständiger Stromkreis zustande kommt und somit eine erfolgreiche Kommunikation nicht gewährleistet werden kann. Nun können die Daten übertragen werden.

Bei der UART-Schnittstelle werden die Daten *bitweise* übertragen, das heißt, jedes Byte, das gesendet werden soll, wird als Folge von einzelnen Bits übertragen (siehe Abbildung 5.10).

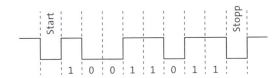

Abbildung 5.10 Ein Beispiel für eine Datenübertragung mittels UART-Schnittstelle

Wenn ein Bit den Wert »1« besitzt, wird die Sendeleitung für einen kurzen Moment auf einen bestimmten Pegel gezogen (z. B. 5 V oder 3,3 V beim Raspberry Pi), und wenn ein Bit den Wert »0« besitzt, wird die Sendeleitung für einen kurzen Moment auf Masse gezogen.

Der Anfang und das Ende eines jeden Datenpakets ist über sogenannte Start- und Stoppbits definiert. Diese Bits helfen dem Empfänger dabei, die einzelnen Datenpakete auseinanderzuhalten. Die Anzahl der Stoppbits kann bei der Konfiguration der Schnittstelle eingestellt werden. Üblicherweise wird aber immer nur ein einzelnes Stoppbit gesendet.

Viele Schnittstellen verwenden eine weitere Leitung, über die ein Taktsignal an den Empfänger geschickt wird. Durch einen kurzen Impuls kann der Sender dem Empfänger mitteilen, dass das nächste Datenbit übertragen wird, woraufhin der Sender das Datenbit von der Sendeleitung einliest. Dies ist die *synchrone* Datenübertragung.

Da die Schnittstelle keine separate Taktleitung verwendet, handelt es sich bei der UART-Schnittstelle um eine sogenannte *asynchrone* Schnittstelle. Bei der asynchronen Datenübertragung haben die einzelnen Bits immer eine bestimmte zeitliche Länge, und die Information über die zeitliche Länge der Bits muss sowohl beim Sender als auch beim Empfänger dieselbe sein. Bei der UART-Schnittstelle wird dies *Baudrate* oder auch Symbolrate genannt. Die Baudrate bezeichnet also die Anzahl an Symbolen pro Sekunde. Übliche Baudraten sind z. B. 9600, 19.200 oder 115.200 Baud. Die Anzahl der gesendeten Bits pro Symbol kann eingestellt werden. Üblicherweise beträgt der Wert aber 8.

Nachdem die Daten übertragen wurden, wird ein sogenanntes *Paritätsbit* übertragen. Dieses Bit dient der Fehleranalyse. Durch das Auswerten dieses Bits kann festgestellt werden, ob während der Übertragung ein Bitfehler aufgetreten ist. In den allermeisten Fällen wird die Parität ausgeschaltet, sodass das Bit nicht mitgesendet wird. Aus diesem Grund gehen wir nicht weiter auf dieses Bit ein.

In der Anfangszeit der Computer etablierte sich eine Variante der UART-Schnittstelle, die sogenannte RS232-Schnittstelle. Diese Schnittstelle ist komplett identisch mit der UART-Schnittstelle, nur betragen bei ihr die Signalpegel ±12 V. Die RS232-Schnittstelle ist leicht an dem trapezförmigen 9-poligen Steckverbinder zu erkennen (siehe Abbildung 5.11).

Abbildung 5.11 RS232-Schnittstelle an einem Computer

Wenn ein Mikrocontroller (oder der Raspberry Pi) über die RS232-Schnittstelle mit einem Computer kommunizieren möchte, muss über eine Pegelanpassung der niedrige Signalpegel (z. B. 3,3 V beim Raspberry Pi) auf den ±12-V-Pegel für die RS232-Schnittstelle angehoben werden. Dazu können Sie z. B. einen MAX232-Pegelumsetzer verwenden. Dieser Baustein gehört quasi zur Standardausrüstung eines jeden Bastlers, da jeder Mikrocontroller eine UART-Schnittstelle besitzt und man ihn mithilfe eines MAX232 leicht mit dem Computer verbinden kann.

5.2 Was ist die UART-Schnittstelle und wie funktioniert sie?

Entsprechende Leiterkarten mit fertigen MAX232-Schaltungen (siehe Abbildung 5.12) gibt es zuhauf für wenig Geld im Internet zu kaufen.

Abbildung 5.12 Eine fertige Leiterplatte von Sparkfun mit einer Variante des MAX232

Der MAX232 ist ein sehr alter Chip und besitzt daher den Nachteil, dass seine Betriebsspannung mit 5V für die heutige Zeit sehr hoch liegt. Viele aktuelle Mikrocontroller oder Einplatinenrechner werden nur noch mit 3,3V oder weniger betrieben, sodass eine 5-V-Spannung nicht immer vorhanden sein muss. Gerade für solche Anwendungen ist der MAX3232 entwickelt worden.

Viele moderne Computer besitzen allerdings keine RS232-Schnittstelle mehr, sodass für eine Kommunikation mittels UART-Schnittstelle eine entsprechende RS232-Schnittstelle entweder nachgerüstet oder durch eine Alternative ersetzt werden muss. Eine praktische Alternative zum MAX232 und allen ähnlichen Chips ist der sogenannte FT232 der Firma FTDI. Dieser Chip stellt eine UART-Schnittstelle bereit, die über USB an einen Rechner angeschlossen wird. Auch diesen Chip gibt es für Steckbretter auf einer fertigen Bastelplatine, sodass er leicht in die eigenen Schaltungen integriert werden kann.

Abbildung 5.13 UM232R Breakout Board für 32 EUR

Das in Abbildung 5.13 gezeigte Modul wird der Hauptbestandteil dieses Kapitels werden, da es uns erlaubt, die UART-Schnittstelle des Raspberry Pi mit einem Computer zu verbinden oder den Raspberry Pi mit einer zweiten seriellen Schnittstelle auszurüsten. Dieses Modul ist unter dem Suchbegriff *UM232R* bei *www.reichelt.de* erhältlich.

5.2.1 Die erste Inbetriebnahme des Moduls

Das Modul wird über ein USB-B-auf-USB-A-Kabel (siehe Abbildung 5.14) mit einem USB-Port des Computers verbunden.

Abbildung 5.14 Ein USB-B-auf-USB-A-Kabel

Unmittelbar nach dem Anschließen des Moduls erscheint eine Meldung, die Sie darauf hinweist, dass ein neues USB-Gerät gefunden wurde (siehe Abbildung 5.15).

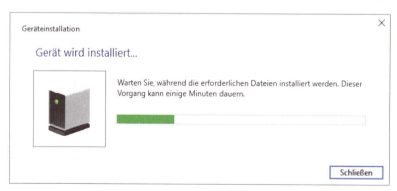

Abbildung 5.15 Ein neues USB-Gerät wurde erkannt.

Wenn Sie nach der Installation unter SYSTEMSTEUERUNG • SYSTEM UND SICHERHEIT • SYSTEM den GERÄTEMANAGER öffnen, sehen Sie den Eintrag aus Abbildung 5.16. Bitte beachten Sie, dass sich die Bezeichnung *COM4* auf Ihrem Rechner unterscheiden kann.

5.2 Was ist die UART-Schnittstelle und wie funktioniert sie?

Abbildung 5.16 Der Treiber wurde erfolgreich installiert.

Sollte aus irgendeinem Grund der Treiber nicht installiert werden können, so können Sie auf der offiziellen Seite des Herstellers unter *http://www.ftdichip.com/Drivers/VCP.htm* den aktuellen Treiber für Ihr Betriebssystem herunterladen.

Nachdem der Treiber für den Chip installiert worden ist, kann der Chip benutzt werden. Für eine erfolgreiche Benutzung des Chips ist, wie bei allem anderen in der Elektronik, das Datenblatt des Herstellers die wichtigste Quelle für Informationen. Das Datenblatt dieses Moduls kann direkt beim Händler Reichelt oder beim Hersteller des Chips FTDI heruntergeladen werden, und es enthält auch ein Pinout des Moduls (siehe Abbildung 5.17).

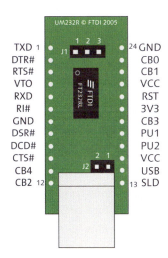

Abbildung 5.17 Pinout des UM232R-Moduls
(Quelle: UM232R-Datenblatt von FTDI)

163

Auf dem Pinout sind zwei bzw. drei Pins für zwei Steckbrücken, sogenannte Jumper, zu sehen. Sie sind als J1 und J2 gekennzeichnet. Der Jumper J2 ist für die Spannungsversorgung des Moduls über den USB-Port zuständig und sollte immer gesteckt sein. Der Jumper J1 legt die Spannungspegel an den Ausgängen des Chips fest. Der Chip kann entweder 3,3-V-Pegel oder 5-V-Pegel ausgeben.

Da die GPIO-Pins des Raspberry Pi nur 3,3-V-Pegel vertragen, muss der Jumper entsprechend gesteckt werden. Auch hier liefert das Datenblatt die notwendigen Informationen. Laut Datenblatt muss mithilfe des Jumpers J1 eine Verbindung zwischen den Pins 1 und 2 hergestellt werden (siehe Abbildung 5.18).

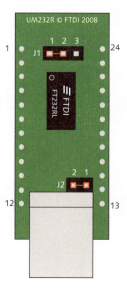

Abbildung 5.18 Jumper-Positionierung für den Betrieb mit Busspannung vom USB und 3,3-V-Ausgangspegel

Als Nächstes benötigen Sie noch ein sogenanntes *Terminalprogramm*. Diese Programme stellen eine Möglichkeit bereit, Daten über eine bestimmte Schnittstelle zu versenden. Wir empfehlen das Programm *PuTTY*, da dieses Programm genutzt werden kann, um über ein Netzwerk mit dem Raspberry Pi zu kommunizieren, und zusätzlich noch die Möglichkeit bereitstellt, eine Verbindung mit einem Gerät über eine serielle Schnittstelle herzustellen.

Sie können das Programm kostenfrei im Internet herunterladen (z. B. auf der offiziellen Seite *www.putty.org*). Es benötigt keine Installation. Nach dem Download kann es direkt geöffnet werden (siehe Abbildung 5.19).

5.2 Was ist die UART-Schnittstelle und wie funktioniert sie?

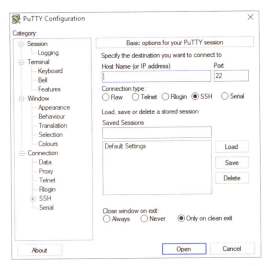

Abbildung 5.19 Das Programm PuTTY direkt nach dem Start

Da Sie eine Verbindung mit einer seriellen Schnittstelle herstellen wollen, müssen Sie als Erstes den Punkt SERIAL unter CONNECTION TYPE auswählen. In dem darüber liegenden Feld SERIAL LINE (siehe Abbildung 5.20) geben Sie die Nummer des COM-Ports ein, die Sie dem Gerätemanager entnehmen können (auf unserem Beispielrechner ist es COM4), und unter SPEED geben Sie eine Baudrate ein. Für den ersten Test belassen wir es bei 9600 Baud.

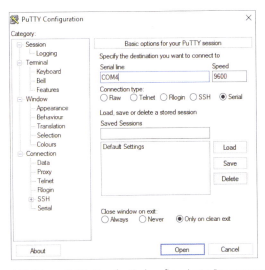

Abbildung 5.20 Das fertig konfigurierte Programm

165

Sie können die Einstellungen speichern, indem Sie in dem Feld SAVED SESSIONS einen Namen eingeben und anschließend auf SAVE klicken. Über LOAD laden Sie die ausgewählten Einstellungen in das Programm.

Wenn Sie alle Einstellungen vorgenommen haben, klicken Sie anschließend auf OPEN. Wenn die eingegebene Schnittstelle gefunden wird, öffnet sich ein neues Fenster (siehe Abbildung 5.21).

Abbildung 5.21 Es wurde erfolgreich eine Verbindung hergestellt.

Andernfalls gibt es eine Meldung, dass die Schnittstelle nicht geöffnet werden kann (siehe Abbildung 5.22).

Abbildung 5.22 Der COM-Port kann nicht geöffnet werden.

Für den ersten Test werden wir den Rx- und den Tx-Pin des Moduls mit einer Drahtbrücke verbinden, um die Daten, die vom Computer zum Modul und vom Modul zum Empfänger gesendet werden, wieder in das Modul zurückzuleiten (siehe Abbildung 5.23). Auf diese Weise lässt sich ein sogenanntes Echo realisieren, mit dem die Funktion des Moduls und der Schnittstelle ganz einfach getestet werden kann.

5.2 Was ist die UART-Schnittstelle und wie funktioniert sie?

Laut dem Datenblatt des Moduls ist der Tx-Pin des Moduls der Pin 1 und der Rx-Pin die Nummer 5 (siehe Abbildung 5.17).

Abbildung 5.23 Testaufbau mit verbundener Sende- und Empfangsleitung

Anschließend wechseln Sie zurück zu dem Terminalfenster und tippen ein paar Buchstaben ein. Der eingegebene Text muss nun im Terminal angezeigt werden (siehe Abbildung 5.24).

Abbildung 5.24 Die erste Testeingabe mit dem Terminal

Wenn Sie nun die Verbindung am Chip unterbrechen und erneut etwas eingeben, empfangen Sie im Terminal kein Echo des eingegebenen Textes.

Hinweis: Echo im Terminal

Das Terminal zeigt von sich aus nur die Daten an, die es empfängt. Wenn Sie also die UART-Schnittstelle am Raspberry Pi nutzen und sich die Eingabe im Terminal als Echo anzeigen lassen möchten, so müssen Sie dies explizit programmieren!

Damit wären die Vorbereitungen abgeschlossen. Sie können den Schnittstellenwandler nun erst einmal beiseitelegen, da Sie ihn erst einmal nicht benötigen. Sie werden im folgenden Abschnitt lernen, die Schnittstelle am Raspberry Pi zu nutzen, indem Sie ein kleines LCD mit der UART-Schnittstelle des Raspberry Pi verbinden.

5.3 Erweitern Sie Ihren Raspberry Pi um ein kleines Display

In diesem Abschnitt lernen Sie, wie Sie den Raspberry Pi mit einem kleinen LCD ausstatten (siehe Abbildung 5.25).

Abbildung 5.25 Ein an die UART-Schnittstelle angeschlossenes LCD

Hierfür benötigen Sie ein beliebiges LCD mit entweder 16 × 2, 16 × 4, 20 × 2 oder 20 × 4 Zeichen, das Sie u. a. bei Conrad oder Amazon bestellen können (siehe Abbildung 5.26). Wichtig ist nur, dass das LCD einen HD44780-kompatiblen Controller besitzt.

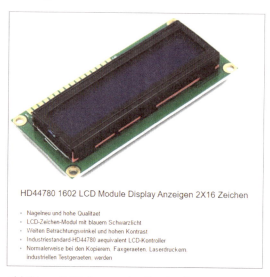

Abbildung 5.26 Auszug der Beschreibung eines LCDs von Amazon für 4 EUR

5.3 Erweitern Sie Ihren Raspberry Pi um ein kleines Display

Info: Was ist ein LCD?

Ein LCD, oder auch *Liquid Crystal Display*, ist ein Display, das mithilfe von Flüssigkristallen Symbole wie Texte oder Bilder darstellen kann. LCDs werden in vielen Elektronikgeräten wie Telefonen oder Taschenrechnern als kostengünstiges Display verwendet.

Zusätzlich benötigen Sie noch ein *LCD-Backpack*, dass Sie unter anderem bei Watterott im Onlineshop bestellen können (siehe Abbildung 5.27).

Abbildung 5.27 LCD-Backpack von Sparkfun

Dieses LCD-Backpack empfängt die Daten, die Sie über die UART-Schnittstelle senden, konvertiert die Daten und sendet diese anschließend an das LCD weiter. Das Backpack ist mit einem Poti ❶ das für die Kontrasteinstellung des Displays genutzt werden kann, und mit einer Klemmleiste ❷ für die Spannungsversorgung und die Datenleitung ausgestattet (siehe Abbildung 5.28).

Abbildung 5.28 Das Backpack in der Draufsicht

Das Backpack wird entweder direkt oder mithilfe einer passenden Buchsenleiste von hinten auf dem LCD befestigt (siehe Abbildung 5.29).

Abbildung 5.29 Ein 20 × 4-LCD mit dem Wandler auf der Rückseite

5 Die UART-Schnittstelle kennenlernen

Es empfiehlt sich, das Modul durch die Verwendung einer Buchsenleiste steckbar zu montieren (siehe Abbildung 5.30). So können Sie es bei Bedarf wieder entfernen. Wenn Sie direkt ein LCD mit einer passenden Buchsenleiste verwenden, sparen Sie sich den Lötkolben, andernfalls müssen Sie selbst löten.

Abbildung 5.30 Solch eine Buchsenleiste eignet sich in Kombination mit einer Stiftleiste ideal für lösbare elektrische Verbindungen.

Im nächsten Schritt müssen Sie noch ein paar Leitungen in der Klemmleiste des LCDs befestigen, um anschließend das Display mit Ihrem Steckbrett verbinden zu können. Dies können Sie z. B. mit den Steckbrücken des Steckbretts erledigen.

Das Modul verfügt über einen Anschluss für die Spannungsversorgung (5V und GND) und über einen Anschluss für eine Datenleitung. Anhand der Bezeichnung (Rx) erkennen Sie, dass das Modul Daten nur empfängt (Rx = Receive = Empfangen). Diese Rx-Leitung muss mit der Tx-Leitung (Tx = Transmit = Senden) der UART-Schnittstelle des Raspberry Pi verbunden werden.

Jetzt müssen Sie noch die Signalpegel kontrollieren, da Sie Komponenten verwenden, die mit unterschiedlichen Betriebsspannungen und dementsprechend auch mit unterschiedlichen Signalpegeln arbeiten.

> **1 Overview**
>
> The SerLCD v2.5 is a simple and cost effective solution for interfacing to Liquid Crystal Displays (LCDs) based on the HD44780 controller. The SerLCD module takes incoming 9600bps TTL level signals and displays those characters on the LCD screen. Only three wires - 5V, GND, and Signal - are needed to interface to the LCD.

Abbildung 5.31 Produktbeschreibung des Moduls (Quelle: Sparkfun, Datenblatt des Moduls)

Das Modul wird mit einer 5-V-Spannung betrieben, und da die meisten Chips einen Signalpegel entsprechend ihrer Betriebsspannung erwarten, benötigt dieses Modul einen Eingangspegel von bis zu 5V für ein High-Signal. Der Raspberry Pi gibt am UART allerdings nur maximal 3,3V aus. Sie müssen also überprüfen, ob die 3,3V ausreichen, damit das Modul einen High-Pegel erkennt.

Aus dem Datenblatt des Moduls lässt sich entnehmen, dass das Modul mit einem 5-V-TTL-Pegel arbeitet (siehe Abbildung 5.31).

Info: Verschiedene Logikpegel in der Elektrotechnik

Damit ein Chip einen Signalpegel als Low oder High erkennt, werden definierte Spannungspegel benötigt. Diese Spannungspegel sind standardisiert und von der Versorgungsspannung und der Technologie des Chips abhängig.

Tabelle 5.2 zeigt ein paar Beispiele für verschiedene Logikpegel.

	Eingang		Ausgang	
Technologie	Low	High	Low	High
TTL 5V	≤ 0,8 V	≥ 2,0 V	≤ 0,4 V	≥ 2,4 V
LVTTL 3,3V	≤ 0,8 V	≥ 2,0 V	≤ 0,4 V	≥ 2,4 V
CMOS 5V	≤ 1,5 V	≥ 3,5 V	≤ 0,5 V	≥ 4,44 V

Tabelle 5.2 Verschiedene Standards bei Logikpegeln von ICs

Wie Sie sehen, werden bei Chips, die mit einem 5-V-TTL-Pegel arbeiten, Spannungen von kleiner gleich 0,8V als Low, also als 0, und Spannungen von größer gleich 2V als High, sprich als 1, interpretiert. Bei der 5-V-CMOS-Technologie sind die Spannungspegel, die benötigt werden, deutlich höher.

Bei Ihrem LCD-Backpack handelt es sich bei dem Rx-Anschluss um einen Eingang, der mit einem 5-V-TTL-Pegel arbeitet. Den entsprechenden High-Pegel können Sie der Tabelle entnehmen.

Angenommen, Sie betreiben das LCD-Backpack an einem 1,8-V-Chip, so beträgt der High-Pegel dieses Chips maximal 1,8V. Diesen Pegel würde das Modul dann nicht als High-Pegel erkennen und die Anbindung würde nicht funktionieren.

Jetzt, da Sie sicher sind, dass das Modul mit dem Raspberry Pi zusammenarbeitet, können Sie es mit dem Raspberry Pi verbinden (siehe Abbildung 5.32).

```
Raspberry Pi              LCD-Backpack
  +5 V          ─────────   +5 V
  GND           ─────────   GND
  TxD           ─────────   Rx
```

Abbildung 5.32 Verkabelung des LCD-Backpacks mit dem Raspberry Pi

Bei der Verkabelung müssen Sie beachten, dass die Kontakte in dem Steckbrett alle horizontal gebrückt sind (siehe Abbildung 5.33).

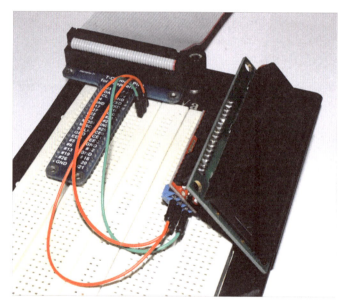

Abbildung 5.33 Die Verkabelung auf dem Steckbrett

Damit wäre die Verkabelung des Moduls auch schon abgeschlossen. Nun müssen Sie noch ein Programm schreiben, damit der Raspberry Pi mit dem Modul kommuniziert. Dazu starten Sie PYTHON 3 (IDLE), das Sie unter MENU • PROGRAMMING finden. Unter FILE • NEW FILE legen Sie ein neues Python-Skript an.

Am Anfang des Skripts muss das *python-serial*-Modul geladen werden. Dazu schreiben Sie:

```python
import serial
```

Über den Aufruf `Serial(Interface, Baudrate)` des Moduls `serial` wird die Schnittstelle geöffnet.

5.3 Erweitern Sie Ihren Raspberry Pi um ein kleines Display

Da Sie die UART-Schnittstelle an der 40-poligen Stiftleiste verwenden, müssen Sie als Interface */dev/serial0* angeben. Auf Seite 3 des Datenblattes zu Ihrem Modul schreibt der Hersteller, dass das Modul standardmäßig eine Baudrate von 9600 Baud verwendet (siehe Abbildung 5.34).

> The Serial LCD V2.5 defaults to 9600 baud, but can be set to a variety of baud rates. To change the baud rate, first enter the special command character 124, then:

Abbildung 5.34 Auszug aus dem offiziellen Datenblatt des Herstellers

Diesen Wert müssen Sie beim Öffnen der Schnittstelle auf dem Raspberry Pi mit angeben, sodass der komplette Befehl wie folgt lautet:

```
LCD_Interface = serial.Serial("/dev/serial0", 9600)
```

Dieser Befehl legt ein sogenanntes *Objekt* der geöffneten seriellen Schnittstelle an und speichert dieses Objekt unter dem Namen `LCD_Interface`.

> **Info: Was ist ein »Objekt« in der Softwareentwicklung?**
>
> Das Objekt ist ein Begriff aus der objektorientierten Programmierung. Dabei handelt es sich, vereinfacht gesagt, um einen Gegenstand innerhalb eines Programms, der bestimmte Eigenschaften und Funktionen besitzt.
>
> Wenn Sie mehr über die objektorientierte Programmierung erfahren wollen, finden Sie unter *http://openbook.rheinwerk-verlag.de/oop/* eine Einführung in die objektorientierte Programmierung.

Unter dem Objekt `LCD_Interface` sind nun verschiedene Funktionen, sogenannte Methoden, vorhanden, mit denen die UART-Schnittstelle bedient werden kann.

Nun muss noch überprüft werden, ob die Schnittstelle geöffnet werden muss oder ob sie bereits geöffnet wurde. Die Schnittstelle */dev/serial0* z. B. muss beim Programmstart nicht erneut geöffnet werden. Wenn Sie aber eine andere Schnittstelle verwenden möchten (wie z. B. */dev/USB0* für einen FT232 am Raspberry Pi) kann es unter Umständen sein, dass diese standardmäßig nicht geöffnet ist. In diesem Fall muss sie geöffnet werden, damit sie genutzt werden kann.

Diese Abfrage können Sie mit einer `if`-Abfrage und der Methode `isOpen()` des Objekts `LCD_Interface` durchführen:

```
if(LCD_Interface.isOpen() == False):
  LCD_Interface.open()
```

Die Methode `isOpen()` gibt, je nachdem, ob die in dem Objekt hinterlegte Schnittstelle geöffnet ist, ein `True` oder ein `False` zurück. Wenn die Schnittstelle nicht geöffnet ist, wird die `if`-Abfrage ausgeführt und die Schnittstelle geöffnet. Am Programmende muss die Schnittstelle wieder ordnungsgemäß mit der Methode `close()` geschlossen werden.

In dem Datenblatt des Herstellers finden Sie zahlreiche Beschreibungen, wie der Adapter angesprochen werden muss, um bestimmte Funktionen im Display auszuführen. Ähnlich wie bei einem Textverarbeitungsprogramm auf dem Computer verfügt das LCD über einen Cursor. Wenn das LCD ein Zeichen anzeigen soll, muss also der Cursor erst an die richtige Stelle gesetzt werden.

Um die Cursorposition zu verändern, müssen bestimmte Werte an das Backpack gesendet werden. Diese Werte sind für LCDs mit 16 und 20 Zeichen so definiert wie in Abbildung 5.35.

16 Character Displays	
Line Number	Viewable Cursor Positions
1	0–15
2	64–79
3	16–31
4	80–95

20 Character Displays	
Line Number	Viewable Cursor Position
1	0–19
2	64–83
3	20–39
4	84–103

Abbildung 5.35 Cursorpositionen bei verschiedenen Displaytypen

Jeder dieser Zahlenwerte entspricht einem Datenbyte. Laut Datenblatt muss das 7. Bit dieses Bytes auf High gesetzt werden. Dies entspricht einer Addition des Wertes mit 2^7, also mit 128. Um die gewünschte Cursorposition zu setzen, muss erst ein Controlbyte (0xFE) und dann der berechnete Wert übertragen werden.

Nach dem Setzen der Cursorposition können die Daten an das LCD gesendet werden. Sie werden als ASCII-Daten übertragen, wodurch es möglich ist, Texte und Zahlen ohne jegliche Konvertierung an das Backpack zu senden.

Info: Der ASCII-Zeichensatz

Der *American Standard Code for Information Interchange* (ASCII) ist ein standardisierter Zeichensatz, der in Computersystemen verwendet wird (siehe Abbildung 5.36). Die Standardisierung eines Zeichensatzes hat den Vorteil, dass jedes System, das den Zeichensatz versteht, immer das gleiche Zeichen anzeigt, wenn ein bestimmtes Datenbyte an das System gesendet wird.

Ein ASCII-Zeichen ist 7 Bit lang, und dementsprechend besteht der ASCII-Zeichensatz aus 128 Zeichen (2^7 Bit = 128 Möglichkeiten). Die ersten 32 Zeichen sind Steuerzeichen, die z. B. für Terminalprogramme und alte Drucker verwendet werden. Alle anderen Zeichen sind lesbare Zeichen, wie z. B. Satzzeichen und Buchstaben.

Abbildung 5.36 Beispiel einer ASCII-Tabelle aus dem Internet
(Quelle: www.LookupTables.com)

Mit diesem Grundwissen können Sie nun den ersten Text auf dem Display ausgeben. Für den Anfang wollen wir ein »Hallo Welt« in der Mitte der zweiten Zeile ausgeben.

Da der Text insgesamt 10 Zeichen lang ist, legen wir die Startposition des Textes auf das vierte Zeichen in der zweiten Reihe. Laut Datenblatt fängt die zweite Zeile bei 64 an. Zusammen mit dem Offset von 4 Zeichen ergibt sich damit der Wert 64 + 4 = 68 oder 0xC4.

Der Codeschnipsel für den Text sieht damit wie folgt aus:

```python
import serial
LCD_Interface = serial.Serial("/dev/serial0", 9600)
if(LCD_Interface.isOpen() == False):
  LCD_Interface.open()
LCD_Interface.write(chr(0xFE))
LCD_Interface.write(chr(0xC4))
LCD_Interface.write("Hallo Welt")
LCD.close()
```

Sobald ein Objekt der seriellen Schnittstelle erstellt wurde, können über die `write()`-Methode dieses Objekts einzelne Bytes gesendet werden, die in einer Zeichenkette gespeichert sind.

Da in Python alle Zahlen standardmäßig als Integer deklariert werden, wird über den Python-Befehl `chr(Data)` der übergebene Wert in eine Zeichenkette mit der Länge 1 umgewandelt.

Über FILE • SAVE speichern Sie das Skript unter dem Namen *LCD.py*. Über das Menü RUN • RUN MODULE können Sie das Skript starten. Kurz nach dem Start des Programms erscheint der Text »Hallo Welt« mittig in der zweiten Zeile.

Aus dem Datenblatt können Sie noch einige Spezialfunktionen des LCD-Controllers entnehmen (siehe Abbildung 5.37). So kann der Displayinhalt gelöscht werden oder der Cursor kann blinkend geschaltet werden.

HD44780 Commands	
Clear Display	0x01
Move cursor right one	0x14
Move cursor left one	0x10
Scroll right	0x1C
Scroll left	0x18
Turn visual display on	0x0C
Turn visual display off	0x08
Underline cursor on	0x0E
Underline cursor off	0x0C
Blinking box cursor on	0x0D
Blinking box cursor off	0x0C
Set cursor postion	0x80 +

Abbildung 5.37 Die zusätzlichen Befehle zum Steuern des LCD-Displays

Das Backpack verwendet dieselben Befehlscodes wie das Display. Wenn also der entsprechende Wert aus der Tabelle als Datenpaket geschickt wird, wird der Befehl im LCD ausgeführt. Mit diesem Wissen können die Funktionen des LCD-Backpacks in selbst definierten Methoden eines Programms integriert werden. Dadurch lassen sich die einzelnen Funktionen des Displays leichter nutzen, und Sie müssen nicht ständig die Befehlscodes bereithalten. Eine Methode ist in Python wie folgt definiert:

```
def Funktionsname(Parameter):
  Anweisungen
```

Die erste Funktion soll eine Funktion zum Schreiben eines Textes auf dem Display sein. Um einen Text auf dem Display anzuzeigen, benötigt das Programm die Information, in welcher Reihe der Text stehen soll (um den passenden Startwert für die Cursorposition gemäß Abbildung 5.35 zu bestimmen), die Position in der Reihe und den Text. Die erste Zeile der Funktion nimmt damit die folgende Form an:

```
def LCD_PrintLine(Reihe, Position, Text):
```

Je nach Reihe muss ein unterschiedlicher Startwert genommen werden. Diesen Startwert können Sie durch eine `if`-Abfrage festlegen:

```
if(Reihe = 1):
  Cursor = 0
elif(Reihe = 2):
  Cursor = 64
elif(Reihe = 3):
  Cursor = 20
elif(Reihe = 4):
  Cursor = 84
else
  Cursor = 0
```

Hinweis: Werte für Ihren LCD-Typ anpassen

Wir haben das Programm auf Basis eines 20 × 4-LCDs erstellt. Wenn Sie ein 16 × 4-LCD verwenden, müssen Sie die Startwerte anpassen (siehe Abbildung 5.35).

Die gezeigte `if`-Abfrage akzeptiert nur Werte für die Variable `Reihe` von 1 bis 4. Bei allen anderen Werten wird der Startwert auf 0, d. h. auf die erste Reihe gesetzt. Auf diese Weise können Fehleingaben einfach abgefangen werden.

Zu diesem Startwert müssen nun die Position und der Wert 0x80 addiert werden:

```
Cursor = Cursor + Position + 0x80
```

Damit wäre der Wert für die Cursorpositionierung fertig berechnet und kann mit dem Text übertragen werden:

```
LCD_Interface.write(chr(0xFE))
LCD_Interface.write(chr(Cursor))
LCD_Interface.write(chr(Text))
```

Die komplette Methode sieht damit so aus:

```
def LCD_PrintLine(Reihe, Position, Text):
  if(Reihe == 1):
    Cursor = 0
  elif(Reihe == 2):
    Cursor = 64
  elif(Reihe == 3):
    Cursor = 20
  elif(Reihe == 4):
    Cursor = 84
  else:
    Cursor = 0
  Cursor = Cursor + Position + 0x80
  LCD_Interface.write(chr(0xFE))
  LCD_Interface.write(chr(Cursor))
  LCD_Interface.write(Text)
```

Damit wäre die Methode fertig programmiert. Über die Zeile

```
LCD_PrintLine(1, 2, "Hallo Welt")
```

kann die Methode dann im Programm aufgerufen werden.

> **Achtung: Verwendung der Objekte in Unterprogrammen**
>
> Da Sie das LCD_Interface-Objekt in Ihrem Unterprogramm verwenden möchten, muss die Definition des Unterprogramms *nach* der Erzeugung des Objekts stattfinden!
>
> ```
> LCD_Interface = serial.Serial("/dev/serial0", 9600)
> def MeineFunktion():
>   LCD_Interface.write(…)
> ```
>
> Normalerweise wird in solchen Situationen das Objekt mit in die Funktion übergeben. Da es aber zu viel Vorwissen erfordert, um alle Feinheiten der objektorientierten Programmierung zu beachten, verwenden wir hier den »unsauberen« einfacheren Weg.

Auf dieselbe Weise kann eine Methode programmiert werden, um z. B. das Display zu löschen:

```python
def LCD_ClearScreen():
  LCD_Interface.write(chr(0xFE))
  LCD_Interface.write(chr(0x01))
```

Mithilfe des gelernten Wissens sind Sie nun in der Lage, Methoden zu programmieren, um die anderen Funktionen des LCDs zu steuern. Über das angeschlossene LCD können nun z. B. Informationen über den Betriebszustand ausgegeben werden. Sie können sich z. B. die Temperatur des Prozessors anzeigen lassen.

Dazu müssen Sie die Datei */sys/class/thermal/thermal_zone0/temp* auslesen und den Wert auf dem Display darstellen. In der Konsole können Sie die Datei z. B. mit dem Befehl `cat` auslesen:

```
cat /sys/class/thermal/thermal_zone0/temp
```

Anschließend wird die Temperatur ohne Dezimalpunkt angezeigt. Um die Datei in Python auszulesen, müssen Sie die Datei erst einmal öffnen:

```python
temp = open("/sys/class/thermal/thermal_zone0/temp", "r")
```

Wie auch bei der seriellen Schnittstelle steht `temp` für ein Objekt, nur, dass dieses Objekt jetzt eine geöffnete Datei darstellt. Das Attribut `r` steht für einen lesenden Zugriff auf die angegebene Datei.

Nachdem Sie die Datei geöffnet haben, können Sie über die Methode `readline()` eines Dateiobjekts eine Zeile aus der Datei auslesen. Mithilfe der Methode `strip()` entfernen Sie den Zeilenumbruch aus der ausgelesenen Zeile.

```python
Temperatur = temp.readline().strip()
```

Der ausgelesene Wert liegt als Text (vom Typ String) vor, jedoch sind die drei Nachkommastellen nicht durch Punkt oder Komma getrennt. Deshalb wandeln wir den Text in eine Fließkommazahl (Float) um, teilen diese durch 1000 und wandeln diese Zahl wieder in einen Text um:

```python
Temperatur = str(float(Temperatur)/1000)
```

Nun kann der Wert auf dem Display angezeigt werden:

```python
LCD_PrintLine(1, 0, "Chip-Temperatur:")
LCD_PrintLine(2, 0, Temperatur)
```

Damit die Temperatur regelmäßig aktualisiert wird, fügen Sie am Anfang des Programms das Modul `time` hinzu:

```python
import time
```

Und am Ende des Programms erzeugen Sie eine unendliche Schleife, in der die Temperatur ausgelesen und angezeigt wird:

```python
while(True):
  temp = open("/sys/class/thermal/thermal_zone0/temp", "r")
  Temperatur = temp.readline().strip()
  Temperatur = float(Temperatur)
  Temperatur = Temperatur / 1000
  Temperatur = str(Temperatur)
  LCD_ClearScreen()
  LCD_PrintLine(1, 0, "Chip-Temperatur")
  LCD_PrintLine(2, 0, Temperatur)
  time.sleep(1)
LCD.close()
```

Über die Methode sleep(Sekunden) des Moduls time wird das Programm eine definierte Zeit lang pausiert. Da das Display beim Anzeigen nur die Stellen erneuert, an denen Daten angezeigt werden sollen (alle anderen Stellen bleiben unangetastet), hat dies zur Folge, dass z. B. Nachkommastellen nicht entfernt werden, wenn eine Zahl im nächsten Durchlauf eine Nachkommastelle weniger besitzt. Aus diesem Grund wird vor jeder Textausgabe das Display einmal gelöscht.

Im Folgenden sehen Sie das komplette Programm mit den selbst erstellten Methoden, um die Temperatur auf dem Display anzuzeigen:

```python
import serial
import time

LCD_Interface = serial.Serial("/dev/serial0", 9600)
if(LCD_Interface.isOpen() == False):
  LCD_Interface.open()
def LCD_PrintLine(Reihe, Position, Text):
  …
def LCD_ClearScreen():
  …
while(True):
  temp = open("/sys/class/thermal/thermal_zone0/temp", "r")
  Temperatur = temp.readline()().strip()
  Temperatur = float(Temperatur)
  Temperatur = Temperatur / 1000
  Temperatur = str(Temperatur)
  LCD_ClearScreen()
  LCD_PrintLine(1, 0, "Chip-Temperatur:")
```

```
    LCD_PrintLine(2, 0, Temperatur)
    time.sleep(1)
LCD.close()
```

Wenn Sie das Programm nun über RUN • RUN MODULE ausführen, sehen Sie die Temperatur des Prozessors auf dem Display. Dieser Wert wird jede Sekunde erneuert.

Über den Konsolenaufruf

`python LCD.py &`

lassen Sie das Programm im Hintergrund laufen. Auf diese Weise können Sie weiter in der Konsole arbeiten. Bei der Eingabe des Befehls bekommen Sie dann eine Nummer, die sogenannte Prozess-ID, angezeigt und mit

`kill ProzessID`

können Sie den Prozess dann beenden.

5.4 RFID – ein einfaches Zugangssystem per Karte

In diesem Abschnitt lernen Sie, wie Sie den Raspberry Pi mit einem RFID-Modul zum Auslesen von RFID-Karten ausstatten (siehe Abbildung 5.38).

Abbildung 5.38 Die aktuelle Version des verwendeten RFID-Lesers von Watterott

5.4.1 Was ist RFID?

RFID (engl. *Radio-Frequency IDentification*) ist ein System, mit dem sich Objekte oder Lebewesen im Nahbereich berührungslos identifizieren lassen. Das System besteht aus einem Sender und einem Empfänger. Zum Identifizieren werden Chipkarten oder

Transponder verwendet, die einen eindeutigen Code haben. Der Empfänger, also das Lesegerät, sendet ein elektromagnetisches Feld aus, das der Transponder bzw. die Chipkarte als Spannungsversorgung verwendet, um den eingespeicherten Code zu versenden. Der Empfänger empfängt diesen Code und gibt ihn dann über eine Schnittstelle aus.

Sie finden diese Chips z. B. an der Kleidung im Geschäft oder als Markierung für Nutztiere wie z. B. Kühe oder Schafe.

Abbildung 5.39 125-kHz-Transponder und ID-Karten für den RFID-Leser

Bei dem RFID-Modul, das wir in diesem Beispiel verwenden, handelt es sich um ein Modul des Herstellers Seeed Studio. Dieses Modul verwendet eine UART-Schnittstelle mit einer Baudrate von 9600, um die empfangenen Daten in einem ganz einfachen Protokoll zu versenden. Das Modul kann ausschließlich 125-kHz-Transponder bzw. -Karten auslesen, und das bis zu einer Reichweite von 150 mm. Betrieben wird das Modul mit 5 V.

Achtung: Beim Kauf auf die richtige Schnittstelle achten!

Das Modul gibt es mit zwei verschiedenen Schnittstellen. Beim Kauf des Moduls müssen Sie darauf achten, dass Sie das Modul mit der UART-Schnittstelle kaufen. Im Datenblatt steht in desem Fall *TTL Electricity Level RS232 Format*.

Auch hier müssen Sie das Datenblatt sorgfältig studieren, um das Modul richtig verwenden zu können. Eine wichtige Information ist der Aufbau des Protokolls, das Sie auf Seite 4 des offiziellen Datenblattes finden (siehe Abbildung 5.40).

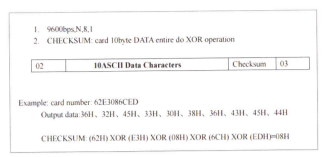

Abbildung 5.40 Dieses Protokoll wird für das Modul mit UART-Schnittstelle verwendet.

Die erste Information, die Sie dem Datenblatt entnehmen können, ist die Konfiguration der UART-Schnittstelle des Moduls. Im Datenblatt finden Sie dafür den Ausdruck *9600bps, N, 8, 1*. Aufgeschlüsselt bedeutet dieser Ausdruck Folgendes:

- 9600 Baud (9600bps)
- No Parity (N)
- 8 Datenbits (8)
- 1 Stoppbit (1)

Laut Datenblatt besitzt das Modul einen Rx- und einen Tx-Pin. Da das Modul aber ausschließlich RFID-Chips lesen kann, wird nur der Tx-Pin des Moduls verbunden.

Das Modul ist für eine Betriebsspannung von 5 V ausgelegt. Dadurch ergibt sich das Problem, dass der Ausgangspegel der Daten des Moduls ebenfalls 5 V beträgt, während der Raspberry Pi nur Pegel bis 3,3 V verträgt. Aus diesem Grund muss der Ausgangspegel des Moduls verringert werden.

Dies wird üblicherweise mit einem speziellen Pegelwandler realisiert. Für die UART-Schnittstelle reicht allerdings ein einfacher Spannungsteiler aus, der aus zwei gleich großen Widerständen besteht. Daraus ergibt sich die Verkabelung, die Sie in Abbildung 5.41 sehen.

Sobald eine RFID-Karte oder ein Transponder in die Nähe der Antenne gehalten wird, sendet das Modul die Daten nach dem in Abbildung 5.40 gezeigten Muster aus. Aus der Beschreibung lässt sich entnehmen, dass das Modul insgesamt 14 Bytes an Daten im ASCII-Format sendet, die sich wie folgt aufteilen:

- 1 Byte Start
- 10 Byte Chip-ID als Hexadezimalzahl
- 2 Byte Checksumme
- 1 Byte Ende

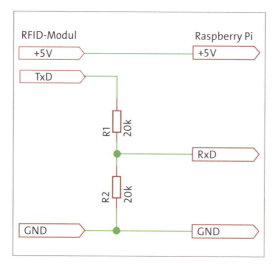

Abbildung 5.41 Die Verkabelung des Moduls mit dem Raspberry Pi

Mithilfe des Start- und des Endbytes teilt das Modul dem Empfänger mit, wann ein neuer Block Daten übertragen wird und wann die Übertragung beendet wurde. Die 10-Byte-Chip-IDs lassen sich direkt von den Karten bzw. den Transpondern ablesen (siehe Abbildung 5.42).

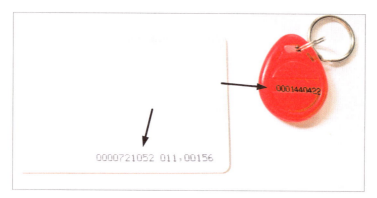

Abbildung 5.42 Chip-IDs auf einem Transponder und einer Karte

Aus der ausgelesenen Chip-ID wird eine sogenannte *Checksumme* berechnet. Solch eine Checksumme ist das Ergebnis einer fest definierten Rechenvorschrift, bei der bestimmte empfangene Daten nach einer vorgegebenen Formel miteinander verrechnet werden. Die berechnete Checksumme wird dann mit einer gesendeten Checksumme verglichen. Wenn beide Checksummen gleich sind, sind alle Daten erfolgreich übertragen worden. Andernfalls ist ein Übertragungsfehler aufgetreten.

5.4 RFID – ein einfaches Zugangssystem per Karte

Bei dem RFID-Modul lautet die Rechenvorschrift, dass alle 10 Bytes der ausgelesenen Chip-ID mithilfe eines logischen Operators kombiniert werden, der sogenannten XOR-Verknüpfung (siehe Abbildung 5.43).

```
Example: card number: 62E3086CED
    Output data:36H、32H、45H、33H、30H、38H、36H、43H、45H、44H

    CHECKSUM: (62H) XOR (E3H) XOR (08H) XOR (6CH) XOR (EDH)=08H
```

Abbildung 5.43 Beispiel einer Checksummenberechnung aus dem offiziellen Datenblatt des Herstellers

Info: Logische Operatoren

Logische Operatoren sind eine Art Rechenregeln für die Werte 0 und 1 aus dem dualen Zahlensystem. Bei einem logischen Operator werden zwei Eingangswerte miteinander verglichen, und als Ergebnis kommt immer 1 (True) oder 0 (False) raus.

Ein paar logische Operatoren kennen Sie bereits aus der if-Abfrage: =, < oder >. Bei diesen Operatoren werden zwei Werte miteinander verglichen, und je nachdem, wie das Ergebnis ausfällt, wird der erste oder der zweite Teil der nachfolgenden Anweisungen ausgeführt.

Zusätzlich zu diesen sogenannten logischen Vergleichsoperatoren gibt es auch logische Verknüpfungsoperatoren. Diese Operatoren verknüpfen zwei Eingangswerte nach einer bestimmten Regel miteinander und bilden daraus dann eine Antwort.

Ein einfaches Beispiel für eine Verknüpfung sind *Und-* und *Oder-*Verknüpfungen. Sie besagen, dass der Ausgang nur dann 1 ist, wenn alle Eingänge 1 sind (Und-Verknüpfung) oder wenn mindestens einer 1 ist (Oder-Verknüpfung).

Eine XOR-Verknüpfung zweier Bytes, z. B. von 0x62 und 0xE3, läuft nach dem folgenden Schema ab.

Zuerst werden die beiden Bytes als Dualzahl dargestellt:

0x62 = 0110 0010

0xE3 = 1110 0011

Anschließend werden die einzelnen Bits XOR-verknüpft. Bei einer XOR-Verknüpfung ist das Ergebnis immer 0, wenn beide Eingänge denselben Eingangszustand haben, und immer 1, wenn beide Eingänge unterschiedliche Zustände aufweisen. Daraus ergibt sich das folgende Ergebnis:

0x62 *XOR* 0xE3 = 1000 0001

In dem Modul wird dieses Ergebnis nun als Eingangswert für die XOR-Verknüpfung mit den nächsten beiden Bytes verwendet. Diese Vorgehensweise wiederholt sich so lange, bis alle 10 Bytes verknüpft worden sind.

Alle diese theoretischen Überlegungen müssen nun in das Programm übernommen werden. Zuallererst erstellen Sie im Python-Editor PYTHON 3 ein neues Python-Skript, in dem Sie das Modul serial importieren, um die serielle Schnittstelle verwenden zu können:

```
import serial
```

Nun deklarieren Sie erst einmal ein paar Variablen:

```
ID= ""
Zeichen = 0
Checksumme = 0
Tag = 0
```

Anschließend erzeugen Sie ein Objekt für die UART-Schnittstelle und öffnen die verwendete Schnittstelle. Auch hier dürfen Sie nicht vergessen, beim Programmende die close()-Methode aufzurufen:

```
RFID = serial.Serial("/dev/serial0", 9600)
if(RFID.isOpen() == False):
  RFID.open()
```

Nun benötigen Sie eine Endlosschleife, damit das Programm permanent läuft und auf Daten von dem Modul wartet. Innerhalb dieser Endlosschleife wird permanent über die Methode read() des seriellen Schnittstellenobjekts ein einzelnes Zeichen eingelesen:

```
while True:
  Zeichen = RFID.read()
```

Dieses Zeichen wird anschließend überprüft, um festzustellen, ob es sich um ein Startbyte handelt. Falls ein Startbyte empfangen wurde, werden in einer for-Schleife 13 weitere Bytes eingelesen, und jedes empfangene Zeichen wird in einer Zeichenkette, einem sogenannten *String*, gespeichert:

```
if Zeichen == chr(0x02):
  for Counter in range(13):
    Zeichen = RFID.read()
    ID = ID + str(Zeichen)
```

Das Pluszeichen in dieser Gleichung ist übrigens keine Addition im mathematischen Sinne, sondern eine Konkatenation, also eine Aneinanderreihung der Zeichen.

Dieser String enthält am Ende, bis auf das Startbyte, alle Daten, die das Modul gesendet hat. Da das letzte Byte in dem String das Ende der Übertragung darstellt, kann es aus der Zeichenkette gelöscht werden.

Mithilfe der replace(Altes Zeichen, Neues Zeichen)-Methode des Stringobjekts wird das Zeichen gelöscht und durch ein anderes Zeichen ersetzt:

```
ID = ID.replace(chr(0x03), "")
```

Da für das neue Zeichen kein Zeichen angegeben wurde, wird das alte Zeichen ersatzlos gelöscht. Auch hier muss wieder die Funktion chr(Data) verwendet werden, damit der Wert »3« in ein entsprechendes ASCII-Zeichen umgewandelt wird.

Im nächsten Schritt wird die Checksumme gebildet. Dazu müssen alle zehn empfangenen Zeichen, also die ersten zehn Zeichen in dem Empfangsstring ID ausgewertet werden. Die Auswertung geschieht über eine for-Schleife mit fünf Durchläufen – von 0 bis 9 in Zweierschritten:

```
Checksumme = 0
for I in range(0, 9, 2):
    Checksumme = Checksumme ^ (((int(ID[I], 16)) << 8) + int(ID[I+1], 16))
Checksumme = hex(Checksumme)
```

Aus dem Datenblatt lässt sich entnehmen, dass für die Checksummenberechnung immer zwei Bytes miteinander verrechnet werden.

Über die Methode int(Eingabe, 16) wird der Text, der unter Eingabe gespeichert ist, in eine Integerzahl umgewandelt. Mittels des Radix 16 wird der Methode mitgeteilt, dass die umzuwandelne Zahl eine Hexadezimalzahl darstellt.

Für die Verrechnung müssen die beiden Einzelzahlen miteinander kombiniert werden. So müssen z. B. die Zahlen 0x06 und 0x02 am Ende 0x62 ergeben.

Für die Kombination beider Zahlen wird die höchstwertige Zahl im dualen Zahlensystem um vier Stellen (wenn Sie mit hexadezimalen Zahlen rechnen) oder um acht Stellen (wenn Sie mit dualen Zahlen rechnen) nach links geschoben:

$0x06 = 0000\ 0110_2$

$0x06 \ll 4 = 0110\ 0000$

Anschließend wird die niederwertigere Zahl zu der geschobenen Zahl addiert:

$(0x06 \ll 4) + 0x02 = 0110\ 0010$

Als Resultat erhält man die Zahl 0x62. Genau dieses Verfahren wird in der for-Schleife bei den beiden umgewandelten Zahlen angewandt. Das Ergebnis dieser Umwandlung wird mit dem Inhalt der Variablen Checksumme XOR-vernüpft, und anschließend wird der Wert wieder in der Variablen Checksumme gespeichert. Mit dieser Methode werden anfangs zwei Startwerte miteinander verrechnet. Das Ergebnis dieser Rechnung stellt dann eine der Zahlen für den nächsten Durchlauf dar. Das aktualisierte Ergebnis der nächsten Rechnung wird dann wieder gespeichert, und so wiederholt sich die Rechnung für alle Durchläufe.

Hinweis: Verwendung der XOR-Funktion in Python

Anders als in vielen anderen Programmiersprachen ist die XOR-Funktion bei Python nicht automatisch integriert. Damit Sie in Python die XOR-Funktion verwenden können, müssen Sie das Modul operator importieren:

```
import operator
```

Der berechnete Wert wird anschließend noch in eine Hexadezimalzahl umgewandelt, da die Checksumme vom Modul als Hexadezimalzahl übertragen wird und die Werte so leichter verglichen werden können.

```python
print("----------------------------------------")
print("Datensatz: ", ID)
print("ID: ", ID[4:10])
print("Checksumme: ", Checksumme)
print("----------------------------------------")
```

Die empfangenen Daten können nun ausgegeben werden. Die ersten vier Zeichen der empfangenen Nachricht kennzeichnen den Typ des RFID-Chips. Auf diese Weise können Sie zusätzlich noch unterscheiden, ob z. B. eine Karte oder ein Transponder verwendet wurde. Die eigentliche Chip-ID beginnt ab dem 4. Zeichen der empfangenen Nachricht. Nun können Sie das Programm speichern und anschließend über RUN • RUN MODULE ausführen.

Sobald Sie nun eine Karte oder einen Transponder über die Antenne halten, erhalten Sie eine Ausgabe wie in Abbildung 5.44.

```
root@raspberrypi:/Programme# python RFID.py
----------------------------------------
Datensatz:  030001ABE54C
ID:   030001ABE5
Checksumme:  0x4c
----------------------------------------
```

Abbildung 5.44 Konsolenausgabe, wenn eine Karte ausgelesen wurde

5.4 RFID – ein einfaches Zugangssystem per Karte

Die berechnete Checksumme kann nun mit der übertragenen Checksumme verglichen werden. Die Übertragung wurde fehlerfrei durchgeführt, wenn die beiden Werte gleich sind.

Sie müssen beachten, dass die ID, die auf der Karte oder dem Transponder aufgedruckt ist, eine Dezimalzahl darstellt. Ihr Programm gibt die ID aber als Hexadezimalzahl aus.

Dieses Programm kann nun als Grundlage für eine einfache Zugriffskontrolle dienen. Die Basis für die Zugriffskontrolle ist eine Datenbank oder Ähnliches, in der jeder befugten Person eine ID-Karte oder ein Transponder zugewiesen wird. In diesem Beispiel sind diese Daten in einer Datei namens *ID.txt* hinterlegt. Diese Datei ist wie folgt aufgebaut:

`Name:Chip-ID`

Dies sieht dann so aus:

`Daniel:0000109541`

Wenn das RFID-Programm gestartet wird, wird die Datenbank, also diese Textdatei, einmalig ausgelesen, und der Name und die Chip-ID werden in einem Dictionary gespeichert. Dabei ist die Chip-ID der Schlüssel, da nach dem erfolgreichen Einlesen einer Karte die Liste nach diesem Schlüssel durchsucht werden soll:

```python
Temp = open("/Programme/ID.txt", "r")
for Zeile in Temp:
  Zeile = Zeile.replace("\n", "")
  Zeile = Zeile.replace("\r", "")
  Zeile = Zeile.split(":")
  Zeile[1] = int(Zeile[1])
  Liste[Zeile[1]] = Zeile[0]
Temp.close()
```

Der gezeigte Codeschnipsel liest eine Datei namens */Programme/ID.txt* zeilenweise ein, entfernt das Carriage Return am Ende der Zeile und teilt die eingelesene Zeile beim Doppelpunkt auf. Die beiden Teile der Zeile stellen die ID und den Benutzer dar. Beide Werte werden dann in der Liste `Benutzer` gespeichert.

Nun wird ganz normal auf die Anwesenheit eines RFID-Chips gewartet und dieser anschließend ausgelesen. Die ID wird nun aber in einen Integer umgewandelt, um mithilfe dieser ID den Benutzer aus der Liste `Benutzer` zu suchen:

```python
ID = Datensatz[4:10]
ID = int(ID, 16)
User = Benutzer.get(ID, "Unbekannt")
```

Falls die ID nicht als Schlüssel in der Liste Benutzer hinterlegt ist, wird als Rückgabewert der Text Unbekannt übergeben. Zusätzlich wird die berechnete Checksumme noch mit der übertragenen Checksumme abgeglichen, und wenn auch diese Abfrage erfolgreich war, wird der Benutzername des Kartenbesitzers ausgegeben. Andernfalls zeigt das Programm eine Fehlermeldung an.

```python
if Checksumme_Tag == Checksumme:
  Check = 1
else:
  Check = 0
if Check == 1:
  print("-----------------------------------------")
  print("Datensatz:", Datensatz)
  print("ID:", ID)
  print("User:", User)
  print("Checksumme:", Checksumme)
  print("-----------------------------------------")
else:
  print("Fehler beim Lesen der Karte!")
  print("Einlesevorgang wiederholen!")
```

Das komplette Programm sieht nun so aus:

```python
import serial
import time
import operator
Datensatz = ""
Zeichen = 0
ID = 0
User = ""
Benutzer = {}
Checksumme = 0
Checksumme_Tag = 0
Check = 0
RFID = serial.Serial("/dev/ttyUSB0", 9600)
if(RFID.isOpen() == False):
  RFID.open()
Temp = open("/Programme/ID.txt", "r")
for Zeile in Temp:
  Zeile = Zeile.replace("\n", "")
  Zeile = Zeile.replace("\r", "")
  Zeile = Zeile.split(":")
```

5.4 RFID – ein einfaches Zugangssystem per Karte

```python
    Zeile[1] = int(Zeile[1])
    Benutzer[Zeile[1]] = Zeile[0]
Temp.close()

while True:
    Checksumme = 0
    Checksumme_Tag = 0
    Datensatz = ""
    Zeichen = RFID.read()
    if Zeichen == chr(0x02):
        for Counter in range(13):
            Zeichen = RFID.read()
            Datensatz = Datensatz + str(Zeichen)
        Datensatz = Datensatz.replace(chr(0x03), "" );
        for I in range(0, 9, 2):
            Checksumme = Checksumme ^ (((int(Datensatz[I], 16)) << 4) + int(Datensatz[
            I+1], 16))
        Checksumme_Tag = ((int(Datensatz[10], 16)) << 4) + (int(Datensatz[11], 16))
        if Checksumme_Tag == Checksumme:
            Check = 1
        else:
            Check = 0
        ID = Datensatz[4:10]
        ID = int(ID, 16)
        User = Benutzer.get(ID, "Unbekannt")
    if Check == 1:
        # Ausgabe der Daten
        print("-----------------------------------------")
        print("Datensatz:", Datensatz)
        print("ID:", ID)
        print("User:", User)
        print("Checksumme:", hex(Checksumme))
        print("-----------------------------------------")
    else:
        print("Fehler beim Lesen der Karte!")
        print("Einlesevorgang wiederholen!")
RFID.close()
```

Und wenn Sie das Programm starten und eine Karte vor das Lesegerät halten, erhalten Sie z. B. eine Ausgabe wie in Abbildung 5.45.

```
root@raspberrypi:/Programme# python Zugriffskontrolle.py
----------------------------------------
Datensatz: 030001ABE54C
ID: 109541
User: Daniel
Checksumme: 0x4c
----------------------------------------
```

Abbildung 5.45 Ein registrierter Benutzer wurde erkannt.

5.5   Kombination von LCD und RFID – die Zugangskontrolle mit einem LCD erweitern

Mithilfe des UM232R-Moduls können Sie den Raspberry Pi mit einer zweiten UART-Schnittstelle ausrüsten. Dadurch ist es möglich, das LCD mit dem LCD-Backpack und das RFID-Modul gleichzeitig zu betreiben.

Dazu schließen Sie das Modul per USB-Kabel an den Raspberry Pi an. Im Verzeichnis /dev findet sich unmittelbar nach dem Anschließen des UM232R der Eintrag *ttyUSB0*:

```
$ ls /dev
```

Dieses Gerät stellt nun eine zweite UART-Schnittstelle bereit, die auf dieselbe Weise genutzt werden kann wie die bisher verwendete Schnittstelle */dev/serial0*. Durch die Verwendung des UM232R-Moduls können Sie zudem das Problem mit den 5-V-Pegeln des RFID-Moduls lösen. Um also das LCD und das RFID-Modul gleichzeitig zu nutzen, müssen Sie die Verkabelung etwas anpassen (siehe Abbildung 5.46).

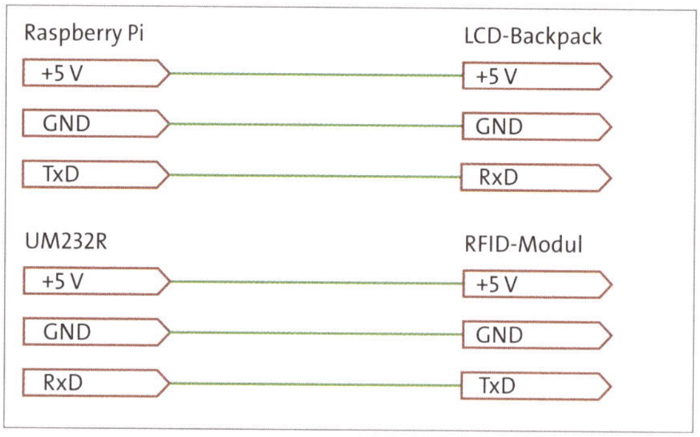

Raspberry Pi	LCD-Backpack
+5 V	+5 V
GND	GND
TxD	RxD

UM232R	RFID-Modul
+5 V	+5 V
GND	GND
RxD	TxD

Abbildung 5.46 Durch die neue Verkabelung werden die Widerstände für den Spannungsteiler nicht mehr benötigt.

Die Pin-Belegung des UM232R -Moduls können Sie dem Datenblatt entnehmen (siehe Abbildung 5.47).

5.5 Kombination von LCD und RFID – die Zugangskontrolle mit einem LCD erweitern

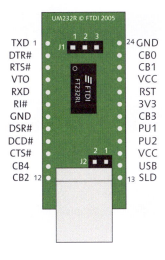

Abbildung 5.47 Pin-Belegung des Moduls aus dem offiziellen Datenblatt

Sie benötigen die Pins RxD (5), Vcc (15) und GND (24), um das RFID-Modul zu betreiben. Weiterhin müssen Sie mithilfe des Jumpers J1 den Ausgangspegel auf 5 V einstellen. Dazu müssen Sie die Pins 2 und 3 des Jumpers brücken.

> **Achtung: Maximale Stromaufnahme des angeschlossenen Gerätes beachten**
>
> Der FT232 ist in der Lage, eine 3,3-V-Spannung auszugeben (3V3 (19) beim UM232R-Modul). Diese Spannung kann zum Betreiben kleinerer Schaltungen genutzt werden, allerdings darf die maximale Stromaufnahme der Schaltung nicht höher als 50 mA sein, da sonst die Spannungsquelle im FT232 zusammenbricht.

Nun schließen Sie noch das LCD wie in Abschnitt 5.3 beschrieben an die UART-Schnittstelle der 40-poligen Stiftleiste an.

Im nächsten Schritt müssen Sie die Programme anpassen. Dazu müssen Sie als Erstes in dem Programm *Zugriffskontrolle.py* die serielle Schnittstelle ändern, und zwar von

```python
RFID = serial.Serial("/dev/serial0", 9600)
```

in:

```python
RFID = serial.Serial("/dev/ttyUSB0", 9600)
```

Nun können Sie das Programm um die LCD-Funktionalität erweitern. Dazu fügen Sie den Code aus Abschnitt 5.3 ein. Mit den bereits vorgestellten Methoden für das LCD lassen sich die Daten ganz bequem auf dem LCD anzeigen:

```
LCD_ClearScreen()
if Check == 1:
  LCD_PrintLine(1, 0, "Daten: " + str(Datensatz))
  LCD_PrintLine(2, 0, "ID: " + str(ID))
  LCD_PrintLine(3, 0, "User: " + str(User))
else:
  LCD_PrintLine(1, 0, "Lesefehler")
  LCD_PrintLine(2, 0, "Erneut versuchen")
```

In Abbildung 5.48 sehen Sie, wie das LCD die Daten des RFID-Moduls ausgibt.

Abbildung 5.48 RFID-Modul und LCD im Einsatz

5.6 Jetzt funkt's – XBee-Funkmodule als Alternative für ein Kabel

Falls Sie mal vorhaben sollten, Daten mit der UART-Schnittstelle über weite Entfernungen zu übertragen, so können Sie XBee-Funkmodule anstelle eines Kabels verwenden. Die XBee-Funkmodule gibt es mit allen möglichen Antennen. Welches Modul Sie am Ende verwenden möchten, bleibt Ihnen überlassen (siehe Abbildung 5.49). Sie sollten aber auf jeden Fall einen Blick auf die einzelnen Funktionen werfen, da sich die Module geringfügig unterscheiden.

Abbildung 5.49 Produktfoto eines XBee-Funkmoduls, das z. B. bei Adafruit erhältlich ist

5.6 Jetzt funkt's – XBee-Funkmodule als Alternative für ein Kabel

Über eine entsprechende Adapterplatine (siehe Abbildung 5.50) lassen sich die Module auch auf Steckbrettern oder Lochrasterplatinen verbauen, wodurch sie leicht in eigene Schaltungen integriert werden können.

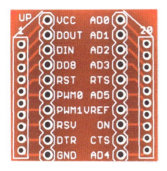

Abbildung 5.50 Adapterplatine inklusive Pin-Belegung für ein XBee von Watterott

Diese XBee-Funkmodule besitzen eine UART-Schnittstelle und übertragen die empfangenen Daten anschließend per Funk an ein oder mehrere andere Module. Auf diese Weise lässt sich mit der Hilfe solcher XBee-Funkmodule ein komplettes Netzwerk aus Funkstationen aufbauen. Die Konfiguration der Module können Sie entweder über ein eigenes Programm oder über das Tool vornehmen, das der Hersteller zur Verfügung stellt. In jedem Fall müssen Sie das XBee über die UART-Schnittstelle mit Ihrem Computer verbinden. Dies kann z. B. mithilfe des UM232R-Moduls und einem Steckbrett geschehen. Wir haben z. B. eine kleine Schaltung auf einem Stück Lochrasterplatine aufgebaut, um die XBee-Funkmodule mithilfe eines UM232R über USB mit einem Rechner oder dem Raspberry Pi verbinden zu können (siehe Abbildung 5.51).

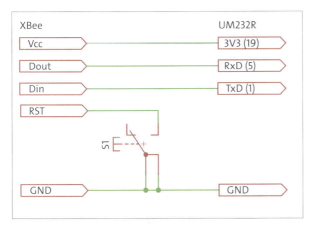

Abbildung 5.51 Schaltung, um das XBee-Modul mit dem UM232R zu verbinden

Achtung: Auf die Spannungspegel aufpassen!

Da die XBee-Funkmodule mit einer 3,3-V-Spannung betrieben werden, *muss* der Jumper J1 beim UM232R-Modul auf Pin 1 und 2 gesteckt werden, damit der FT232 auf dem Modul beim Senden 3,3-V-Pegel ausgibt. Andernfalls kann das XBee-Funkmodul Schaden nehmen!

Der Taster S1 in Abbildung 5.51 wird benötigt, um das XBee-Funkmodul bei Bedarf zu resetten. Dies ist z. B. bei einem Upgrade der Firmware, also der Herstellersoftware auf dem Modul, notwendig.

Für die Konfiguration der XBee-Funkmodule benötigen Sie zusätzlich noch das Tool *XCTU* des Herstellers Digi, das Sie auf der offiziellen Herstellerseite herunterladen können.

Um dem Programm ein Modul hinzuzufügen, müssen Sie es durch einen Klick auf den +-Button ❶ suchen (siehe Abbildung 5.52). Nach der Auswahl des richtigen COM-Ports und einem Klick auf FINISH wird das Modul gesucht. Wenn die Suche erfolgreich war, erscheint das Modul in der Liste ❷. Über einen Klick auf das entsprechende Modul können die Einstellungen des Moduls geändert werden.

Abbildung 5.52 Das Programm XCTU kurz nach dem Starten

5.6 Jetzt funkt's – XBee-Funkmodule als Alternative für ein Kabel

Eines der Module muss als Koordinator eingestellt werden. Dazu wählen Sie im Dialog aus Abbildung 5.53 das Modul aus ❸ und ändern dann mit einem Klick auf UPDATE die Firmware auf die Koordinatorenfirmware um ❹.

Im Idealfall ist schon die richtige Produktfamilie ausgewählt, sodass Sie nur noch im Feld FUNCTION SET die Option ZIGBEE COORDINATOR API auswählen müssen.

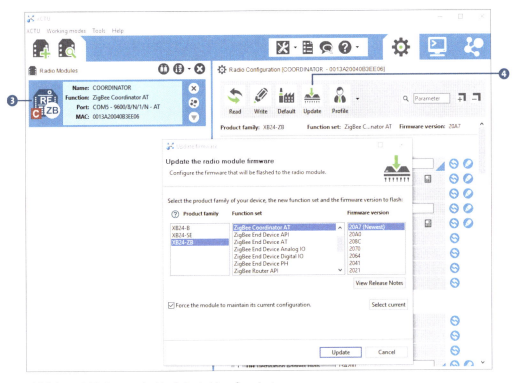

Abbildung 5.53 Das erste Modul wird konfiguriert.

Bei der Firmwareversion nehmen Sie die aktuellste. Über einen Klick auf UPDATE wird die Firmware aufgespielt. Dieser Updatevorgang dauert etwas. Anschließend meldet sich das XBee erneut an, und die angepassten Einstellungen werden heruntergeladen und angezeigt. Damit wäre das erste XBee konfiguriert.

Bei dem zweiten XBee gehen Sie genau so wie beim ersten vor, nur wählen Sie in diesem Fall die Firmware ZIGBEE END DEVICE AT aus (siehe Abbildung 5.54).

Der Updatevorgang verläuft genau wie beim ersten Modul. Sobald er abgeschlossen wurde, können Sie die Module auch schon verwenden.

5 Die UART-Schnittstelle kennenlernen

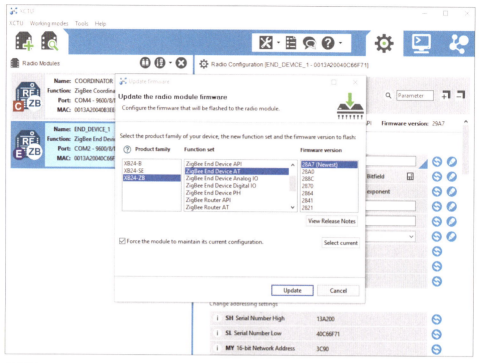

Abbildung 5.54 Das zweite Modul wird vorbereitet.

Hinweis: UART-Einstellungen ändern

Falls das Modul bei Ihnen eine andere Baudrate etc. verwenden soll, so können Sie nach dem Verbinden mit einem Modul unter SERIAL INTERFACING die Einstellungen der seriellen Schnittstelle des XBee-Moduls ändern.

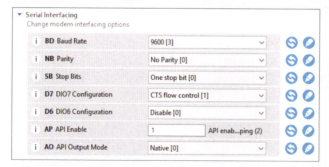

Abbildung 5.55 Hier kann die serielle Schnittstelle konfiguriert werden.

5.6 Jetzt funkt's – XBee-Funkmodule als Alternative für ein Kabel

Zum Testen schließen Sie ein Modul mithilfe des UM232R-Moduls an den Computer an, und das andere Modul schließen Sie an Spannung an und verbinden DIN und DOUT (Pin 2 und Pin 3) des Moduls miteinander (siehe Abbildung 5.56).

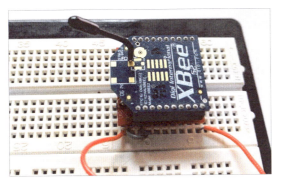

Abbildung 5.56 Die Verkabelung des zweiten Moduls zur Datenweiterleitung

Auf diese Weise werden alle Daten, die das Modul sendet, wieder zum Modul geleitet und verschickt. Jetzt öffnen Sie PuTTY und stellen eine Verbindung mit dem COM-Port des UM232R-Moduls her.

Abbildung 5.57 Unsere Einstellungen für das UM232R-Modul

Wenn Sie nun auf OPEN klicken und im Terminalfenster einige Buchstaben eingeben, werden die Buchstaben im Terminal angezeigt. Das ist das Zeichen dafür, dass die Datenweiterleitung funktioniert. Wenn Sie die Drahtbrücke am zweiten Modul öffnen und erneut ein paar Zeichen im Terminalfenster eingeben, werden Sie sehen, dass dieses Mal nichts zurückgesendet wird. Damit wären die beiden Module für den Einsatz bereit. Nun können Sie jede kabelgebundene UART-Verbindung auf Funk umstellen.

Info: Weitere Funktionen der Funkmodule

Die Funkmodule können deutlich mehr, als eine UART-Verbindung über Funk zu realisieren. Mit diesen Modulen ist es z. B. möglich, ganze Netzwerke für z. B. eine Heimautomatisierung aufzubauen. Werfen Sie ruhig mal einen genauen Blick in die Datenblätter der Module. Gegebenenfalls fallen Ihnen noch weitere Anwendungsfälle für die Module ein.

Kapitel 6

Der Inter-Integrated Circuit (I²C)

Sie wissen bereits, wie Sie Daten mit dem Raspberry Pi über die UART-Schnittstelle an andere Geräte senden können. In diesem Kapitel lernen Sie eine weitere Schnittstelle kennen, die es Ihnen erlaubt, zusätzliche Sensoren mit dem Raspberry Pi zu verbinden, wodurch sich die Funktionen und Möglichkeiten des Raspberry Pi weiter ausbauen lassen.

Dieses Kapitel handelt von der Schnittstelle *Inter-Integrated Circuit*, auch kurz I²C oder IIC genannt. Wie auch bei der UART-Schnittstelle werden Sie zunächst lernen, wie diese Schnittstelle aufgebaut ist. Anhand von Praxisbeispielen, wie der Anbindung eines Chips zur Erzeugung einer analogen Spannung, erfahren Sie dann, wie Sie die Schnittstelle gezielt einsetzen können, um dem Raspberry Pi weitere Funktionen zu spendieren.

Für dieses Kapitel benötigen Sie folgende Materialien:

- ein Steckbrett inklusive Steckbrücken
- einen Raspberry-Pi-Cobbler und ein Anschlusskabel für den Raspberry Pi
- einen Lötkolben
- ein MCP4725-Digital/Analog-Wandler-Board (*Digital to Analog Converter*). Sie erhalten ein solches Board z. B. bei Watterott (siehe Abbildung 6.1).

Abbildung 6.1 »MCP4725 Breakout Board« von Adafruit

- ein ADS1015-Analog/Digital-Wandler-Board (*Analog to Digital Converter*, siehe Abbildung 6.2).

Abbildung 6.2 »ADS1015 Breakout Board« von Adafruit

- ein ACS712-Stromsensor-Breakout-Board (siehe Abbildung 6.3)

    Das Board können Sie z. B. bei Watterott oder eBay bestellen. Das von uns verwendete Board stammt von eBay. Bei der Wahl des Boards müssen Sie aufpassen, da sich die Boards minimal unterscheiden. Einige der Boards (z. B. das von Watterott) besitzen noch ein Potenziometer, um die Verstärkung einzustellen.

Abbildung 6.3 Das verwendete »ACS712 Breakout Board«

- einen PCA9685 I²C Servo Driver (siehe Abbildung 6.4)

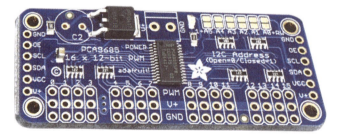

Abbildung 6.4 Das verwendete »Servo Driver Breakout Board« von Adafruit

- einen handelsüblichen digitalen Servomotor aus dem Modellbaubereich (siehe Abbildung 6.5)

Abbildung 6.5 Beispiel für einen digitalen Servo von Adafruit

6.1 I²C – Was ist das?

Bei der Schnittstelle *Inter-Integrated Circuit* (I²C) handelt es sich um einen seriellen Datenbus, der 1982 von Philips entwickelt wurde. Mit diesem Bus sollte die geräteinterne Kommunikation zwischen verschiedenen Chips erleichtert und standardisiert werden.

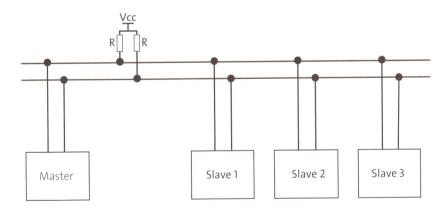

Abbildung 6.6 Der I²C-Bus in einer Beispielanwendung

Der I²C-Bus verwendet zwei Leitungen zur Datenübertragung:

- eine Datenleitung (SDA)
- eine Taktleitung (SCL)
- Masse

Jedes Bussystem besteht aus einem *Master* (es können auch mehrere Master verwendet werden, aber diesen Fall betrachten wir hier nicht) und mindestens einem *Slave* (siehe Abbildung 6.6).

Pro Taktimpuls auf der SCL-Leitung wird 1 Bit an Daten auf der SDA-Leitung gesendet. Der Takt wird dabei *immer* vom Master erzeugt, und die Daten werden entweder vom Master zum Slave (*Write*) oder vom Slave zum Master (*Read*) gesendet.

Der I²C-Standard sieht vor, dass die Pins für SDA und SCL mit einem sogenannten *Open-Collector*-Ausgang ausgestattet sind (siehe Abbildung 6.7).

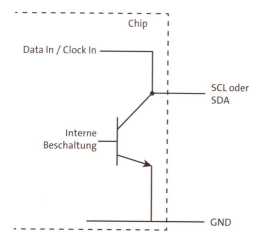

Abbildung 6.7 Schematischer Aufbau der I²C-Schnittstelle

Sobald der Chip schaltet, wird der Transistor leitend und die Daten- oder Taktleitung wird mit der Masse verbunden. Da ein solcher Open-Collector-Ausgang keine Spannung ausgeben kann, muss der I²C-Bus über sogenannte *Pull-up-Widerstände* (siehe die Widerstände *R* in Abbildung 6.6) auf einen definierten Spannungspegel gelegt werden, z. B. 5 V oder 3,3 V. Sobald der Transistor durchschaltet, wird die Leitung mit Masse verbunden, und wenn der Transistor nicht geschaltet wird, führt die Leitung einen High-Pegel.

Bei der Datenübertragung wird als Erstes die Adresse des Zielchips gesendet. Bei jedem Taktimpuls auf der SCL-Leitung wird ein neues Bit der Adresse auf den Bus gelegt und von den Slaves eingelesen und mit der eingespeicherten Adresse verglichen. Sobald der Vergleich fehlschlägt, weiß der Slave, dass er nicht angesprochen wird, worauf er seine Ausgänge in einen sogenannten *High-Impedance*-Zustand (»High Z«) schaltet, um den Bus nicht weiter zu beeinflussen.

Info: High-Impedance als dritter Zustand in der Digitaltechnik

Bisher haben Sie zwei Zustände in der Digitaltechnik kennengelernt: den Zustand *High* (1) und den Zustand *Low* (0). Mit dem Zustand *High-Impedance* kommt ein dritter hinzu.

Der High-Impedance-Zustand ist ein Zustand, in dem der Chip seine Ausgänge auf einen hohen Innenwiderstand schaltet, wenn er sich vom Bus trennen will. Dies hat zur Folge, dass der Chip den Bus nicht weiter belastet und keine Gefahr besteht, dass der Chip die Kommunikation auf dem Bus unbeabsichtigt stört.

Jeder Slave besitzt eine feste Adresse, die aus sieben Bits besteht. Dadurch ergibt sich eine theoretische Obergrenze von 128 Geräten (2^7 Möglichkeiten) an einem Bus. Da allerdings die Adressen 0x00–0x02 sowie 0x78–0x7F reserviert sind, bleiben nur noch 117 nutzbare Adressen übrig. Ein neuerer Standard des I²C-Bus stellt einen 10-Bit-Adressierungsmodus zur Verfügung, den wir Ihnen in diesem Buch aber nicht vorstellen werden. Die Adresse eines Chips lässt sich in vielen Fällen von außen in einem bestimmten Bereich verändern, wodurch es möglich ist, mehrere gleiche Chips an einer I²C-Schnittstelle anzuschließen.

Jede Übertragung wird mit einem Startsignal initiiert, und direkt danach wird die Adresse des Zielchips gesendet. Sobald die sieben Adressbits gesendet wurden, überträgt der Master ein zusätzliches Bit, das festlegt, ob Daten vom Slave gelesen (High) oder ob Daten in den Slave geschrieben (Low) werden sollen. Jedes empfangene Datenbyte wird durch ein sogenanntes *ACK*-Bit bestätigt. Dieses ACK-Bit wird je nach Zugriffsart auf den Bus (Lesen oder Schreiben) vom Slave (Schreiben) oder vom Master (Lesen) gesendet. Der Master sendet am Ende jedes Lesezugriffs ein *NACK*-Bit anstelle des ACK-Bits, um das Ende der Übertragung zu verkünden. Am Ende der Übertragung wird dann entweder ein Stoppsignal oder ein Repeated-Start gesendet, um die Übertragung entweder zu beenden oder eine weitere zu initiieren.

Abbildung 6.8 zeigt ein schematisches Beispiel für eine Datenübertragung.

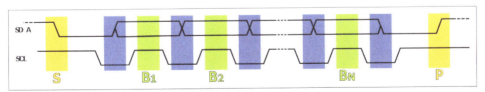

Abbildung 6.8 I²C-Datenübertragung als Beispiel (Quelle: www.wikipedia.de)

In Abbildung 6.8 können Sie die einzelnen Bedingungen für die unterschiedlichen Signale auf dem I²C-Bus erkennen:

- Für ein Startsignal hält der Master SCL auf High und zieht SDA auf Low.
- Anschließend werden die Daten übertragen.
- Sobald alle Daten übertragen wurden, zieht der Master erst SCL und dann SDA auf High. Dadurch signalisiert er ein Ende der Übertragung. Alternativ kann er auch eine weitere Startkondition senden.

Viele Bausteine, wie z. B. der Prozessor auf dem Raspberry Pi, besitzen ein fertiges I²C-Interface, das die Ansteuerung von SCL und SDA übernimmt. Doch wie sieht es mit der externen Beschaltung des I²C-Interface in Form der bereits genannten Pull-up-Widerstände aus?

Wie wir bereits am Anfang dieses Kapitels gesagt haben, müssen die SCL- und SDA-Leitungen über Pull-up-Widerstände mit der Betriebsspannung verbunden werden.

Ein Blick in den Schaltplan des Raspberry Pi verschafft Klarheit und beantwortet die Frage, ob Sie bei den Schaltungen, die im Laufe dieses Kapitels vorgestellt werden, Pull-up-Widerstände für den I²C vorsehen müssen.

Die Schaltpläne können Sie auf der offiziellen Raspberry-Pi-Seite *www.raspberrypi.org/documentation/hardware/raspberrypi/schematics/* einsehen. Sie müssen nur den entsprechenden Schaltplan für Ihr Modell heraussuchen. Dazu ist die Pin-Belegung der 40-poligen Stiftleiste wichtig (siehe Abbildung 6.9).

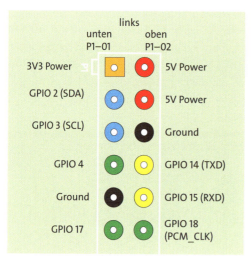

Abbildung 6.9 Die Pin-Belegung der ersten 12 Pins am Raspberry Pi

Die SDA- und SCL-Leitungen liegen auf dem GPIO 2 und 3 (hellblau). Diese GPIO-Pins müssen Sie nun in dem Schaltplan des Raspberry Pi suchen (siehe Abbildung 6.10).

6.1 I²C – Was ist das?

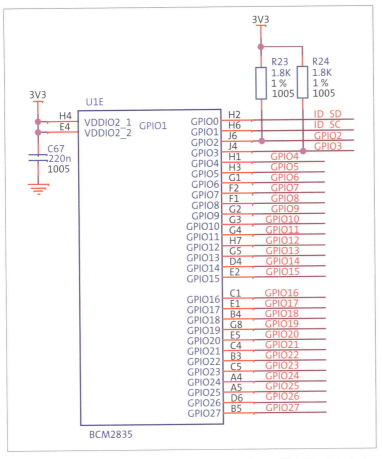

Abbildung 6.10 Der entsprechende Auszug aus dem offiziellen Schaltplan

Wie Sie anhand des Schaltplans erkennen können, sind die GPIO-Pins 2 und 3 bereits mit 1.8K, also 1800-Ω-Widerständen an 3,3 V angeschlossen. Diese Widerstände dienen als Pull-up-Widerstände für den I²C-Bus.

> **Achtung: GPIO 2 und GPIO 3 als normalen IO nutzen**
>
> Wenn Sie den GPIO-Pins 2 und 3 ganz normal als IO nutzen wollen, um z. B. eine LED zu schalten oder einen Taster abzufragen, so müssen Sie die beiden Pull-up-Widerstände berücksichtigen. Durch diese beiden Widerstände liegt permanent ein High-Pegel an den GPIO-Pins an. Wenn Sie also einen Taster an die GPIO-Pins anschließen wollen, so müssen Sie den GPIO-Pins über den Taster mit Masse verbinden und diesen GPIO-Pins nach einem Low-Pegel abfragen. Anders können Sie den GPIO-Pins nicht nutzen.

Da der Raspberry Pi offensichtlich bereits mit Pull-up-Widerständen ausgestattet ist, müssen Sie keine weiteren Pull-up-Widerstände an den Bus anschließen.

Als Nächstes muss das I²C-Interface aktiviert werden. Dazu öffnen Sie unter MENU • PREFERENCES die RASPBERRY PI CONFIGURATION (siehe Abbildung 6.11) und aktivieren das Interface.

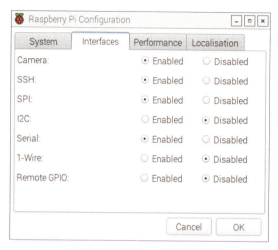

Abbildung 6.11 Das I²C-Interface muss noch aktiviert werden.

Anschließend beenden Sie das Menü und starten den Raspberry Pi neu, indem Sie unter MENU den Punkt SHUTDOWN und dann REBOOT auswählen (siehe Abbildung 6.12).

Abbildung 6.12 Einmal neu starten, bitte!

Nach dem Reboot muss im Verzeichnis /dev ein Eintrag i2c-1 zu finden sein. Das Verzeichnis /dev können Sie sich in der Konsole mit dem Befehl ls anzeigen lassen:

```
$ ls /dev
```

Schauen wir uns den I²C-Bus mal in der Praxis an. Im nächsten Abschnitt zeigen wir Ihnen, wie Sie den Raspberry Pi mit einem sogenannten Digital/Analog-Wandler verbinden, wodurch der Raspberry Pi in die Lage versetzt wird, eine beliebige Spannung zwischen 0 und 3,3 V zu erzeugen.

6.2 Ein Computer erzeugt eine Spannung – eine beliebige Spannung erzeugen

In diesem Abschnitt lernen Sie, wie Sie einen MCP4725-Digital/Analog-Wandler (engl. *Digital/Analog Converter*, *DAC*, dt. auch D/A-Wandler) über den I²C-Bus mit dem Raspberry Pi verbinden und wie Sie ihn einsetzen.

6.2.1 Was ist ein Digital/Analog-Wandler, und was macht er?

Bei dem Raspberry Pi handelt es sich um ein digitales System, das nur zwei Zustände kennt, nämlich High und Low. Spannungen ab einem bestimmten Pegel werden als High und alles unter diesem Pegel wird als Low erkannt. So ein System erkennt z. B. Spannungen ab 2,5 V als High. Dabei macht es für das System keinen Unterschied, ob die Spannung 2,6 V oder 3,3 V beträgt. Solange die Spannung größer ist als 2,5 V, wird der Pegel als logisch High erkannt. Aus diesem Grund kann der Raspberry Pi an seinen Ausgängen auch keine Spannung von z. B. 1,7 V erzeugen. Wenn eine Schaltung also nur zwei Zustände kennt und auch nur auf zwei Zustände reagiert, so nennt man dies ein *digitales System*.

> **Merke: Digitale Signale**
>
> Bei digitalen Signalen handelt es sich um Signale, die *diskrete*, also fest definierte Spannungen nutzen. Bei den Ausgängen des Raspberry Pi betragen diese Spannungswerte z. B. 0 V und 3,3 V. Spannungen zwischen diesen Werten sind *nicht* möglich.
>
> Digitale Signale sind nicht nur in ihren Spannungswerten diskretisiert, sondern auch in ihrem Zeitverhalten. Digitale Systeme arbeiten immer mit einer Taktquelle, was bedeutet, dass die Schaltung nur in bestimmten Zeitintervallen ihren Zustand ändert. Zwischen diesen Zeitintervallen bleibt der Zustand der Schaltung gleich.
>
> Der Raspberry Pi besitzt z. B. einen Takt von 1 GHz, was bedeutet, dass die Schaltung im Prozessor alle 1 ns (Nanosekunde) den Zustand wechselt. Die Zeit ist also in feste Schritte unterteilt oder auch diskretisiert.

Das Gegenstück zu einem digitalen System ist ein analoges System. Bei einem analogen System existiert keine Unterteilung in feste Schrittweiten wie bei einem digitalen System. Stattdessen kann eine analoge Spannung in unendlich viele, unendlich kleine

Schritte zerlegt werden. Man sagt, dass eine analoge Spannung *kontinuierlich* ist, das heißt, es gibt keine Abstufungen.

Merke: Analoge Signale

Analoge Signale sind Signale, deren Spannungen sich nicht in feste Schritte unterteilen lassen. Ein analoges Signal besteht aus unendlich vielen Schritten, die unendlich klein sind. Jeder dieser Schritte hat eine unendlich kleine Dauer.

Eine physikalische Größe, wie z. B. die Temperatur oder ein Luftdruck, erzeugt durch eine Messung mittels eines Sensors immer nur eine analoge Spannung. Moderne Sensoren verarbeiten diese Spannung oftmals weiter und geben sie dann als digitales Messergebnis aus. So wird z. B. bei einem Zeigermessgerät mithilfe der zu messenden Spannung ein Magnetfeld erzeugt, das den Zeiger bewegt. Bei einem digitalen Messgerät wird die zu messende Spannung erst in einen digitalen Wert umgewandelt und dann angezeigt.

Ein Digital/Analog-Wandler hat also die Aufgabe, ein digitales Signal in ein analoges Signal umzuwandeln. Auf diese Weise kann ein digitales System Spannungen in einem bestimmten Bereich erzeugen. Für die Umwandlung eines digitalen Wertes in eine analoge Spannung gibt es viele verschiedene Verfahren, die alle unterschiedlich schnell und unterschiedlich genau sind. Eine einfache Schaltung für eine Digital/Analog-Wandlung ist das sogenannte *R2R-Netzwerk* (siehe Abbildung 6.13).

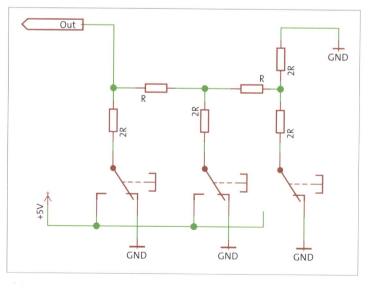

Abbildung 6.13 Prinzipschaltbild eines 3-Bit-R2R-Netzwerks

6.2 Ein Computer erzeugt eine Spannung – eine beliebige Spannung erzeugen

Solch ein Netzwerk ist aus Widerständen mit den Werten R und 2R aufgebaut. Die einzelnen Eingangsbits liegen entweder auf Masse oder auf der Referenzspannung (hier durch die Taster dargestellt) und speisen die Referenzspannung über doppelt so große Widerstände (2R) ein wie der horizontale Teil (R) des Netzwerks. Jedes Bit trägt so seinen spezifischen Teil zur resultierenden Ausgangsspannung bei. Das oben gezeigte Beispiel ist also ein sehr einfacher Digital/Analog-Wandler, der eine *Referenzspannung* von 5 V und eine *Auflösung* von 8 Schritten (2^3 Möglichkeiten durch die drei Taster) besitzt. Diese Schaltung kann nach Belieben mit dem Schema R2R erweitert werden, um eine höhere Auflösung zu erreichen.

Der in diesem Kapitel verwendete Wandler vom Typ MCP4725 verwendet ein ähnliches Schema, um die analoge Ausgangsspannung zu erzeugen. Aus der Auflösung und der genutzten Referenzspannung kann die Schrittweite ΔU des Wandlers berechnet werden:

$$\Delta U = \frac{Referenzspannung}{Auflösung}$$

Bei dem oben vorgestellten R2R-Netzwerk beträgt die Schrittweite 0,625 V, was bedeutet, dass der Wandler Spannungsvielfache von 0,625 V generieren kann. Würden Sie z. B. den mittleren Taster betätigen, so würde der Wert 010_2 bzw. 2_{10} an der Schaltung anliegen. Als Resultat würde die Schaltung eine Spannung U_{Out} von 1,35 V ausgeben.

Nun, da Sie wissen, was der Unterschied zwischen einem analogen und einem digitalen Signal ist, schauen wir uns mal an, wie wir den Raspberry Pi mit einem Digital/Analog-Wandler ausstatten.

6.2.2 Den Raspberry Pi mit einem Digital/Analog-Wandler versehen

Bevor wir mit dem Basteln beginnen, werfen wir zuerst einen Blick auf den verwendeten Wandler, einen MCP4725-DAC von der Firma Microchip. Wie bei allen anderen Chips ist auch hier das Datenblatt essenziell, um den Chip gezielt nutzen zu können. Das Datenblatt finden Sie im Internet mit der Suchmaschine Ihres Vertrauens. Datenblätter von solchen Chips müssen sehr genau gelesen werden, damit der Chip richtig angesprochen wird und korrekt arbeitet. Direkt wenn Sie das Datenblatt öffnen, sehen Sie einige Features des Chips (siehe Abbildung 6.14).

Für Sie sind folgende Features interessant:

- **12-Bit Resolution** – Der Wandler besitzt eine Auflösung von 12 Bit.
- **External Voltage Referenz (VDD)** – Der Wandler benötigt keine externe Referenzspannung, da die Betriebsspannung V_{DD} als Referenzspannung verwendet wird.

Features
- 12-Bit Resolution
- On-Board Non-Volatile Memory (EEPROM)
- ±0.2 LSB DNL (typical)
- External A0 Address Pin
- Normal or Power-Down Mode
- Fast Settling Time of 6 µs (typical)
- External Voltage Reference (V_{DD})
- Rail-to-Rail Output
- Low Power Consumption
- Single-Supply Operation: 2.7V to 5.5V
- I²C™ Interface:
  - Eight Available Addresses
  - Standard (100 kbps), Fast (400 kbps), and High-Speed (3.4 Mbps) Modes
- Small 6-lead SOT-23 Package
- Extended Temperature Range: −40 °C to +125 °C

Abbildung 6.14 Auflistung der Features im Datenblatt des Herstellers

▶ **External A0 Address Pin** – Der Wandler besitzt einen Pin, mit dem die Adresse des Wandlers beeinflusst werden kann.

▶ **I²C Interface: Standard (100 kbps), Fast (400 kbps), and High-Speed (3,4 Mbps)** – Dies sind die maximalen Busgeschwindigkeiten, die der I²C-Bus aufweisen darf, damit der Wandler richtig arbeitet. Üblicherweise werden 100 kbps oder 400 kbps verwendet.

▶ **Single-Supply Operation** – Der Wandler unterstützt Betriebsspannungen von 2,7 V bis 5,5 V.

▶ **On-Board Non-Volatile Memory (EEPROM)** – Der DAC besitzt zudem noch ein EEPROM, also einen nichtflüchtigen Speicher, in den Daten hineingeschrieben werden können. Das EEPROM werden wir aber nicht benutzen.

Der Wandler besitzt also eine Auflösung von 12 Bit, was bedeutet, dass er 2^{12} (4096) Spannungswerte abbilden kann. Je nach verwendeter Betriebsspannung ist die Höhe eines einzelnen Spannungsschrittes unterschiedlich groß.

In diesem Fall soll der Wandler mit einer Spannung von 3,3 V betrieben werden. Daraus resultiert eine Schrittweite von 800 µV (Mikrovolt):

$$\Delta U = \frac{3{,}3\,\text{V}}{4096} = 0{,}000805\,\text{V}$$

Mit diesem Wandler können Sie also (theoretisch) Spannungen mit einer Genauigkeit von 805 µV erzeugen.

6.2 Ein Computer erzeugt eine Spannung – eine beliebige Spannung erzeugen

Durch den zusätzlichen Adress-Pin können außerdem mehrere Wandler an einem Bus betrieben werden. Jeder vorhandene Adress-Pin stellt ein variables Bit in der I²C-Adresse des Wandlers dar. Wenn also ein einzelner Adress-Pin vorhanden ist, so gibt es zwei Möglichkeiten für die Adresse des Chips. Bei zwei Adress-Pins sind es dann vier Möglichkeiten usw. Die Beschaltung dieses Pins müssen Sie bei der Angabe der Adresse im Programm berücksichtigen. Dazu mehr in Abschnitt 6.2.3.

Auf Seite 18 und 19 des offiziellen Herstellerdatenblattes finden Sie die Informationen, wie Sie den Wandler über den I²C-Bus ansprechen müssen (siehe Abbildung 6.15).

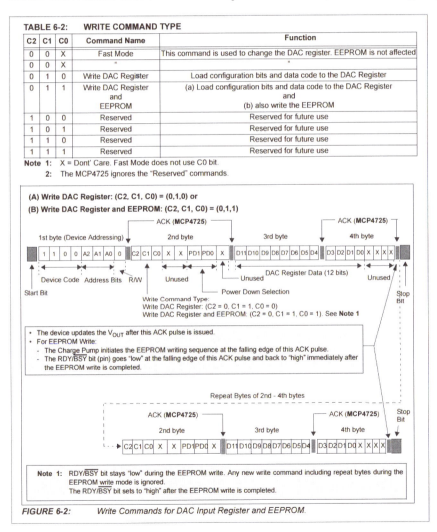

Abbildung 6.15 Beschreibung der I²C-Schnittstelle aus dem offiziellen Hersteller-Datenblatt

Die Seite sieht komplizierter aus, als sie eigentlich ist. Um sie zu verstehen, benötigen Sie allerdings Informationen aus Seite 23 des Datenblattes.

Der MCP4725 besitzt drei verschiedene Schreibmodi, die auf Seite 23 erklärt werden:

- den *Fast-Write-Modus*, mit dem die Register, also die Speicherzellen des Wandlers, beschrieben werden können
- den einfachen Schreibbefehl, um die Register des Wandlers zu beschreiben. Beim MCP4725 macht dieser Befehl genau dasselbe wie der Fast-Write-Modus (siehe Table 6-2 auf Seite 24).
- und einen Schreibbefehl, um sowohl die Register als auch das EEPROM zu beschreiben

Da das EEPROM hier nicht verwendet wird, nutzen wir den Fast-Write-Modus, um die Daten in die Register des Wandlers zu schreiben. Falls Sie später Daten in das EEPROM schreiben möchten, so müssen Sie den dritten Schreibmodus verwenden.

Wenn Sie sich nun Abbildung 6.15 (oder Figure 6.2 im offiziellen Datenblatt) anschauen, sehen Sie, wie die Kommunikation über die I²C-Schnittstelle mit dem Wandler aussehen muss, um z. B. ein Register zu beschreiben.

Eine komplette Übertragung ist 4 Byte lang und teilt sich wie folgt auf:

1. Byte: Adresse des Chips und R/W-Bit
2. Byte: Schreibmodus, eventuelle Power-Down-Optionen (werden hier nicht betrachtet)
3. die höchsten acht Bits des 12-Bit-Spannungswertes
4. die letzten vier Bits des 12-Bit-Spannungswertes

Die I²C-Adresse des Chips können Sie anhand des ersten Bytes bzw. anhand von Figure 7-1 auf Seite 27 des Datenblattes ablesen (siehe Abbildung 6.16).

Wie Sie sehen, besteht die Adresse aus den Werten 1100 A2A1A0. Die ersten vier Bits, also die Bits 1100_2, der Adresse sind fest definiert und können nicht geändert werden. Bei den Bits A2, A1 und A0 handelt es sich um Adressbits, mit denen die Adresse des Chips verändert werden kann. Durch die drei Adressbits können insgesamt acht Chips (2^3) an den I²C-Bus angeschlossen werden.

In Punkt 7.2 seines Datenblattes weist der Hersteller aber darauf hin, dass die Adressbits A2 und A1 intern standardmäßig auf »00« gesetzt sind, außer der Käufer wünscht es explizit anders. Große Geschäftskunden haben so die Möglichkeit, mehrere der Chips an einem Bus zu verwenden. Sie allerdings können die Adresse somit nur über das Bit A0 ändern, das an den gleichnamigen Pin angeschlossen ist.

6.2 Ein Computer erzeugt eine Spannung – eine beliebige Spannung erzeugen

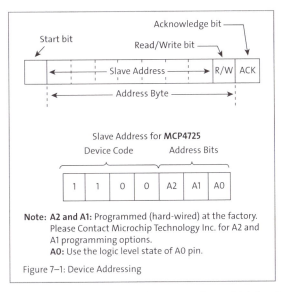

Abbildung 6.16 Die Chip-Adresse aus dem offiziellen Datenblatt

Da dieser Pin auf Masse gelegt werden soll, ergibt sich als I²C-Adresse der Wert 110 0000$_2$, was dem Dezimalwert 96$_{10}$ entspricht. Das R/W-Bit muss gesetzt werden, wenn Daten gelesen werden sollen, und es muss gelöscht werden, wenn Daten geschrieben werden sollen.

> **Hinweis: Notation von Logikzuständen über Namen bzw. Buchstaben**
>
> Die Bezeichnung R/W ist eine typische Notation in der Digitaltechnik, um festzuhalten, wie die beiden Zustände eines Bits definiert sind. In diesem Fall bedeuten die beiden Zustände Folgendes:
>
> - Wenn das Bit gesetzt ist, ist es eine Leseoperation.
> - Wenn das Bit gelöscht ist (Strich über dem Bit), ist es eine Schreiboperation.
>
> Dargestellt wird dies durch die Buchstaben R für »Read«, also für Leseoperation, wenn das Bit gesetzt ist, und durch W für »Write«, also für Schreiboperation, wenn nicht gesetzt. In diesem Beispiel muss also für eine Leseoperation das Bit gesetzt und für eine Schreiboperation das Bit gelöscht werden.

Über das R/W-Bit müssen Sie in dem Programm lediglich die sieben Bits der Adresse angeben.

Nun wird es aber Zeit, den Digital/Analog-Wandler an den Raspberry Pi anzuschließen.

6.2.3 Den Digital/Analog-Wandler mit dem Raspberry Pi verbinden

Bevor Sie das Modul an den Raspberry Pi anschließen können, müssen Sie als Erstes die mitgelieferte Stiftleiste an das Modul anlöten (siehe Abbildung 6.17).

Abbildung 6.17 Das Modul mit angelöteter Stiftleiste

Mit der Stiftleiste ist es möglich, das Modul direkt an das Steckbrett und damit an den Raspberry Pi anzuschließen. Die Verkabelung sieht dabei so aus wie in Abbildung 6.18.

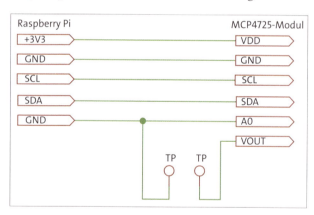

Abbildung 6.18 Die Verkabelung des Moduls mit dem Raspberry Pi

Die beiden Punkte namens TP sind Testpunkte, um nachher mit einem Messgerät, z. B. einem Multimeter, die Spannung zu messen. Am einfachsten ist es, die beiden Anschlüsse mit einer Drahtbrücke zu versehen, um die Klemmen des Multimeters daran anschließen zu können.

Nach der Verdrahtung des Moduls müssen Sie überprüfen, ob der Wandler erkannt wird. Dazu geben Sie den folgenden Befehl in die Konsole des Raspberry Pi ein:

```
$ i2cdetect -y 1
```

Nun wird der I²C-Bus 1, also der Bus, der auf der 40-poligen Stiftleiste liegt, gescannt, und alle angeschlossenen I²C-Geräte werden aufgelistet.

> **Hinweis: »i2cdetect« wurde nicht gefunden**
>
> Je nach Version des Betriebssystems kann es sein, dass das Programm *i2cdetect* nicht gefunden wird. Falls dies der Fall ist, müssen Sie das Programm nachträglich installieren. Dazu geben Sie Folgendes in die Konsole ein:
>
> ```
> $ sudo apt-get install i2ctools
> ```

Nun erscheint die Konsolenausgabe aus Abbildung 6.19.

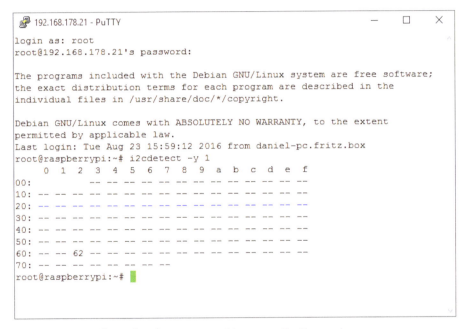

Abbildung 6.19 Alle an den I²C-Bus angeschlossenen Geräte werden fein säuberlich aufgelistet.

Alle gefundenen Adressen werden als Hexadezimalzahl ausgegeben. Die Zahl 0x62 entspricht der Zahl 98 im Dezimalsystem.

> **Hinweis: die Adresse des Chips kann variieren**
>
> Wie bereits erwähnt, kann die Adresse des Chips durch den Hersteller variiert werden (er kann die Bits A2 und A1 im Chip anders setzen). Bei dem Chip, den wir für dieses Beispiel verwendet haben, war dies der Fall, wodurch die Adresse 98_{10} zustande kam und

nicht wie erwartet die Adresse 96_{10}. Auf der Webseite des Herstellers der Leiterkarte (in unserem Fall Adafruit – Watterott ist nur ein Vertriebspartner von Adafruit in Deutschland) wird ein wenig versteckt darauf hingewiesen, dass die Adresse 0x62, also 98_{10} lautet (siehe Abbildung 6.20).

- **A0** allow you to change the I2C address. By default (nothing attached to A0) the address is hex **0x62**. If A0 is connected to **VDD** the address is **0x63**. This lets you have two DAC boards connected to the same SDA/SCL I2C bus pins.
- **VOUT** is the voltage out from the DAC! The voltage will range from 0V (when the DAC value is 0) to VDD (when the DAC 'value' is the max 12-bit number: 0xFFF).

Abbildung 6.20 Auszug aus dem MCP4725-Tutorial von learn.adafruit.com

Die angezeigte Adresse wird nun als Adresse für die Software verwendet, welche Sie schreiben.

6.2.4 Den I²C-Bus mit Python verwenden

Zuallererst muss noch ein weiteres Python-Modul installiert werden, damit der I²C-Bus mit der Programmiersprache Python verwendet werden kann:

```
$ apt-get install python-smbus
```

Im nächsten Schritt öffnen Sie unter MENU • PROGRAMMING PYTHON 3 (IDLE) und erstellen ein neues Python-Skript.

Am Anfang dieses Skriptes müssen Sie das Modul *python-smbus* importieren:

```
import smbus
```

Dieses Modul liefert die notwendigen Methoden, um den I²C-Bus am Raspberry Pi nutzen zu können. Ähnlich wie beim LCD muss beim I²C die Schnittstelle erst geöffnet und einem Objekt zugewiesen werden. Dies geschieht mit dem Aufruf:

```
smbus.SMBus(Interface):
MCP4725 = smbus.SMBus(1)
```

Der Wert `Interface` steht dabei für die verwendete I²C-Schnittstelle. Auf der 40-poligen Schnittstelle wird die I²C-Schnittstelle 1 verwendet, weswegen beim Öffnen der Schnittstelle eine 1 angegeben wird.

Wie die UART-Schnittstelle muss auch die I²C-Schnittstelle nach der Benutzung mit der `close()`-Methode wieder geschlossen werden.

6.2 Ein Computer erzeugt eine Spannung – eine beliebige Spannung erzeugen

Mithilfe des erzeugten SMBus-Objekts können nun Sie die Methoden für den I²C Bus verwenden.

Info: SMBus oder I²C – was ist der Unterschied?

Beim SMBus handelt es sich um eine von Intel entwickelte Schnittstelle, die vollständig zum I²C kompatibel ist. Allerdings kann der SMBus nur mit einer maximalen Taktfrequenz von 100 kHz betrieben werden. Zudem unterscheiden sich die beiden Busse in der Signalspannung: Beim SMBus ist die Signalspannung auf 2,1V für einen High-Pegel und 0,8V für einen Low-Pegel festgelegt, während die Spannung beim I²C von der Betriebsspannung des Chips abhängt.

Damit der Wandler eine Spannung ausgibt, müssen drei Bytes an Daten gesendet werden. Im ersten Byte werden die Schreibmethode und der Betriebsmodus des Wandlers festgelegt. Alle möglichen Schreibmethoden können Sie der Table 6-2 des offiziellen Datenblattes bzw. Abbildung 6.15 entnehmen.

Da das interne EEPROM nicht genutzt werden soll, wird der Schreibbefehl Write DAC Register verwendet. Um diesen Befehl zu senden, müssen Sie die Bits für den Schreibbefehl im ersten Byte wie folgt setzen:

- C2 und C0 auf 0
- C1 auf 1

Power-Down-Optionen nutzen Sie nicht, und entsprechend Table 5-2 aus dem Datenblatt müssen Sie die Bits PD1 und PD0 daher auf 0 setzen (siehe Abbildung 6.21).

TABLE 5-2:		POWER-DOWN BITS
PD1	PD0	Function
0	0	Normal Mode
0	1	1 kΩ resistor to ground [1]
1	0	100 kΩ resistor to ground [1]
1	1	500 kΩ resistor to ground [1]
Note 1:		In the power-down mode: V_{OUT} is off and most of internal circuits are disabled.

Abbildung 6.21 Power-Down-Optionen des Wandlers

Damit setzt sich das erste Byte wie folgt zusammen:

- Bits 7–5: 0 1 0
- Bits 4–3: 0 0
- Bits 2–1: 0 0 0

Damit ergibt sich der Hex-Wert 0x40 für das erste Byte.

Die Ausgangsspannung definieren

Jetzt müssen noch die Daten für die Ausgangsspannung definiert werden. Da der Wandler eine Auflösung von 12 Bit besitzt und die Referenzspannung der Betriebsspannung entspricht, in diesem Fall also 3,3 V, ergibt sich ein Wert von 805 µV/Bit.

Der zu übertragende Spannungswert D berechnet sich nun aus der Zielspannung U_{Out} geteilt durch die Spannung pro Bit ΔU:

$$D = \frac{U_{Out}}{\Delta U}$$

Für eine Spannung von 2 V lautet die Gleichung also:

$$D = \frac{2\,V}{805\,\mu V} \approx 2482$$

Da es sich bei dem zu übertragenden Wert um einen Integer, also um eine Ganzzahl, handelt, müssen Sie das Ergebnis entsprechend runden. Eine Kontrollrechnung zeigt, dass der Spannungswert 2482 eine tatsächliche Spannung von 1,99 V erzeugt – also nicht ganz 2 V.

$$U_{Out} = 2482 \cdot 805\,\mu V$$

Den berechneten Wert müssen Sie nun in eine Dualzahl umwandeln, um ihn für die Übertragung zum Wandler formatieren zu können:

$$2482_{10} = 1001\,1011\,0010_2$$

Der berechnete Wert muss nun noch für den Wandler formatiert werden. Laut Datenblatt beinhaltet das 2. Byte, das übertragen wird, die acht höchsten Bits des Spannungswertes. Für das 2. Byte ergibt sich damit der folgende Wert:

$$1001\,1011_2 = 0x9B$$

Die letzten vier Bytes des Spannungswertes müssen um vier Stellen nach links geschoben werden, da sie die Bits 7 bis 4 besetzen müssen. Solch ein *Bitshift* wird in den meisten Programmiersprachen durch einen Doppelpfeil in die jeweilige Richtung dargestellt, in diesem Fall also als <<. Damit ergibt sich der folgende Wert:

$$0000\,0010_2 \ll 4$$

$$0010\,0000_2 = 0x20$$

Die drei zu übertragenden Bytes für eine Ausgangsspannung von 2 V lauten also 0x40, 0x9B und 0x20.

6.2 Ein Computer erzeugt eine Spannung – eine beliebige Spannung erzeugen

Weiter im Python-Skript ...

Über die Methode `write_word_data(addr, cmd, val)` können nun die Daten an den Wandler übertragen werden. Die Methode ist normalerweise so aufgebaut, dass der Wert `addr` die Adresse des Chips, der Wert `cmd` das Zielregister und der Wert `val` den zu schreibenden Wert als Integer, also 2x1 Byte, darstellt. Insgesamt werden mit dieser Methode also 3 Bytes Daten gesendet – einmal die Adresse des Registers und zwei Bytes Daten für das Register.

Daher ist diese Methode ideal, um die drei Bytes an Daten zum Wandler zu senden. Für den Wert `cmd` wird der Wert des ersten Bytes, also der Wert 0x40, eingesetzt, und der Wert `val` entspricht dem Binärwert der gewünschten Ausgangsspannung. Die Methode beginnt beim Versenden der Daten mit den unteren acht Bits der Daten, weswegen das High- und das Low-Byte der Daten untereinander getauscht werden müssen. Der Aufruf lautet daher:

```
MCP4725.write_word_data(0x62, 0x40, 0x209B)
```

Das komplette Programm sieht damit wie folgt aus:

```
import smbus
MCP4725 = smbus.SMBus(1)
MCP4725.write_word_data(0x62, 0x40, 0x209B)
```

Wenn Sie das Programm nun unter dem Namen *MCP4725.py* speichern und dann über RUN • RUN MODULE starten, gibt der Wandler die gewünschte 2-V-Spannung aus. Zur Kontrolle können Sie die Spannung einmal mithilfe eines Messgerätes, z. B. eines Multimeters, an den Testpunkten nachmessen. In Abbildung 6.22 haben wir die Spannung vom Wandler mit einem Oszilloskop gemessen.

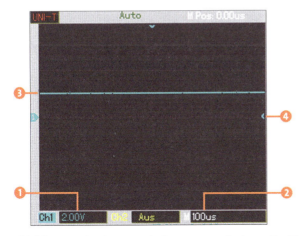

Abbildung 6.22 Die erzeugte Spannung mit einem Oszilloskop messen

Jedes der abgebildeten Kästchen auf dem Bildschirm des Oszilloskops hat eine Höhe von 2V ❶ und eine Breite von 100 µs ❷. Auf dem Oszilloskop sind in der Breite 10 Kästchen abgebildet, wodurch eine Zeit von 100 µs · 10 = 1 ms beobachtet werden kann. Der Nullpunkt der Spannung liegt auf der horizontalen Mittellinie ❹ des Bildschirms.

Die aktuell gemessene Spannung wird mit der blauen Line ❸ dargestellt. Da diese Linie genau auf der Höhe von einem Kästchen liegt, beträgt die gemessene Spannung exakt 2V, also die Spannung, die der Wandler ausgeben soll.

Jetzt wäre es natürlich praktisch, wenn Sie dem Programm einfach den Spannungswert als Zahl mitteilen könnten, und das Programm selbstständig den 12-Bit-Wert für den Wandler berechnen und diesen anschließend übertragen würde.

Genau für diesen Zweck programmieren Sie eine Methode, die Werte von 0 bis zur Maximalspannung annimmt und damit die Daten für den Wandler berechnet. Als Erstes benötigen Sie das Grundgerüst für eine Methode. Direkt am Anfang der Methode fragen Sie ab, ob der übergebene Wert den Wert 3,3 nicht überschreitet. Falls doch, verlassen Sie die Methode und geben ein `false` zurück, um einen Fehler in der Methode zu signalisieren:

```
def SendVoltage (Voltage):
  if(Voltage > U_Max):
    return false
```

Der Wert `U_Max` entspricht einer Variablen, die Sie am Anfang des Programms definieren und mit dem Wert 3.3 für die Betriebsspannung des Wandlers füllen.

Die Verwendung einer Variablen bietet den Vorteil, dass Sie so das Programm später bequem für eine Maximalspannung von z. B. 5V anpassen können, indem Sie nur den Wert dieser Variablen ändern.

Im nächsten Schritt wandeln Sie den übertragenen Wert in einen Dezimalwert um. Dies machen Sie genau so wie beim ersten Beispiel:

```
def SendVoltage (Voltage):
  if(Voltage > U_Max):
    return false
  Voltage_Dez = Voltage * delta_U
```

Der Wert `delta_U` entspricht der Spannung/Bit, und diesen Wert definieren Sie ebenfalls am Anfang des Programms. Die Spannung/Bit ergibt sich aus der Betriebsspannung (`U_Max`) und der Auflösung:

```
delta_U = U_Max / 4096
```

6.2 Ein Computer erzeugt eine Spannung – eine beliebige Spannung erzeugen

Das Programm sieht nun bereits so aus:

```
import smbus
U_Max = 3.3
delta_U = U_Max / 4096
def SendVoltage(Voltage):
  if(Voltage > U_Max):
    return false
  Voltage_Dez = Voltage / delta_U
```

Der Wert `Voltage_Dez` muss nun in zwei Bytes umgewandelt werden, um diese Bytes dann passend für den Wandler zu formatieren. Der berechnete Wert muss nun erst in einen Integer-Wert konvertiert werden. Dies entspricht dem Runden ohne Nachkommastellen:

```
Voltage_Dez = int(Voltage_Dez)
```

Über eine Und-Verknüpfung können die entsprechenden Bits maskiert und gespeichert werden:

```
Voltage_Dez_High = (Voltage_Dez >> 4) & 0xFF
Voltage_Dez_Low = (Voltage_Dez & 0x0F) << 4
```

Doch was passiert da genau?

In der ersten Zeile wird das erste Datenbyte berechnet:

```
Voltage_Dez_High = (Voltage_Dez >> 4) & 0xFF
```

Sie haben z. B. den Wert $1001\ 1011\ 0010_2$ aus dem vorigen Beispiel. Im ersten Schritt wird dieser Wert um vier Stellen nach rechts geschoben. Dadurch ergibt sich:

$1001\ 1011\ 0010_2 \gg 4 = 0000\ 1001\ 1011_2$

Da Sie aber einen 8-Bit-Wert benötigen, müssen Sie die anderen Bits alle rausschmeißen. Dies geschieht mit der Und-Verknüpfung (&) mit 0xFF:

$0000\ 1001\ 1011_2$

& $0000\ 1111\ 1111_2$

Bei der Und-Verknüpfung kommt nur eine 1 als Ergebnis heraus, wenn beide Eingangswerte den Wert 1 besitzen. Wenn Sie die Verknüpfung nun für jedes Bitpaar anwenden, so erhalten Sie als Ergebnis die höchsten acht Bits, die Sie in einer entsprechenden Variablen speichern.

In der zweiten Zeile wird dann das zweite Datenbyte berechnet:

```
Voltage_Dez_Low = (Voltage_Dez & 0x0F) << 4
```

Durch die Verknüpfung mit dem Wert 15_{10} (0x0F) erhalten Sie die niedrigsten vier Bits des Binärwertes. Da die niedersten vier Bits des 12-Bit-Wertes allerdings an den Bits 7 bis 4 des zu übertragenen Bytes stehen müssen, müssen Sie den verknüpften Wert noch um vier Stellen nach links schieben.

Aus den beiden Einzelwerten muss nun ein neuer 16-Bit-Integerwert für die Methode write_word_data() generiert werden, indem die beiden Einzelwerte vertauscht miteinander addiert werden. Dazu wird das niedrigste Byte, also Voltage_Dez_Low, um acht Stellen nach links geschoben:

Voltage_Dez_Low << 8

Auf das Beispiel bezogen, bedeutet dies:

$1001\,1011_2 \ll 8 = 1001\,1011\,0000\,0000_2$

Der verschobene Wert wird anschließend mit Voltage_Dez_High Oder-verknüpft:

(Voltage_Dez_Low << 8) | Voltage_Dez_High

Die Klammer dient dazu, um dem Interpreter mitzuteilen, dass er erst die Verschiebung durchführen soll und dann die Oder-Verknüpfung. Den nun erzeugten Wert übertragen Sie im nächsten Schritt an den Wandler:

```
MCP4725.write_word_data(0x62, 0x40, (Voltage_Dez_Low << 8) |
    Voltage_Dez_High)
```

Der Wert 0x40 bleibt dabei immer gleich, da jeder Wert nur in den Wandler und nicht ins interne EEPROM geschrieben werden soll.

Die auf diese Weise erstellte Methode rufen Sie anschließend in Ihrem Programm auf. Das komplette Programm nimmt jetzt die folgende Form an:

```python
import smbus
U_Max = 3.3
delta_U = U_Max / 4096
MCP4725 = smbus.SMBus(1)
def SendVoltage(Voltage):
  if(Voltage > U_Max):
    return false
  Voltage_Dez = Voltage / delta_U
  Voltage_Dez = int(Voltage_Dez)
  Voltage_Dez_High = (Voltage_Dez >> 4) & 0xFF
  Voltage_Dez_Low = (Voltage_Dez & 0x0F) << 4
  MCP4725.write_word_data(0x62, 0x40, (Voltage_Dez_Low << 8) |
      Voltage_Dez_High)
```

```
while(True):
  SendVoltage(1.0)
```

Wenn Sie das Programm starten, sehen Sie, wie sich die Ausgangsspannung des Wandlers auf 1 V reduziert.

Eine Dreiecksspannung mit einer Lookup-Table erzeugen

Jetzt können Sie mithilfe des Wandlers aber nicht nur konstante Spannungen mit einem festen Spannungswert ausgeben, sondern Sie können auch Wechselspannungen erzeugen, z. B. eine dreiecksförmige Spannung wie in Abbildung 6.23.

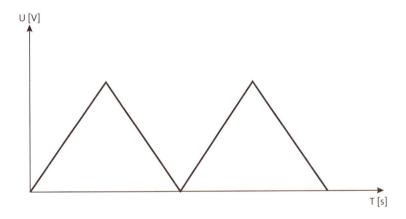

Abbildung 6.23 Zeitlicher Verlauf einer Dreiecksspannung

Bei einer Dreiecksspannung steigt der Wert der Spannung in bestimmten Zeitabständen um einen bestimmten Wert an. Dies geschieht so lange, bis die Ausgangsspannung einen bestimmten Maximalwert erreicht hat, z. B. 3 V. Danach sinkt die Spannung mit jedem Zeitintervall um einen bestimmten Wert, bis sie wieder 0 V erreicht hat.

Mithilfe eines solchen Spannungsverlaufs können Sie z. B. dafür sorgen, dass sich die Helligkeit einer LED in bestimmten Abständen ändert – ein sogenannter Fading-Effekt. Der einfachste Weg, um eine Spannung mit einer beliebigen Form zu erzeugen, führt über eine sogenannte *Lookup-Table*.

Bei einer Lookup-Table handelt es sich um ein Array aus Werten, die den Ausgangswert der Spannung zu festen Zeitpunkten darstellt. Diese Werte werden einmal berechnet und dann im Programm gespeichert und dort nur noch abgerufen. Auf diese Weise muss die Plattform, die die Wechselspannung erzeugen will – hier der Raspberry Pi – keine komplizierten Berechnungen durchführen, um an die Werte zu gelangen.

Zu allererst definieren Sie, wie viele *Stützstellen* der Spannungsverlauf besitzen soll. Bei einer Stützstelle handelt es sich um einen Punkt auf der Signalkurve. Ein analoges Signal besitzt während des Signalverlaufs unendlich viele Spannungswerte. Da ein digitales System allerdings nur eine endliche Menge an Spannungswerten darstellen kann, muss das Signal in eine bekannte Anzahl an Schritten unterteilt werden. Jeder Schritt stellt dann einen Spannungswert des ursprünglichen Ausgangssignals dar.

Für die Dreiecksspannung soll gelten:

- $U_{Min} = 0\,V$
- $U_{Max} = 3\,V$
- $T = 200\,ms$

Sie erstellen sich also ein Dreieckssignal, das seine Spannung von 0 bis 3 V erhöht und anschließend wieder auf 0 V verringert. Ein komplettes Dreieck soll 200 ms dauern. Bei einem Dreieck ist die linke Seite, also die Seite, wo die Spannung ansteigt, genauso groß wie die rechte Seite, also die Seite, wo die Spannung wieder abfällt. Daher dauert ein Anstiegs- und Abstiegsvorgang der Dreiecksspannung 100 ms.

Sowohl der Anstiegs- als auch der Abstiegsvorgang soll acht Stützstellen besitzen. Sie müssen also die 3 V Steigung, also den Spannungsunterschied, der vom Beginn bis zum Ende zurückgelegt werden muss, durch die Anzahl der Stützstellen teilen:

$$\Delta U = \frac{3\,V}{8} = 0{,}375\,V$$

Der Unterschied zwischen jeder Stützstelle beträgt also 0,375 V. Sowohl der Steig- als auch der Sinkvorgang dauern 100 ms, und in den 100 ms müssen die acht Stützstellen abgearbeitet werden. Daher hat jede Stützstelle eine Dauer von:

$$\Delta t = \frac{100\,ms}{8} = 12{,}5\,ms$$

Sie müssen also mithilfe des Wandlers alle 12,5 ms einen neuen Spannungswert ausgeben. Ein solches diskretisiertes Dreieckssignal, also ein Signal mit festen Werten in bestimmten Zeitabständen, sieht dann am Schluss so aus wie in Abbildung 6.24.

Die Theorie muss nun nur noch in ein Programm umgesetzt werden. Zuallererst wird die Lookup-Table für das Signal erzeugt. Diese Lookup-Table wird als Liste abgelegt. Sie beinhaltet für jeden Schritt einen Spannungswert:

```
Triangle = [ 0, 0.375, 0.75, 1.125, …, 3.0, 2.614, …, 0.375, 0]
```

Jeder Schritt entspricht dem vorherigen Wert, erhöht um den Wert ΔU = 0.375 V. Insgesamt sind es 16 Werte: 8 aufsteigende und 8 absteigende.

6.2 Ein Computer erzeugt eine Spannung – eine beliebige Spannung erzeugen

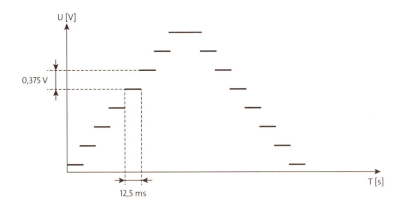

Abbildung 6.24 Das diskrete Dreieckssignal, das Sie erzeugen

Dann wird eine Endlosschleife benötigt. In dieser Endlosschleife befindet sich eine `for`-Schleife, die sämtliche Werte in dem Array durchgeht und den jeweils aktuellen Wert an den Wandler übermittelt. Dies geschieht mit der bereits erstellten Methode zum Übermitteln eines Spannungswertes:

```
while(True):
  for Value in Triangle:
    SendVoltage(Value)
    time.sleep(0.0125)
```

Nach der Übertragung des Wertes wartet das Programm 12,5 ms, bevor der nächste Wert gesendet wird. Dies wird mit der Methode `sleep(Seconds)` des Moduls `time` realisiert. Das komplette Programm sieht nun wie folgt aus:

```
import smbus
import time
Triangle = [
 0.375, 0.75, 1.125, 1.5, 1.875, 2.25, 2.625, 3.0, 2.625, 2.25, 1.875, 1.5,
 1.125, 0.75, 0.375, 0 ]
U_Max = 3.3
delta_U = U_Max / 4096
MCP4725 = smbus.SMBus(1)
def SendVoltage(Voltage):
  if(Voltage > U_Max):
    return false
  Voltage_Dez = Voltage / delta_U
  Voltage_Dez = int(Voltage_Dez)
```

```
    Voltage_Dez_High = (Voltage_Dez >> 4) & 0xFF
    Voltage_Dez_Low = (Voltage_Dez & 0x0F) << 4
    MCP4725.write_word_data(0x62, 0x40, (Voltage_Dez_Low << 8) | Voltage_Dez_High)
while(True):
    for Value in Triangle:
        SendVoltage(Value)
        time.sleep(0.125)
```

Wenn Sie das Programm nun über RUN • RUN MODULE starten, erzeugt der Wandler die gewünschte Dreiecksspannung (siehe Abbildung 6.25).

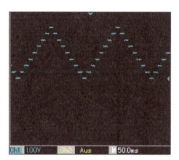

Abbildung 6.25 Die erzeugte Dreiecksspannung, mit dem Oszilloskop betrachtet

Info: Signalverläufe erzeugen

Uns ist durchaus bewusst, dass ein so einfaches Signal wie ein Dreieck auch mit weniger Aufwand erzeugt werden kann. (Stichwort: »Steigung« aus der Schulzeit: y = m × x+b)

Dennoch ist gerade dieses Signal wegen seiner Einfachheit ideal, um Ihnen das Prinzip einer Lookup-Table zur Erzeugung von analogen Signalverläufen darzustellen.

Wenn Sie die Zeit in der Schleife nun auf 125 ms verringern und wie in Abbildung 6.26 eine LED an den Ausgang des Wandlers anschließen (*Vorwiderstand nicht vergessen!*), dann können Sie sehr schön beobachten, wie die LED heller bzw. dunkler wird.

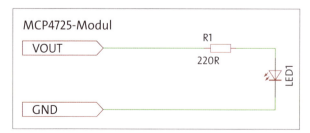

Abbildung 6.26 So wird die LED korrekt an den Wandler angeschlossen.

Bei der Dimensionierung des Vorwiderstands für die LED ist es wichtig, dass Sie den Maximalstrom des Wandlers berücksichtigen. Laut Datenblatt kann der Wandler nur 25 mA an Strom liefern (siehe Abbildung 6.27).

```
Absolute Maximum Ratings†

V_DD ............................................................ 6.5V
All inputs and outputs w.r.t V_SS ......... –0.3V to V_DD+0.3V
Current at Input Pins ................................... ±2 mA
Current at Supply Pins ................................ ±50 mA
Current at Output Pins ................................ ±25 mA
Storage Temperature ................... –65°C to +150°C
Ambient Temp. with Power Applied ...... –55°C to +125°C
ESD protection on all pins ............ ≥6 kV HBM, ≥400V MM
Maximum Junction Temperature (T_J) ................. +150°C
```

Abbildung 6.27 Der maximale Ausgangsstrom des Wandlers (»Current at Output Pins«) beträgt nur 25 mA.

Dementsprechend ergibt sich z. B. für eine rote LED mit einer Flussspannung von etwa 2 V der folgende minimale Vorwiderstand:

$$R_{Min} = \frac{U_{Max} - U_{LED}}{I_{Max}} = \frac{3V - 2V}{0{,}025\,A} = 40\,\Omega$$

Je höher der Widerstand ist, desto weniger wird der Wandler belastet.

Nun sind Sie in der Lage, mit dem Raspberry Pi analoge Spannungen zu erzeugen. Natürlich ist auch der umgekehrte Weg, also das Messen von analogen Spannungen möglich. Sie dürfen gespannt bleiben!

6.3 Analoge Spannungen für einen Computer aufbereiten

In diesem Abschnitt lernen Sie, wie Sie einen ADS1015-Analog/Digital-Wandler (engl. *Analog/Digital Converter*, *ADC*) an den Raspberry Pi anschließen und verwenden.

6.3.1 Was ist ein Analog/Digital-Wandler?

Mithilfe eines solchen Wandlers ist es möglich, analoge Spannungen einzulesen und als digitalen Wert darzustellen. Analoge Spannungen werden z. B. von temperaturabhängigen oder lichtabhängigen Widerständen erzeugt. Auch bei den Analog/Digital-Wandlern gibt es viele verschiedene Möglichkeiten, die analoge Spannung einzulesen und zu verarbeiten. Dabei besitzt jedes Verfahren, ähnlich wie beim DAC, seine Vor- und Nachteile (Wandlungsgeschwindigkeit, Auflösung, Komplexität etc.).

Der Analog/Digital-Wandler vom Typ ADS1015, den wir hier vorstellen, verwendet das sogenannte Delta-Sigma-Verfahren, um die analoge Eingangsspannung in ein digitales Signal zu verwandeln. Dieses Verfahren zählt schon zu den komplizierteren Verfahren und kann nur mit einem fundierten Wissen zur Elektrotechnik verstanden werden. Aus diesem Grund gehen wir nicht näher auf das Funktionsprinzip dieses Wandlers ein, sondern stattdessen direkt auf seine Verwendung.

Bei dem hier verwendeten Wandler handelt es sich um einen Analog/Digital-Wandler mit einer Auflösung von 12 Bit und einer eingebauten Referenzspannung (siehe Abbildung 6.28). Die maximal messbare Spannung wird bei diesem ADC durch einen PGA festgelegt. PGA steht für *Programmable Gain Amplifier*, es handelt sich also um einen programmierbaren Verstärker.

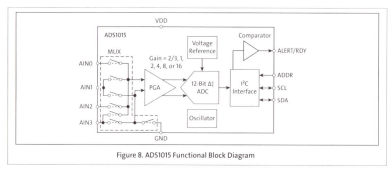

Abbildung 6.28 Blockschaltbild des ADCs aus dem offiziellen Datenblatt

Dieser Verstärker verstärkt die Eingangsspannung, die an den Pins A0 bis A3 angelegt wird, um einen bestimmten Faktor, sodass der ADC die Messbereiche besitzt, die in Tabelle 6.1 aufgeführt sind.

PGA-Verstärkung	Messbereich
2/3	±6,144 V
1	±4,096 V
2	±2,048 V
4	±1,024 V
8	±0,512 V
16	±0,256 V

Tabelle 6.1 Messbereiche des Wandlers in Abhängigkeit von der eingestellten Verstärkung

Die 12 Bit Auflösung des Wandlers teilen sich damit auf den jeweiligen Messbereich auf. Dementsprechend ist der Wandler genauer, wenn der kleinste Messbereich mit ±0,256 V verwendet wird, da dann ein Bit eine Spannung von 125 µV darstellt:

$$\Delta U = \frac{0{,}512\,\text{V}}{4096} = 0{,}000125\,\text{V}$$

Da der Wandler sowohl positive Spannungen wie auch negative Spannungen messen kann, beträgt der komplette Messbereich 0,512 V (–0,256 V bis +0,256 V).

Der Analog/Digital-Wandler kann mit einer Spannung von bis zu 5,5 V betrieben werden, und bedingt durch den internen Verstärker ist der ADC in der Lage, Spannungen zu messen, die über seiner normalen Betriebsspannung liegen. (Zum Vergleich: Der DAC konnte nur Spannungen bis zu seiner maximalen Betriebsspannung erzeugen, aber keine Spannungen, die höher sind.) Allerdings muss der Analog/Digital-Wandler mit mindestens 4 V versorgt werden, wenn eine Verstärkung von 1 oder 2/3 verwendet werden soll.

Der Analog/Digital-Wandler bietet zwei verschiedene Messmodi:

- Spannungsmessung gegen Masse (*Single-Ended*)
- differenzielle Spannungsmessung (*Differential*)

In dem ersten Messmodus wird das Messgerät (Multimeter oder wie hier der Analog/Digital-Wandler) parallel an den Verbraucher angeschlossen, und dann wird gemessen, wie groß der Spannungsabfall an dem Verbraucher gegenüber Masse ist. Nehmen wir an, Sie wollten bei einer Reihenschaltung aus drei unterschiedlichen Widerständen den Spannungsabfall am mittleren Widerstand messen. Wie würden Sie vorgehen, um diese Messung durchzuführen?

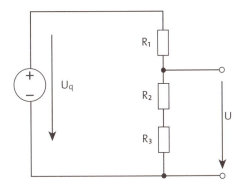

Abbildung 6.29 Klassische Messmethode gegen Masse

Eine Möglichkeit wäre es, den Spannungsabfall am Widerstand R_2 und R_3 zu messen (siehe Abbildung 6.29) und dann den Spannungsabfall am Widerstand R_3. Aus beiden Messwerten kann dann per Subtraktion der Spannungsabfall am Widerstand R_2 berechnet werden.

Diese Methode ist aber recht aufwendig. Praktischer wäre es, wenn man dem Messgerät einen neuen Bezugspunkt für die Messung vorgeben könnte. Auf diese Weise können Sie einen Anschluss des Widerstands als Bezugspunkt nehmen und dann zwischen beiden Anschlüssen des Widerstands den Spannungsunterschied zwischen Bezugspunkt und Messpunkt messen (siehe Abbildung 6.30):

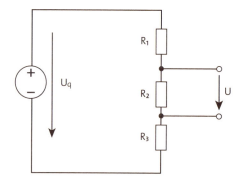

Abbildung 6.30 Die differenzielle Methode zum direkten Messen der Spannung am Widerstand R_2

Bei einem Multimeter ist das differenzielle Messen sehr einfach. Anstatt die COM-Leitung mit der Masse zu verbinden, verbinden Sie die Leitung einfach mit dem zweiten Pin des Verbrauchers. Bei einem Analog/Digital-Wandler ist dies unter Umständen aber nicht immer ganz so einfach, da diese Wandler intern sehr oft gegen die Masse als zweiten Bezugspunkt messen. Mit einem Analog/Digital-Wandler, der differenzielle Eingänge besitzt, wie z. B. der ADS1015, können Sie diese Art der Messung aber problemlos durchführen.

Der Schaltungsaufbau für das ADS1015-Modul (siehe Abbildung 6.31) sieht ähnlich aus wie der Aufbau des MCP4725-DAC-Moduls.

Auch der ADS1015-Analog/Digital-Wandler besitzt einen Pin, um die Adresse zu ändern (ADDR). Dieser Pin wird an Masse gelegt. Die Widerstände R_1 und R_2 bilden einen Spannungsteiler, der dazu da ist, um eine analoge Spannung an einen der Eingänge (A0) des Wandlers zu legen.

6.3 Analoge Spannungen für einen Computer aufbereiten

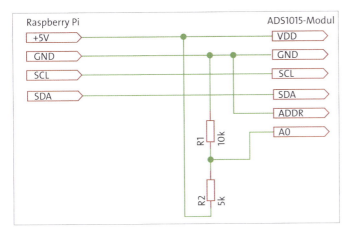

Abbildung 6.31 Der ADS1015 wird an den Raspberry Pi angeschlossen.

Entsprechend der Regel für Spannungsteiler beträgt die Spannung vom Pin A0 gegen Masse:

$$U_{A0} = 5 \text{ V} \cdot \frac{10 \text{ k}\Omega}{10 \text{ k}\Omega + 5 \text{ k}\Omega} = 3{,}33 \text{ V}$$

Diese Spannung wollen wir gleich mit dem Wandler messen.

Wie Sie vielleicht schon bemerkt haben, wird der Wandler mit einer 5-V-Spannung betrieben. Dadurch ist der Messbereich des Wandlers etwas höher. Da die Spannung für den I²C-Bus, bedingt durch die Pull-up-Widerstände auf dem Raspberry Pi, aber weiterhin 3,3 V beträgt, besteht keine Gefahr, dass der Raspberry Pi durch einen falschen Spannungspegel Schaden nimmt. Der I²C-Bus eignet sich somit auch ideal als Pegelumsetzer für Chips mit unterschiedlichen Betriebsspannungen. Anschließend prüfen Sie, ob das Modul ordnungsgemäß am Bus erkannt wurde. Dazu tippen Sie

```
$ i2cdetect -y 1
```

in die Konsole ein. Sie erhalten nun die Ausgabe aus Abbildung 6.32.

```
root@raspberrypi:/Programme# i2cdetect -y 1
     0  1  2  3  4  5  6  7  8  9  a  b  c  d  e  f
00:          -- -- -- -- -- -- -- -- -- -- -- -- --
10: -- -- -- -- -- -- -- -- -- -- -- -- -- -- -- --
20: -- -- -- -- -- -- -- -- -- -- -- -- -- -- -- --
30: -- -- -- -- -- -- -- -- -- -- -- -- -- -- -- --
40: -- -- -- -- -- -- -- -- 48 -- -- -- -- -- -- --
50: -- -- -- -- -- -- -- -- -- -- -- -- -- -- -- --
60: -- -- -- -- -- -- -- -- -- -- -- -- -- -- -- --
70: -- -- -- -- -- -- -- --
```

Abbildung 6.32 Der Chip wurde erfolgreich am I²C-Bus erkannt.

Die Adresse des Chips lässt sich dem Text QUICKSTART GUIDE auf Seite 8 des offiziellen Datenblattes entnehmen. Sie lautet 01001000_2, was der Hexadezimalzahl 0x48 entspricht.

6.3.2 Ein Python-Script für den ADS1015-Analog/Digital-Wandler erstellen

Nun erstellen Sie ein neues Python-Skript mit dem Namen *ADS1015.py* und öffnen es. In der ersten Zeile müssen Sie wieder das Modul für den I²C-Bus laden:

```
import smbus
```

Anschließend öffnen Sie die I²C-Schnittstelle und speichern das erzeugte Objekt in einer Variablen:

```
ADS1015 = smbus.SMBus(1)
```

Auch hier dürfen Sie nicht die `close()`-Methode vergessen, um die Schnittstelle nach der Benutzung wieder zu schließen. Nun müssen Sie erneut das Datenblatt des Wandlers studieren, damit Sie wissen, wie der Raspberry Pi mit dem Wandler kommunizieren muss.

Im Gegensatz zum MCP4725-Digital/Analog-Wandler besitzt der ADS1015 vier *Register*, also Speicherstellen, in denen die Konfiguration und das Ergebnis der Analog/Digital-Wandlung gespeichert wird. Diese Register sind auf Seite 15 des offiziellen Datenblattes in Table 6 dargestellt bzw. hier in Abbildung 6.33.

	Table 6. Register Address	
BIT 1	BIT 0	REGISTER
0	0	Conversion register
0	1	Config register
1	0	Lo_thresh register
1	1	Hi_thresh register

Abbildung 6.33 Registerübersicht des Wandlers

Jedes dieser Register besitzt eine Adresse, mit der das Register adressiert werden kann. Diese Adressen sind als Binärzahl in der Tabelle dargestellt und betragen $0_{10} - 3_{10}$. Jedes der vier Register hat eine bestimmte Aufgabe:

▶ *Conversion register* – Adresse 0: Hier wird das Ergebnis der Analog/Digital-Wandlung gespeichert. Wie Sie anhand von Table 8 aus dem offiziellen Datenblatt (bzw. Abbildung 6.34) sehen können, besitzt dieses Register 16 Bit, in denen die Daten gespeichert werden.

6.3 Analoge Spannungen für einen Computer aufbereiten

					Table 8. Conversion Register (Read-Only)										
BIT	15	14	13	12	11	10	9	8	7	6	5	4	3	2	1	0
NAME	D11	D10	D9	D8	D7	D6	D5	D4	D3	D2	D1	D0	0	0	0	0

Abbildung 6.34 Der Aufbau des »Conversion register« aus dem offiziellen Datenblatt des Herstellers

Zudem ist dieses Register Read-Only. Sie können also nur Daten auslesen und keine Daten hineinschreiben. Das Ergebnis der Wandlung ist in den Bits 15 bis 4 gespeichert.

▶ *Config register* – Adresse 1: Hier können Sie den Wandler konfigurieren. Dieses Register (siehe Abbildung 6.35) beinhaltet die Konfiguration der Eingänge, des Verstärkers, einen Energiesparmodus und weitere Einstellungen, die wir aber außen vorlassen.

			Table 9. Config Register (Read/Write)				
BIT	15	14	13	12	11	10	9	8
NAME	OS	MUX2	MUX1	MUX0	PGA2	PGA1	PGA0	MODE
BIT	7	6	5	4	3	2	1	0
NAME	DR2	DR1	DR0	COMP_MODE	COMP_POL	COMP_LAT	COMP_QUE1	COMP_QUE0

Abbildung 6.35 Der Aufbau des »Config register« aus dem offiziellen Datenblatt des Herstellers

▶ *Lo- und Hi_thresh register* – Adresse 2 und 3 Diese Register dienen dazu, zwei 16-Bit-Werte im Wandler zu speichern. Wenn der interne Vergleicher (Komparator) genutzt wird, nimmt der Komparator den aktuell erfassten Wert aus einer Wandlung und vergleicht ihn mit dem gespeicherten Wert.

Sobald der erfasste Messwert über oder unter dem Hi_thresh- bzw. Lo_thresh-Wert liegt, wird der Pin ALERT/RDY geschaltet. Diese Funktion eignet sich ideal für eine Batterieüberwachung. Sie schreiben einmal die Werte in den Wandler, und der Wandler überwacht dann permanent die Batterie und gibt einen Alarm aus, wenn die Batterie zu schwach wird. In diesem Buch werden wir allerdings nicht auf diese Funktion eingehen. Sie können aber mit dem Wissen, das Sie bereits besitzen, problemlos selbst diese Funktion testen.

Bevor der Wandler genutzt werden kann, müssen Sie ihn für Ihre Zwecke konfigurieren. Auf Seite 8 des offiziellen Datenblattes wird beschrieben, wie die Konfiguration des Wandlers vonstatten zu gehen hat. Insgesamt müssen Sie vier Bytes an Daten übertragen:

1. die Adresse des Chips (0x48). Da Sie das Konfigurationsregister beschreiben wollen, handelt es sich bei der Übertragung um einen Schreibbefehl.

2. die Adresse des zu beschreibenden Registers (0x01 für das *Config*-Register)
3. die höchsten acht Bit des 16 Bit umfassenden Registerwertes
4. die niederen acht Bit des 16 Bit umfassenden Registerwertes

Doch wie sieht die Konfiguration für die Messung aus, die wir durchführen wollen?

6.3.3 Den ADC konfigurieren

Für eine ordnungsgemäße Konfiguration des Wandlers müssen Sie jedes Bit der beiden Konfigurationsbytes entsprechend Ihren Wünschen einstellen. Für die Messung, die Sie durchführen wollen, benötigen Sie Folgendes:

▶ einen Messbereich, mit dem Sie eine Spannung von 3,33 V messen können
▶ eine Single-Ended-Messung, da Sie gegen Masse messen möchten
▶ einen deaktivierten Komparator, da Sie nur messen möchten und keinen Vergleicher benötigen

Eine Beschreibung der Bits des *Config*-Registers finden Sie auf den Seiten 15 und 16 des offiziellen Herstellerdatenblattes.

Wir beginnen ganz rechts bei Bit 0 und 1 und arbeiten uns dann vor bis Bit 15 (ganz links). Um den Komparator zu deaktivieren, müssen Sie die Bits 1 und 0 auf High setzen. Da der Komparator nun deaktiviert ist, ist der Zustand der Bits 4 bis 2 uninteressant. Sie setzen die Bits daher alle auf Low.

Als Nächstes müssen Sie die Bits 7 bis 5 für die Datenrate einstellen. Da die Datenrate für Ihre Anwendung total uninteressant ist, belassen wir den Wert auf dem Default-Wert von 1600 SPS (*Samples per Second* oder Messungen pro Sekunde). Der Wert für die Bits 7 bis 5 lautet daher 100_2.

Damit sieht das *LSB* (*Least Significant Byte* oder niederwertigstes Byte) der Konfiguration wie folgt aus:

$1000\,0011_2 = 0x83$

Mit dem Bit 8 legen Sie fest, ob der Wandler eine einzelne Messung machen soll oder ob er permanent Messungen durchführt. Diese Option ist für Anwendungen, die über eine Batterie versorgt werden, sehr interessant, da der Wandler nach einer Einzelmessung automatisch in den Energiesparmodus wechselt und der Stromverbrauch damit auf 1/25 des normalen Stromverbrauchs sinkt. In Ihrem Fall konfigurieren wir den Wandler aber für eine kontinuierliche Messung. Daher müssen Sie dieses Bit auf Low setzen.

Über die Bits 11 bis 9 stellen Sie die Verstärkung und damit den Messbereich des Wandlers ein. Sie möchten eine Spannung von 3,33 V messen. Daher benötigen Sie den Messbereich ±4,096 V. Der Wert für die Bits 11 bis 9 lautet daher 001_2 (siehe Abbildung 6.36).

Abbildung 6.36 Die möglichen Verstärkungen aus dem offiziellen Herstellerdatenblatt

Damit dieser Messbereich genutzt werden kann, muss die Betriebsspannung des Wandlers mehr als 4 V betragen. Wenn Sie den Wandler mal mit 3,3 V betreiben sollten, können Sie nicht so hohe Spannungen messen.

Mit den nächsten drei Bits konfigurieren Sie den Eingang des Wandlers. Sie wollen an dem Pin A0 eine Single-Ended-Messung durchführen. Daher müssen Sie vom Pin A0 gegen Masse messen. Es ergibt sich damit der Wert 100_2 für die Pins 14 bis 12 (siehe Abbildung 6.37).

Bits [14:12]	MUX[2:0]: Input multiplexer configuration (ADS1015 only)
	These bits configure the input multiplexer. They serve no function on the ADS1013/4.
	000 : AIN$_P$ = AIN0 and AIN$_N$ = AIN1 (default) 100 : AIN$_P$ = AIN0 and AIN$_N$ = GND
	001 : AIN$_P$ = AIN0 and AIN$_N$ = AIN3 101 : AIN$_P$ = AIN1 and AIN$_N$ = GND
	010 : AIN$_P$ = AIN1 and AIN$_N$ = AIN3 110 : AIN$_P$ = AIN2 and AIN$_N$ = GND
	011 : AIN$_P$ = AIN2 and AIN$_N$ = AIN3 111 : AIN$_P$ = AIN3 and AIN$_N$ = GND

Abbildung 6.37 Die Konfigurationen der Eingangs-Pins aus dem offiziellen Herstellerdatenblatt

Das letzte betrachtete Bit, also Bit 15, des zweiten Konfigurationsbytes besitzt eine doppelte Funktion. Wenn es geschrieben wird, beginnt es eine einzelne Messung, wenn sich der Wandler im Power-Down-Modus befindet. Wird es gelesen, gibt es den aktuellen Status des Wandlers zurück. Dadurch können Sie prüfen, ob der Wandler gerade eine Messung durchführt oder nicht. Da Sie den Wandler für eine kontinuierliche Messung konfiguriert haben, setzen Sie das Bit auf 0. Es ergibt sich damit für das *MSB* (*Most Significant Byte* oder höchstwertiges Byte) der folgende Wert:

$0100\ 0010_2 = 0x42$

Die beiden Konfigurationsbytes bzw. das Konfigurationswort lautet damit:

$0100\ 0010\ 1000\ 0011_2 = 0x4283$

Dieses Konfigurationswort können Sie nun zum Wandler senden. Dazu verwenden Sie wieder die Methode `write_i2c_wort_data(addr, cmd, Data)` des Objekts `ADS1015`.

Für den Wert cmd geben Sie die Adresse des Konfigurationsregisters an und für Data das Datenwort, das versendet werden soll. Bei dem Datenwort müssen Sie aber wieder MSB und LSB miteinander tauschen. Der komplette Aufruf sieht dann anschließend wie folgt aus:

```
ADS1015.write_word_data(0x48, 0x01, 0x8342)
```

Im nächsten Schritt können Sie dann die Daten aus dem Wandler auslesen. Diese Daten werden als 16-Bit-Wert zurückgegeben. Um einen 16-Bit-Wert auszulesen, müssen Sie die Methode read_word_data(addr, cmd) des ADS1015-Objekts verwenden. Diese Methode liefert als Rückgabewert das ausgelesene Datenwort.

Das Ergebnis der Analog/Digital-Wandlung wird in dem *Conversion*-Register gespeichert, das die Adresse 0 besitzt. Diesen Wert müssen Sie für cmd angeben. Den ausgelesenen Wert speichern Sie in einer Variablen namens Messergebnis. Der komplette Funktionsaufruf lautet damit wie folgt:

```
Messergebnis = ADS1015.read_word_data(0x48, 0)
```

Bei dem empfangenen Wert müssen Sie beachten, dass auch hier die Bytes vertauscht sind. Das MSB des empfangenen Wertes ist eigentlich das LSB des Datenwortes aus dem Wandler. Daher müssen Sie die Bytes untereinander tauschen, bevor Sie fortfahren können. Dazu maskieren Sie jeweils das MSB und das LSB der Variablen Messergebnis und speichern den maskierten Bereich als neuen Wert in einer Variablen:

```
Messergebnis = ADS1015.read_word_data(0x48, 0)
MSB = Messergebnis & 0x00FF
LSB = (Messergebnis & 0xFF00) >> 8
Messergebnis_gedreht = (MSB << 8) | LSB
```

Die Maskierung erfolgt mit einer Und-Verknüpfung und den entsprechenden acht Bits. Der Wert 0x00FF maskiert die niederen acht Bits, und der Wert 0xFF00 maskiert die höchsten acht Bits. Der maskierte Bereich, der das LSB darstellt, muss im zweiten Schritt um acht Stellen nach rechts geschoben werden, um ihn in eine 8-Bit-Zahl »umzuwandeln«.

Abschließend wird das MSB um acht Stellen nach links geschoben und mit dem LSB addiert. Dieses Verfahren kennen Sie ja bereits vom Digital/Analog-Wandler.

Das Messergebnis des Wandlers wird als *Zweierkomplement* ausgegeben. Bei dem Zweierkomplement handelt es sich um eine Darstellungsform für positive und negative Zahlen als Dualzahl. Bei einer Zahl, die im Zweierkomplement dargestellt wird, steht das höchste Bit für das Vorzeichen, und die restlichen Bits stehen für den Zahlenwert. Ist das höchste Bit eine »1«, so handelt es sich um eine negative Zahl und bei einer »0« handelt es sich um eine positive Zahl.

Da für die Darstellung eines Wertes im Zweierkomplement ein Bit weniger für den Zahlenwert verwendet werden kann, halbiert sich der zur Verfügung stehende Zahlenbereich. So kann eine 8-Bit-Zahl die Werte 0 bis 255 (256 Werte) darstellen, aber eine 8-Bit-Zahl im Zweierkomplement nur Werte von -128 bis +127 (ebenfalls 256 Werte).

Allgemein gilt für Zahlen im Zweierkomplement folgende Regel für den Wertebereich

$$-2^{n-1}, \ldots, 0, \ldots, 2^{n-1} - 1$$

wobei n für die Anzahl der Bits steht. Eine Zahl, die mit dem Zweierkomplement dargestellt wird, wird wie folgt in eine Dezimalzahl umgerechnet:

1. Prüfen, ob das höchste Bit eine »1« ist. Wenn nicht, kann die Dualzahl ganz normal umgewandelt werden.
2. Wenn das höchste Bit eine »1« ist, müssen alle Bits der Zahl negiert werden. Also wird aus jeder »1« eine »0« oder vice versa.
3. Im letzten Schritt wird der negierte Wert um 1 erhöht.

Rechenbeispiel

Wandeln Sie die Dualzahl $1001\ 1110_2$ in eine Dezimalzahl um. Die Dualzahl ist als Zweierkomplement dargestellt.

Als Erstes prüfen Sie, ob es sich um eine positive oder um eine negative Zahl handelt. Da das höchste Bit eine »1« ist, handelt es sich um eine negative Zahl. Nun wird die Zahl invertiert:

$\quad 1001\ 1110_2 \rightarrow 0110\ 0001_2$

Jetzt müssen Sie noch den Wert 1 addieren. Eine Addition mit Dualzahlen funktioniert auf dieselbe Art und Weise wie eine Addition mit Dezimalzahlen:

```
  0110 0001
  0000 0001
  ---------
  0110 0010
```

Hierbei müssen Sie beachten, dass die Addition von 1 und 1 eine 0 erzeugt. Dabei entsteht ein Übertrag von 1, den Sie beim darauffolgenden Wert berücksichtigen müssen – ähnlich der Addition von 6 mit 5 im Dezimalsystem, wodurch auch ein Übertrag entsteht, nur dass der Übertrag im Dezimalsystem den Wert 10 besitzt und nicht 1.

Als Ergebnis erhalten Sie nun den Wert:

$\quad 1001\ 1110_2 = -98_{10}$

Dieses Verfahren müssen Sie nun in Ihr Python-Skript überführen.

Für die Umrechnung müssen Sie den gedrehten Messwert erst einmal um vier Stellen nach rechts schieben, da der Wandler das 12-Bit-Wandlungsergebnis in den 12 höchsten Bits des 16-Bit-Datenwortes speichert:

```
Messergebnis_gedreht = Messergebnis_gedreht >> 4
```

Nun kann das Wandlungsergebnis in eine Spannung umgerechnet werden. Die benötigten Formeln finden Sie im Datenblatt des Herstellers:

$$U = \pm FS \cdot \frac{Wandlungsergebnis - 1}{2^{11}}$$

Der Wert *FS* steht dabei für die eingestellte Referenzspannung des Wandlers. Der Wert *Wandlungsergebnis* entspricht dem ausgelesenen Wert aus dem Wandler, und je nachdem, ob das ausgelesene Zweierkomplement ein positiver oder ein negativer Wert ist, wird die Gleichung mit einem entsprechenden Vorzeichen versehen.

Diese Gleichung gilt es nun in das Python-Skript zu übertragen. Als Erstes müssen Sie prüfen, ob es sich bei dem ausgelesenen Wert um eine positive oder eine negative Zahl handelt. Dafür schauen Sie einfach, ob das 12. Bit gesetzt ist. Dazu prüfen Sie, ob der ausgelesene Wert größer ist als 2047_{10}:

2047_{10} = 0111 1111 1111 → *Entspricht einer positiven Zahl.*

2048_{10} = 1000 0000 0000 → *Entspricht einer negativen Zahl.*

2049_{10} = 1000 0000 0001 → *Entspricht einer negativen Zahl.*

```
if(Messergebnis_gedreht > 2047):
    #Negative Zahl umwandeln
```

Sobald der Wert größer ist als 2047_{10}, handelt es sich um eine negative Zahl, da das 12. Bit auf »1« gesetzt ist. Falls das Ergebnis der Wandlung größer ist als 2047_{10}, muss das Wandlungsergebnis invertiert und anschließend um 1 erhöht werden:

```
if(Messergebnis_gedreht > 2047):
  Messergebnis_invertiert = ~Messergebnis_gedreht
  Messergebnis_gedreht = (Messergebnis_invertiert + 1) & 0x7FF
  Messergebnis_gedreht = (-1) * Messergebnis_gedreht
```

Falls der Wert kleiner ist als 2047_{10}, wird die `if`-Abfrage nicht ausgeführt und der Wert bleibt, wie er ist. Die Und-Verknüpfung mit `0x7FF` soll verhindern, dass das Ergebnis von `Messergebnis_gedreht` größer als 11 Bit wird und somit falsche Messergebnisse berechnet werden.

6.3 Analoge Spannungen für einen Computer aufbereiten

Im nächsten Schritt wird `Messergebnis_gedreht` in eine Kommazahl umgewandelt und in die Formel aus dem Datenblatt eingesetzt:

```
Spannung = 4.096 * (float(Messergebnis_gedreht - 1) / 2048.0)
print("Die Spannung betraegt: " + str(Spannung) + " V")
```

Der Wert 2048 entspricht dabei dem Wert 2^{11} aus der Formel im Datenblatt. Anschließend wird die Spannung in einen String umgewandelt und in der Konsole ausgegeben.

Hier sehen Sie noch einmal das komplette Skript zum Vergleich:

```
import smbus
import time
ADS1015 = smbus.SMBus(1)
ADS1015.write_word_data(0x48, 0x01, 0x8342)
while(True):
  Messergebnis = ADS1015.read_word_data(0x48, 0)
  MSB = Messergebnis & 0x00FF
  LSB = (Messergebnis & 0xFF00) >> 8
  Messergebnis_gedreht = (MSB << 8) | LSB
  Messergebnis_gedreht = Messergebnis_gedreht >> 4
  if(Messergebnis_gedreht > 2047):
    Messergebnis_invertiert = ~Messergebnis_gedreht
    Messergebnis_gedreht = (Messergebnis_invertiert + 1) & 0x7FF
    Messergebnis_gedreht = (-1) * Messergebnis_gedreht
  Spannung = 4.096 * (float(Messergebnis_gedreht) / 2048.0)
  print("Die Spannung betraegt: " + str(Spannung) + " V")
  time.sleep(1)
```

Wenn Sie die Anwendung nun über Run • Run Module starten, bekommen Sie eine Spannung von etwa 3,3 V angezeigt. Dieser Wert kann, je nach den Toleranzen der Widerstände im Spannungsteiler, ein bisschen niedriger oder ein bisschen höher sein.

Sie können natürlich auch eine Spannung mittels Digital/Analog-Wandler erzeugen und den V_{OUT}-Pin des DAC mit dem A0-Pin des ADC verbinden. Der DAC erzeugt eine weitaus genauere Spannung, als es der Spannungsteiler tut.

Nun wollen wir noch schauen, ob der ADC negative Spannungen korrekt misst. Dafür konfigurieren Sie den ADC für eine differenzielle Spannungsmessung, indem Sie vom Konfigurationsbyte den Wert 0x42 durch 0x02 ersetzen:

```
ADS1015.write_word_data(0x48, 0x01, 0x8302)
```

Dadurch aktivieren Sie den Pin A0 als positiven Eingang (AIN_P = AIN0) und den Pin A1 als negativen Eingang (AIN_N = AIN1, siehe Abbildung 6.38). Wenn Sie nun den Pin A0 mit dem Spannungsteiler verbinden und A1 mit Masse, dann erhalten Sie dasselbe Messergebnis wie in der ursprünglichen Konfiguration.

Bits [14:12]	MUX[2:0]: Input multiplexer configuration (ADS1015 only)	
	These bits configure the input multiplexer. They serve no function on the ADS1013/4.	
	000 : AIN_P = AIN0 and AIN_N = AIN1 (default)	100 : AIN_P = AIN0 and AIN_N = GND
	001 : AIN_P = AIN0 and AIN_N = AIN3	101 : AIN_P = AIN1 and AIN_N = GND
	010 : AIN_P = AIN1 and AIN_N = AIN3	110 : AIN_P = AIN2 and AIN_N = GND
	011 : AIN_P = AIN2 and AIN_N = AIN3	111 : AIN_P = AIN3 and AIN_N = GND

Abbildung 6.38 Aktivieren des differenziellen Eingangs im Wandler

Vertauschen Sie aber beide Pins miteinander und verbinden Sie A1 mit dem Spannungsteiler und A0 mit Masse, so erhalten Sie einen negativen Spannungswert, da Sie nun entgegengesetzt zum Spannungsabfall an dem Widerstand messen (siehe Abbildung 6.39).

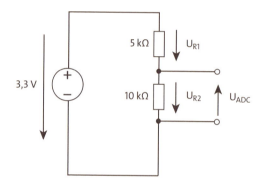

Abbildung 6.39 Die Spannungsabfälle in der Schaltung

Damit funktioniert auch das Messen von negativen Spannungen korrekt.

6.3.4 Der ADC in der Praxis

Nun setzen wir den ADC mal praktisch ein, indem wir eine Strommessung mittels ADC realisieren. Dazu verwenden wir einen sogenannten *Stromsensor*, der eine Spannung ausgibt, die proportional zum Stromfluss ist – den *ACS712* (siehe Abbildung 6.40).

Dieser Sensor verwendet den sogenannten Hall-Effekt, um den Strom zu messen, der durch den Chip fließt.

Der *Hall-Effekt* ist ein nach Edwin Hall benannter Effekt, der dafür sorgt, dass in einem elektrischen Leiter eine Spannung erzeugt wird, wenn der Leiter von einem Strom durchflossen wird und sich dieser Leiter in einem Magnetfeld befindet. Mithilfe dieses Effektes lassen sich *Hall-Sensoren* aufbauen, mit denen es möglich ist, die Stärke eines Magnetfeldes zu messen.

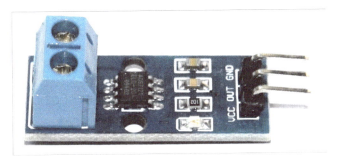

Abbildung 6.40 Diesen Sensor wollen wir zur Strommessung verwenden.

Bei einem Hall-Sensor handelt es sich, vereinfacht gesagt, um ein Plättchen Metall, das in ein magnetisches Feld gelegt wird (in Abbildung 6.41 durch den Buchstaben B gekennzeichnet). Dieses Plättchen besitzt vier Anschlüsse, wobei zwei Anschlüsse verwendet werden, um einen konstanten Strom durch das Plättchen zu schicken, und die zwei anderen Anschlüsse werden benötigt, um die entstehende Hall-Spannung U_H abzugreifen. Das Plättchen muss dabei so ausgerichtet werden, dass das magnetische Feld senkrecht durch das Plättchen hindurchfließt (wie in Abbildung 6.41 dargestellt).

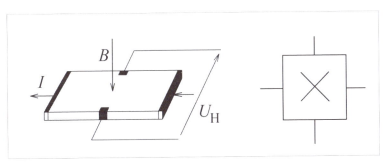

Abbildung 6.41 Funktionsprinzip des Hall-Sensors (links – Quelle: www.wikipedia.de) und Schaltzeichen (rechts)

Wird das Plättchen nun von einem Strom durchflossen, während es in einem magnetischen Feld liegt, so werden die Elektronen, die das Plättchen durchströmen, abgelenkt. Dies hat zur Folge, dass eine sogenannte Hall-Spannung entsteht, die an den entsprechenden Anschlüssen des Plättchens abgegriffen werden kann. Dieses Verhalten wird Hall-Effekt genannt.

Genau dieses Prinzip kommt in dem verwendeten Stromsensor zum Einsatz. In dem Chip befindet sich ein Kupferleiter, der ein Magnetfeld erzeugt, wenn er von einem Strom durchflossen wird. Die Stärke dieses Magnetfeldes ist immer proportional zum Strom. Das heißt, wenn Sie den Strom erhöhen, erhöht sich auch die Stärke des magnetischen Feldes. Dieses magnetische Feld durchströmt einen Hall-Sensor, durch den ein konstanter Strom fließt. Die erzeugte Hall-Spannung wird anschließend verstärkt, linearisiert und ausgegeben (siehe Abbildung 6.42).

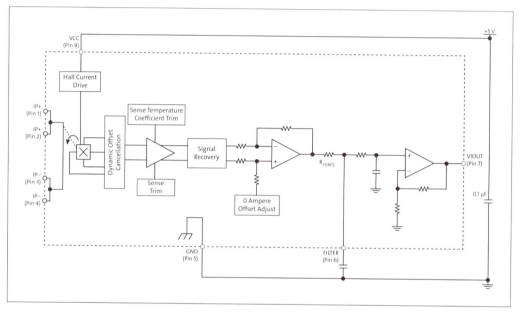

Abbildung 6.42 Blockschaltbild des Stromsensors aus dem offiziellen Datenblatt des Herstellers. Links im Bild sehen Sie das Hall-Element.

Die Beschaltung des Sensors ist denkbar einfach (siehe Abbildung 6.43). Der Sensor wird an den Anschlüssen IP+ und IP- in einen Stromkreis eingebaut, sodass der zu messende Strom durch den Sensor fließt. Nach dem Anlegen einer Betriebsspannung kann am Ausgang V_O die Hall-Spannung gemessen werden. Dafür verwenden wir den bereits vorgestellten Analog/Digital-Wandler ADS1015.

Die Ausgangsspannung des Stromsensors ist proportional zu dem Strom, der ihn durchfließt. Bei einem Strom von 0 A gibt der Sensor eine Spannung von $V_{CC} / 2$, in unserem Fall also 2,5 V, aus. Je nach Polarität des Stroms erhöht oder verringert sich die Ausgangsspannung des Sensors. Der Sensor ist also in der Lage, positive und negative Ströme zu messen.

6.3 Analoge Spannungen für einen Computer aufbereiten

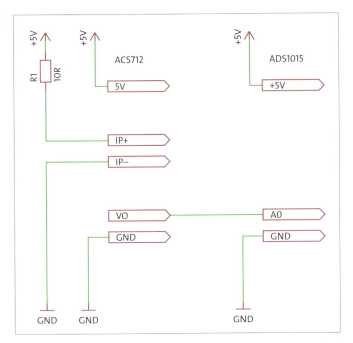

Abbildung 6.43 Beispielschaltung zum Messen des Stromes durch einen sehr kleinen Widerstand (Stromsensor links, AD-Wandler rechts)

Die Empfindlichkeit des Sensors hängt von der genauen Typenbezeichnung ab. Sie müssen also auf dem Chip nachschauen, welche Typen Sie verwenden. Das offizielle Datenblatt liefert für die drei unterschiedlichen Typen die Empfindlichkeiten, die in Tabelle 6.2 aufgeführt sind.

Typ	Typische Empfindlichkeit
x05B	185 mV/A
x20A	100 mV/A
x30A	66 mV/A

Tabelle 6.2 Die Empfindlichkeiten aller Sensortypen

Bei dem Sensor, den wir verwenden, handelt es sich um einen *ACS712ELC-20A*, also um die 20-A-Variante des Sensors. Dieser Sensor besitzt eine typische Empfindlichkeit von 100 mV/A.

Hinweis: Das korrekte Deuten der Werte im Datenblatt

Wenn ein Hersteller im Datenblatt die elektrischen Eigenschaften eines Chips definiert, finden Sie häufig die Angaben *Min.*, *Typ.* und *Max*. Bei diesen Angaben handelt es sich um Grenzwerte, die der Hersteller verspricht einzuhalten. Der Hersteller geht dabei davon aus, dass der Chip im Idealfall die Werte besitzt, die unter *Typ.* (engl. *typical*, dt. *typisch*) angegeben sind.

In der Realität ist es aber so, dass die Werte der Chips vom typischen Wert nach oben oder nach unten abweichen. Sie fallen aber niemals tiefer bzw. werden größer, als mit *Min.* (*minimal*) oder *Max.* (*maximal*) angegeben.

Für die Messung wird der Wandler mit dem Konfigurationswort 0x8342 konfiguriert, sodass der Wandler eine Referenzspannung von 4,096 V verwendet. Da der Stromsensor bei einem Strom von 0 A eine Ausgangsspannung von 2,5 V ausgibt, können Sie einen maximalen Strom von 15,96 A messen:

$$\Delta U = 4{,}096\,\text{V} - 2{,}5\,\text{V} = 1{,}596\,\text{V}$$

$$1{,}596\,\text{V} \cdot \frac{1\,\text{A}}{100\,\text{mV}} = 15{,}96\,\text{A}$$

Wenn Sie höhere Ströme messen wollen, müssen Sie die Referenzspannung des Analog/Digital-Wandlers erhöhen, indem Sie das Konfigurationswort anpassen.

Da die Ausgangsspannung des Sensors direkt von der Betriebsspannung des Sensors abhängt, wirken sich Schwankungen oder Ungenauigkeiten in der Betriebsspannung sehr stark auf das Messergebnis aus. Sie sollten daher einmal überprüfen, wie hoch die tatsächliche Ausgangsspannung des Stromsensors ist, wenn Sie nichts an den Stromsensor angeschlossen haben. Dies können Sie auf zwei Arten erledigen:

▸ Sie können einmalig die Spannung messen und diesen Wert für Ihre Berechnungen verwenden.

▸ Sie können einen zweiten Kanal vom ADS1015 verwenden und damit die Betriebsspannung des Sensors messen. Dann können Sie beide Werte auslesen und passend miteinander verrechnen.

Der Einfachheit halber beschränken wir uns hier auf die erste Methode. Das heißt, wir messen einmalig den Spannungswert und verwenden diesen Wert dann für unsere Berechnungen.

Bei unserer Schaltung beträgt die Ausgangsspannung des ACS712 bei einem Strom von 0 A (offene Leitungen) 2,464 V. Sie sehen bereits, dass sich die Ausgangsspannung vom erwarteten Wert 2,5 V um 30 mV unterscheidet. Dies sorgt für einen Messfehler bei einer Strommessung von knapp 300 mA! Je nachdem, wie klein der Strom ist, den Sie messen wollen, kann der Messwert schon in der Ungenauigkeit der Ausgangsspannung verschwinden. Daher ist es wichtig, dass Sie den Sensor einmalig *kalibrieren*, bevor Sie ihn benutzen.

Info: Kalibrierung von Sensoren

Unter einer *Kalibrierung* versteht man einen Prozess, bei dem an einen Sensor eine fest definierte Größe angelegt wird, und anschließend wird das Ausgangssignal des Sensors aufgezeichnet und mit einem theoretischen Ausgangssignal verglichen, um so die Toleranz festzustellen. Die Toleranz wird dann gespeichert und für zukünftige Messungen als Korrekturwert verwendet.

Bei dem Stromsensor z. B. legen Sie einen Strom von 0 A an und erwarten eine theoretische Ausgangsspannung von 2,5 V. Sie messen aber nur 2,47 V. Diesen Nullpunkt speichern Sie ab und verwenden ihn dann für Ihre Messung, um die Genauigkeit Ihrer Messergebnisse zu erhöhen. Sie haben den Sensor kalibriert.

Das Python-Skript für den ADC

Als Erstes erstellen Sie mit Python 3 ein neues Python-Skript, das Sie *ACS712.py* nennen. In dieses Skript können Sie nun erst einmal den kompletten Code aus dem ADS1015-Skript hineinkopieren.

Sie müssen lediglich das Konfigurationswort auf 0x8342 ändern, da für diesen Sensor eine Single-Ended-Messung ausreicht. Von dem ermittelten Nullpunkt, also z. B. den 2,464 V bei uns, muss der ausgelesene Spannungswert aus dem Analog/Digital-Wandler abgezogen werden, um die Spannungsdifferenz zu erhalten:

```
Nullspannung = 2.47
Differenz = Nullspannung - Spannung
```

Diese Differenzspannung wird nun durch die Empfindlichkeit geteilt, womit Sie den Strom erhalten:

```
Empfindlichkeit = 0.1
Strom = Differenz / Empfindlichkeit
```

Der ermittelte Strom und die gemessene Spannung werden dann am Ende des Programms ausgegeben:

```
print("Die Spannung betraegt: " + str(Spannung) + " V")
print("Die gemessene Strom betraegt: " + str(Strom) + " A")
```

Damit sieht das fertige Skript wie folgt aus:

```python
import smbus
import time

ADS1015 = smbus.SMBus(1)
ADS1015.write_word_data(0x48, 0x01, 0x8342)
Nullspannung = 2.464
Empfindlichkeit = 0.1
while(True):
  Messergebnis = ADS1015.read_word_data(0x48, 0)
  MSB = Messergebnis & 0x00FF
  LSB = (Messergebnis & 0xFF00) >> 8
  Messergebnis_gedreht = (MSB << 8) | LSB
  Messergebnis_gedreht = Messergebnis_gedreht >> 4
  if(Messergebnis_gedreht > 2047):
    Messergebnis_invertiert = ~Messergebnis_gedreht
    Messergebnis_gedreht = (Messergebnis_invertiert + 1) & 0x7FF
    Messergebnis_gedreht = (-1) * Messergebnis_gedreht
  Spannung = 4.096 * (float(Messergebnis_gedreht) / 2048.0)
  Differenz = Nullspannung - Spannung
  Strom = Differenz / Empfindlichkeit
  print("Die Spannung betraegt: " + str(Spannung) + " V")
  print("Die gemessene Strom betraegt: " + str(Strom) + " A")
  time.sleep(1)
```

Für einen Test können Sie die Schaltung aus Abbildung 6.43 verwenden, oder falls Sie ein Labornetzteil mit einer Strombegrenzung haben, können Sie die beiden Anschlüsse des Labornetzteils an die Stromeingänge des Sensors anschließen und das Netzteil dann einschalten. Das Netzteil wird dann direkt in den Kurzschlussschutz wechseln, aber Sie können dann ganz bequem den Strom vom Netzteil ablesen und mit Ihrem errechneten Wert vergleichen und ihn gegebenenfalls sogar variieren.

Nun sind Sie in der Lage, mit dem Raspberry Pi eine analoge Spannung zu erzeugen, eine analoge Spannung einzulesen und eine Strommessung aufzubauen.

Im nächsten Abschnitt zeigen wir Ihnen, wie Sie Motoren oder Servomotoren in ihrer Drehzahl verändern können. Sie dürfen gespannt bleiben.

6.4 Eine PWM mit einem PWM-Controller erzeugen

In Kapitel 3, »I/O-Grundlagen – die Ein- und Ausgänge des Raspberry Pi im Detail«, haben Sie gelernt, wie Sie mit dem Raspberry Pi eine *pulsweitenmodulierte Spannung* (PWM) erzeugen und einsetzen können. Bei der Erzeugung der PWM mit dem Raspberry Pi müssen Sie allerdings mehrere Einschränkungen hinnehmen:

- Der Raspberry Pi besitzt sehr wenige Pins für eine PWM, die durch die Hardware erzeugt wird.
- Jeder I/O kann mit einer Software-PWM versehen werden. Diese ist aber sehr ungenau und kann z. B. für die Ansteuerung eines Servomotors (das besprechen wir im Laufe dieses Abschnitts) nur sehr bedingt verwendet werden.

Wenn Sie diese Einschränkungen umgehen wollen, müssen Sie auf einen externen Chip zurückgreifen, den Sie mit dem Raspberry Pi verbinden.

Aus diesem Grund lernen Sie in diesem Abschnitt, wie Sie mit einem separaten Chip über den I²C-Bus eine pulsweitenmodulierte Spannung erzeugen können. Solch eine Spannung wird üblicherweise in Kombination mit einem Motortreiber dazu verwendet, um elektrische Motoren in ihrer Drehzahl und Drehrichtung zu steuern.

6.4.1 Eine PWM erzeugen, um eine LED zu dimmen

Es gibt zwei Methoden, eine PWM mit dem Raspberry Pi zu erzeugen:

- durch Ein- und Ausschalten eines Pins mittels Software: Das ist die sogenannte Soft-PWM.
- mit Unterstützung von Hardware im Prozessor oder externen Bausteinen, die speziell darauf ausgelegt sind, eine PWM zu erzeugen

Die Erzeugung einer PWM mittels Software hat den schönen Effekt, dass auch Prozessoren oder Mikrocontroller ohne PWM-Hardware eine PWM erzeugen können. Allerdings ist die erzeugte Soft-PWM in ihren zeitlichen Eigenschaften bei Weitem nicht so präzise wie eine durch Hardware erzeugte PWM. So können die Periodendauer T und die Einschaltzeit t_1 unter Umständen massiv schwanken, wodurch Bauteile, die sehr genaue Timings bei den Pulsen benötigen (wie z. B. ein Servo), nicht vernünftig verwendet werden können.

In diesem Abschnitt verwenden wir einen 12-Bit-PWM-LED-Controller mit der Bezeichnung PCA9685, um eine präzise PWM zu erzeugen, mit der dann auch Servomotoren problemlos angesteuert werden können.

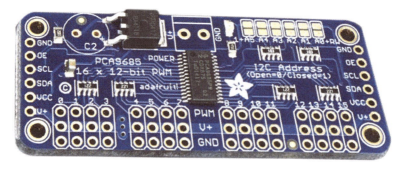

Abbildung 6.44 Der verwendete PWM-Controller

Der Controller aus Abbildung 6.44 ist in der Lage, 16 unabhängige PWM-Signale mit einer frei wählbaren PWM-Frequenz von 24 Hz bis zu 1,526 kHz zu generieren. Die erzeugte PWM besitzt dabei eine Auflösung von 12 Bit, wodurch Sie den Duty Cycle im Bereich von 0 bis 100 % mit einer Genauigkeit von 0,024 % einstellen können:

$$\Delta D = \frac{D_{Max}}{Auflösung} = \frac{100\%}{2^{12} \text{Bit}} = 0{,}024 \frac{\%}{\text{Bit}}$$

Der Chip wird über den I²C-Bus konfiguriert und unterstützt Betriebsspannungen von 2,3–5,5 V.

Zudem sind die Eingangs-Pins des Chips 5-V-tolerant. Dies erlaubt es Ihnen, 5-V-Signale an den Chip anzulegen, selbst wenn der Chip nur mit 3,3 V betrieben wird.

In diesem Beispiel wird der Chip mit 3,3 V betrieben. Für die Ansteuerung eines Servos benötigen Sie allerdings noch eine weitere 5-V-Spannungsquelle. Hier bietet sich ein externes Netzteil als ideale Lösung an. Gerade bei Motoren sollten Sie nicht die Spannungsversorgung auf dem Raspberry Pi verwenden. Motoren haben nämlich die unangenehme Eigenschaft, Störungen in der Spannungsversorgung hervorzurufen, die dann so empfindliche Bauteile wie Prozessoren stören können, wodurch es zu Fehlfunktionen kommen kann.

> **Merke: Spannungsversorgung von Motoren**
>
> Motoren sollten immer vom digitalen Steuerkreis *entkoppelt*, also getrennt, werden, da sie sehr viele Störungen in der Stromversorgung verursachen. Je größer die Last an den Motoren ist oder je größer die Motoren sind, desto größer sind die Störungen in der Versorgung. Den Motoren machen solche Störungen nichts aus, aber gerade digitale Schaltkreise haben sehr oft Probleme mit solchen Störungen.

Weiterhin liefert der Raspberry Pi nicht genug Strom, um Motoren versorgen zu können. Wenn Sie also einen Motor direkt an den Raspberry Pi anschließen, kann es sein, dass der Raspberry Pi ausgeht, weil die Spannungsversorgung auf der Platine zusammenbricht.

Die einfachste Möglichkeit, um diese Probleme zu umgehen, ist die Verwendung eines zweiten Netzteils oder einer Batterie als Spannungsversorgung für den Motor.

Alles in allem bietet der Chip eine ganze Fülle von Funktionen, was Sie auch an dem 52-seitigen Datenblatt erkennen können. Um diesen Abschnitt nicht zu lang werden zu lassen, beschränken wir uns daher auf das Minimum, das Sie brauchen, um eine PWM zu erzeugen und um mit dieser PWM einen Servo anzusteuern. Wie bei allen anderen Chips ist auch bei diesem das Datenblatt des Herstellers sehr wichtig, um die Funktionen des Chips zu verstehen und um eine korrekte Kommunikation mit dem Chip zu implementieren.

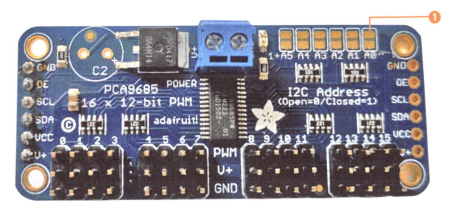

Abbildung 6.45 Das fertig zusammengebaute Breakout Board

Zuallererst muss die Platine aber erst einmal zusammengebaut werden, indem Sie die fehlenden Stiftleisten und die Klemme zur Spannungsversorgung der Servos anlöten (siehe Abbildung 6.45).

Der PWM-Controller besitzt insgesamt sechs Adress-Pins, mit denen Sie die I²C-Adresse des Chips einstellen können. Über die Lötfelder A5 bis A0 ❶ können die Adress-Pins auf High gezogen werden, um die Adresse des Chips zu konfigurieren. Mithilfe dieser Adress-Pins können Sie bis zu 64 identische Chips (2^6) an einem Bus betreiben.

In dem hier vorgestellten Beispiel bleiben diese Lötfelder alle offen. Anschließend kann das Board so verdrahtet werden wie in Abbildung 6.46.

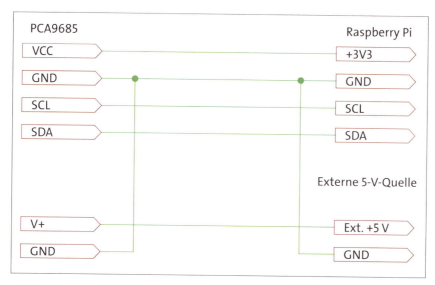

Abbildung 6.46 Das fertig angeschlossene Breakout Board

Als externe Spannungsversorgung können Sie z. B. ein einfaches Steckernetzteil (Maximalstrom mind. 500 mA) mit einem Hohlstecker verwenden (siehe Abbildung 6.47).

Für solche Hohlstecker gibt es schöne Adapter mit einer Schraubklemme, sodass Sie das Steckernetzteil ganz einfach mithilfe der Schraubklemme und ein paar Drahtbrücken mit dem Board verbinden können.

Abbildung 6.47 Hohlbuchse mit Schraubklemme, wie Sie sie bei verschiedenen Händlern bestellen können

Anschließend melden Sie sich auf dem Raspberry Pi an. Mithilfe des Befehls

```
$ i2cdetect -y 1
```

können Sie jetzt überprüfen, ob der Chip korrekt erkannt wird (siehe Abbildung 6.48).

6.4 Eine PWM mit einem PWM-Controller erzeugen

```
root@raspberrypi:~# i2cdetect -y 1
     0  1  2  3  4  5  6  7  8  9  a  b  c  d  e  f
00:          -- -- -- -- -- -- -- -- -- -- -- -- --
10: -- -- -- -- -- -- -- -- -- -- -- -- -- -- -- --
20: -- -- -- -- -- -- -- -- -- -- -- -- -- -- -- --
30: -- -- -- -- -- -- -- -- -- -- -- -- -- -- -- --
40: 40 -- -- -- -- -- -- -- -- -- -- -- -- -- -- --
50: -- -- -- -- -- -- -- -- -- -- -- -- -- -- -- --
60: -- -- -- -- -- -- -- -- -- -- -- -- -- -- -- --
70: -- -- -- -- -- -- -- --
root@raspberrypi:~#
```

Abbildung 6.48 Der Chip wurde korrekt erkannt und kann nun verwendet werden.

Die Adresse des Chips finden Sie in Fig. 4 auf der Seite 8 des offiziellen Herstellerdatenblattes bzw. hier in Abbildung 6.49.

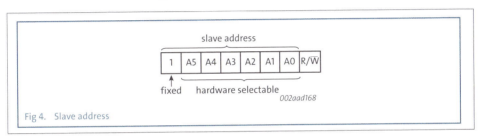

Abbildung 6.49 Die Adresse des Chips aus dem offiziellen Datenblatt des Herstellers

Wenn Sie alle sechs Adress-Pins offen lassen, lautet die I²C-Adresse 01000000_2 bzw. 0x40. Der Chip wird also korrekt am I²C-Bus erkannt.

Nun können Sie damit beginnen, ein Programm für diesen Chip zu schreiben. Dazu öffnen Sie im MENU • PROGRAMMING das Programm Python 3 und erstellen ein neues Python-Skript. Am Anfang des Programms importieren Sie wieder das Modul *python-smbus* und erzeugen ein Objekt der I²C-Schnittstelle:

```
import smbus
PCA8685 = smbus.SMBus(1)
```

Bevor Sie den PWM-Controller erstmalig verwenden, sollten Sie ihn einmal resetten, da der Controller alle Einstellungen speichert und Sie einen sicheren Ausgangszustand benötigen. Laut Datenblatt erfolgt ein sogenannter Software-Reset, also ein durch ein Programm ausgelöster Reset, indem der Wert 0x06 mit der Adresse 0x00 auf dem I²C-Bus geschrieben wird (siehe Abbildung 6.50).

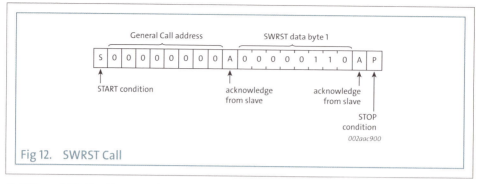

Abbildung 6.50 Das Kommando, um einen Software-Reset (SWRST) auszulösen

Der Reset betrifft alle am I²C-Bus angeschlossenen PCA9685-PWM-Controller. Da der Befehl in kein Register geschrieben wird, kann das Versenden des Befehls über die write_byte(addr, data)-Methode erfolgen:

PCA8685.write_byte(0x00, 0x06)

Mit dieser Methode senden Sie zwei Bytes an Daten, also einmal die Adresse 0x00 sowie den Reset-Befehl 0x06, auf den I²C-Bus. Der PWM-Controller empfängt die Daten, wertet sie entsprechend aus und setzt alle Einstellungen auf die Default-Einstellungen zurück.

Nun können Sie den Chip entsprechend konfigurieren. Dazu besitzt der Chip zwei Konfigurationsregister, die über die Registeradresse 0 und 1 angesprochen werden können. Nach dem Anlegen einer Versorgungsspannung wird eine Default-Konfiguration in den Chip geladen. Sämtliche Bits, die beim Anlegen einer Spannung auf einen bestimmten Wert gesetzt werden, werden mit einem * gekennzeichnet. Diese Konfiguration müssen Sie nun anpassen.

Hinweis: Bei den Chip-Registern immer den Überblick behalten

Je nach Komplexität besitzen integrierte Bausteine mitunter eine Vielzahl verschiedener Register, wie Sie bereits am DAC, ADC und jetzt dem PWM-Controller bemerkt haben. In jedem Datenblatt finden Sie ein *Register summary*, in der der Hersteller alle verfügbaren Register mit ihren Adressen auflistet.

In den Konfigurationsregistern können Sie eine softwareseitige Erweiterung der I²C-Adresse des Chips aktivieren. Durch diese Erweiterung ignoriert der Chip bestimmte Bits in den I²C-Adressen, wodurch es möglich ist, mehrere Chips gleichzeitig mit einer einzigen Adresse anzusteuern. Diese Funktion wird z. B. bei der Verwendung als LED-Controller für große LED-Wände verwendet, um gleich einen ganzen Block an LEDs in einer bestimmten Helligkeit leuchten zu lassen.

Diese Funktion wird in diesem Buch allerdings nicht benötigt und kann daher deaktiviert werden. Dazu müssen Sie das Bit *ALLCALL* im Register *MODE1* setzen und die Bits *SUB3* bis *SUB1* löschen (siehe Abbildung 6.51).

3	SUB1	R/W	0*	PCA9685 does not respond to I²C-bus subaddress 1.
			1	PCA9685 responds to I²C-bus subaddress 1.
2	SUB2	R/W	0*	PCA9685 does not respond to I²C-bus subaddress 2.
			1	PCA9685 responds to I²C-bus subaddress 2.
1	SUB3	R/W	0*	PCA9685 does not respond to I²C-bus subaddress 3.
			1	PCA9685 responds to I²C-bus subaddress 3.
0	ALLCALL	R/W	0	PCA9685 does not respond to LED All Call I²C-bus address.
			1*	PCA9685 responds to LED All Call I²C-bus address.

Abbildung 6.51 Mit diesen Bits können Sie ganze Gruppen von Controllern ansteuern

Sobald Sie eine Spannung an den Chip angelegt haben, befindet sich der Chip in einem Low-Power-Modus. In diesem Modus ist der Oszillator, also der Taktgeber des Chips, deaktiviert. Ohne Oszillator kann der Chip kein PWM-Signal erzeugen.

Um den Chip aus dem Low-Power-Modus in den Normalbetrieb zu versetzen, müssen Sie das *SLEEP*-Bit im Register *MODE1* löschen (siehe Abbildung 6.52).

4	SLEEP	R/W	0	Normal mode[2].
			1*	Low power mode. Oscillator off[3][4].

Abbildung 6.52 Die beiden Betriebsmodi des Chips

Sobald der Oszillator aktiviert wurde, benötigt er mindestens 500 µs, bevor er seine Zielfrequenz erreicht und benutzt werden kann. Diese Zeit müssen Sie warten, bevor Sie mit der Konfiguration des Chips fortfahren.

Alle weiteren Bits sind für Sie im Moment uninteressant und werden benötigt, wenn Sie z. B. einen externen Taktgeber oder mehrere Chips verwenden möchten. Das komplette Byte für das Register *MODE1* nimmt damit den folgenden Wert an:

0000 0001$_2$ = 0x01

Als Nächstes müssen Sie noch das Register *MODE2* (siehe Seite 16, Table 6 im Datenblatt des Herstellers bzw. Abbildung 6.53) entsprechend beschreiben. In diesem Register legen Sie fest, wie die Ausgangslogik des Chips arbeiten soll. Für uns sind nur das *OUT-*

DRV-Bit und das *INVRT*-Bit des Registers interessant, da diese Bits bestimmen, wie die Treiber der Ausgänge intern beschaltet werden.

2	OUTDRV[1]	R/W	0	The 16 LEDn outputs are configured with an open-drain structure.
			1*	The 16 LEDn outputs are configured with a totem pole structure.

Abbildung 6.53 Die beiden verfügbaren Ausgangstreiber des Chips

Die Hinweise unter der Tabelle im Datenblatt helfen Ihnen bei der Auswahl des richtigen Betriebsmodus. Da Sie lediglich eine LED anschließen wollen, ist es egal, welchen Ausgangstreiber Sie verwenden möchten. Aus diesem Grund können Sie den Default-Wert des Bits (1) in dem Register stehen lassen.

> **Hinweis: Ausgangsbeschaltung »totem pole« – was ist das?**
>
> Bei einer sogenannten *Totem-pole*-Beschaltung handelt es sich um eine Treiberstufe, die aus einem PNP- und einem NPN-Transistor besteht und für hohe Schaltgeschwindigkeiten und hohe Ströme optimiert worden ist. Solch eine Beschaltung wird häufig genutzt, wenn der Ausgangs-Pin sehr hohe Signalfrequenzen verarbeiten oder hohe Ströme treiben muss. Ein Nachteil dieser Beschaltung sind die höhere Komplexität und das nichtlineare Verhalten, wodurch sich dieser Ausgangstreiber nicht für die Übertragung von analogen Signalen eignet, da diese Treiberstufe analoge Signale mit unterschiedlichen Frequenzen wegen der Nichtlinearität unterschiedlich stark verstärkt.

Auf Seite 29 des Datenblattes gibt der Hersteller des Chips noch weitere Empfehlungen für die Beschaltung der Ausgänge des Controllers. Diese Empfehlungen finden Sie dort in Fig 13 bis Fig 15 bzw. hier in Abbildung 6.54 unten.

In Ihren Versuchen schließen Sie die LED bzw. den Servo direkt an den Ausgang des PWM-Controllers an. Sie müssen sich also den Punkt DIRECT CONNECTION TO LEDn in Table 12 des offiziellen Datenblattes anschauen, um zu prüfen, ob Sie weitere Komponenten benötigen.

Bei einer direkten Verbindung zwischen LED und Pin des PWM-Controllers wird nur ein Widerstand zur Strombegrenzung benötigt. Jeder Pin kann bis zu 25 mA gegen Masse treiben.

Wenn Sie höhere Ströme benötigten, weil Sie z. B. eine High-Power-LED verwenden wollen, so müssen Sie einen zusätzlichen Treiber oder einen Transistor verwenden. Zusätzlich müssen Sie je nach Konfiguration der *INVRT*- oder *OUTDRV*-Bits einen Pull-up-Widerstand verwenden (siehe Table 12 in Abbildung 6.54).

6.4 Eine PWM mit einem PWM-Controller erzeugen

Table 12. Use of INVRT and OUTDRV based on connection to the LEDn outputs when $\overline{OE} = 0^{[1]}$

INVRT	OUTDRV	Direct connection to LEDn		External N-type driver		External P-type driver	
		Firmware	External pull-up resistor	Firmware	External pull-up resistor	Firmware	External pull-up resistor
0	0	formulas and LED output state values inverted	LED current limiting R[2]	formulas and LED output state values inverted	required	formulas and LED output state values apply	required
0	1	formulas and LED output state values inverted	LED current limiting R[2]	formulas and LED output state values apply[3]	not required[3]	formulas and LED output state values inverted	not required
1	0	formulas and LED output state values apply[2]	LED current limiting R	formulas and LED output state values apply	required	formulas and LED output state values inverted	required
1	1	formulas and LED output state values apply[2]	LED current limiting R	formulas and LED output state values inverted	not required	formulas and LED output state values apply[4]	not required[4]

[1] When $\overline{OE} = 1$, LED output state is controlled only by OUTNE[1:0] bits (MODE2 register).
[2] Correct configuration when LEDs directly connected to the LEDn outputs (connection to V_{DD} through current limiting resistor).
[3] Optimum configuration when external N-type (NPN, NMOS) driver used.
[4] Optimum configuration when external P-type (PNP, PMOS) driver used.

Fig 13. External N-type driver — INVRT = 0, OUTDRV = 1
Fig 14. External P-type driver — INVRT = 1, OUTDRV = 1
Fig 15. Direct LED connection — INVRT = 1, OUTDRV = 0

Abbildung 6.54 Die Beschaltung der Ausgänge bei verschiedenen Konfigurationen

Da wir aber jetzt erst einmal nur eine LED bzw. in Abschnitt 6.4.2 einen Servo ansteuern, müssen Sie lediglich den Vorwiderstand der LED berechnen. Verwenden Sie dafür die folgende Formel:

$$R_V = \frac{U - U_{LED}}{I_{LED}}$$

Für den Wert der Spannung U setzen Sie den Wert des High-Pegels der erzeugten PWN (also 3,3 V) ein, und die Spannung U_{LED} hängt von der gewählten LED ab. Bei einer roten LED beträgt die Spannung etwa 1,9 V. Für den Strom I_{LED} wählen wir den Wert 10 mA. Daraus resultiert dann der folgende Vorwiderstand:

$$R_V = \frac{3{,}3\,V - 1{,}9\,V}{0{,}01\,A} = 140\,\Omega$$

Die Beschaltung des Ausgangs des PWM-Controllers sieht damit so aus wie in Abbildung 6.55.

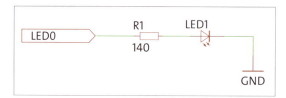

Abbildung 6.55 Die Ausgangsbeschaltung, um eine rote LED über eine PWM anzutreiben

Alle anderen Bits des *MODE2*-Registers sind für Sie uninteressant und können ignoriert werden. Da Sie den Default-Wert des *OUTDRV*-Bits verwenden, ergibt sich als Konfigurationsbyte für das Register *MODE2* der folgende Wert:

$0000\ 0100_2 = 0x04$

Diese beiden Bits müssen Sie nun übertragen. Dazu benutzen Sie die `write_byte_data(addr, cmd, val)`-Methode des SMBus-Moduls:

```
PCA8685.write_byte_data(0x40, 0x00, 0x01)
time.sleep(0.01)
PCA8685.write_byte_data(0x40, 0x01, 0x04)
```

Über die Methode `sleep(seconds)` des Moduls `time` lassen Sie das Programm für eine bestimmte Zeit pausieren (hier 1 ms). Diese Zeit soll gewährleisten, dass der Oszillator des PWM-Controllers komplett eingeschwungen ist, bevor Sie mit dem Programm fortfahren.

Nun können Sie damit beginnen, eine PWM zu erzeugen. Im ersten Schritt erzeugen Sie eine PWM mit einer Frequenz von 100 Hz und einem Duty Cycle von 50 %, also einem Puls/Pause-Verhältnis von 1.

Im ersten Schritt müssen Sie die Frequenz der PWM einstellen. Der interne Taktgeber des PWM-Controllers arbeitet mit einer Frequenz von 25 MHz, und Sie benötigen eine Frequenz von 100 Hz. Damit Sie aus einer Frequenz von 25 MHz eine Frequenz von 100 Hz erzeugen, müssen Sie die Taktfrequenz des PWM-Controllers teilen. Dies geschieht mithilfe eines sogenannten *Prescalers*, also eines Vorteilers. Dieser Vorteiler besitzt ein Register, in das Sie den Teilungsfaktor hineinschreiben müssen.

Auf Seite 25 des offiziellen Datenblattes finden Sie eine Beschreibung des Prescaler-Registers und eine Formel, um den Teilungswert zu berechnen:

$$Prescale = \frac{Oszillatorfrequenz}{4096 \cdot Frequenz} - 1$$

6.4 Eine PWM mit einem PWM-Controller erzeugen

Beim Anlegen einer Betriebsspannung wird das Prescaler-Register automatisch mit dem Wert 0x1E geladen, was einer PWM-Frequenz von 200 Hz entspricht. Sie benötigen allerdings eine Frequenz von 100 Hz:

$$Prescale = \frac{25\,\text{MHz}}{4096 \cdot 100\,\text{Hz}} - 1 \approx 60 = 0x3C$$

Da Sie in dem Register nur ganzzahlige Werte abspeichern können, müssen Sie das Ergebnis aus der Formel entsprechend runden. Den berechneten Wert müssen Sie nun in das Prescaler-Register schreiben, das laut Datenblatt die Adresse 0xFE besitzt (siehe Abbildung 6.56).

FEh	PRE_SCALE	7:0	PRE_SCALE[7:0]	R/W	0001 1110*	prescaler to program the PWM output frequency (default is 200 Hz)

Abbildung 6.56 Adresse und Default-Wert des Prescaler-Registers

```
PCA8685.write_byte_data(0x40, 0xFE, 0x3C)
```

Das Prescaler-Register kann aber nur beschrieben werden, wenn sich der Chip im Sleep-Modus befindet und der Oszillator pausiert wurde. Sie müssen also vor jeder Änderung der PWM-Frequenz den Chip in den Sleep-Modus versetzen, den Wert für den Prescaler übertragen und den Chip aus dem Sleep-Modus holen.

Um den PWM-Controller in den Sleep-Modus zu setzen, lesen Sie das MODE1-Register aus und setzen über eine Und-Verknüpfung das 4. Bit für den Sleep-Modus (siehe Abbildung 6.57).

4	SLEEP	R/W	0	Normal mode[2].
			1*	Low power mode. Oscillator off[3][4].

Abbildung 6.57 Das entsprechende Bit für den Sleep-Modus

Beim Auslesen des Registers müssen Sie das 8. Bit, das sogenannte Restart-Bit, ignorieren, da dieses Bit beim Auslesen nur einen Status signalisiert. Dieser Status darf am Ende nicht wieder in das Bit hineingeschrieben werden, da sich der PWM-Controller sonst je nach Wert des Bits unterschiedlich verhält (siehe Abbildung 6.58).

7	RESTART	R		Shows state of RESTART logic. See Section 7.3.1.1 for detail.
		W		User writes logic 1 to this bit to clear it to logic 0. A user write of logic 0 will have no effect. See Section 7.3.1.1 for detail.
			0*	Restart disabled.
			1	Restart enabled.

Abbildung 6.58 Das Restart-Bit besitzt unterschiedliche Funktionen, je nachdem, ob es gelesen oder geschrieben wird.

Über eine Und-Verknüpfung des ausgelesenen Wertes mit 01111111₂ = 0x7F filtern Sie das *RESTART*-Bit aus dem ausgelesenen Wert heraus:

```
Mode = PCA8685.read_byte_data(0x40, 0x00)
Mode = Mode & 0x7F
```

Nun müssen Sie noch das Bit für den Sleep-Modus setzen, indem Sie eine »1« in das 5. Bit schreiben. Das fünfte Bit (Bitposition 4) erreichen Sie, indem Sie eine 1 um vier Stellen nach links schieben:

```
SleepMode = Mode | (1 << 4)
```

Im nächsten Schritt übertragen Sie das neu erstellte Byte für das *MODE1*-Register zurück auf den PWM-Controller, um diesen in den Sleep-Modus zu versetzen:

```
PCA8685.write_byte_data(0x40, 0x00, SleepMode)
```

Anschließend übertragen Sie den berechneten Wert für den Prescaler:

```
PCA8685.write_byte_data(0x40, 0xFE, 0x3C)
```

Nach dem Übertragen des Prescaler-Wertes müssen Sie den PWM-Controller wieder aufwecken, indem Sie das Sleep-Bit löschen. Dafür übertragen Sie einfach den unter Mode abgespeicherten Wert zurück in das Register:

```
PCA8685.write_byte_data(0x40, 0x00, Mode)
time.sleep(0.01)
```

Hierbei dürfen Sie nicht vergessen, das Programm für mindestens 500 μs pausieren zu lassen, um dem Oszillator genug Zeit zum Einschwingen zu geben. Im letzten Schritt müssen Sie dann noch das Restart-Bit (8. Bit im *MODE1*-Register) setzen, um die PWM-Kanäle neu zu starten:

```
PCA8685.write_byte_data(ChipAdresse, 0x00, Mode | (1 << 8))
```

> **Achtung: PWM-Frequenz wird für alle Kanäle verwendet**
>
> Der verwendete Controller benutzt für jeden der 16 Kanäle dieselbe PWM-Frequenz. Es ist somit nicht möglich, zeitgleich unterschiedliche PWM-Frequenzen zu benutzen!

Damit wäre die PWM-Frequenz gesetzt. Im nächsten Schritt müssen Sie dann noch das Puls/Pause-Verhältnis einprogrammieren.

Aus der Register-Summary des PWM-Controllers geht hervor, dass der Chip für jeden Ausgang zwei 16-Bit-Register besitzt, über die Sie die On- und die Off-Zeit des entsprechenden Ausgangs bestimmen können:

- LEDx_ON_L – Offset 0. Byte
- LEDx_ON_H – Offset 1. Byte
- LEDx_OFF_L – Offset 2. Byte
- LEDx_OFF_H – Offset 3. Byte

Jedes der oben genannten Register besitzt einen Offset, der sich auf die Adresse des *ON_L*-Registers bezieht. Die Adresse des *LED0_ON_L*-Registers lautet z. B. 0x06, und das Register *LED0_OFF_H* besitzt einen Offset von 3 Bytes. Daher lautet die Adresse des Registers *LED0_OFF_H* 0x09.

Die Adresse des LEDx_ON_L-Registers können Sie sich entsprechend berechnen lassen, indem Sie wie folgt rechnen:

Basisadresse $= 0x06 + n \cdot 4$

Dabei steht der Wert 0x06 für die Adresse des ersten Registers von Kanal 0 und n für die Kanalnummer. Für den Kanal 3 würde damit als Basisadresse der Wert 0x12 herauskommen:

Basisadresse $= 0x06 + 3 \cdot 4 = 18_{10} = 0x12$

Mit dieser Methode können Sie direkt eine entsprechende Methode schreiben, um den Duty Cycle eines beliebigen Ausgangs zu setzen:

```
def SetDutyCycle(Pin, OnZeit):
  Basisadresse = 0x06 + Pin * 4
```

In jedes der Registerpaare des entsprechenden Channels müssen Sie nun die On- und Off-Zeit eintragen. Diese Zeiten entsprechen Prozentwerten zu der Periodendauer, also der Zeit von einer Flanke zu der nächsten, identischen Flanke des PWM-Signals (siehe Abbildung 6.59). Angenommen, Sie haben eine PWM-Frequenz von 100 Hz. Daraus ergibt sich dann eine Periodendauer von 10 ms:

$$T = \frac{1}{f} = \frac{1}{100\,\text{Hz}} = 10\,\text{ms}$$

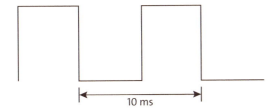

Abbildung 6.59 Periodendauer eines Signals

Diese Periodendauer entspricht nun 100 % oder dem Wert 4095 (entspricht 2^{12} bzw. 4096 Werten). Das heißt, wenn Sie eine On-Zeit von 100 % der Zeit einer Periode eingestellt haben, erzeugen Sie eine ideale Gleichspannung. Die PWM wird in dem PWM-Controller über einen Zähler erzeugt. Dieser Zähler zählt von 0 bis 4095 (12 Bit) und benötigt zwei Umschaltschwellen: eine Schwelle, um von Low nach High zu schalten, und eine Schwelle, um von High nach Low zu schalten. Diese beiden Schwellen müssen Sie über die Werte in LEDx_ON und LEDx_OFF definieren.

Für den Anfang wollen wir eine On-Zeit von 10 % und eine Off-Zeit von 90 % einstellen. Die On-Zeit entspricht in diesem Fall 10 % der gesamten Periodendauer, also dem zehnten Teil des Maximums 4095. Der Zähler soll während der letzten 410 Schritte (~10 % von 4095) einen High-Pegel ausgeben:

$$OnZeit = 4096 - \frac{2^{12}}{100\%} \cdot 10\% - 1 = 4095 - 408{,}6 \approx 3686 = 0xE66$$

Da Sie auch hier nur ganze Zahlen verwenden können, müssen Sie die Ergebnisse entsprechend runden. Damit schaltet der Zähler auf einen High-Pegel, sobald er den Wert 3686_{10} erreicht hat (siehe Abbildung 6.60).

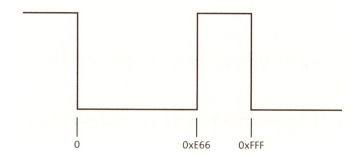

Abbildung 6.60 Die Umschaltschwellen des Controllers

Die zweite Umschaltschwelle ist dann das Ende der Periode, also der Wert 4095_{10}.

$$OffZeit = 2^{12} - 1 = 0xFFF$$

Diese Berechnung müssen Sie nun auf den Code übertragen und am Ende das Ergebnis in zwei einzelne Bytes aufteilen. Anschließend schreiben Sie die beiden Bytes in die entsprechenden Register. Dazu maskieren Sie die einzelnen Bytes der Werte und übertragen diese anschließend mit der `write_byte(addr, cmd, data)`-Methode in die entsprechenden Register des PWM-Controllers. Das Ganze machen Sie nun zweimal – einmal für die On-Zeit und einmal für die Off-Zeit:

6.4 Eine PWM mit einem PWM-Controller erzeugen

```python
LowByte = (0xFFF - OnZeit) & 0x00FF
HighByte = ((0xFFF - OnZeit) & 0xFF00) >> 8
PCA8685.write_byte_data(0x40, Basisadresse, LowByte)
PCA8685.write_byte_data(0x40, Basisadresse + 1, HighByte)

LowByte = 0xFFF & 0x00FF
HighByte = (0xFFF & 0xFF00) >> 8
PCA8685.write_byte_data(0x40, Basisadresse + 2, LowByte)
PCA8685.write_byte_data(0x40, Basisadresse + 3, HighByte)
```

Nun können Sie das Programm mit den berechneten Werten testen. Dazu müssen Sie lediglich nach der Initialisierung des PWM-Controllers die eben definierte Unterfunktion aufrufen und einen Pin und die On-Zeit übergeben:

```python
SetDutyCycle(0, 0x199)
```

Das fertige Programm sieht nun wie folgt aus:

```python
import smbus
import time
PCA8685 = smbus.SMBus(1)
PCA8685.write_byte(0x00, 0x06)

def SetDutyCycle(Pin, OnZeit):
    Basisadresse = 0x06 + Pin * 4
    LowByte = (0xFFF - OnZeit) & 0x00FF
    HighByte = ((0xFFF - OnZeit) & 0xFF00) >> 8
    PCA8685.write_byte_data(0x40, Basisadresse, LowByte)
    PCA8685.write_byte_data(0x40, Basisadresse + 1, HighByte)
    LowByte = 0xFFF & 0x00FF
    HighByte = (0xFFF & 0xFF00) >> 8
PCA8685.write_byte_data(0x40, Basisadresse + 2, LowByte)
PCA8685.write_byte_data(0x40, Basisadresse + 3, HighByte)
PCA8685.write_byte_data(0x40, 0x01, 0x04)
PCA8685.write_byte_data(0x40, 0x00, 0x01)
time.sleep(0.01)
Mode = PCA8685.read_byte_data(0x40, 0x00)
Mode = Mode & 0x7F
SleepMode = Mode | (1 << 4)
PCA8685.write_byte_data(0x40, 0x00, SleepMode)
PCA8685.write_byte_data(0x40, 0xFE, 0x3C)
PCA8685.write_byte_data(0x40, 0x00, Mode)
```

```
time.sleep(0.01)
PCA8685.write_byte_data(0x40, 0x00, Mode | (1 << 8))
SetDutyCycle(0, 0x199)
```

Wenn Sie das Programm nun abspeichern und über RUN • RUN MODULE starten, wird eine PWM mit einer Frequenz von 200 Hz und einem Duty Cycle von 10 % erzeugt, welche auf einem Oszilloskop so aussieht wie in Abbildung 6.61.

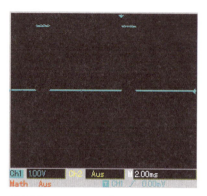

Abbildung 6.61 Oszilloskopbild der erzeugten PWM mit 10 % Duty Cycle

Wenn Sie nun die LED aus Abbildung 6.55 an den Ausgang des PWM-Controllers anschließen, sehen Sie, dass diese nicht leuchtet. Hier gilt nämlich: Je höher der Tastgrad ist, desto heller leuchtet die LED.

Bei einem Duty Cycle von 10 % beträgt der Mittelwert der Spannung 10 % der maximalen Spannung, also 320 mV. Anders ausgedrückt, können Sie auch sagen, dass sich eine PWM mit einem 10 %igen Duty Cycle wie eine Gleichspannung in der Höhe von 10 % der maximalen PWM-Spannung verhält.

Wenn Sie nun den Duty Cycle nach und nach erhöhen (z. B. über einen Timer), werden Sie sehen, dass die LED irgendwann anfängt zu leuchten und dann immer heller wird. Nachfolgend sehen Sie ein Beispiel, bei dem der Duty Cycle alle zwei Sekunden um etwa 10 % (409,6 ~ 409) erhöht wird:

```
for DutyCycle in range(11):
    DutyCycle = DutyCycle * 409
    print("DutyCycle = ", DutyCycle)
    SetDutyCycle(0, DutyCycle)
    time.sleep(2)
SetDutyCycle(0, 0)
PCA8685.close()
```

6.4.2 Eine PWM erzeugen, um einen Servomotor anzusteuern

Da Sie jetzt wissen, wie Sie eine PWM mit dem PCA9685 erzeugen, können wir uns damit beschäftigen, wie Sie einen Servo mit dem PWM-Controller ansteuern können. Doch bevor wir damit beginnen, fassen wir noch einmal die wesentlichen Merkmale eines Servomotors zusammen.

Servos sind, im Gegensatz zu normalen Motoren, in der Lage, den Drehwinkel der Motorachse sehr genau einzustellen. Aus diesem Grund werden Servomotoren z. B. im Modellbau verwendet, um die Ruder des Flugzeugs oder die Spurstange von ferngesteuerten Autos einzustellen.

Abbildung 6.62 Ein handelsüblicher Modellbauservo von Adafruit

> **Hinweis: analoge und digitale Servos**
>
> Neben den hier vorgestellten digitalen Servos gibt es auch noch analoge Servomotoren zu kaufen. Bei analogen Servos wird die Position der Achse über eine analoge Spannung eingestellt. Dementsprechend funktionieren diese Servos mit dem hier gezeigten Beispiel nicht. In diesem Abschnitt beschäftigen wir uns ausschließlich mit dem Ansteuern digitaler Servomotoren.

Ein Servo besteht in der Regel aus einem Motor, einem Drehgeber, um den aktuellen Drehwinkel zu erfassen, einem Getriebe und einer Steuerelektronik. Servos aus dem Modellbaubereich (siehe Abbildung 6.62) besitzen in der Regel drei standardisierte Anschlüsse, wobei die Farben der Leitungen je nach Hersteller unterschiedlich sein können (siehe Tabelle 6.3).

Leitungsfarbe	Signal
Rot	Betriebsspannung (4–6 V)
Schwarz	Masse
Weiß/Orange	PWM-Signal (5-V-Pegel)

Tabelle 6.3 Signale und Leitungsfarben von Servomotoren

Zur Ansteuerung eines Servos werden Impulse mit einer definierten Länge benötigt. Dieses Signal muss in der Regel einen High-Pegel von 5 V aufweisen, und die Impulslänge liegt normalerweise zwischen 1 bis 2 ms bei einer Periodendauer von 20 ms, d. h. bei 50 Hz (siehe Abbildung 6.63).

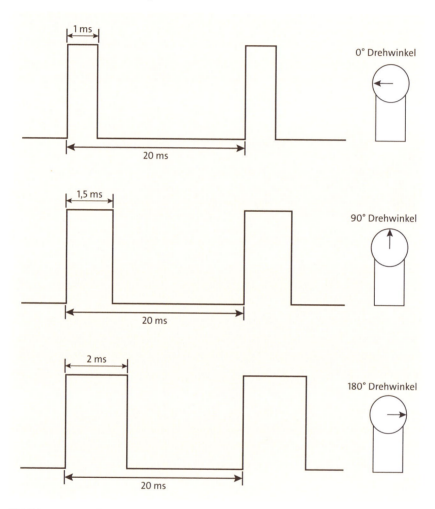

Abbildung 6.63 Die Positionen eines Servos in Abhängigkeit von der Pulslänge

Bei einer Pulslänge von 1 ms bzw. von 2 ms fährt der Servo zum linken bzw. rechten Anschlagspunkt. Der restliche Drehbereich teilt sich dann entsprechend auf die Differenz von 1 ms auf. Bei einer Pulsdauer von 1,5 ms wird dann die Mittelposition eingenommen. Die Erzeugung des PWM-Signals wird später der I²C-Servo-Controller übernehmen, und mit diesem PWM-Signal werden Sie dann einen Servo ansteuern.

6.4 Eine PWM mit einem PWM-Controller erzeugen

Ein solcher Servo kann z. B. mit einem Ultraschallmodul bestückt werden (z. B. *Parallax PING*), um eine Art »Ultraschall-Radar« für einen Roboter zu bauen, wodurch der Roboter dann in der Lage ist, auf Hindernisse zu reagieren.

Nach dieser kurzen Wiederholung der Grundlagen (mehr Informationen finden Sie in Abschnitt 4.2, »Servomotoren«) können wir nun mit dem eigentlichen Thema beginnen: wie Sie einen Servo mit dem PWM-Controller ansteuern.

Dazu müssen Sie als Erstes eine Spannung von 5V an den V+-Eingang des Breakout Boards anlegen (siehe Abbildung 6.46). Hier empfiehlt es sich, eine separate Spannungsquelle zu verwenden, um Störungen durch den Servo in der Spannungsversorgung des Prozessors zu verhindern. Die Spannung können Sie z. B. durch vier in Reihe geschaltete Batterien oder ein Labornetzteil/Steckernetzteil erzeugen.

Den Servo schließen Sie dann an den Ausgang 0 des PWM-Controllers an. Dabei gilt die Belegung aus Tabelle 6.4.

Servo	PWM-Controller
Orange	PWM
Rot	Betriebsspannung (Mitte)
Schwarz/Braun	Masse

Tabelle 6.4 Anschlussbelegung eines Servos an das PCA9685-Breakout-Board

Wenn Sie mit der Verkabelung fertig sind, müssen Sie das erstellte Skript für den PCA9685 modifizieren. Dazu erstellen Sie ein neues Skript namens *Servo.py* und kopieren den Inhalt des PCA9685-Skripts in das Programm *Servo.py*.

Ein Servo benötigt in der Regel ein 50-Hz-Signal, für das Sie den Prescaler des PWM-Controllers neu berechnen müssen:

$$Prescale = \frac{25\,\text{MHz}}{4096 \cdot 50\,\text{Hz}} - 1 \approx 121 = \text{0x79}$$

Diesen Prescaler-Wert müssen Sie nun in den Controller schreiben. Dazu wollen wir ebenfalls eine eigene Methode verwenden:

```
def SetPWMPrecsaler(Prescaler):
  Mode = PCA8685.read_byte_data(ChipAdresse, 0x00)
  Mode = Mode & 0x7F
  SleepMode = Mode | (1 << 4)
  PCA8685.write_byte_data(ChipAdresse, 0x00, SleepMode)
```

```
PCA8685.write_byte_data(ChipAdresse, 0xFE, Prescaler)
PCA8685.write_byte_data(ChipAdresse, 0x00, Mode)
time.sleep(0.01)
PCA8685.write_byte_data(ChipAdresse, 0x00, Mode | (1 << 8))
```

Die Methode `SetPWMPrescaler(Prescaler)` erwartet als Übergabeparameter den eben berechneten Wert für den Prescaler:

`SetPWMPrescaler(0x79)`

Über den Duty Cycle der PWM können Sie nun die Position des Servos bestimmen (siehe Abbildung 6.63).

Die Pulsweite variiert zwischen 1 ms und 2 ms und entspricht einem Drehwinkel von 0° bis 180° im Uhrzeigersinn. Eine Pulslänge von 1 ms entspricht bei einer Periodendauer von 20 ms einem Duty Cycle von 1/20, also 5 %, und 2 ms sind dementsprechend 2/20, also 10 %. In diesem Bereich müssen Sie den Duty Cycle der PWM variieren, um die Position des Servos zu verändern.

Als Werte für die On-Zeit ergeben sich somit folgende Werte:

$$0° \rightarrow \frac{2^{12}}{100\%} \cdot 5\% - 1 \approx 205_{10}$$

$$180° \rightarrow \frac{2^{12}}{100\%} \cdot 10\% - 1 \approx 409_{10}$$

Jeder Servo besitzt bei 0° und 180° Drehwinkel eine Sperre, die verhindert, dass sich der Servo weiterdreht.

Da das Programm die Position des Servos nicht auslesen kann, empfiehlt es sich, die Achse des Servos einmalig bei Programmstart in die Mitte zu drehen, damit der Servo eine bekannte Position einnimmt. Im schlimmsten Fall kann es sonst sein, dass sich die Achse des Servos an einem der Anschlagspunkte befindet und Sie die Achse weiterdrehen möchten und der Servo blockiert und kaputtgeht.

Info: Vorsicht bei der Steuerung von Motoren

Wenn Sie ein Programm schreiben, um Motoren (Gleichstrommotoren, Servos etc.) anzusteuern, ist es immer von Vorteil, wenn Sie den Motor beim Programmstart in eine bekannte Position drehen. Es kann z. B. passieren, dass Ihr Programm oder der Rechner, auf dem das Programm läuft, abstürzt und das Programm bei einem Neustart somit nicht weiß, wo sich der Motor befindet. Durch das Anfahren einer bekannten Position umgehen Sie dieses Problem geschickt.

6.4 Eine PWM mit einem PWM-Controller erzeugen

Als Neutralposition können Sie z. B. die Mittelstellung anfahren lassen. Dazu benötigen Sie einen Impuls mit der Länge von 1,5 ms bzw. einem Duty Cycle von 7,5 %:

$$\text{Mittelstellung} \rightarrow \frac{2^{12}}{100\%} \cdot 7,5\% - 1 \approx 307_{10}$$

Diesen Wert müssen Sie nun an den PWM-Controller übertragen:

```
SetDutyCycle(0, 307)
```

Der komplette Drehbereich des Servos teilt sich linear zwischen dem rechten und dem linken Anschlagspunkt auf. Zwischen diesen beiden Anschlagspunkten liegt ein PWM-Bereich von 205 Schritten:

$$\Delta D = 409_{10} - 204_{10} = 205_{10}$$

Diese 205 Schritte stellen nun 180° dar, und dementsprechend dreht sich die Achse des Servos pro Schritt um 0,87° pro Schritt:

$$\alpha = \frac{180°}{205 \text{ Schritte}} = 0,87 \frac{°}{\text{Schritt}}$$

Mit diesem Wert können Sie nun den Duty Cycle berechnen, der benötigt wird, um den Servo um einen bestimmten Winkel zu drehen. Angenommen, Sie wollen den Servo von der 0°-Position um 42° drehen, dann benötigen Sie folgenden Duty Cycle:

$$n = \frac{42°}{0,87 \frac{°}{\text{Schritt}}} = 49 \text{ Schritte}$$

$$D = 205 + 49 = 254$$

Mit diesen Werten können Sie nun eine Methode schreiben, die einen Winkel als Übergabewert erwartet und dann den Servo entsprechend dreht:

```python
def RotateServo(Winkel):
    DutyCycle = Winkel / 0.87
    SetDutyCycle(0, 204 + int(DutyCycle))
```

Wichtig ist, dass Sie den Wert `DutyCycle` vor der Übergabe an die `SetDutyCycle()`-Methode in einen Integer umwandeln, da die Methode keine Kommazahlen verarbeiten kann.

Über eine `for`-Schleife können Sie dann z. B. den kompletten Winkelbereich des Servos anfahren:

```python
for Winkel in range(0, 180, 1):
    RotateServo(Winkel)
    time.sleep(0.1)
```

6 Der Inter-Integrated Circuit (I²C)

Die Verzögerungszeit von 0,1 s ist beliebig gewählt und kann dementsprechend verändert werden. Sie müssen dem Servo nur genug Zeit geben, um die Position anzufahren. Die benötigte Zeit lässt sich aus der Stellzeit ❶ des Servos berechnen, die im Datenblatt angegeben ist. Sie ist vom Drehwinkel abhängig (siehe Abbildung 6.64).

So benötigt der in Abbildung 6.64 gezeigte Servo bei einer Spannung von 6 V etwa 3 ms, um die Achse um 1° zu drehen:

$$t = \frac{0{,}18\,\text{s}}{60\,°} = 0{,}003\,\frac{\text{s}}{°}$$

Gewicht	61 g
Getriebe	Metall
Lagerart	Doppelt kugelgelagert
Servo-Technologie	Digital-Servo
Kategorie	Standard-Servo
Stecksystem	JR
Länge	40.7 mm
Breite	20 mm
Höhe	42.4 mm
Stell-Moment (4,8 V)	130 Ncm
Stell-Moment bei 6 V	160 Ncm
Herst.-Teilenr.	80101028
Stell-Zeit bei 6 V	0,18s 60 ° ❶
Stell-Zeit bei 4,8 V	0,20s 60 °

Abbildung 6.64 Beispiel für die technischen Daten eines Servos

Wenn Sie nun den Duty Cycle der PWM und damit den Stellwinkel schneller als alle 0,003 s ändern, dann schafft der Servo es nicht, die Position anzufahren. Daher empfiehlt es sich immer, dem Servo ausreichend Zeit zu geben, um die gewünschte Position anzufahren. In Listing 6.1 sehen Sie das fertige Programm:

```
import smbus
import time
ChipAdresse = 0x40
PCA8685 = smbus.SMBus(1)
PCA8685.write_byte(0x00, 0x06)
def SetDutyCycle(Pin, OnZeit):
    Basisadresse = 0x06 + Pin * 4
    LowByte = (0xFFF - OnZeit) & 0x00FF
```

6.4 Eine PWM mit einem PWM-Controller erzeugen

```python
  HighByte = ((0xFFF - OnZeit) & 0xFF00) >> 8
  PCA8685.write_byte_data(ChipAdresse, Basisadresse, LowByte)
  PCA8685.write_byte_data(ChipAdresse, Basisadresse + 1, HighByte)
  LowByte = 0xFFF & 0x00FF
  HighByte = (0xFFF  & 0xFF00) >> 8
  PCA8685.write_byte_data(ChipAdresse, Basisadresse + 2, LowByte)
  PCA8685.write_byte_data(ChipAdresse, Basisadresse + 3, HighByte)
def SetPWMPrescaler(Prescaler):
  Mode = PCA8685.read_byte_data(ChipAdresse, 0x00)
  Mode = Mode & 0x7F
  SleepMode = Mode | (1 << 4)
  PCA8685.write_byte_data(ChipAdresse, 0x00, SleepMode)
  PCA8685.write_byte_data(ChipAdresse, 0xFE, Prescaler)
  PCA8685.write_byte_data(ChipAdresse, 0x00, Mode)
  time.sleep(0.01)
  PCA8685.write_byte_data(ChipAdresse, 0x00, Mode | (1 << 8))
def RotateServo(Winkel):
  DutyCycle = Winkel / 0.87
  SetDutyCycle(0, 204 + int(DutyCycle))
PCA8685.write_byte_data(ChipAdresse, 0x01, 0x04)
PCA8685.write_byte_data(ChipAdresse, 0x00, 0x01)
time.sleep(0.01)
SetPWMPrescaler(0x79)
RotateServo(0)
time.sleep(5)
RotateServo(90)
time.sleep(5)
RotateServo(180)
time.sleep(5)
while(True):
  for Winkel in range(0, 180, 1):
    RotateServo(Winkel)
    time.sleep(0.05)
  time.sleep(1)
  for Winkel in range(180, 0, -1):
    RotateServo(Winkel)
    time.sleep(0.05)
  time.sleep(1)
SetDutyCycle(0, 0)
```

Listing 6.1 Das Programm zur Ansteuerung von Servomotoren

Sie wissen nun bestens über den I²C-Bus am Raspberry Pi Bescheid und haben einige Erfahrungen damit gemacht, wie Sie die Chips am I²C-Bus ordnungsgemäß verwenden.

In diesem Kapitel haben Sie drei unterschiedlich komplexe Bausteine kennengelernt, und wenn Sie das hier gelernte Wissen auf andere Chips übertragen und dabei das Datenblatt des Herstellers studieren, sind Sie in der Lage, den Raspberry Pi mit weiteren Sensoren auszustatten, um ihn so noch etwas flexibler zu machen.

Im folgenden Kapitel widmen wir uns der letzten Schnittstelle des Raspberry Pi, dem SPI.

Kapitel 7
Das Serial Peripheral Interface (SPI)

Nachdem Sie erfolgreich die UART- und die I²C-Schnittstelle gemeistert haben, ist nur noch die SPI-Schnittstelle auf der I/O-Leiste des Raspberry Pi übrig. Im Folgenden werfen wir einen Blick auf die Funktionsweise dieser Schnittstelle.

In diesem Kapitel zeigen wir Ihnen, wie das Serial Peripheral Interface (SPI) des Raspberry Pi funktioniert und wie Sie es benutzen können. Wie auch beim UART oder beim I²C-Bus werden wir Ihnen am Anfang dieses Kapitels ein paar theoretische Grundlagen zu dieser Schnittstelle vermitteln, und im Anschluss daran lernen Sie, wie Sie verschiedene Sensoren auslesen können, z. B. ein Barometer und einen Lagesensor.

Zu Beginn finden Sie wieder eine kurze Materialliste, damit Sie nicht unvorbereitet in dieses Kapitel starten. Sie brauchen:

▶ ein Steckbrett inklusive Steckbrücken
▶ einen Raspberry-Pi-Cobbler und ein Anschlusskabel für den Raspberry Pi
▶ einen Lötkolben
▶ ein BME280-Luftfeuchtigkeits-, Druck- und Temperatursensor-Breakout-Board (siehe Abbildung 7.1). Das bekommen Sie z. B. bei Watterott.

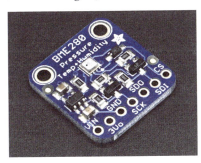

Abbildung 7.1 Das »BME280-Breakout-Board« von Adafruit

▶ einen MCP23S17-Port-Expander (erhältlich bei *www.mikroe.com*). Da dieser Baustein auch in einer steckbrettfreundlichen Gehäuseform (DIP-Gehäuse) existiert, können

Sie sich auch einen einzelnen Baustein bei Händlern wie z. B. Reichelt bestellen und die Schaltung auf Ihrem Steckbrett aufbauen. Der Schaltplan folgt in Abbildung 7.11.

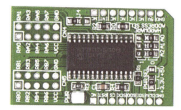

Abbildung 7.2 Das fertig zusammengebaute MCP23S17-Breakout-Board von MikroElectronika

▶ einen WS2801-LED-Streifen (Länge beliebig) und ein Netzteil für Ströme um die 5–10 A (siehe Abbildung 7.3).

Abbildung 7.3 Beispielanwendung mit einem WS2801-LED-Streifen von Tinkerforge

7.1 Das SPI – ein weiterer Bus am Raspberry Pi

Das SPI, oder auch Serial Peripheral Interface , ist ein von Motorola entwickeltes Bus-System nach dem Master-Slave-Prinzip. Das Ziel des SPI ist es, wie auch beim I^{2}C-Bus, ein einheitliches Interface für verschiedene digitale Bausteine zu schaffen. Im Gegensatz zum I^{2}C-Interface ist das SPI *vollduplex*-fähig. Das heißt, Master und Slave können gleichzeitig senden und empfangen. Möglich wird dies durch die Verwendung von getrennten Sende- und Empfangsleitungen. Busse, die eine gemeinsame Sende- und Empfangsleitung verwenden (wie z. B. der I^{2}C-Bus), können entweder senden oder empfangen. Ein großer Vorteil des SPI besteht in der Geschwindigkeit des Busses. Im Gegensatz zu alten Bussen, wie dem I^{2}C, ist das SPI in der Lage, Geschwindigkeiten von bis zu 10 MHz zu erreichen, wodurch auch große Datenmengen schnell übertragen werden können.

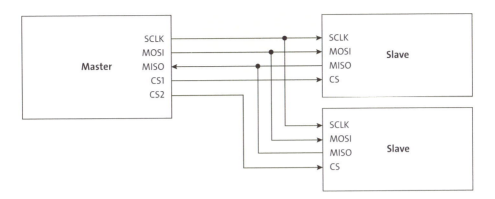

Abbildung 7.4 Beispiel für einen SPI-Bus mit einem Master und zwei Slaves

Für ein SPI werden folgende Leitungen benötigt (siehe Abbildung 7.4):

- Datenleitung vom Master zum Slave (MOSI – Master Out Slave In)
- Datenleitung vom Slave zum Master (MISO – Master In Slave Out)
- Taktleitung (SCLK)
- ein oder mehrere Ausgänge als Chip Select (SS – Slave Select oder CS – Chip Select)

Im Gegensatz zum I²C-Bus verwendet das SPI üblicherweise keine Adressen, um den Empfänger der Daten zu definieren. Vielmehr besitzt jeder Slave am SPI einen sogenannten Chip-Select-Pin (CS), der vom Master nach Masse gezogen wird, um dem Slave mitzuteilen, dass er der Empfänger der Daten sein wird. Eine Ausnahme bildet die *Kaskadierung*, also die Hintereinanderschaltung mehrerer gleicher Chips an einem Chip-Select. In solch einem Anwendungsfall werden üblicherweise Adressen verwendet, um die einzelnen Chips voneinander unterscheiden zu können.

Theoretisch können beliebig viele Slaves an einen SPI angeschlossen werden. Die Anzahl der Slaves wird lediglich durch die Menge der zur Verfügung stehendenden Chip-Select-Pins begrenzt. So können am Raspberry Pi zwei SPI-Bausteine an die Chip-Select-Pins des SPI angeschlossen und genutzt werden (Pin 24 bzw. 26). Sollen weitere Geräte genutzt werden, so müssen die I/Os des Raspberry Pi als Chip-Select-Pins genutzt werden.

Das SPI ist, im Gegensatz zum I²C, sehr flexibel konfigurierbar, was die Taktrate und die übertragenen Bits angeht, wodurch es sehr flexibel einsetzbar ist. Bevor das SPI verwendet werden kann, muss es entsprechend der angeschlossenen Slaves konfiguriert werden. In der Praxis haben sich die vier Betriebsmodi aus Tabelle 7.1 für das SPI durchgesetzt.

SPI-Modus	Taktpolarität (CPOL)	Taktphase (CPHA)	Taktflanke (CKE)
0	0	0	1
1	0	1	0
2	1	0	1
3	1	1	0

Tabelle 7.1 Die SPI-Modi im Überblick

Mit dem *CPOL*-Bit konfigurieren Sie die Taktpolarität. Der Wert 0 legt fest, dass die SCLK-Leitung im Ruhezustand einen Low-Pegel führt. Wird das Bit auf 1 gesetzt, führt sie einen High-Pegel.

Über das *CPHA*-Bit definieren Sie, ab der wievielten Taktflanke die Daten vom Slave gesendet werden, nachdem der Slave ausgewählt wurde. Bei 0 werden die Daten direkt bei der ersten Taktflanke gesendet, andernfalls bei der zweiten (siehe Abbildung 7.5).

Mit dem dritten Bit, dem *CKE*-Bit, legen Sie fest, ob die Daten bei einer steigenden Taktflanke (also dem Wechsel von Low nach High) oder bei einer fallenden Taktflanke (also dem Wechsel von High nach Low) gesendet werden.

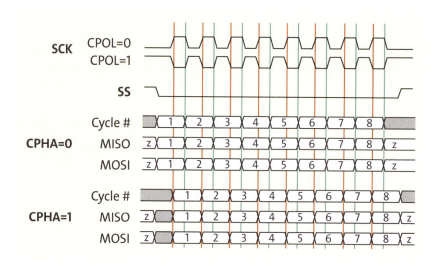

Abbildung 7.5 Kommunikation über das SPI bei verschiedenen Modi (Quelle: www.wikipedia.de)

Diese Konfigurationen sind universell einsetzbar und müssen bei jedem SPI-Master entsprechend der angeschlossenen Slaves berücksichtigt werden. Welche Konfiguration Sie für welchen Slave verwenden, müssen Sie dem Datenblatt des Herstellers entnehmen.

Leider ist es, bedingt durch die hohe Flexibilität des SPI, nicht immer möglich, verschiedene Slaves miteinander zu betreiben, da es sein kann, dass zwei Slaves inkompatible Modi benötigen (z. B. Slave 1 benötigt CPOL = 1 und Slave 2 benötigt CPOL = 2).

Beim SPI wird pro Taktzyklus ein Bit übertragen, nachdem der Empfänger durch einen Low-Pegel am CS-Pin ausgewählt wurde. Nach acht Taktzyklen ist dann ein Byte übertragen, und weitere Bytes können übertragen werden, wobei die Spezifikation des SPI nicht festlegt, ob nach jedem Byte der CS-Pin einmal wieder auf High gezogen werden muss oder ob der Pin während der kompletten Übertragung auf Low bleiben kann.

Dies kann jeder Hersteller von SPI-Geräten selbst festlegen. Die Übertragung findet so lange statt, bis der Master den CS-Pin wieder auf einen High-Pegel zieht.

Pro Byte, das vom Master zum Slave gesendet wird, wird ein Byte an Daten vom Slave zum Master gesendet. Wenn Sie also lediglich ein Byte an Daten auslesen wollen, so müssen Sie immer ein sogenanntes Dummy-Byte, also ein Byte ohne Informationen, zum Slave senden, damit der Slave die Informationen an den Master überträgt.

Bevor Sie das SPI verwenden können, muss es – wie auch alle anderen Schnittstellen – erst einmal aktiviert werden. Dazu müssen Sie, ähnlich wie bei der I²C- und der UART-Schnittstelle, erst einmal das Interface aktivieren.

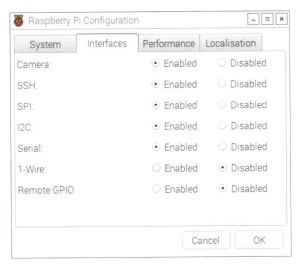

Abbildung 7.6 Raspberry-Pi-Konfiguration mit aktiviertem SPI

Dazu öffnen Sie auf dem Desktop unter MENU • PREFERENCES die RASPBERRY PI CONFIGURATION und prüfen, ob das SPI aktiviert ist (siehe Abbildung 7.6). Gegebenenfalls müssen Sie es noch aktivieren.

Falls Sie das SPI eben erst aktiviert haben, müssen Sie den Raspberry Pi neu starten. Dazu wählen Sie MENÜ • SHUTDOWN • REBOOT aus. Falls das SPI bereits aktiviert war, können Sie diesen Schritt auslassen.

Wenn Sie nun eine Konsole öffnen und sich mit $ ls /dev das Verzeichnis */dev* anzeigen lassen, sehen Sie zwei Geräte mit den Namen *spidev0.0* und *spidev0.1* (siehe Abbildung 7.7).

```
mqueue              shm         tty27   tty52       vcs3
net                 snd         tty28   tty53       vcs4
network_latency     spidev0.0   tty29   tty54       vcs5
network_throughput  spidev0.1   tty3    tty55       vcs6
null                stderr      tty30   tty56       vcsa
```

Abbildung 7.7 Das SPI wurde erfolgreich aktiviert.

Diese beiden Geräte stellen das SPI auf der 40-poligen Stiftleiste dar. Jedes dieser Geräte nutzt einen der beiden Chip-Select-Pins (CE0 und CE1), die ebenfalls auf der 40-poligen Stiftleiste des Raspberry Pi angeordnet sind (siehe Abbildung 7.8).

Abbildung 7.8 Die Pins des SPI im Überblick

Wenn Sie also ein SPI-Gerät an CE0 angeschlossen haben, nutzen Sie die Schnittstelle *spidev0.0*, und wenn Sie das Gerät an CE1 angeschlossen haben, nutzen Sie *spidev0.1*. Das SPI ist nun einsatzbereit, und Sie können damit beginnen, ein erstes Programm zu erstellen.

Schauen wir uns mal an, wie das SPI in der Praxis verwendet wird. Dazu sehen wir uns an, wie wir die I/Os des Raspberry Pi erweitern können, indem wir vier I/Os des Raspberry Pi nutzen, nämlich die des SPI, um einen Port Expander anzusteuern, der 16 weitere I/Os zur Verfügung stellt.

7.2 Die GPIO-Pins des Raspberry Pi mit einem Port Expander erweitern

In diesem Abschnitt lernen Sie, wie Sie den Raspberry Pi mit einem SPI-Port-Expander ausstatten, um dem Raspberry Pi 16 zusätzliche Ein- und Ausgänge zu spendieren. Als Port Expander wird ein MCP23S17 der Firma Microchip verwendet.

Bei diesem Baustein handelt es sich um einen 16-Bit-Port-Expander, der über 16 voneinander unabhängige Ein- und Ausgänge verfügt. Diese sind in zwei Ports zu je 8 Bit und zwei separate Ausgänge für ein Interrupt-Signal aufgeteilt.

Info: Was sind Interrupts?

Wenn ein Baustein, wie z. B. der Prozessor des Raspberry Pi, an einem Eingang auf ein bestimmtes Signal wartet (z. B. auf die Betätigung eines Tasters), dann kann er das auf zwei verschiedene Arten erledigen:

- Er fragt den Eingang alle x Sekunden ab. Das ist das sogenannte *Pollen*.
- Er schaltet den Eingang als Interrupt und reagiert erst, wenn sich der Pegel an dem Eingang ändert.

Das Pollen benötigt immer CPU-Performance, da der Baustein den Eingang regelmäßig abfragen muss. Je nach Auslastung der CPU kann es dabei auch passieren, dass das Ereignis am Eingang nicht direkt erkannt wird, sondern ein paar Millisekunden später bzw. gar nicht. Für Anwendungen, bei denen sehr schnelle und kurze Signale erkannt werden müssen, ist diese Methode nicht geeignet.

Bei einem Interrupt wird eine zusätzliche Hardware im Chip an den Eingang geschaltet, die eine Pegelveränderung am Eingang erkennt und an die CPU weiterleitet. Die CPU verfügt über spezielle Mechanismen, um solche Interrupts direkt abzuarbeiten, wodurch die CPU auf schnelle Ereignisse reagieren kann.

Pollen	Interrupt
Sehr einfach umzusetzen	Spezielle Hardware erforderlich
Reaktionszeit von der CPU-Last abhängig	Reaktionszeit unabhängig von der CPU-Last

Tabelle 7.2 Die wichtigsten Unterschiede zwischen dem Interruptbetrieb und dem Pollen im Überblick

Der Baustein besitzt zudem drei Adressleitungen, die es ermöglichen, bis zu acht verschiedene Bausteine an einem Bus zu betreiben. Der Port Expander ist als I²C- (MCP23017) und als SPI-Variante (MCP23S17) erhältlich. In diesem Buch behandeln wir ausschließlich die SPI-Variante. Mit dem Wissen über den I²C-Bus, das Sie in Kapitel 6 erworben haben, ist es für Sie aber kein Problem, auch die I²C-Variante zu benutzen.

Der Baustein kann sowohl mit 3,3 V als auch mit 5 V betrieben werden. Da das SPI vom Raspberry Pi ausschließlich mit 3,3 V betrieben wird, betreiben wir den Chip ebenfalls mit 3,3 V.

Die Beschaltung des Chips ist sehr übersichtlich und kann problemlos auf einem Steckbrett aufgebaut werden, falls Sie keine fertige Leiterkarte mit dem Baustein verwenden möchten. Sie sollten dann aber darauf achten, dass Sie den Port Expander im DIP-Gehäuse kaufen (siehe Abbildung 7.9). Andernfalls können Sie den Port Expander nicht auf das Steckbrett stecken.

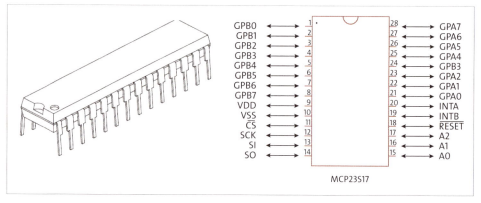

Abbildung 7.9 Aussehen und Pin-Belegung der DIP-Version des Bausteins, wie sie im offiziellen Datenblatt zu finden ist

Info: Pin-Nummerierung bei verschiedenen Bauteilen

Damit ein IC, oder auch integrierter Baustein, korrekt und zuverlässig arbeitet, muss es korrekt beschaltet werden. Die Beschaltung eines solchen Bausteins ist dabei immer im Datenblatt angegeben. Sie müssen dann nur noch den entsprechenden Pin nach Datenblatt beschalten. Für die Beschaltung ist die richtige Zählweise der Pins wichtig. Wenn Sie von oben auf einen solchen Baustein schauen, dann sehen Sie an einem Ende eines Bausteins eine halbkreisförmige Vertiefung (für Bausteine im DIP-Gehäuse, siehe Abbildung 7.10) oder einen Kreis oder einen Balken (für alle anderen Gehäuseformen).

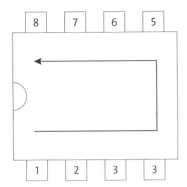

Abbildung 7.10 Pin-Nummerierung und Zählweise bei einem 8-Pin-DIP-Gehäuse

Diese Markierungen kennzeichnen den Pin 1 des Bausteins, der sich immer links von der Markierung befindet. Von diesem Pin an werden die restlichen Pins gegen den Uhrzeigersinn durchnummeriert.

Die jeweils acht Pins mit der Bezeichnung GPA und GPB sind die hinzugewonnenen GPIO-Pins, die als Ein- oder Ausgänge programmiert werden können. A0 bis A2 sind die Adressleitungen, sodass acht (2^3) acht MCP23S17 an einem SPI betrieben werden können.

Die Spannungsversorgung (hier +3,3 V) wird über die Pins V_{DD} (Pin 9) und V_{SS}, eine andere Bezeichnung für GND, (Pin 10) hergestellt, und über die Pins INTA und INTB gibt der Port Expander Interruptsignale aus, die Sie im Laufe dieses Kapitels auswerten werden. Zusätzlich werden folgende Pins des Port Expanders benötigt:

- SI (Pin 13) an Pin 19 vom Raspberry Pi
- SO (Pin 14) an Pin 21 vom Raspberry Pi
- SCK (Pin 12) an Pin 23 vom Raspberry Pi
- CS (Pin 11) an Pin 24 oder 26 vom Raspberry Pi
- GPA0 und GPB0 (Pin 21 und Pin 1) werden über einen Widerstand und eine LED mit Masse verbunden.
- RESET (Pin 18) muss über einen Widerstand mit der Betriebsspannung versorgt werden.
- A0–A2 (Pins 15–17) werden mit Masse verbunden.

Der Schaltplan für die fertige Schaltung nimmt somit die Form aus Abbildung 7.11 an.

7 Das Serial Peripheral Interface (SPI)

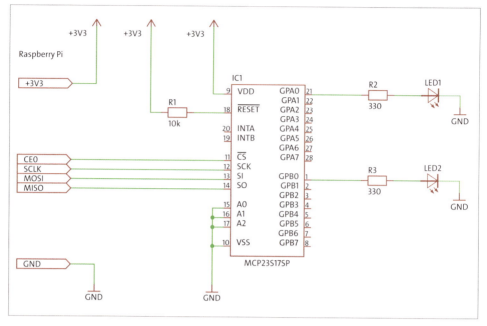

Abbildung 7.11 Die erste Schaltung für das Steckbrett

Falls Sie eine fertige Leiterkarte mit dem Port Expander verwenden, so müssen Sie die vier SPI-Leitungen (CE0, SCLK, MOSI und MISO) sowie die LEDs anschließen und die drei Adressleitungen auf Masse legen.

Der Vorwiderstand der LED berechnet sich entsprechend der allgemeinen Formel:

$$R_2 = \frac{U - U_{LED}}{I_{LED}}$$

Die Ausgangsspannung U des I/O vom Port Expander beträgt bei einer Versorgungsspannung von 3,3 V ebenfalls 3,3 V, und der Spannungsabfall U_{LED} an der LED richtet sich nach der Farbe der LED. Für dieses Beispiel haben wir eine rote LED mit einem Spannungsabfall von 2 V und als Strom I_{LED} durch die LED 4 mA genommen. Daraus ergibt sich ein Vorwiderstand von etwa 330 Ω. Die Hardware wäre damit vorbereitet. Nun ist es an der Zeit, sich der Software zu widmen.

7.2.1 Konfiguration des Port Expanders

Bevor Sie den Port Expander nutzen können, müssen Sie ihn erst einmal entsprechend konfigurieren. Dazu öffnen Sie unter MENU • PROGRAMMING PYTHON 3 (IDLE) den Python-Editor und erstellen ein neues Python-Skript. Am Anfang des Skripts müssen Sie erst einmal das Python-Modul `spidev` laden:

```python
import spidev
```

Anschließend können Sie ein Objekt für das SPI erstellen und die Schnittstelle öffnen:

```python
MCP23S17 = spidev.SpiDev()
MCP23S17.open(0, 0)
```

Als Parameter geben Sie die SPI-Schnittstelle und den entsprechenden CE-Pin des Raspberry Pi an. Da der Raspberry Pi lediglich ein einziges SPI besitzt, ist der erste Parameter immer 0. Der zweite Parameter gibt den verwendeten CE-Pin an. Sie müssen nicht nur den Raspberry Pi für SPI konfigurieren, sondern auch den Port Expander. Das geschieht über sogenannte Register-Bytes, die teilweise griffige Bezeichnungen haben. Wie bei den GPIO-Ports des Raspberry Pi legen Sie fest, ob der jeweilige Pin als Eingang oder Ausgang verwendet werden soll (Register *IODIRA* bzw. *IODIRB*).

Wir wollen die Eingänge auslesen bzw. die Ausgänge ein- bzw. ausschalten (Register *GPIOn* und *OLATn*, dabei steht *n* im Datenblatt für A oder B). Auch die Nutzung von Interrupts und Pull-up-Widerständen muss konfiguriert werden (mehr dazu in Abschnitt 7.2.3). All diese Register werden Sie im Laufe dieses Kapitels kennenlernen, sodass Sie am Ende in der Lage sind, den Port Expander vollständig und perfekt zu nutzen.

Der MCP23S17 besitzt zwei 8-Bit-GPIO-Ports, die in zwei Bereiche (Bänke) unterteilt sind. Jede Bank besitzt 10 Register. Zusätzlich greifen beide Bänke auf ein gemeinsames *IOCON*-Register zu.

Register Name	Address (hex)	bit 7	bit 6	bit 5	bit 4	bit 3	bit 2	bit 1	bit 0	POR/RST value
IODIRA	00	IO7	IO6	IO5	IO4	IO3	IO2	IO1	IO0	1111 1111
IODIRB	01	IO7	IO6	IO5	IO4	IO3	IO2	IO1	IO0	1111 1111
IPOLA	02	IP7	IP6	IP5	IP4	IP3	IP2	IP1	IP0	0000 0000
IPOLB	03	IP7	IP6	IP5	IP4	IP3	IP2	IP1	IP0	0000 0000
GPINTENA	04	GPINT7	GPINT6	GPINT5	GPINT4	GPINT3	GPINT2	GPINT1	GPINT0	0000 0000
GPINTENB	05	GPINT7	GPINT6	GPINT5	GPINT4	GPINT3	GPINT2	GPINT1	GPINT0	0000 0000
GPPUA	0C	PU7	PU6	PU5	PU4	PU3	PU2	PU1	PU0	0000 0000
GPPUB	0D	PU7	PU6	PU5	PU4	PU3	PU2	PU1	PU0	0000 0000
GPIOA	12	GP7	GP6	GP5	GP4	GP3	GP2	GP1	GP0	0000 0000
GPIOB	13	GP7	GP6	GP5	GP4	GP3	GP2	GP1	GP0	0000 0000
OLATA	14	OL7	OL6	OL5	OL4	OL3	OL2	OL1	OL0	0000 0000
OLATB	15	OL7	OL6	OL5	OL4	OL3	OL2	OL1	OL0	0000 0000

Abbildung 7.12 Registerübersicht für den Port A aus dem offiziellen Datenblatt

Über das *IOCON*-Register können Sie gemeinsame Funktionen beider Ports konfigurieren. Indem Sie ein Bit im *IOCON*-Register setzen, ändern Sie die Adressen der einzelnen

Register, was eine leichtere Adressierung ermöglicht. Register mit der gleichen Funktion werden in diesem Modus zusammengefasst, und durch einen Offset in der Registeradresse von 0x10 wird zwischen den Registern von Port A und Port B unterschieden (siehe Abbildung 7.12).

In dieser Konfiguration lauten z. B. die Adressen des *IODIR*-Registers:

- 0x00 für Bank A bzw. Port A
- 0x10 für Bank B bzw. Port B

oder für das *GPIO*-Register:

- 0x09 für Bank A bzw. Port A
- 0x19 für Bank B bzw. Port B

Wie Sie an den beiden Beispielen erkennen können, stellen die ersten vier Bits der Adresse (also die rechte Stelle) die Registerfunktion dar, und die höheren vier Bits (die linke Stelle bzw. der Wert 0 oder 1) stellen die Registerbank bzw. den Port des Port Expanders dar. Dabei steht eine »0« für die Registerbank A und eine »1« für die Registerbank B.

Dies erleichtert die Programmierung, da Sie die Adressen nicht umrechnen müssen, sondern lediglich einen Offset von 0x10 (16_{10}) einrechnen müssen, wenn Sie Port B verwenden wollen. Und genau diesen Modus nutzen wir, um ganz einfach beide Ports ansprechen zu können.

Lassen Sie uns nun einen Blick auf die für uns interessanten Register werfen.

Sie benötigen sowohl das Konfigurationsregister *IOCON* des Bausteins als auch verschiedene Konfigurationsregister der Ports, um den Chip entsprechend Ihren Anforderungen zu konfigurieren. Über die Konfigurationsregister der beiden Ports legen Sie fest, welche Pins des entsprechenden Ports als Ausgang oder Eingang geschaltet sind, welche Pins über Pull-up-Widerstände verfügen sollen und ob die Pins invertiert werden sollen oder nicht.

Über das Konfigurationsregister des Chips konfigurieren Sie u. a. die Interrupts und die Registerreihenfolge des Bausteins. In Abschnitt 7.2.3 zeigen wir Ihnen, wie Sie die Interrupts des Port Expanders verwenden, indem Sie einen Interrupt an einem GPIO des Raspberry Pi aktivieren, um dann den Interrupt-Pin des Port Expanders an diesen GPIO anzuschließen.

Den Aufbau des *IOCON*-Registers können Sie dem offiziellen Datenblatt des Herstellers entnehmen (siehe Abbildung 7.13).

7.2 Die GPIO-Pins des Raspberry Pi mit einem Port Expander erweitern

REGISTER 1-6: IOCON – I/O EXPANDER CONFIGURATION REGISTER (ADDR 0x05)

R/W-0	R/W-0	R/W-0	R/W-0	R/W-0	R/W-0	R/W-0	U-0
BANK	MIRROR	SEQOP	DISSLW	HAEN	ODR	INTPOL	—

bit 7 .... bit 0

Legend:
R = Readable bit   W = Writable bit   U = Unimplemented bit, read as '0'
-n = Value at POR   '1' = Bit is set   '0' = Bit is cleared   x = Bit is unknown

- **bit 7** **BANK:** Controls how the registers are addressed
  1 = The registers associated with each port are separated into different banks
  0 = The registers are in the same bank (addresses are sequential)
- **bit 6** **MIRROR:** INT Pins Mirror bit
  1 = The INT pins are internally connected
  0 = The INT pins are not connected. INTA is associated with PortA and INTB is associated with PortB
- **bit 5** **SEQOP:** Sequential Operation mode bit.
  1 = Sequential operation disabled, address pointer does not increment.
  0 = Sequential operation enabled, address pointer increments.
- **bit 4** **DISSLW:** Slew Rate control bit for SDA output.
  1 = Slew rate disabled.
  0 = Slew rate enabled.
- **bit 3** **HAEN:** Hardware Address Enable bit (MCP23S17 only).
  Address pins are always enabled on MCP23017.
  1 = Enables the MCP23S17 address pins.
  0 = Disables the MCP23S17 address pins.
- **bit 2** **ODR:** This bit configures the INT pin as an open-drain output.
  1 = Open-drain output (overrides the INTPOL bit).
  0 = Active driver output (INTPOL bit sets the polarity).
- **bit 1** **INTPOL:** This bit sets the polarity of the INT output pin.
  1 = Active-high.
  0 = Active-low.
- **bit 0** **Unimplemented:** Read as '0'.

Abbildung 7.13 Eine komplette Beschreibung des Konfigurationsregisters des Port Expanders

Für den Anfang wollen wir die Interrupts außen vor lassen und uns auf das einfache Ein- und Ausschalten der I/Os des Port Expanders konzentrieren. Aus diesem Grund müssen lediglich zwei Bits, die Bits 5 und 7, auf High gesetzt werden. Mit dem Bit 5 verhindern Sie, dass die interne Registeradresse nach einem Schreibvorgang automatisch hochgezählt wird, und das Bit 7 ist für die vereinfachte Registeranordnung zuständig, die Sie in Abbildung 7.12 sehen. Alle anderen Einstellungen werden vorerst deaktiviert.

Daher lautet das komplette Konfigurationsbyte:

$1010\ 0000_2 = 0xA0$

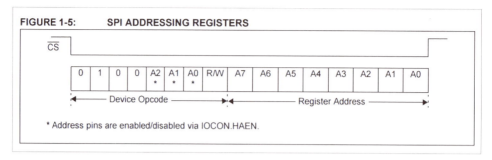

Abbildung 7.14 Beispiel eines Schreibzugriffs auf den Baustein aus dem offiziellen Datenblatt des Herstellers

Dieses Byte müssen Sie nun in den Port Expander schreiben. Dazu müssen Sie sich die Kommunikation zwischen dem SPI-Master und dem Port Expander im Datenblatt anschauen. Ein Beispiel finden Sie dort z. B. unter Figure 1-5 (siehe Abbildung 7.14).

Leider sind die Beispiele aus dem Datenblatt etwas schlecht gewählt, da in jedem Beispiel die zu übertragenden Daten fehlen. Diese müssen natürlich auch noch innerhalb einer Low-Periode vom CS-Pin gesendet werden.

Anhand von Abbildung 7.14 sehen Sie aber zumindest, dass Sie einen sogenannten *Device Opcode* vor der eigentlichen Registeradresse senden müssen und dass der CS-Pin während der kompletten Datenübertragung einen Low-Pegel führen muss. Der Opcode ist praktisch genau dasselbe wie das Adress-Byte beim I²C-Bus (siehe Abbildung 7.14).

Sowohl in der SPI- als auch in der I²C-Variante wird der Opcode als Adresse für den Baustein verwendet. Nach dem Opcode werden die Adresse des Zielregisters und die Daten gesendet.

Methode	Funktion
open(Port, CS)	Öffnet das SPI-Interface Port mit dem Pin CS als Chip Select.
close()	Schließt das SPI-Interface.
readbytes(Anzahl)	Liest Anzahl Bytes vom angeschlossenen Slave ein.
writebytes([Liste])	Schreibt eine Liste von Bytes in den Slave.

Tabelle 7.3 Die Methoden des Python-Moduls »spidev« als Übersicht

7.2 Die GPIO-Pins des Raspberry Pi mit einem Port Expander erweitern

Methode	Funktion
[Values] = xfer([Liste])	Schreibt eine Liste von Bytes in den Slave. Dabei wird der gewählte CE-Pin vor jedem Byte auf Low und dann wieder auf High geschaltet. Alle ausgelesenen Bytes werden unter [Values] gespeichert.
[Values] = xfer2([Liste])	Schreibt eine Liste von Bytes in den Slave. Dabei bleibt der gewählte CE-Pin permanent Low. Alle ausgelesenen Bytes werden unter [Values] gespeichert.

Tabelle 7.3 Die Methoden des Python-Moduls »spidev« als Übersicht (Forts.)

Das Python-Modul spidev stellt eine Reihe von Methoden zur Verfügung, um die Kommunikation über das SPI zu realisieren (siehe Tabelle 7.3). Die Methoden readbytes(Anzahl) und writebytes([Liste]) schalten *nicht* automatisch den CEx-Pin, wodurch Sie in die Lage versetzt werden, jeden GPIO-Pin des Raspberry Pi als Chip Select zu verwenden und nicht ausschließlich CE0 und CE1. Da wir den Port Expander allerdings an CE0 angeschlossen haben und der Chip Select während der kompletten Datenübertragung auf Low sein muss, wollen wir die Methode xfer2([Liste]) verwenden.

Weiterhin muss die Konfiguration nicht bei jedem Start des Programms übertragen werden, sondern nur nach einem Reset des Port Expanders. Das Wichtigste an der Konfiguration ist das Bit 7, das sogenannte *BANK*-Bit, des *IOCON*-Registers. Dieses Bit muss in jedem Fall gesetzt werden, damit die Registeradressen, die in dem späteren Programm genutzt werden, korrekt sind. Aus diesem Grund wird das *IOCON*-Register beim Programmstart einmalig ausgelesen, und sobald das *BANK*-Bit nicht gesetzt ist, wird die Konfiguration in den Port Expander geschrieben.

Das Auslesen des Chips erfolgt mit der xfer2()-Methode, die pro gesendetem Byte ein empfangenes Byte vom SPI einliest. Alle Bytes werden nach dem Senden in einer Liste gespeichert, zurückgegeben, und das dritte Byte repräsentiert dann den Inhalt des ausgelesenen Registers.

Um ein Register auszulesen, müssen Sie das Read-Bit im Opcode setzen sowie die Registeradresse und ein Dummy-Byte übertragen:

```
Konfiguration = MCP23S17.xfer2([0x41, 0x05, 0x00])
```

Ist das *BANK*-Bit nicht gesetzt ist – wenn also der Wert des dritten Bytes kleiner ist als 0x80 (2^7) –, soll die Konfiguration auf den Chip übertragen werden. Das Beschreiben des Port Expanders mit dem Konfigurationsbyte nimmt daher folgende Form an:

```
MCP23S17 = spidev.SpiDev()
MCP23S17.open(0, 0)
Konfiguration = MCP23S17.xfer2([0x41, 0x05, 0x00])
if(Konfiguration[2] < 0x80):
  MCP23S17.xfer2([0x40, 0x0A, 0xA0])
```

Die Werte ergeben sich wie folgt:

- 0x40 ist der Device-Opcode mit einem nicht gesetzten Write-Bit (R/W) und allen Adress-Pins an Masse.
- 0x41 ist der Device-Opcode mit einem gesetzten Write-Bit (R/W) und allen Adress-Pins an Masse.
- 0x0A ist die Registeradresse des *IOCON*-Registers *nach einem Reset des Port Expanders*. Wenn das Bit einmal gesetzt wurde, lautet die Adresse 0x05 (siehe Table 1-6 im Datenblatt).
- 0xA0 ist der neue Registerinhalt.

Diese drei Bytes müssen als Liste in die Funktion übergeben werden. Durch die Verwendung von zwei eckigen Klammern teilen Sie dem Python-Interpreter mit, dass die an die xfer2()-Methode übergebenen Werte eine Liste darstellen.

Info: Reset des Port Expanders

Wenn Sie den Port Expander zurücksetzen und Default-Einstellungen laden wollen, so müssen Sie lediglich den *RESET*-Pin des Port Expanders mit Masse verbinden.

7.2.2 Die I/Os des Port Expanders als zusätzliche Ausgänge

Jetzt sind Sie in der Lage, die zusätzlichen Ein- und Ausgänge des Port Expanders zu verwenden. Damit ein Pin als Ausgang verwendet werden kann, werden drei Register benötigt:

- IODIR – I/O Direction Register
  Schaltrichtung des I/Os als Ausgang oder Eingang
- GPIO – General Purpose I/O Registers
  aktueller Logikzustand des I/Os
- OLAT – Output Latch Register
  Ausgangstreiber für die I/Os

7.2 Die GPIO-Pins des Raspberry Pi mit einem Port Expander erweitern

Das *IODIR*-Register bestimmt, welcher Pin des jeweiligen Ports (A oder B) als Ein- oder Ausgang geschaltet wird. Dieses Register besitzt acht Bits, wobei jedes Bit einen I/O des jeweiligen Ports repräsentiert (siehe Abbildung 7.15). Wird ein Bit gesetzt, so wird der entsprechende I/O als Eingang konfiguriert, andernfalls fungiert er als Ausgang.

REGISTER 1-1:	IODIR – I/O DIRECTION REGISTER (ADDR 0x00)						
R/W-1	R/W-1	R/W-1	R/W-1	R/W-1	R/W-1	R/W-1	R/W-1
IO7	IO6	IO5	IO4	IO3	IO2	IO1	IO0
bit 7							bit 0

Legend:
R = Readable bit   W = Writable bit   U = Unimplemented bit, read as '0'
-n = Value at POR   '1' = Bit is set   '0' = Bit is cleared   x = Bit is unknown

bit 7-0   **IO7:IO0:** These bits control the direction of data I/O <7:0>
  1 = Pin is configured as an input.
  0 = Pin is configured as an output.

Abbildung 7.15 Aufbau des IODIR-Registers aus dem Datenblatt des Herstellers

Das zweite Register, das sogenannte *GPIO*-Register (siehe Abbildung 7.16), spiegelt den Zustand der Ein- und Ausgänge des jeweiligen Ports wider.

REGISTER 1-10:	GPIO – GENERAL PURPOSE I/O PORT REGISTER (ADDR 0x09)						
R/W-0	R/W-0	R/W-0	R/W-0	R/W-0	R/W-0	R/W-0	R/W-0
GP7	GP6	GP5	GP4	GP3	GP2	GP1	GP0
bit 7							bit 0

Legend:
R = Readable bit   W = Writable bit   U = Unimplemented bit, read as '0'
-n = Value at POR   '1' = Bit is set   '0' = Bit is cleared   x = Bit is unknown

bit 7-0   **GP7:GP0:** These bits reflect the logic level on the pins <7:0>
  1 = Logic-high.
  0 = Logic-low.

Abbildung 7.16 Aufbau des GPIO-Registers aus dem Datenblatt des Herstellers

Wie auch beim *IODIR*-Register steht jedes Bit des *GPIO*-Registers für einen Pin des jeweiligen Ports. Über einen Lesezugriff kann der Zustand der I/Os ausgelesen werden, und über einen Schreibzugriff kann der Zustand der I/Os verändert werden.

Mit dem letzten Register, dem sogenannten *OLAT*-Register (siehe Abbildung 7.17) aktivieren Sie den Ausgangstreiber für den jeweiligen Output. Für jeden Pin, den Sie als Ausgang benutzen wollen, müssen Sie das jeweilige Bit in dem *OLAT*-Register setzen.

7 Das Serial Peripheral Interface (SPI)

REGISTER 1-11:		OLAT – OUTPUT LATCH REGISTER 0 (ADDR 0x0A)					
R/W-0	R/W-0	R/W-0	R/W-0	R/W-0	R/W-0	R/W-0	R/W-0
OL7	OL6	OL5	OL4	OL3	OL2	OL1	OL0
bit 7							bit 0

Legend:
R = Readable bit   W = Writable bit   U = Unimplemented bit, read as '0'
-n = Value at POR   '1' = Bit is set   '0' = Bit is cleared   x = Bit is unknown

bit 7-0   **OL7:OL0:** These bits reflect the logic level on the output latch <7:0>
          1 = Logic-high.
          0 = Logic-low.

Abbildung 7.17 Aufbau des OLAT-Registers aus dem Datenblatt

Auch bei diesem Register steht jedes Bit für einen I/O des jeweiligen Ports.

Mithilfe dieser drei Register können Sie jeden Pin der beiden Ports als Ausgang verwenden. Dazu schreiben Sie zwei Methoden, mit denen ein Pin als Ausgang konfiguriert und anschließend geschaltet wird.

Der Name der ersten Methode lautet SetOutput. Sie erwartet zwei Übergabeparameter:

▶ Port: Dieser Parameter bestimmt, ob es Port A oder Port B wird.
▶ Pin: Gibt den Pin des jeweiligen Ports an.

Diese Methode konfiguriert einen I/O eines Ports als Ausgang. Mit der zweiten Methode SetIO schalten Sie dann einen I/O. Diese Methode erwartet drei Übergabeparameter:

▶ Port: Dieser Parameter bestimmt, ob es Port A oder Port B wird.
▶ Pin: Das ist der Pin, der geschaltet werden soll.
▶ Value: Legt fest, ob der Pin auf High (1) oder Low (0) gesetzt werden soll.

Am Anfang der Methode SetOutput wird mit einer if-Abfrage überprüft, ob der Port A oder der Port B verwendet werden soll. Je nach Auswahl wird ein Offset für die Adressierung der Register des jeweiligen Ports festlegt (siehe Abbildung 7.12).

```
def SetOutput (Port, Pin):
  Offset = 0x00
  if(Port == "A"):
    Offset = 0x00
  elif(Port == "B"):
    Offset = 0x10
```

7.2 Die GPIO-Pins des Raspberry Pi mit einem Port Expander erweitern

Werden andere Eingaben außer A und B an die Methode übergeben, bleibt der Wert Offset auf 0x00 und Port A wird verwendet. Auf diese Weise ignorieren Sie auf einfache Weise Fehleingaben.

Im nächsten Schritt müssen Sie den Inhalt der Register *IODIR* und *OLAT* einlesen und speichern, um mit diesen Werten das Bit des zu setzenden I/Os zu manipulieren – Sie wollen ja schließlich mit jedem Funktionsaufruf nur den Zustand des angegebenen I/Os verändern und alle anderen I/Os in ihrem ursprünglichen Zustand lassen.

Als Erstes lesen Sie den Inhalt des *IODIR*-Registers mithilfe der xfer2()-Methode ein:

Register = MCP23S17.xfer2([0x41, Offset + 0x00, 0x00])

Der Wert 0x41 steht für den Opcode mit dem gesetzten Read-Bit, und mit dem zweiten Byte adressieren Sie das Register, das Sie auslesen wollen. Dazu verwenden Sie den Offset für Port A oder Port B und die Registeradresse des *IODIR*-Registers bezogen auf den Offset (siehe Abbildung 7.12). Somit erhalten Sie als komplette Registeradresse die 0x10, wenn Port B ausgewählt wurde, oder 0x00, wenn Port A gewählt wurde. In beiden Fällen entspricht die Adresse dem *IODIR*-Register des jeweiligen Ports. Diese bequeme Adressierung wird durch das Setzen des *Bank*-Bits im *IOCON*-Register ermöglicht.

Nach dem Aufruf der xfer2()-Methode enthält die Variable Register eine Liste mit drei Bytes Daten, wobei das dritte Byte den aktuellen Registerinhalt, also die Konfiguration aller I/Os des jeweiligen Ports, repräsentiert. Bei diesem Wert müssen Sie nun das entsprechende Bit für den zu schaltenden I/O löschen und den Wert anschließend zurück in den Port Expander schreiben:

Register[2] &= ~(1 << Pin)

Mit dieser Codezeile greifen Sie auf den dritten Eintrag in der Liste Register zu (Listen beginnen immer mit dem Index 0!) und verknüpfen das gespeicherte Byte mit dem invertierten Binärwert für den entsprechenden Pin. Anschließend speichern Sie den Wert wieder.

Nehmen wir an, Sie wollen Pin 2, also den *dritten* Pin (es wird ja mit 0 beginnend gezählt) des Ports, als Ausgang schalten und alle Pins sind bisher als Eingang konfiguriert. Dann passiert Folgendes:

Pin = 0000 0100$_2$

IODIR = 1111 1111$_2$

Pin = ~ *Pin* = 1111 1011$_2$

IODIR & *Pin* = 1111 1111 & 1111 1011$_2$

IODIR = 1111 1011$_2$

Jeder I/O, dessen Bit auf 0 gesetzt ist, ist als Ausgang geschaltet. Dabei steht das rechte Bit (Bit 0) für den I/O mit der Nummer 0 und das linke Bit (Bit 7) für den I/O 7. Anschließend übertragen Sie diesen Wert zurück in den Port Expander:

```
MCP23S17.xfer2([0x40, Offset + 0x00, Register[2]])
```

Da der Port Expander beim Schreiben eines Wertes in ein Register keine Daten zurücksendet, brauchen Sie den Rückgabewert der xfer2()-Methode auch nicht zu speichern.

Bei dem *OLAT*-Register müssen Sie etwas trickreicher vorgehen, da dieses Register nicht den Zustand des Ports, sondern den Zustand des Ausgangstreibers zurückgibt und dieser nicht immer identisch mit dem Zustand des Ports ist. Wenn Sie also einen Pin setzen wollen, geschieht dies *immer* über das *OLAT*-Register und niemals direkt über das *GPIO*-Register! Das Auslesen eines Pins hingegen geschieht immer über das *GPIO*-Register. (Wie Sie Pins auslesen, lernen Sie in Abschnitt 7.3.)

Um dennoch den Pin korrekt zu setzen, verwenden wir hier den bereits vorhandenen Wert Register[2], um die ausgelesene Konfiguration der I/Os in das *OLAT*-Register zu schreiben. Auf diese Weise können wir sicher sein, dass für jeden I/O, der als Ausgang konfiguriert wird, eine Treiberstufe zugeschaltet wird.

```
MCP23S17.xfer2([0x40, Offset + 0x0A, Register[2]])
```

Nun muss nur noch die Methode SetIO() komplettiert werden. Am Anfang dieser Methode wird, wie bei der SetOutput()-Methode, eine if-Abfrage eingefügt, um den Offset für den entsprechenden Port zu bestimmen:

```
def SetIO(Port, Pin, Value):
  Offset = 0x00
  if(Port == "A"):
    Offset = 0x00
  elif(Port == "B"):
    Offset = 0x10
```

Anschließend kann der Port über das *GPIO*-Register gesetzt werden. Auch hier müssen Sie, um bereits gesetzte I/Os nicht zu beeinflussen, erst den Wert auslesen, den ausgelesenen Wert manipulieren und anschließend wieder übertragen:

```
Register = MCP23S17.xfer2([0x41, Offset + 0x09, 0x00])
if(Value == 0):
  Register[2] &= ~(1 << Pin)
elif(Value == 1):
  Register[2] |= (1 << Pin)
MCP23S17.xfer2([0x40, Offset + 0x09, Register[2]])
```

7.2 Die GPIO-Pins des Raspberry Pi mit einem Port Expander erweitern

Damit wären beide Methoden fertig und können genutzt werden. Zur besseren Übersicht zeigen wir Ihnen beide Methoden noch einmal zusammengefasst:

```python
def SetOutput(Port, Pin):
  Offset = 0x00
  if(Port == "A"):
    Offset = 0x00
  elif(Port == "B"):
    Offset = 0x10
  Register = MCP23S17.xfer2([0x41, Offset + 0x00, 0x00])
  Register[2] &= ~(1 << Pin)
  MCP23S17.xfer2([0x40, Offset + 0x00, Register[2]])
  MCP23S17.xfer2([0x40, Offset + 0x0A, Register[2]])
def SetIO(Port, Pin, Value):
  Offset = 0x00
  if(Port == "A"):
    Offset = 0x00
  elif(Port == "B"):
    Offset = 0x10
  Register = MCP23S17.xfer2([0x41, Offset + 0x09, 0x00])
  if(Value == 0):
    Register[2] &= ~(1 << Pin)
  elif(Value == 1):
    Register[2] |= (1 << Pin)
  MCP23S17.xfer2([0x40, Offset + 0x09, Register[2]])
```

Nun ist es ein Kinderspiel, die Ausgänge des Port Expanders zu nutzen. Als Allererstes konfigurieren Sie den Pin eines Ports als Ausgang:

`SetOutput("A", 0)`

Anschließend können Sie ihn über die Methode

`SetIO("A", 0, 0)`

ein- und ausschalten. So können Sie z. B. mit der Schaltung aus Abbildung 7.11 ein ganz einfaches Blinklicht realisieren:

```python
import spidev
import time
MCP23S17 = spidev.SpiDev()
MCP23S17.open(0, 0)
Konfiguration = MCP23S17.xfer2([0x41, 0x05, 0x00])
if(Konfiguration[2] < 0x80):
```

```python
    MCP23S17.xfer2([0x40, 0x0A, 0xA0])
    print("Konfiguriere Port Expander")
def SetOutput(Port, Pin):
    Offset = 0x00
    if(Port == "A"):
        Offset = 0x00
    elif(Port == "B"):
        Offset = 0x10
    Register = MCP23S17.xfer2([0x41, Offset + 0x00, 0x00])
    Register[2] &= ~(1 << Pin)
    MCP23S17.xfer2([0x40, Offset + 0x00, Register[2]])
    MCP23S17.xfer2([0x40, Offset + 0x0A, Register[2]])
def SetIO(Port, Pin, Value):
    Offset = 0x00
    if(Port == "A"):
        Offset = 0x00
    elif(Port == "B"):
        Offset = 0x10
    Register = MCP23S17.xfer2([0x41, Offset + 0x09, 0x00])
    if(Value == 0):
        Register[2] &= ~(1 << Pin)
    elif(Value == 1):
        Register[2] |= (1 << Pin)
    Register = MCP23S17.xfer2([0x40, Offset + 0x09, Register[2]])
SetOutput("A", 0)
SetOutput("B", 0)

while(True):
    SetIO("A", 0, 0)
    SetIO("B", 0, 1)
    time.sleep(1)
    SetIO("A", 0, 1)
    SetIO("B", 0, 0)
    time.sleep(1)
```

Damit sind Sie nun in der Lage, die I/Os des Port Expanders als zusätzliche Ausgänge für den Raspberry Pi zu nutzen. Doch wie sieht es mit den I/Os als zusätzliche Eingänge aus? Dieses Thema schauen wir uns im folgenden Abschnitt genauer an.

7.2.3 Die I/Os des Port Expanders als Eingänge

Die I/Os des Port Expanders können, wie Sie bereits wissen, auch als Eingänge geschaltet werden. Der Zustand der I/Os kann dann über das *GPIO*-Register abgefragt werden.

Diese Abfrage erfordert allerdings ein zyklisches Auslesen des *GPIO*-Registers und ist daher nicht unbedingt die eleganteste Methode, um die Eingänge des Port Expanders abzufragen. Eine bessere Möglichkeit besteht darin, die Interruptfunktion des Port Expanders und des Raspberry Pi zu nutzen. Dann wird der Raspberry Pi vom Port Expander benachrichtigt, wenn sich der Zustand eines Pins an einem Port ändert, woraufhin der Raspberry Pi den Port des Port Expanders ausliest und überprüft, welcher I/O seinen Zustand geändert hat.

Der Port Expander stellt dazu zwei Interrupt-Pins mit den Namen *INTA* und *INTB* zur Verfügung. Jeder dieser Pins steht für den gleichnamigen Port und kann so konfiguriert werden, dass er bei einem Interrupt entweder nach Masse oder nach Vcc schaltet. Darüber hinaus können die Interrupt-Pins so geschaltet werden, dass sie nur für den jeweiligen Port ein Signal abgeben oder auf Veränderungen an beiden Ports reagieren (siehe Abbildung 7.18).

```
• Configurable interrupt output pins
   - Configurable as active-high, active-low
     or open-drain
• INTA and INTB can be configured to operate
  independently or together
• Configurable interrupt source
   - Interrupt-on-change from configured register
     defaults or pin changes
```

Abbildung 7.18 Die Konfigurationsmöglichkeiten der INTx-Pins

Damit diese Pins genutzt werden können, muss die Beschaltung und die Konfiguration des Port Expanders angepasst werden. In diesem Beispiel wird ein Taster oder Schalter an den Port A und eine LED an Port B des Port Expanders angeschlossen, und sobald der Taster betätigt wird, soll der Port Expander an dem Pin *INTA* einen Interrupt auslösen und der Raspberry Pi soll den Port B und damit die LED schalten.

Die modifizierte Schaltung sehen Sie in Abbildung 7.19.

Statt des Tasters können Sie auch eine Drahtbrücke verwenden, um die Verbindung herzustellen. Wichtig ist nur, dass der I/O *GPA0* mit Masse und +3,3 V verbunden werden kann, um einen Tastendruck simulieren.

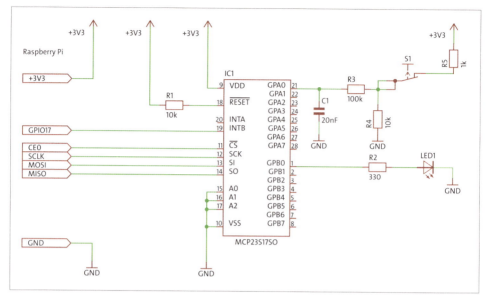

Abbildung 7.19 Die modifizierte Grundschaltung

Info: Taster an digitalen Bausteinen verwenden

Moderne digitale Bausteine sind in ihrer Verarbeitungsgeschwindigkeit so schnell, dass sie jeden der Pulse, die durch das *Prellen* entstehen, als einzelnen Tastendruck interpretieren. Aus diesem Grund müssen Taster entprellt werden. Die Entprellung kann vielseitig erfolgen, unter anderem:

- über Software
- durch einen RC-Tiefpass
- mithilfe digitaler Logikbausteine
- durch spezielle Bausteine, die zum Entprellen von Tastern entworfen wurden

Das Entprellen des Tasters, wie Sie es in Abschnitt 3.7.1, »Prellen«, gelernt haben, wird in diesem Beispiel durch die Reihenschaltung eines Widerstandes R_3 und eines Kondensators C_1, ein sogenanntes *RC-Glied*, realisiert und nicht durch Ihr Python-Programm (siehe Abbildung 7.19). Bei den gezeigten Werten des Widerstandes und des Kondensators handelt es sich um Standardwerte, die für das Entprellen eines Tasters gewählt werden können. Auf eine ausführliche Herleitung der Werte und der Funktionsweise eines RC-Glieds verzichten wir an dieser Stelle, da die Erklärungen den Rahmen dieses Buches übersteigen würden.

Vereinfacht gesagt, ist ein Kondensator ein Ladungsspeicher (ähnlich einer Batterie, nur mit einer viel kleineren Kapazität), und durch jeden Rechteckpuls des prellenden Tasters wird der Kondensator ein klein wenig aufgeladen. Sobald der Kondensator so weit aufgeladen worden ist, dass die Logik des Port Expanders die anliegende Spannung als High-Pegel erkennt, wird der Tastendruck erkannt und ausgewertet. Die Zeit, die zwischen der Betätigung des Tasters und dem Erkennen des Port Expanders vergeht, wird von der Kapazität des Kondensators (Einheit *Farad*, F) bestimmt. Je größer die Kapazität ist, desto mehr Zeit wird benötigt.

> **Achtung: Verwendung der INTx-Pins beim Board von MikroElektronika**
>
> Wenn Sie das MCP23S17-Board von MikroElektronika einsetzen und *INTB* verwenden möchten, so müssen Sie den Jumper *J4* anders setzen, damit der Interrupt-Pin *INTB* des Port Expanders auf den *INT*-Pin der Leiterkarte geschaltet wird. Standardmäßig wird das Signal von *INTA* auf den *INT*-Pin geführt.

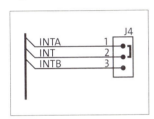

Abbildung 7.20 Der entsprechende Jumper aus dem Datenblatt von MikroElektronika

Nun muss die Konfiguration des Port Expanders angepasst und die Funktionsweise der INTx-Pins eingestellt werden.

Diese Pins haben wir in Abschnitt 7.2.1 ignoriert, da sie für die Funktion der I/Os des Port Expanders als zusätzliche Ausgänge nicht wichtig waren. Nun müssen wir aber doch noch einmal einen genaueren Blick auf das *IOCON*-Register (siehe Abbildung 7.21) werfen, damit wir wissen, welche Bits für die Verwendung der Interrupts benötigt werden.

Es werden folgende Bits benötigt:

- Bit 1 INTPOL – Interrupt Polarity
- Bit 2 ODR – Open drain output
- Bit 6 MIRROR

Über das *INTPOL*-Bit geben Sie an, welchen Pegel die INTx-Pins führen sollen, sobald ein Interrupt ausgelöst wird. In diesem Beispiel wollen wir, dass der Port Expander bei einem Interrupt einen High-Pegel ausgibt. Daher muss das Bit auf 1 gesetzt werden.

7 Das Serial Peripheral Interface (SPI)

REGISTER 1-6: IOCON – I/O EXPANDER CONFIGURATION REGISTER (ADDR 0x05)

R/W-0	R/W-0	R/W-0	R/W-0	R/W-0	R/W-0	R/W-0	U-0
BANK	MIRROR	SEQOP	DISSLW	HAEN	ODR	INTPOL	—

bit 7 .... bit 0

Legend:
R = Readable bit   W = Writable bit   U = Unimplemented bit, read as '0'
-n = Value at POR   '1' = Bit is set   '0' = Bit is cleared   x = Bit is unknown

bit 7 **BANK:** Controls how the registers are addressed
1 = The registers associated with each port are separated into different banks
0 = The registers are in the same bank (addresses are sequential)

bit 6 **MIRROR:** INT Pins Mirror bit
1 = The INT pins are internally connected
0 = The INT pins are not connected. INTA is associated with PortA and INTB is associated with PortB

bit 5 **SEQOP:** Sequential Operation mode bit.
1 = Sequential operation disabled, address pointer does not increment.
0 = Sequential operation enabled, address pointer increments.

bit 4 **DISSLW:** Slew Rate control bit for SDA output.
1 = Slew rate disabled.
0 = Slew rate enabled.

bit 3 **HAEN:** Hardware Address Enable bit (MCP23S17 only).
Address pins are always enabled on MCP23017.
1 = Enables the MCP23S17 address pins.
0 = Disables the MCP23S17 address pins.

bit 2 **ODR:** This bit configures the INT pin as an open-drain output.
1 = Open-drain output (overrides the INTPOL bit).
0 = Active driver output (INTPOL bit sets the polarity).

bit 1 **INTPOL:** This bit sets the polarity of the INT output pin.
1 = Active-high.
0 = Active-low.

bit 0 **Unimplemented:** Read as '0'.

Abbildung 7.21 Das IOCON-Register noch einmal im Überblick

Über das *ODR*-Bit aktivieren Sie einen Open-drain-Ausgang an den INTx-Pins, wodurch der Pin nach Masse schaltet. Diese Funktion möchten wir nicht nutzen, weshalb wir das Bit auf 0 setzen.

Und zu guter Letzt können Sie mit dem *MIRROR*-Bit beide INTx-Pins intern miteinander brücken, wodurch Sie nur noch einen Pin benötigen, um die Interrupts beider Ports des Port Expanders abzufragen. Auch dieses Feature wollen wir nicht verwenden. Daher setzen wir auch dieses Bit auf 0.

Zusammen mit den beiden Bits, die in Abschnitt 7.2.2 gesetzt wurden, ergibt sich nun das folgende Konfigurationsbyte:

$1010\ 0010_2 = 0xA2$

Dieses Byte wird nun wie gewohnt in den Port Expander geschrieben:

`MCP23S17.xfer2([0x40, 0x05, 0xA2])`

Als Nächstes müssen die I/Os des Port Expanders entsprechend konfiguriert werden. Sie benötigen einen Pin, der als Ausgang geschaltet wird (die LED), und einen Pin, der als Eingang (der Taster) geschaltet wird. Um den I/O der LED als Ausgang nutzen zu können, verwenden Sie die Methoden `SetOutput()` und `SetIO()` aus Abschnitt 7.2.2. Somit müssen Sie nur noch *GPA0* als Eingang für den Taster konfigurieren.

Um einen Pin als Eingang nutzen zu können, müssen Sie das *IODIR*-Register entsprechend setzen. Auch dafür schreiben wir eine entsprechende Methode, deren Code allerdings, bis auf zwei kleine Änderungen, identisch ist mit dem Code, den wir in der `SetOutput()`-Methode verwenden.

Bei der ersten Änderung müssen Sie das Bit setzen und nicht löschen, wodurch der I/O als Eingang geschaltet wird. Dies geschieht mit einer Oder-Verknüpfung (|) statt mit einer Und-Verknüpfung, bei der das Ergebnis von zwei Bits immer dann 1 ergibt, sobald *mindestens* eines der beiden Bits den Wert 1 besitzt.

Auch dazu folgt ein kleines Beispiel, in dem der Pin 2 als Eingang konfiguriert werden soll:

Pin = 0000 0100

IODIR = 0000 0000

IODIR | Pin = 0000 0000 | 0000 0100

IODIR = 0000 0100

Die zweite Änderung ist die, dass Sie das *OLAT*-Register nicht setzen müssen, wenn Sie einen I/O als Eingang verwenden wollen. Der Rest der Methode bleibt unverändert.

Damit sieht die fertige Methode wie folgt aus:

```python
def SetInput(Port, Pin):
  Offset = 0x00
  if(Port == "A"):
    Offset = 0x00
  elif(Port == "B"):
    Offset = 0x10
  Register = MCP23S17.xfer2([0x41, Offset + 0x00, 0x00])
  Register[2] |= 1 << Pin
  MCP23S17.xfer2([0x40, Offset + 0x00, Register[2]])
```

Nun können wir uns der Aktivierung der Interrupts im Port Expander widmen. Diese werden an drei verschiedenen Stellen aktiviert und konfiguriert. Auch für die Aktivierung der Interrupts wollen wir eine Methode erstellen. Wie alle anderen Methoden erwartet auch diese Methode einen Port und einen Pin als Übergabeargument:

```
def EnableInterrupt(Port, Pin):
  Offset = 0x00
  if(Port == "A"):
    Offset = 0x00
  elif(Port == "B"):
    Offset = 0x10
```

Zuallererst müssen Sie den Interrupt für den gewünschten I/O aktivieren. Dazu setzen Sie ein Bit im *GPINTEN*-Register des jeweiligen Ports. Auch hier steht jedes Bit in dem Register für einen I/O des entsprechenden Ports:

```
Register = MCP23S17.xfer2([0x41, Offset + 0x02, 0x00])
Register[2] |= 1 << Pin
MCP23S17.xfer2([0x40, Offset + 0x02, Register[2]])
```

Anschließend können Sie über das *INTCON*-Register die Art des Interrupts festlegen. Der Port Expander unterstützt zwei unterschiedliche Interrupt-Arten (siehe Abbildung 7.22):

▶ Vergleich des Pegels an dem I/O mit einem vorgegebenen Wert

▶ Vergleich des Pegels an dem I/O mit dem vorherigen Zustand

REGISTER 1-5:			INTCON – INTERRUPT-ON-CHANGE CONTROL REGISTER (ADDR 0x04)				
R/W-0	R/W-0	R/W-0	R/W-0	R/W-0	R/W-0	R/W-0	R/W-0
IOC7	IOC6	IOC5	IOC4	IOC3	IOC2	IOC1	IOC0
bit 7							bit 0

Legend:			
R = Readable bit	W = Writable bit	U = Unimplemented bit, read as '0'	
-n = Value at POR	'1' = Bit is set	'0' = Bit is cleared	x = Bit is unknown

bit 7-0	**IOC7:IOC0:** These bits control how the associated pin value is compared for interrupt-on-change <7:0>
	1 = Controls how the associated pin value is compared for interrupt-on-change.
	0 = Pin value is compared against the previous pin value.
	Refer to INTCON and GPINTEN.

Abbildung 7.22 Beide Interrupt-Arten im Überblick

In diesem Beispiel verwenden wir die zweite Methode, da wir nur dann *einmalig* einen Interrupt auslösen wollen, wenn sich der Pegel an *GPA0* ändert. Auch im *INTCON*-Register repräsentiert jedes Bit einen I/O des entsprechenden Ports, und laut Datenblatt muss das entsprechende Bit gelöscht werden, um die gewünschte Interrupt-Art auszuwählen:

```
Register = MCP23S17.xfer2([0x41, Offset + 0x04, 0x00])
Register[2] &= ~(1 << Pin)
MCP23S17.xfer2([0x40, Offset + 0x04, Register[2]])
```

Die komplette Methode, um einen Interrupt zu aktivieren, sieht nun folgendermaßen aus:

```
def EnableInterrupt(Port, Pin):
  Offset = 0x00
  if(Port == "A"):
    Offset = 0x00
  elif(Port == "B"):
    Offset = 0x10
  Register = MCP23S17.xfer2([0x41, Offset + 0x02, 0x00])
  Register[2] |= 1 << Pin
  MCP23S17.xfer2([0x40, Offset + 0x02, Register[2]])
  Register = MCP23S17.xfer2([0x41, Offset + 0x04, 0x00])
  Register[2] &= ~(1 << Pin)
  MCP23S17.xfer2([0x40, Offset + 0x04, Register[2]])
```

Nun ist der Interrupt im Port Expander aktiviert und wird bei jeder Zustandsänderung an *GPA0* ausgelöst. Jetzt muss der Interrupt nur noch vom Raspberry Pi weiterverarbeitet werden.

Dazu werden die GPIO-Pins des Raspberry Pi benötigt, und um diese nutzen zu können, wird das Modul `RPi.GPIO` benötigt, das Sie in Ihr Python-Skript importieren müssen:

```
import RPi.GPIO as GPIO
```

Dann benötigen Sie eine Methode, einen sogenannten *Callback*, die immer dann aufgerufen wird, wenn der Interrupt ausgelöst wird. In diesem Beispiel soll innerhalb des Callbacks eine LED geschaltet werden, die sich dem Zustand des Tasters entsprechend verhält.

```
def InterruptCallback(GPIO):
  GPIO_Status = MCP23S17.xfer2([0x41, 0x09, 0x00])
  if(GPIO_Status[2] & 0x01):
    SetIO("B", 0, 1)
  else:
    SetIO("B", 0, 0)
```

Über die Codezeile

```
GPIO_Status = MCP23S17.xfer2([0x41, 0x09, 0x00])
```

lesen Sie den aktuellen Zustand von Port A ein und löschen gleichzeitig die Interrupts in dem Port Expander. Anschließend wird der ausgelesene Registerinhalt überprüft, und sobald das erste Bit gesetzt ist, also *GPA0* einen High-Pegel führt, wird der Pin *GPB0* mit der LED eingeschaltet. Andernfalls bleibt sie ausgeschaltet.

Im letzten Schritt muss der GPIO 17 des Raspberry Pi als Eingang geschaltet und der Callback aktiviert werden:

```
GPIO.setmode(GPIO.BCM)
GPIO.setup(17, GPIO.IN)
GPIO.add_event_detect(17, GPIO. RISING, callback = InterruptCallback)
```

Über den Parameter `GPIO.RISING` geben Sie an, dass der Callback nur dann aufgerufen werden soll, sobald sich der Pegel an GPIO 17 von Low nach High ändert. Diese Pegeländerung erfolgt dann, wenn der Port eine Pegeländerung an *GPA0* detektiert.

Damit wäre die Konfiguration des Raspberry Pi und des Port Expanders komplett. Nun müssen Sie das eigentliche Hauptprogramm erstellen, in dem Sie die entsprechenden Methoden aufrufen, um den Pin *GPA0* mit aktivierten Interrupts als Eingang und den Pin *GPB0* als Ausgang zu setzen.

Das ganze Programm sieht dann etwa wie folgt aus (verkürzt und ohne die einzelnen Methoden):

```python
import spidev
import time
import RPi.GPIO as GPIO
MCP23S17 = spidev.SpiDev()
MCP23S17.open(0, 0)
if(Konfiguration[2] < 0x80):
  MCP23S17.xfer2([0x40, 0x0A, 0xA2])
  print("Konfiguriere Port Expander")
MCP23S17.xfer2([0x41, 0x09, 0x00])
def SetOutput(Port, Pin):
  …
def SetInput(Port, Pin):
  …
def EnableInterrupt(Port, Pin):
  …
def SetIO(Port, Pin, Value):
```

```
…
def InterruptCallback(GPIO):
    …
GPIO.setmode(GPIO.BCM)
GPIO.setup(17, GPIO.IN)
GPIO.add_event_detect(17, GPIO.RISING, callback = InterruptCallback)
SetOutput("B", 0)
SetInput("A", 0)
EnableInterrupt("A", 0)
while(True):
    time.sleep(1)
```

Wenn Sie das Programm nun mit einem Klick auf RUN • RUN MODULE starten, werden Sie feststellen, dass die LED beim ersten Tastendruck nicht leuchtet, sondern erst beim zweiten. Dies liegt daran, dass der Pin *GPB0* beim Programmstart noch nicht geschaltet ist und erst geschaltet wird, sobald an *GPA0* ein High-Pegel detektiert, also der Taster wieder losgelassen wird.

7.3 Aktuelle Wetterdaten mit dem Raspberry Pi erfassen – Bestimmung von Luftfeuchtigkeit, Luftdruck und der Temperatur

Mithilfe des Port Expanders haben Sie ein erstes Gefühl dafür bekommen, wie Sie das SPI verwenden. Lassen Sie nun einen Blick auf einen etwas komplexeren Chip werfen. In diesem Abschnitt lernen Sie, wie Sie einen BME280 Luftfeuchtigkeits-, Luftdruck- und Temperatursensor an das SPI des Raspberry Pi anschließen und diesen anschließend auslesen.

Bei dem hier vorgestellten Sensor handelt es sich um einen digitalen Luftfeuchtigkeits-, Luftdruck- und Temperatursensor von Bosch, der hauptsächlich für mobile und stromsparende Anwendungen entwickelt wurde, z. B. für Wearables, also »intelligente« Kleidung. Dieser Sensor ist als I²C- und als SPI-Variante verfügbar, und dementsprechend müssen Sie beim Kauf eines Breakout Boards oder von etwas Ähnlichem auf die korrekte Bezeichnung des Sensors achten (BMP280 für Temperatur und Luftdruck, BME280 für Temperatur, Luftdruck und Luftfeuchtigkeit). Der Sensor kann mit einer Betriebsspannung von 1,7V bis 3,6V betrieben werden und er kann die Luftfeuchtigkeit mit einer Genauigkeit von ±3% und den Luftdruck mit einer Genauigkeit von 0,2 Pa erfassen.

Info: Angabe von Drücken

Druckangaben, wie z. B. der Luftdruck oder der Druck in Gasflaschen, werden üblicherweise in der Einheit *Pascal* (Einheit Pa) oder *Bar* (Einheit bar) angegeben. Beide Einheiten können ineinander umgerechnet werden. Es gilt:

1 bar = 10^5 Pa

Der »normale« Luftdruck, dem Sie alltäglich ausgesetzt sind (man spricht auch von dem *mittleren Luftdruck der Atmosphäre*), beträgt 1,01325 bar, und unter Tauchern gilt als Faustregel, dass sich der Wasserdruck alle 10 m um 1 bar erhöht.

Der Sensor verfügt zusätzlich noch über einen internen Temperatursensor mit einer Genauigkeit von ±1°C. Dieser Sensor wird in erster Linie für die Kalibrierung und die Messwertkorrektur des Druck- und des Feuchtigkeitssensors verwendet, kann aber auch separat ausgelesen werden.

Bei dem Sensor empfiehlt es sich, wieder auf ein fertiges Breakout Board zurückzugreifen, da der eigentliche Sensor mit den Maßen 2,5 mm × 2,5 mm nicht sehr groß und nicht mehr von Hand lötbar ist. Entsprechende Breakout Boards gibt es bei unterschiedlichen Händlern zu kaufen, und je nach Händler muss an das Board erst noch eine Stiftleiste angelötet werden (siehe Abbildung 7.23).

Abbildung 7.23 Das fertig zusammengebaute Breakout Board

Im Anschluss daran kann das Board dann auf einem Steckbrett mit dem Raspberry Pi verbunden werden (siehe Abbildung 7.24).

7.3 Aktuelle Wetterdaten mit dem Raspberry Pi erfassen

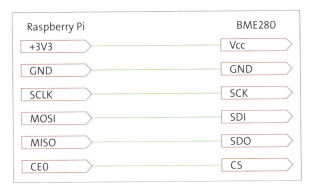

Abbildung 7.24 Verdrahtung von BME280 und dem Raspberry Pi

7.3.1 Konfiguration des Sensors

Wie bei jedem anderen in diesem Buch vorgestellten Chip müssen Sie für die Kommunikation mit dem Sensor das Datenblatt des Herstellers parat haben. Zuallererst sollten Sie die Registertabelle suchen, damit Sie die Adresse jedes einzelnen Registers im Chip kennen.

Der Sensor verfügt über insgesamt neun Register (siehe Abbildung 7.25), in denen die Messwerte des Temperatur-, des Feuchtigkeits- und des Luftdrucksensors liegen (je drei Register pro Komponente).

Table 18: Memory map

Register Name	Address	bit7	bit6	bit5	bit4	bit3	bit2	bit1	bit0	Reset state
hum_lsb	0xFE	hum_lsb<7:0>								0x00
hum_msb	0xFD	hum_msb<7:0>								0x80
temp_xlsb	0xFC	temp_xlsb<7:4>				0	0	0	0	0x00
temp_lsb	0xFB	temp_lsb<7:0>								0x00
temp_msb	0xFA	temp_msb<7:0>								0x80
press_xlsb	0xF9	press_xlsb<7:4>				0	0	0	0	0x00
press_lsb	0xF8	press_lsb<7:0>								0x00
press_msb	0xF7	press_msb<7:0>								0x80
config	0xF5	t_sb[2:0]			filter[2:0]				spi3w_en[0]	0x00
ctrl_meas	0xF4	osrs_t[2:0]			osrs_p[2:0]			mode[1:0]		0x00
status	0xF3					measuring[0]			im_update[0]	0x00
ctrl_hum	0xF2						osrs_h[2:0]			0x00
calib26..calib41	0xE1...0xF0	calibration data								individual
reset	0xE0	reset[7:0]								0x00
id	0xD0	chip_id[7:0]								0x60
calib00..calib25	0x88...0xA1	calibration data								individual

Registers:	Reserved registers	Calibration data	Control registers	Data registers	Status registers	Chip ID	Reset
Type:	do not change	read only	read / write	read only	read only	read only	write only

Abbildung 7.25 Registertabelle aus dem offiziellen Datenblatt von Bosch

7 Das Serial Peripheral Interface (SPI)

Aus der Registertabelle lässt sich entnehmen, dass die Messwerte von Temperatur (*temp*) und Luftdruck (*press*) jeweils bis zu 20 Bit und die Messwerte der Luftfeuchtigkeit (*hum*) 16 Bit groß sind. Weiterhin besitzt der Sensor eine Vielzahl von 8-Bit-Registern mit Kalibrierungswerten, die werksseitig in den Sensor einprogrammiert werden und dann vom Anwender ausgelesen werden müssen. Mithilfe dieser Werte werden Einflüsse wie Temperatur- und Fertigungstoleranzen kompensiert.

Im nächsten Schritt wollen wir einen Blick auf die SPI-Kommunikation mit dem Sensor werfen. Auch hierzu liefert das Datenblatt ein Beispiel.

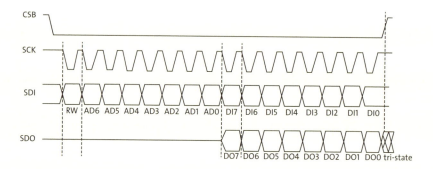

Figure 11: SPI protocol (shown for mode »11« in 4-wire configuration)

Abbildung 7.26 SPI-Kommunikation mit dem Sensor aus dem offiziellen Datenblatt von Bosch

Wie Sie anhand von Abbildung 7.26 sehen können, wird die CS-Leitung (hier CSB) während der kompletten Datenübertragung auf Masse gehalten. Bei der Datenübertragung müssen Sie als Erstes die Registeradresse mit einem führenden, nicht gesetzten R/W-Bit übertragen. Das Datenblatt bietet auch hier zwei Beispiele, wie Sie mehrere Bytes zum Sensor senden oder auslesen. So fällt z. B. das Auslesen der Messwerte unter die Kategorie *SPI multiple byte read* (siehe Abbildung 7.27).

Abbildung 7.27 Schreib- und Lesevorgang von mehreren Bytes

Aus dem Datenblatt des Herstellers lässt sich entnehmen, dass der BME280 den SPI-Modus 00_2 oder 11_2, also 0 oder 3, benötigt. Dabei erkennt der Sensor selbstständig, ob Sie den Modus 0 oder 3 benutzen, und schaltet gegebenenfalls um. Da der Raspberry Pi standardmäßig den Modus 0 verwendet, müssen Sie keine weiteren Einstellungen an dem SPI vornehmen.

Mit diesen Informationen können wir nun beginnen, das Programm für den BME280 zu schreiben. Dazu legen Sie ein neues Python-Skript an, importieren das Modul spidev und erzeugen ein neues Schnittstellenobjekt:

```python
import spidev
BME280 = spidev.SpiDev()
BME280.open(0, 0)
```

Wenn Sie den Sensor im SPI-Modus betreiben, ergibt sich eine kleine Besonderheit, die Sie bei der Programmierung beachten müssen. Und zwar werden nur die ersten sieben Bits der Registeradressen verwendet, die Sie z. B. aus Abbildung 7.25 entnehmen können. Das achte Bit wird durch das R/W-Bit ersetzt. Damit wird z. B. aus der Registeradresse 0xF7 die Registeradresse 0x77:

$0xF7 = 1111\ 0111_2$

$0x77 = 0111\ 0111_2$

Es empfiehlt sich, den Sensor einmalig am Programmstart zu löschen, um eine bekannte Werkskonfiguration (also die Registerwerte, die im Datenblatt stehen) zu laden und um eventuelle alte Konfigurationen zu löschen. Aus der Registertabelle lässt sich entnehmen, dass der Sensor ein Register besitzt, mit dem er zurückgesetzt werden kann (siehe Abbildung 7.28).

> **7.4.2 Register 0xE0 "reset"**
> The *"reset"* register contains the soft reset word reset[7:0]. If the value 0xB6 is written to the register, the device is reset using the complete power-on-reset procedure. Writing other values than 0xB6 has no effect. The readout value is always 0x00.

Abbildung 7.28 Beschreibung des RESET-Registers aus dem Datenblatt

Damit der Sensor zurückgesetzt wird, müssen Sie also den Wert 0xB6 in das Register mit der Adresse 0xE0 schreiben. Da Sie das SPI verwenden, dürfen Sie allerdings nur die ersten sieben Bits der Adresse verwenden. Um den Umgang mit dem SPI zu erleichtern, schreiben wir erst einmal eine Methode, die ein Register des BME280 beschreibt. Diese Methode soll als Übergabewert die Registeradresse aus dem Datenblatt und die zu sendenden Daten erhalten:

```python
def WriteRegister(Adresse, Daten):
```

Aus der übergebenen Adresse soll das erste Bit entfernt werden, und stattdessen soll eine 0 für einen Schreibzugriff eingesetzt werden. Anschließend soll die Adresse zusammen mit den Daten versendet werden:

```
def WriteRegister(Adresse, Daten):
  Adresse = Adresse & 0x7F
  Datenliste = []
  Datenliste.append(Adresse)
  Datenliste.append(Daten)
  BME280.xfer2(Datenliste)
```

Mithilfe des Wertes 0x7F maskieren Sie die ersten sieben Bits der Variablen Adresse und überschreiben mit diesen maskierten Bits den Variableninhalt. Dadurch wird das achte Bit auf 0 gesetzt. Die Null repräsentiert das nicht gesetzte R/W-Bit, steht also für einen Schreibzugriff. Das Ergebnis ist die 7-Bit-Adresse des Registers, inklusive eines führenden R/W-Bit. Diese Adresse wird durch die append()-Methode der Liste Datenliste hinzugefügt. Im nächsten Schritt werden noch die Daten an die Liste angehängt, und dann wird die Liste Datenliste an die bekannte xfer2()-Methode übergeben, die die Daten versendet.

Eine ähnliche Methode wollen wir nun noch für das Lesen eines Registers entwerfen:

```
def ReadRegister(Adresse):
  Adresse = Adresse | (1 << 8)
  Datenliste = []
  Datenliste.append(Adresse)
  Datenliste.append(0x00)
  return BME280.xfer2(Datenliste)[1]
```

Bei dieser Methode muss das R/W-Bit gesetzt werden, indem Sie die Adresse mit dem Wert 0x80 (1 << 7) Oder-verknüpfen:

```
Adresse = Adresse | (1 << 7)
```

Falls das achte Bit 0 ist, wird es durch die Oder-Verknüpfung auf 1 gesetzt. Die Adresse wird anschließend wieder, zusammen mit einem Dummy-Byte (hier 0x00), in einer Liste gespeichert und anschließend mit der xfer2()-Methode versendet. Das empfangene Datenbyte (Sie erinnern sich: das letzte Byte in der empfangenen Datenliste sind die gewünschten Daten) wird am Ende der Methode aus der Methode zurück in das Hauptprogramm übergeben.

Da Sie nun geeignete Methoden besitzen, um die Register des Sensors zu beschreiben und auszulesen, können Sie nun den Reset des Sensors implementieren. Dafür müssen

Sie lediglich die eben erstellte `WriteRegister()`-Methode aufrufen und die Adresse des *reset*-Registers und das Datenbyte 0xB6 übergeben:

`WriteRegister(0xE0, 0xB6)`

Nun können Sie den Sensor konfigurieren. Bosch stellt dazu für verschiedene Anwendungsbereiche empfohlene Sensorkonfigurationen in dem Datenblatt vor (siehe Abbildung 7.29).

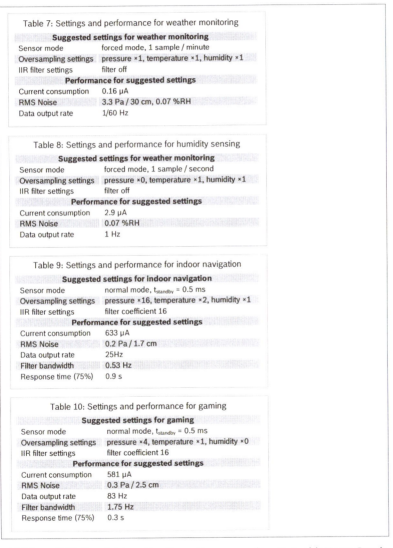

Abbildung 7.29 Empfohlene Konfigurationen aus dem Datenblatt von Bosch

Welche der Konfigurationen Sie verwenden wollen, bleibt Ihnen überlassen. In diesem Beispiel möchten wir Ihnen zeigen, wie Sie den Sensor für die Aufzeichnung von Wetterdaten (*Weather monitoring*) konfigurieren.

Als Erstes schauen wir uns den Aufbau des *config*-Registers in Abbildung 7.30 an.

Table 26: Register 0xF5 "config"

Register 0xF5 "config"	Name	Description
Bit 7, 6, 5	t_sb[2:0]	Controls inactive duration $t_{standby}$ in normal mode. See Table 27 for settings and chapter 3.3.4 for details.
Bit 4, 3, 2	filter[2:0]	Controls the time constant of the IIR filter. See Table 27 for settings and chapter 3.4.4 for details.
Bit 0	spi3w_en[0]	Enables 3-wire SPI interface when set to '1'. See chapter 6.3 for details.

Table 27: t_sb settings

t_sb[2:0]	$t_{standby}$ [ms]
000	0.5
001	62.5
010	125
011	250
100	500
101	1000
110	10
111	20

Table 28: filter settings

filter[2:0]	Filter coefficient
000	Filter off
001	2
010	4
011	8
100, others	16

Abbildung 7.30 Aufbau des »config«-Registers

Über das *spi3w_en*-Bit des *config*-Registers können Sie ein SPI mit drei statt vier Datenleitungen aktivieren. Diese Option ist gerade bei kleinen Prozessoren oder Mikrocontrollern mit wenigen I/Os sinnvoll, da der Entwickler durch diese Option einen I/O einsparen kann. Für uns ist diese Einstellung aber nicht wichtig, und daher setzen wir dieses Bit auf 0.

Die *filter*-Bits, also die Bits 2 bis 4, sind da schon etwas interessanter. Mit diesen Bits steuern Sie die Filtereigenschaften des Messfilters im Sensor. Aber was genau ist damit gemeint, und was können Sie sich darunter vorstellen?

Wenn Sie sich das Blockschaltbild des Sensors aus Abbildung 7.31 anschauen, werden Sie sehen, dass der Sensor über drei Messinstrumente verfügt. Diese Messinstrumente sind an einen Analog/Digital-Wandler angeschlossen, der die analogen Messwerte in einen Bitcode umsetzt:

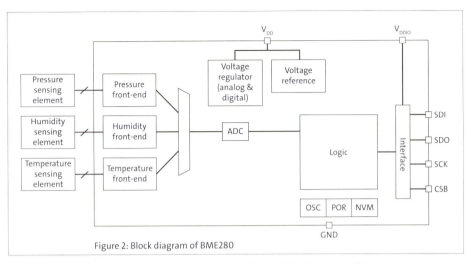

Figure 2: Block diagram of BME280

Abbildung 7.31 Blockschaltbild des Sensors aus dem offiziellen Datenblatt

Das Problem bei der direkten Auswertung mittels ADC ist, dass plötzliche Messwertänderungen, wie sie z. B. durch Druckschwankungen durch das Öffnen und Schließen von Türen oder Fenstern entstehen, eine ebenso plötzliche Änderung der digitalen Werte nach sich ziehen würden. Eine Steuerung, die den Sensor ausliest, würde somit bei jeder großen Änderung des Messwertes ebenso stark gegensteuern.

Dazu ein Beispiel: Angenommen, Sie haben eine automatische Klimaanlage und eine Heizung in einem Raum, die die Raumtemperatur auf 20 °C hält. Wenn die Klimaanlage nun eine spontane und starke Temperaturänderung erfassen würde (z. B. weil Sie ein Feuerzeug an den Temperaturfühler halten), so würde die Klimaanlage die Raumtemperatur ebenso stark herunterkühlen wollen, indem sie plötzlich ganz viel kalte Luft in den Raum pustet. Dies hat zur Folge, dass der Raum zu kalt wird und die Heizung ebenso stark dagegenheizen will. Durch das starke Gegenheizen wird der Raum dann aber wieder zu warm und die Klimaanlage kühlt den Raum wieder sehr stark herunter usw. – das System fängt an zu *schwingen*.

Genau aus diesem Grund wird das Signal gefiltert. Der Filter hat die Aufgabe, schnelle Messwertänderungen zu unterdrücken und auf verschiedene Messwerte zu verteilen. Dadurch werden spontane und starke Messwertänderungen unterdrückt, und das System reagiert nur, wenn sich der Messwert bleibend ändert und nicht nur kurz schwankt. Ein Nachteil dieses Verfahrens ist allerdings, dass die eigentliche Messung dann länger dauert, weil das System erst eine bestimmte Anzahl an Rohdaten sammeln muss, um damit den »richtigen« Wert zu berechnen.

Solche Filter werden sehr oft in Kombination mit Sensoren verwendet, um zu verhindern, dass das angeschlossene System anfängt zu schwingen. Den Einfluss des Filters auf die Messwertbildung des Sensors können Sie sehr schön im Datenblatt des Herstellers sehen (siehe Abbildung 7.32).

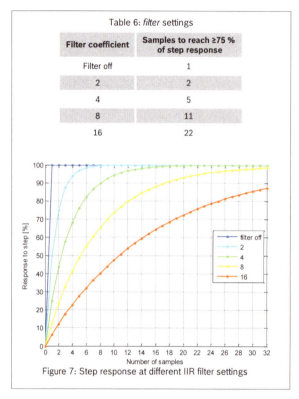

Abbildung 7.32 Einfluss des Filters auf die Messwertbildung

Anhand der Tabelle sehen Sie, dass Sie bei dem deaktivierten Filter nur einen Messwert benötigen, um einen gültigen Messwert zu erhalten. Allerdings werden in diesem Fall auch keine *Überschwinger* der Messgröße, also sprunghafte Änderungen, herausgefiltert. Wenn Sie nun allerdings für den Wert *Filter coefficient* 16 einsetzen, so benötigen Sie bereits 22 Rohdaten, um einen gültigen Messwert zu erhalten, wodurch die gesamte Messung natürlich viel mehr Zeit in Anspruch nimmt. Dafür werden dann bei dieser Einstellung auch Überschwinger sehr effektiv herausgefiltert.

Für die Anwendung zum Aufzeichnen von Wetterdaten empfiehlt Bosch, den Filter komplett zu deaktivieren. Daher setzen wir die drei *filter*-Bits alle auf 0.

Weiterhin verfügt der Sensor über drei Betriebsmodi:

- **Sleep Mode**: Dieser Modus wird nach dem Anlegen der Betriebsspannung eingenommen. In diesem Modus sind alle Messungen deaktiviert.
- **Forced Mode**: In diesem Modus wird eine einzelne Messung durchgeführt, und danach wechselt der Sensor in den Sleep-Modus. Um eine weitere Messung durchzuführen, muss der Sensor wieder in den Forced-Modus gesetzt werden.
- **Normal Mode**: Im Normal Mode führt der Sensor permanent Messungen durch und wechselt zwischen den Messungen in eine Standby-Phase, deren Dauer konfigurierbar ist.

Über die Bits 7–5, die sogenannten *t_sb*-Bits, können Sie die Zeit des Standby-Modus einstellen. Je länger sich der Sensor im Standby-Modus befindet, desto weniger Messungen werden pro Sekunde durchgeführt. Die Standby-Zeiten gelten *nur* für den *Normal Mode*. Die Zeiten sind dabei wie in Abbildung 7.33 festgelegt.

Table 27: t_sb settings

t_sb[2:0]	$t_{standby}$ [ms]
000	0.5
001	62.5
010	125
011	250
100	500
101	1000
110	10
111	20

Abbildung 7.33 Die Standby-Zeiten des Sensors im Überblick

Für die Anwendung zum Aufzeichnen von Wetterdaten empfiehlt Bosch, den *Forced Mode* zu verwenden. Der *Forced Mode* benötigt keine Konfiguration der Standby-Zeit, und daher lassen wir auch diese Bits alle auf 0.

Es ergibt sich damit folgendes Konfigurationsbyte für das *config*-Register:

config = 0000 0000$_2$ = 0x00

Dieser Wert wird nun mit der erstellten `WriteRegister()`-Methode in das *config*-Register geschrieben:

`WriteRegister(0xF5, 0x00)`

Im nächsten Schritt müssen wir noch das *ctrl_meas*-Register entsprechend konfigurieren. Über dieses Register wird der Messvorgang des Sensors gesteuert (siehe Abbildung 7.34).

Table 22: Register 0xF4 "ctrl_meas"

Register 0xF4 "ctrl_meas"	Name	Description
Bit 7, 6, 5	osrs_t[2:0]	Controls oversampling of temperature data. See Table 24 for settings and chapter 3.4.3 for details.
Bit 4, 3, 2	osrs_p[2:0]	Controls oversampling of pressure data. See Table 23 for settings and chapter 3.4.2 for details.
Bit 1, 0	mode[1:0]	Controls the sensor mode of the device. See Table 25 for settings and chapter 3.3 for details.

Table 23: register settings osrs_p

osrs_p[2:0]	Pressure oversampling
000	Skipped (output set to 0x80000)
001	oversampling ×1
010	oversampling ×2
011	oversampling ×4
100	oversampling ×8
101, others	oversampling ×16

Table 24: register settings osrs_t

osrs_t[2:0]	Temperature oversampling
000	Skipped (output set to 0x80000)
001	oversampling ×1
010	oversampling ×2
011	oversampling ×4
100	oversampling ×8
101, others	oversampling ×16

Table 25: register settings mode

mode[1:0]	Mode
00	Sleep mode
01 and 10	Forced mode
11	Normal mode

Abbildung 7.34 Der Aufbau des »ctrl_meas«-Registers

Über die *mode*-Bits, also die Bits 1 und 0, können Sie den Betriebsmodus des Sensors einstellen. Da wir den *Forced Mode* verwenden wollen, lautet die Bitfolge für die Bits 1 und 0 entweder 10_2 oder 01_2. Wenn Sie den Sensor in den *Forced Mode* setzen, löst das Setzen dieses Bits direkt eine Messung aus. Daher wollen wir dieses Bit jetzt noch nicht setzen und setzen den Sensor für die Konfiguration über die Bitkombination 00_2 stattdessen in den *Sleep Mode*.

Damit Sie später ganz bequem eine Messung anstoßen können, schreiben wir eine Methode, mit der Sie den Sensor in den *Forced Mode* setzen, woraufhin der Sensor eine Messung durchführt. Diese Methode wollen wir `StartMeasurement()` nennen.

Innerhalb der Methode müssen Sie das *ctrl_meas*-Register auslesen und die beiden Bits 1 und 0 entsprechend setzen. Anschließend schreiben Sie den Registerinhalt zurück in den Sensor:

```
def StartMeasurement():
    Config = ReadRegister(0xF4)
    Config &= 0xFC
    Config |= 0x01
    WriteRegister(0xF4, Config)
```

Mit der Und-Verknüpfung `Config &= 0xFC` löschen Sie zuerst beide Bytes für den Modus, und anschließend schreiben Sie mit der Oder-Verknüpfung `Config |= 0x01` die Bitfolge für den *Forced Mode*.

Wenn Sie die Bitfolge für den Modus nicht erst auf 0x00 setzen, passiert es, dass Sie den Sensor in den *Normal Mode* setzen, wenn sich der Sensor mit der Bitfolge 0x10 bereits im *Forced Mode* befindet. Dazu ein kurzes Beispiel:

Config = $1111\ 1110_2$

Config | 0x01 = $1111\ 1111_2$ ← *die letzten beiden Bits sind* 11_2

Achtung: Achten Sie auf die korrekte Reihenfolge im Python-Skript!

Der Python-Interpreter arbeitet das fertige Python-Skript beim Ausführen Zeile für Zeile ab, und da Sie in der Methode `StartMeasurement()` die Methoden `WriteRegister()` und `ReadRegister()` verwenden, müssen Sie auf die Reihenfolge der Methodendefinition achten. Erst müssen Sie die `WriteRegister()`- und die `ReadRegister()`-Methode definieren und dann die `StartMeasurement()`-Methode.

Mit den übrigen Bits (Bits 7–5 und Bits 4–2) stellen Sie einen Wert für das Oversampling des Temperatur- und des Drucksensors ein. Durch das Oversampling erhöhen Sie die *Abtastrate*, also die Frequenz, mit der der Analog/Digital-Wandler auf das analoge Signal der einzelnen Messinstrumente des Sensors »schaut«. Dadurch wird das Rauschen verringert, also die Störungen in der Messwertbildung. Die Auswirkungen des Oversamplings werden ebenfalls im Datenblatt beschrieben (siehe Abbildung 7.35).

Table 14: Noise in temperature

Temperature oversampling setting	Typical RMS noise in temperature [°C] at 25 °C
×1	0.005
×2	0.004
×4	0.003
×8	0.003
×16	0.002

Abbildung 7.35 Auswirkung des Oversamplings auf die Temperaturmessung

Das Setzen eines Wertes für das Oversampling aktiviert zudem auch die Messung der jeweiligen Größe, hier der Temperatur und des Luftdrucks. Wenn Sie also eine dieser Größen nicht messen wollen, so müssen Sie den Wert für das Oversampling lediglich auf 000_2 setzen. Auch bei diesen Einstellungen halten wir uns an die Empfehlung von Bosch und setzen das Oversampling für den Temperatur-, Luftfeuchtigkeits- und den Drucksensor auf ·1. Den Wert für das Oversampling des Temperatur- und des Drucksensors setzen Sie im *ctrl_meas*-Register, und für den gewählten Oversampling-Wert lautet die Bitfolge 001_2. Aus diesem Grund müssen wir den Wert 001_2 für beide Sensoren in die entsprechenden Stellen schreiben. Weiterhin wird durch das Oversampling die Auflösung der Temperatur und des Luftdrucks reduziert. Bosch gibt dazu im Datenblatt folgende Formel an:

   Auflösung = 16 + (*osrs_Bit* – 1)

Bei einem Oversampling-Faktor von 1 ist der Temperatur- und der Luftdruckwert also 16 Bit groß:

   Auflösung = 16 + 1 – 1 = 16

Für das *ctrl_meas*-Byte ergibt sich damit folgender Bytewert:

   ctrl_meas = 0010 0100$_2$ = 0x24

Dieser Wert wird nun in das Register *ctrl_meas* mit der Adresse 0xF4 geschrieben:

WriteRegister(0xF4, 0x24)

Über das *ctrl_hum*-Register (Adresse 0xF2) müssen Sie nun noch den Wert für das Oversampling des Feuchtigkeitssensors einstellen. Auch hier möchten wir Oversampling × 1 einstellen und setzen daher auch hier den Wert 001_2:

   ctrl_hum = 0000 0001$_2$ = 0x01

Auch dieser Wert wird in das entsprechende Register geschrieben:

WriteRegister(0xF2, 0x01)

Das Skript sollte bis hier hin in etwa wie folgt aussehen:

```
import spidev
BME280 = spidev.SpiDev()
BME280.open(0, 0)
def WriteRegister(Adresse, Daten):
  Adresse = Adresse & 0x7F
  Datenliste = []
  Datenliste.append(Adresse)
  Datenliste.append(Daten)
```

```python
    BME280.xfer2(Datenliste)
def ReadRegister(Adresse):
    Adresse = Adresse | (1 << 7)
    Datenliste = []
    Datenliste.append(Adresse)
    Datenliste.append(0x00)
    return BME280.xfer2(Datenliste)[1]
def StartMeasurement():
    Config = ReadRegister(0xF4)
    Config &= 0xFC
    Config |= 0x01
    WriteRegister(0xF4, Config)
WriteRegister(0xE0, 0xB6)
WriteRegister(0xF5, 0x00)
WriteRegister(0xF4, 0x24)
WriteRegister(0xF2, 0x01)
```

7.3.2 Den Sensor kalibrieren – wie lese ich die Kalibrierwerte aus?

Im nächsten Schritt müssen die Kalibrierwerte ausgelesen werden, mit denen dann der gemessene Wert eines jeden einzelnen Sensors korrigiert werden kann. Die Kalibrierwerte sind in den Registern mit den Adressen 0x88–0xA1 und 0xE1–0xE7 gespeichert (siehe Abbildung 7.36).

Die Kalibrierwerte müssen Sie nun einlesen und speichern. Das Speichern der Werte soll in einem *Dictionary* namens `Kalibrationswerte` geschehen.

In diesem Dictionary wird jedem Wert ein Name, ein sogenannter *Key*, zugewiesen, wodurch es möglich ist, Werte über ihrem Namen zu suchen. Das Auslesen der Kalibrierwerte soll in einer Methode namens `ReadCalibrationData()` geschehen.

Weiterhin werden für das Abspeichern der Kalibrierwerte und das Berechnen der Sensormesswerte einige zusätzliche Datentypen benötigt, z. B. eine 64 Bit große Integerzahl. Diese Datentypen sind in dem Standardumfang von Python nicht enthalten, können aber mit dem Python-Modul `numpy` hinzugefügt werden. Dieses Modul müssen Sie zusätzlich am Anfang des Skripts importieren:

```python
import numpy
```

Da sehr viele Kalibrierwerte einen 16-Bit-Wert darstellen (z. B. Adresse 0x88 und 0x89 oder `dig_T1`), macht es Sinn, wenn Sie nacheinander das Registerpaar, das einen kompletten Kalibrierwert speichert, auslesen und beide 8-Bit-Werte aus den Registern zu einem 16-Bit-Wert kombinieren, den Sie dann schließlich abspeichern.

Table 16: Compensation parameter storage, naming and data type

Register Address	Register content	Data type
0x88 / 0x89	dig_T1 [7:0] / [15:8]	unsigned short
0x8A / 0x8B	dig_T2 [7:0] / [15:8]	signed short
0x8C / 0x8D	dig_T3 [7:0] / [15:8]	signed short
0x8E / 0x8F	dig_P1 [7:0] / [15:8]	unsigned short
0x90 / 0x91	dig_P2 [7:0] / [15:8]	signed short
0x92 / 0x93	dig_P3 [7:0] / [15:8]	signed short
0x94 / 0x95	dig_P4 [7:0] / [15:8]	signed short
0x96 / 0x97	dig_P5 [7:0] / [15:8]	signed short
0x98 / 0x99	dig_P6 [7:0] / [15:8]	signed short
0x9A / 0x9B	dig_P7 [7:0] / [15:8]	signed short
0x9C / 0x9D	dig_P8 [7:0] / [15:8]	signed short
0x9E / 0x9F	dig_P9 [7:0] / [15:8]	signed short
0xA1	dig_H1 [7:0]	unsigned char
0xE1 / 0xE2	dig_H2 [7:0] / [15:8]	signed short
0xE3	dig_H3 [7:0]	unsigned char
0xE4 / 0xE5[3:0]	dig_H4 [11:4] / [3:0]	signed short
0xE5[7:4] / 0xE6	dig_H5 [3:0] / [11:4]	signed short
0xE7	dig_H6	signed char

Abbildung 7.36 Aufbau der Kalibrierwerte

Genau zu diesem Zweck definieren wir vor der ReadCalibrationData()-Methode eine weitere Methode namens ReadShort(Adresse). Diese Methode erwartet für den Wert Adresse die Registeradresse des unteren Bytes eines 16-Bit-Kalibrierwertes (z. B. 0x88 für den Wert dig_T1). Anschließend liest die Methode die Register aus, die mit Adresse und Adresse + 1 adressiert werden, und kombiniert beide Werte zu einem 16-Bit-Integerwert (auch *Short* genannt) und gibt diesen Wert anschließend zurück:

```
def ReadShort(Adresse):
  LSB = ReadRegister(Adresse)
  MSB = ReadRegister(Adresse + 1)
  return (MSB << 8) | LSB
  Kalibrationswerte = {}
```

Mit dieser Methode können Sie nun in der Methode ReadCalibrationData() die Kalibrierregister auslesen und deren Inhalt im Dictionary Kalibrationswerte speichern:

```
def ReadCalibrationData():
  Kalibrationswerte["dig_T1"] = ReadShort(0x88)
```

In diesem Beispiel wird der Kalibrierwert dig_T1 ausgelesen, der in den Registern mit den Adressen 0x88 und 0x89 gespeichert ist.

Das Auslesen des 16-Bit-Werts wird durch die programmierte Methode `ReadShort()` durchgeführt. Anschließend wird der ausgelesene Wert mit dem Schlüssel `dig_T1` in dem Dictionary `Kalibrationswerte` gespeichert. Von da an ist es möglich, das Dictionary nach dem Key `dig_T1` zu durchsuchen. Sie erhalten dann direkt den zu diesem Key gespeicherten Wert `dig_T1`. Dieses Verfahren verwenden Sie nun, um die ersten 12 Kalibrierwerte und den Wert aus dem Registerpaar 0xE1 und 0xE2 auszulesen und zu speichern.

Die Register 0xA1, 0xE3 und 0xE7 enthalten nur einen einzelnen 8-Bit-Wert, den Sie wie gewohnt mit der `ReadRegister()`-Methode auslesen können:

```
Kalibrationswerte["dig_H1"] = ReadRegister(0xA1)
Kalibrationswerte["dig_H3"] = ReadRegister(0xE3)
Kalibrationswerte["dig_H6"] = numpy.int8(ReadRegister(0xE7))
```

Die letzten beiden Werte werden noch einmal etwas kniffeliger, da das Register 0xE5 *zwei* verschiedene Kalibrierwerte speichert. Sie müssen also dieses Register auslesen und die benötigte Bitreihenfolge maskieren und sich damit Ihre Integerzahl zusammenfügen. Die Lösung dieses Problems sieht so aus:

```
MSB = ReadRegister(0xE4)
LSB = ReadRegister(0xE5) & 0x0F
Kalibrationswerte["dig_H4"] = numpy.int16(MSB << 4) | LSB)
MSB = ReadRegister(0xE6)
LSB = ReadRegister(0xE5) & 0xF0
Kalibrationswerte["dig_H5"] = numpy.int16(MSB << 4) | LSB)
```

In diesem Codeblock werden die Register 0xE4, 0xE5 und 0xE6 ausgelesen. Das Register 0xE5 beinhaltet das LSB (Bits 3 bis 0) des Wertes `dig_H4` und das LSB (Bits 7 bis 4) des Wertes `dig_H5`. Die Register 0xE4 und 0xE6 beinhalten die passenden MSB. Nach dem Auslesen des Registers 0xE5 werden die beiden LSB-Werte durch eine Und-Verknüpfung mit $0000\ 1111_2$ (0x0F) und $1111\ 0000_2$ (0xF0) herausgefiltert, und mithilfe des entsprechenden MSB wird dann der vollständige Wert erzeugt. Beide Werte werden dann noch mit einem passenden Key in dem Dicitionary gespeichert.

Über die Methoden `int16(Zahl)` und `int8(Zahl)` des Moduls `numpy` müssen dann einige Werte in einen vorzeichenbehafteten 16-Bit-Integer (*Signed Short*) und in einen vorzeichenbehafteten 8-Bit-Char (*Signed Char*) umgewandelt werden.

Bei welchen Kalibrierwerten es sich um welchen Datentyp handelt, können Sie dem Datenblatt von Bosch bzw. der Abbildung 7.36 entnehmen.

```
def ReadCalibrationData():
    Kalibrationswerte["dig_T1"] = ReadShort(0x88)
```

```
Kalibrationswerte["dig_T2"] = numpy.int16(ReadShort(0x8A))
Kalibrationswerte["dig_T3"] = numpy.int16(ReadShort(0x8C))
Kalibrationswerte["dig_P1"] = ReadShort(0x8E)
Kalibrationswerte["dig_P2"] = numpy.int16(ReadShort(0x90))
Kalibrationswerte["dig_P3"] = numpy.int16(ReadShort(0x92))
Kalibrationswerte["dig_P4"] = numpy.int16(ReadShort(0x94))
Kalibrationswerte["dig_P5"] = numpy.int16(ReadShort(0x96))
Kalibrationswerte["dig_P6"] = numpy.int16(ReadShort(0x98))
Kalibrationswerte["dig_P7"] = numpy.int16(ReadShort(0x9A))
Kalibrationswerte["dig_P8"] = numpy.int16(ReadShort(0x9C))
Kalibrationswerte["dig_P9"] = numpy.int16(ReadShort(0x9E))
Kalibrationswerte["dig_H2"] = numpy.int16(ReadShort(0xE1))
```

Hinweis: Achten Sie auf die richtigen Datentypen

Oftmals ist es so, dass der Hersteller vorgibt, wie der Ausgabewert eines Sensors zu interpretieren ist, da Sie einer Bitfolge wie z. B. 1001 1111$_2$ nicht ansehen können, ob sie eine Zahl von 0 bis 255 darstellt (*Unsigned Char* – »vorzeichenloser« Char) oder ob sie eine Zahl von –128 bis 127 darstellt (*Signed Char* – »vorzeichenbehafteter« Char).

Generell sollten Sie darauf achten, dass Sie einen Wert in der richtigen Variablen speichern, damit ein Compiler oder ein Interpreter, die Ihren Code weiterverarbeiten, richtig mit diesem Wert umgehen. Wenn Sie z. B. einen Signed Char in einer Variablen vom Typ Unsigned Char speichern, kann es passieren, dass die nachfolgende Weiterverarbeitung falsch mit dem Wert umgeht und Sie so ein falsches Ergebnis erhalten. Diese Regelung gilt nicht für den Datentyp *Float* oder *Double*. Tabelle 7.4 bietet eine kurze Übersicht über die Datentypen:

Datentyp	Wertebereich
Unsigned Char	0 bis 255
Signed Char	–128 bis 127
Unsigned Short (Unsigned Int)	0 bis 65.535
Signed Short (Signed Int)	–32.768 bis 32.676
Unsigned Int	0 bis 4.294.967.295
Signed Int	–2.147.483.648 bis 2.147.483.647

Tabelle 7.4 Übersicht über ein paar Datentypen und deren Wertebereiche

Damit sind alle Kalibrierwerte ausgelesen und Sie können sich dem schwierigen Teil des Programms widmen: dem Auslesen und dem Berechnen der Sensordaten.

7.3.3 Los geht's mit dem Auslesen der Temperaturdaten

Jetzt kommt der schwierigere Teil an Ihrem Programm – Sie müssen aus den Werten des Temperatur-, des Feuchtigkeits- und des Luftdrucksensors unter Zuhilfenahme der Kalibrierwerte die Sensorwerte berechnen.

```
// Returns temperature in DegC, resolution is 0.01 DegC. Output value of "5123" equals 51.23 DegC.
// t_fine carries fine temperature as global value
BME280_S32_t t_fine;
BME280_S32_t BME280_compensate_T_int32(BME280_S32_t adc_T)
{
    BME280_S32_t var1, var2, T;
    var1 = ((((adc_T>>3) - ((BME280_S32_t)dig_T1<<1))) * ((BME280_S32_t)dig_T2)) >> 11;
    var2 = (((((adc_T>>4) - ((BME280_S32_t)dig_T1)) * ((adc_T>>4) - ((BME280_S32_t)dig_T1))) >> 12) *
        ((BME280_S32_t)dig_T3)) >> 14;
    t_fine = var1 + var2;
    T = (t_fine * 5 + 128) >> 8;
    return T;
}
```

Abbildung 7.37 Formel zum Berechnen der Temperatur aus dem Datenblatt

Die dafür notwendigen Formeln hat Bosch ebenfalls im Datenblatt abgedruckt, aber leider in der Programmiersprache C (siehe Abbildung 7.37). Wie Sie bereits an Abbildung 7.37 sehen, sind diese Formeln alles andere als leicht zu lesen. Daher werden wir Ihnen die Formeln »übersetzen« und Ihnen dann zeigen, wie Sie die Formel in Ihr Programm implementieren.

Als Erstes schauen wir uns an, wie die Temperatur berechnet wird. Für die Berechnung der Temperatur erstellen wir eine Methode mit dem Namen ReadTemperature(). Nach einer durchgeführten Messung befindet sich der Messwert für die Temperatur in den Registern 0xFA (MSB), 0xFB (LSB) und 0xFC (XLSB). Diese Register lesen Sie zu Beginn der Methode aus und speichern den Inhalt in entsprechenden Variablen ab:

```
def ReadTemperature():
    XLSB = ReadRegister(0xFC)
    LSB = ReadRegister(0xFB)
    MSB = ReadRegister(0xFA)
```

Das XLSB repräsentiert die untersten vier Bits des LSB, also des niederwertigsten Bytes und wird entsprechend hinter dem LSB platziert. Anhand der Registertabelle erkennen Sie, dass der Wert für XLSB in den Bits 7 bis 4 gespeichert wird. Daher müssen Sie den ausgelesenen Wert erst um vier Stellen nach rechts schieben, sodass der Wert in den Bits 3 bis 0 steht. Danach schieben Sie das LSB um vier Stellen nach links, um beide Werte miteinander verknüpfen zu können.

Damit Sie den Wert für das MSB, also das höchstwertige Byte, addieren können, müssen Sie den Wert um 12 Stellen (4 Stellen für das XLSB und 8 Stellen für das LSB) nach links schieben.

Nun können Sie alle drei Bytes miteinander Oder-verknüpfen und erhalten das Wandlungsergebnis des Analog/Digital-Wandlers für den Temperatursensor (siehe die Registermap aus dem Datenblatt in Abbildung 7.25):

```
ADCData = (MSB << 12) | (LSB << 4) | (XLSB >> 4)
```

Mit diesem Wert können Sie nun, in Kombination mit den entsprechenden Kalibrierwerten, die Temperatur berechnen. Die Formeln dafür lauten wie folgt:

$$var1 = \left(\left(\frac{ADCData}{16384}\right) - \left(\frac{dig\_T1}{1024}\right)\right) \cdot dig\_T2$$

$$var2 = \left(\left(\frac{ADCData}{131072}\right) - \left(\frac{dig\_T1}{8192}\right)\right) \cdot dig\_T3$$

$$t\_fine = var1 + var2$$

$$Temperatur = \frac{t\_fine}{5120}$$

Diese Formeln müssen Sie nun in das Programm übertragen:

```
var1 = ((ADCData / 16384.0) - ((Kalibrationswerte["dig_T1"]) /
 1024.0)) * Kalibrationswerte["dig_T2"]
var2 = ((ADCData / 131072.0) - ((Kalibrationswerte["dig_T1"]) /
 8192.0)) * Kalibrationswerte["dig_T3"]
```

Da die Variable t_fine, also die Summe aus var1 und var2, noch für die Berechnung der Luftfeuchtigkeit und des Luftdrucks benötigt wird, muss diese Variable als *globale Variable* deklariert werden.

Info: Was sind globale Variablen?

Wenn Sie innerhalb einer Methode eine Variable deklarieren, dann existiert diese Variable nur in dieser Methode, und sobald die Methode verlassen wird, wird auch diese Variable gelöscht. Dies nennt man eine *lokale Variable*.

Globale Variablen sind das Gegenstück zu diesen lokalen Variablen. Sie existieren im kompletten Programm. In der Programmiersprache Python werden globale Variablen mit dem Schlüsselwort global vor dem Variablennamen deklariert.

In der globalen Variablen t_fine wird nun die Summe aus var1 und var2 gespeichert:

```
global t_fine
t_fine = numpy.int32(var1 + var2)
```

Der Wert t_fine wird abschließend in eine Fließkommazahl umgewandelt, durch 5120 geteilt, und das Ergebnis, also die Temperatur, wird aus der Methode zurück an das Hauptprogramm übergeben.

Die komplette Methode zum Auslesen und Berechnen der Temperatur sieht nun wie folgt aus:

```
def ReadTemperature():
  XLSB = ReadRegister(0xFC)
  LSB = ReadRegister(0xFB)
  MSB = ReadRegister(0xFA)
  ADCData = (MSB << 12) | (LSB << 4) | (XLSB >> 4)
  var1 = ((ADCData / 16384.0) - ((Kalibrationswerte["dig_T1"]) /
  1024.0)) * Kalibrationswerte["dig_T2"]
  var2 = ((ADCData / 131072.0) - ((Kalibrationswerte["dig_T1"]) /
  8192.0)) * Kalibrationswerte["dig_T3"]
  global t_fine
  t_fine = numpy.int32(var1 + var2)
  return (float(t_fine) / 5120.0)
```

Als Nächstes wollen wir uns anschauen, wie der Luftdruck berechnet wird. Auch hierfür erstellen wir eine Methode, die wir ReadPressure() nennen wollen. Zu Beginn dieser Methode definieren Sie drei Variablen namens var1, var2 und p als 64-Bit-Integerzahl. Diese Variablen werden innerhalb der Methode für die Berechnung benötigt.

Anschließend lesen Sie wieder erst einmal das XLSB-, das LSB- und das MSB-Register des Analog/Digital-Wandlers aus und kombinieren diesen wieder. Dadurch erhalten Sie den Messwert des Luftdrucksensors:

```
def ReadPressure():
  var1 = numpy.int64(0)
  var2 = numpy.int64(0)
  p = numpy.int64(0)
  XLSB = ReadRegister(0xF9)
  LSB = ReadRegister(0xF8)
  MSB = ReadRegister(0xF7)
  ADCData = (MSB << 12) | (LSB << 4) | (XLSB >> 4)
```

Info: den richtigen Variablentyp wählen

Der 64-Bit-Integerwert ist in dieser Methode sehr wichtig, da die Werte aus den Rechnungen sehr groß werden. Gerade bei Berechnungen müssen Sie im Vorfeld schauen, wie groß die Zahlen werden können. Nur so können Sie den korrekten Variablentyp wählen. In diesem Beispiel würden Sie z. B. wie folgt vorgehen:

1. Sie schauen, was der Analog/Digital-Wandler z. B. bei Raumtemperatur und bei einem normalen Luftdruck für einen Messwert ausgibt.
2. Anschließend setzen Sie diesen Messwert in die angegebenen Formeln ein und schauen sich die Ergebnisse der Rechnungen an.
3. Auf Basis der Ergebnisse wählen Sie einen passenden Variablentyp (hier z. B. eine 64-Bit-Integerzahl).

Ein falscher Variablentyp kann zu falschen Ergebnissen führen, wenn Sie z. B. einen Wert aus einer 64-Bit-Integerzahl in einer 32-Bit-Integerzahl speichern wollen. Standardmäßig ist ein Integer bei dem Raspberry Pi 32 Bit groß, da der Raspberry Pi eine 32-Bit-CPU besitzt. Eine Ausnahme bildet die neuere Version des Raspberry Pi 3 mit ihrer 64-Bit-CPU. Dort ist ein Integer tatsächlich 64 Bit groß.

Wenn Sie eine 64-Bit-Variable deklarieren oder eine 64-Bit-Zahl haben und den Wert dieser Variablen oder der Zahl in einer 32-Bit-Variablen speichern wollen, dann werden die obersten 32 Bit einfach abgeschnitten. Die Fehlersuche bei solchen Fehlern ist, vor allem bei komplexen Rechnungen, sehr aufwendig und zeitintensiv.

Die Formeln für die Berechnung des Luftdrucks sind etwas komplizierter als die Formeln für die Temperatur. Deswegen müssen Sie beim Abtippen sehr genau hinschauen. Verwenden Sie gegebenenfalls das funktionierende Beispiel aus dem Internet.

```
// Returns pressure in Pa as unsigned 32 bit integer in Q24.8 format (24 integer bits and 8 fractional bits)
// Output value of "24674867" represents 24674867/256 = 96386.2 Pa = 963.862 hPa
BME280_U32_t BME280_compensate_P_int64(BME280_S32_t adc_P)
{
    BME280_S64_t var1, var2, p;
    var1 = ((BME280_S64_t)t_fine) - 128000;
    var2 = var1 * var1 * (BME280_S64_t)dig_P6;
    var2 = var2 + ((var1*(BME280_S64_t)dig_P5)<<17);
    var2 = var2 + (((BME280_S64_t)dig_P4)<<35);
    var1 = ((var1 * var1 * (BME280_S64_t)dig_P3)>>8) + ((var1 * (BME280_S64_t)dig_P2)<<12);
    var1 = (((((BME280_S64_t)1)<<47)+var1))*((BME280_S64_t)dig_P1)>>33;
    if (var1 == 0)
    {
        return 0; // avoid exception caused by division by zero
    }
    p = 1048576-adc_P;
    p = (((p<<31)-var2)*3125)/var1;
    var1 = (((BME280_S64_t)dig_P9) * (p>>13) * (p>>13)) >> 25;
    var2 = (((BME280_S64_t)dig_P8) * p) >> 19;
    p = ((p + var1 + var2) >> 8) + (((BME280_S64_t)dig_P7)<<4);
    return (BME280_U32_t)p;
}
```

Abbildung 7.38 Mit diesen Formeln berechnen Sie den Luftdruck.

Wie Sie an den Formeln aus Abbildung 7.38 sehen, ist die Berechnung des Luftdrucks alles andere als verständlich, weswegen wir uns weitere Erklärungen sparen. Auf unseren Code übertragen, sieht die Berechnung dann folgendermaßen aus:

```
var1 = numpy.int64(t_fine) - 128000
var2 = var1 * var1 * numpy.int64(Kalibrationswerte["dig_P6"])
var2 = var2 + ((var1 * numpy.int64(Kalibrationswerte["dig_P5"])) << 17)
var2 = var2 + (numpy.int64(Kalibrationswerte["dig_P4"]) << 35)
var1 = ((var1 * var1 * numpy.int64(Kalibrationswerte["dig_P3"]
)) >> 8) + ((var1 * numpy.int64(Kalibrationswerte["dig_P2"])) << 12)
var1 = (((numpy.int64(1) << 47) + var1) * numpy.int64(Kalibrationswerte[
"dig_P1"])) >> 33
if (var1 == 0):
  print("Messwert wird durch 0 geteilt!")
  return 0
p = 1048576 - ADCData;
p = numpy.int64((((p << 31) - var2) * 3125) / var1)
var1 = (numpy.int64(Kalibrationswerte["dig_P9"]) * (p >> 13) * (p >> 13)) >> 25
var2 = (numpy.int64(Kalibrationswerte["dig_P8"]) * p) >> 19
p = ((p + var1 + var2) >> 8) + (numpy.int64(Kalibrationswerte["dig_P7"]) << 4)
return float(p) / 256.0
```

Die if-Abfrage dient zum Unterbrechen der Berechnung, sobald der Wert var1 0 ist, da eine Division durch 0 weder mathematisch noch programmtechnisch definiert ist.

Auch hier ist es wieder wichtig, dass Sie alle Werte, mit denen Sie rechnen, in einen 64-Bit-Wert umwandeln, da das Ergebnis nur dann in einem 64-Bit-Wert gespeichert wird, wenn alle Komponenten der Rechnung ebenfalls 64-Bit-Werte darstellen.

Info: Komplexe Rechnungen auf Mikrocontrollersysteme portieren

Wenn Sie diesen Code auf einen Mikrocontroller portieren sollten, müssen Sie dem Mikrocontroller ausreichend Zeit zum Rechnen geben. Kleine Mikrocontroller besitzen keine hardwaregestützte Division, eine sogenannte *FPU* (*Floating Point Unit*), weswegen die Multiplikation sehr lange dauert.

Bosch gibt in seinem Datenblatt z. B. die Berechnung mit einem etwas leistungsfähigeren Mikrocontroller an, und dort beträgt die Rechenzeit mit 32-Bit-Integerwerten für den Luftdruck etwa 112 Taktzyklen. Bei einer Taktfrequenz von 8 MHz sind das etwa 14 µs Rechenzeit. Wenn Sie mit Gleitpunktzahlen rechnen wollen, werden 5400 Taktzyklen angegeben, was einer Zeit von 675 µs entspricht – nur für den Luftdruck. Wenn Sie die Temperatur und die Luftfeuchtigkeit dazu nehmen, kommen Sie auf 10.700 Taktzyklen, also fast 1,4 ms!

Die komplette Methode zum Auslesen und Berechnen des Luftdrucks sollte bei Ihnen nun wie folgt aussehen:

```python
def ReadPressure():
  var1 = numpy.int64(0)
  var2 = numpy.int64(0)
  p = numpy.int64(0)
  XLSB = ReadRegister(0xF9)
  LSB = ReadRegister(0xF8)
  MSB = ReadRegister(0xF7)
  ADCData = (MSB << 12) | (LSB << 4) | (XLSB >> 4)
  var1 = numpy.int64(t_fine) - 128000
  var2 = var1 * var1 * numpy.int64(CalibrationData["dig_P6"])
  var2 = var2 + ((var1 * numpy.int64(Kalibrationswerte["dig_P5"])) << 17)
  var2 = var2 + (numpy.int64(Kalibrationswerte["dig_P4"]) << 35)
  var1 = ((var1 * var1 * numpy.int64(Kalibrationswerte["dig_P3"])) >> 8) + ((var1 * numpy.int64(Kalibrationswerte["dig_P2"])) << 12)
  var1 = (((numpy.int64(1) << 47) + var1) * numpy.int64(Kalibrationswerte["dig_P1"])) >> 33
  if (var1 == 0):
    print("Messwert wird durch 0 geteilt!")
    return 0
  p = 1048576 - ADCData;
  p = numpy.int64((((p << 31) - var2) * 3125) / var1)
  var1 = (numpy.int64(Kalibrationswerte["dig_P9"]) * (p >> 13) * (p >> 13)) >> 25
  var2 = (numpy.int64(Kalibrationswerte["dig_P8"]) * p) >> 19
  p = ((p + var1 + var2) >> 8) + (numpy.int64(Kalibrationswerte["dig_P7"]) << 4)
  return float(p) / 256.0
```

Als Letztes müssen wir noch die Luftfeuchtigkeit berechnen. Auch hierfür wollen wir eine Methode erstellen, die wir – Sie ahnen es vielleicht bereits – ReadHumidity() nennen wollen. Auch in dieser Methode wird als Erstes der Wert des Analog/Digital-Wandlers eingelesen und zusammengesetzt, und zwar genau so wie beim Temperatur- und beim Luftdrucksensor, nur dass der Feuchtigkeitssensor kein XLSB-Register besitzt:

```python
def ReadHumidity():
  LSB = ReadRegister(0xFE)
  MSB = ReadRegister(0xFD)
  ADCData = LSB | (MSB << 8)
```

Anschließend lässt sich die Luftfeuchtigkeit nach der folgenden Formel berechnen – wobei wir uns hier das Abtippen gespart haben, da die Formel sehr, sehr lang ist, wie Sie in Abbildung 7.39 sehen.

```
// Returns humidity in %RH as unsigned 32 bit integer in Q22.10 format (22 integer and 10 fractional bits).
// Output value of "47445" represents 47445/1024 = 46.333 %RH
BME280_U32_t bme280_compensate_H_int32(BME280_S32_t adc_H)
{
    BME280_S32_t v_x1_u32r;

    v_x1_u32r = (t_fine - ((BME280_S32_t)76800));
    v_x1_u32r = (((((adc_H << 14) - (((BME280_S32_t)dig_H4) << 20) - (((BME280_S32_t)dig_H5) * v_x1_u32r)) +
        ((BME280_S32_t)16384)) >> 15) * (((((((v_x1_u32r * ((BME280_S32_t)dig_H6)) >> 10) * (((v_x1_u32r *
        ((BME280_S32_t)dig_H3)) >> 11) + ((BME280_S32_t)32768))) >> 10) + ((BME280_S32_t)2097152)) *
        ((BME280_S32_t)dig_H2) + 8192) >> 14));
    v_x1_u32r = (v_x1_u32r - ((((v_x1_u32r >> 15) * (v_x1_u32r >> 15)) >> 7) * ((BME280_S32_t)dig_H1)) >> 4));
    v_x1_u32r = (v_x1_u32r < 0 ? 0 : v_x1_u32r);
    v_x1_u32r = (v_x1_u32r > 419430400 ? 419430400 : v_x1_u32r);
    return (BME280_U32_t)(v_x1_u32r>>12);
}
```

Abbildung 7.39 Die Formel zum Berechnen der Luftfeuchtigkeit

In einen Programmcode übersetzt, sieht die Formel dann folgendermaßen aus:

```
var1 = t_fine - 76800
var1 = (((((ADCData << 14) - (Kalibrationswerte["dig_H4"] << 20) -
(Kalibrationswerte["dig_H5"]
* var1)) + 16384) >> 15) * (((((((var1 * Kalibrationswerte["dig_H6"]
) >> 10) * (((var1 * Kalibrationswerte["dig_H3"]
) >> 11) + 32768)) >> 10) + 2097152) * Kalibrationswerte["dig_H2"]
+ 8192) >> 14))

var1 = var1 - (((((var1 >> 15) * (var1 >> 15)) >> 7) * Kalibrationswerte[
"dig_H1"]) >> 4)
return float(var1 >> 12) / 1024
```

Gerade bei dieser Formel empfiehlt sich ein Copy & Paste aus dem Referenzbeispiel dieses Buches, das Sie auf der offiziellen Seite des Rheinwerk Verlages herunterladen können (www.rheinwerk-verlag.de/3602). Wir können aus eigener Erfahrung sagen, dass das Abtippen dieser Formel sehr oft Fehler mit sich bringt.

Die komplette Methode zum Auslesen und Berechnen der Luftfeuchtigkeit sieht damit wie folgt aus:

```
def ReadHumidity():
    LSB = ReadRegister(0xFE)
    MSB = ReadRegister(0xFD)
    ADCData = LSB | (MSB << 8)
```

```
    var1 = t_fine - 76800
    var1 = (((((ADCData << 14) - (Kalibrationswerte["dig_H4"] << 20) -
    (Kalibrationswerte["dig_H5"]
    * var1)) + 16384) >> 15) * ((((((var1 * Kalibrationswerte["dig_H6"]
    ) >> 10) * (((var1 * Kalibrationswerte["dig_H3"])
    ) >> 11) + 32768)) >> 10) + 2097152) * Kalibrationswerte["dig_H2"]
    + 8192) >> 14))
    var1 = var1 - (((((var1 >> 15) * (var1 >> 15)) >> 7) * Kalibrationswerte[
    "dig_H1"]) >> 4)
    return float(var1 >> 12) / 1024
```

Damit haben Sie für alle drei Sensoren entsprechende Methoden geschrieben, um diese Sensoren auszuwerten. Dazu schreiben wir ein kleines Testprogramm, das wie folgt aussieht:

```
WriteRegister(0xE0, 0xB6)
WriteRegister(0xF5, 0x00)
WriteRegister(0xF4, 0x24)
WriteRegister(0xF2, 0x01)
time.sleep(1)
ReadKalibrationswerte()
StartMeasurement()
time.sleep(2)
print("Temperatur: " + str(round(ReadTemperature(), 2)) + " Grad Celsius")
print("Luftdruck: " + str(round(ReadPressure() / 100, 2)) + " hPa")
print("Luftfeuchtigkeit: " + str(round(ReadHumidity(), 2)) + " %RH")
```

Zuallererst löschen Sie den Sensor einmalig, um ihn auf Werkseinstellungen zurückzusetzen. Anschließend wird Ihre Konfiguration in den Sensor geschrieben. Die Pause am Ende der vier `WriteRegister()`-Aufrufe gibt dem Sensor genug Zeit, um die Schreiboperation abzuschließen, bevor Sie eine Leseoperation beginnen. Andernfalls kann es passieren, dass beim Auslesen der Daten Fehler passieren.

```
WriteRegister(0xE0, 0xB6)
WriteRegister(0xF5, 0x00)
WriteRegister(0xF4, 0x24)
WriteRegister(0xF2, 0x01)
time.sleep(1)
```

Im nächsten Schritt müssen Sie die Kalibrierwerte auslesen, und direkt danach stoßen Sie eine einzelne Messung an:

```
ReadKalibrationswerte()
StartMeasurement()
```

Da der Sensor etwas Messzeit benötigt, wartet das Programm mittels `time.sleep(2)` zwei Sekunden lang.

> **Hinweis: Warten auf das Ende einer Messung**
>
> Solche Sensoren besitzen meist ein sogenanntes *Status*-Register und dieses Register besitzt dann ein oder mehrere Bits, die signalisieren, ob der Sensor mit seiner Messung fertig ist. Üblicherweise fragt man dieses Register so lange ab, bis der Sensor mit der Messung fertig ist. Auf diese Weise wartet man niemals zu lang oder zu kurz.
>
> In diesem Beispiel verzichten wir allerdings auf diese Methode und geben dem Sensor einfach genügend Zeit zum Messen. Falls Sie die Methode mit dem Abfragen des *Status*-Registers nachträglich implementieren wollen, so brauchen Sie nur einen Blick in das Datenblatt zu werfen und sich Register 0xF3 anschauen.

Nach der Messung werden dann alle Messwerte ausgegeben, und mit der `round()`-Methode des Moduls `numpy` wird die Anzahl der Nachkommastellen auf zwei reduziert. Weiterhin wird der Luftdruck noch in hPa, also Hektopascal (100 Pascal) umgerechnet:

```python
print("Temperatur: " + str(numpy.round(ReadTemperature(), 2)) + " Grad Celsius")
print("Luftdruck: " + str(numpy.round(ReadPressure() / 100, 2)) + " hPa")
print("Luftfeuchtigkeit: " + str(numpy.round(ReadHumidity(), 2)) + " %RH")
```

Das komplette Programm sieht nun (ohne Methoden) wie folgt aus:

```python
import spidev
import time
import numpy
BME280 = spidev.SpiDev()
BME280.open(0, 0)
Kalibrationswerte = {}
def WriteRegister(Adresse, Daten):
    ...
def ReadRegister(Adresse):
    ...
def StartMeasurement():
    ...
def ReadShort(Adresse):
    ...
def ReadKalibrationswerte():
```

```
…
def ReadTemperature():
    …
def ReadPressure():
    …
def ReadHumidity():
    …
WriteRegister(0xE0, 0xB6)
WriteRegister(0xF5, 0x00)
WriteRegister(0xF4, 0x24)
WriteRegister(0xF2, 0x01)
time.sleep(1)
ReadKalibrationswerte()
StartMeasurement()
time.sleep(2)
print("Temperatur: " + str(numpy.round(ReadTemperature(), 2)) + " Grad Celsius")
print("Luftdruck: " + str(numpy.round(ReadPressure() / 100, 2)) + " hPa")
print("Luftfeuchtigkeit: " + str(numpy.round(ReadHumidity(), 2)) + " %RH")
```

Dieses Programm können Sie nun abspeichern und per Klick auf RUN • RUN MODULE starten. Sie erhalten nun solch eine Ausgabe:

```
Temperatur: 26.19 Grad Celsius
Luftdruck: 1010.11 hPa
Luftfeuchtigkeit: 43.82 %RH
```

7.3.4 Der Sensor im Einsatz als Datenlogger

Eine schöne Anwendung für solch einen Sensor stellt das Erfassen und Mitloggen von Klimadaten dar (z. B. für das eigene Treibhaus, falls Sie Hobbygärtner sind). Schauen wir uns mal an, wie wir solch eine Anwendung realisieren.

Die Messwerte wollen wir zu diesem Zweck in eine sogenannte *CSV*-Datei (*Comma-Separated Values*) schreiben. Dies bedarf allerdings einer kleinen Anpassung des Programms. Statt einer einzelnen Messung und dem anschließenden Auslesen des Sensors fügen Sie eine while-Schleife ein, damit immer wieder eine neue Messung gestartet wird:

```
while(True):
    StartMeasurement()
    time.sleep(2)
```

7.3 Aktuelle Wetterdaten mit dem Raspberry Pi erfassen

```
Temperatur = numpy.round(ReadTemperature(), 2)
Luftdruck = numpy.round(ReadPressure() / 100.0, 2)
Luftfeuchtigkeit = numpy.round(ReadHumidity(), 2)
LogFile = open("Klima.csv", "a")
LogFile.write(time.strftime("%d.%m.%Y %H:%M:%S") + ";" +
    str(Temperatur) + ";" + str(Luftdruck) + ";" +
    str(Luftfeuchtigkeit) + "\n")
LogFile.close()
```

Innerhalb der `while`-Schleife wird alle zwei Sekunden eine neue Messung angestoßen, und anschließend werden die Sensoren ausgelesen. Die ausgelesenen Werte werden mithilfe der `strftime()`-Methode mit einem Zeitstempel und mit einem Semikolon als Trennzeichen versehen und in eine einfache Textdatei geschrieben. Das Ergebnis sieht wie folgt aus:

```
21.10.2016 15:25:26;22.54;1011.74.67;57.4
```

Wenn Sie nun Daten loggen wollen, müssen Sie das Skript eine bestimmte Zeit laufen lassen. Damit die Ausführung des Skripts Ihre weiteren Arbeiten mit dem Raspberry Pi nicht behindert, sollte das Skript als Hintergrundanwendung laufen.

Dazu öffnen Sie die Konsole und wechseln in das Verzeichnis, in dem Sie das Skript abgespeichert haben (bei uns */Programme*):

```
cd /Programme
```

Um das Skript im Hintergrund der Konsole arbeiten zu lassen, müssen Sie ein & hinter den Aufruf des Python-Interpreters setzen. Falls Sie das Konsolenfenster nun aber schließen, wird auch die Ausführung des Skripts beendet. Um dies zu verhindern, müssen Sie zusätzlich noch ein `nohup` vor den Aufruf des Python-Interpreters setzen.

Der komplette Aufruf lautet nun wie folgt:

```
nohup python3 BME280.py &
```

Unser Python-Skript hat den Namen *BME280.py*. Falls Sie dem Skript einen anderen Namen gegeben haben, so müssen Sie dies beim Aufruf des Python-Interpreters berücksichtigen.

Das Skript lassen Sie nun für eine bestimmte Zeit laufen, und am Ende erhalten Sie dann die gewünschte CSV-Datei mit den Daten. Diese Daten können Sie nun mit jedem Programm, das CSV-Dateien lesen kann, importieren und auswerten (wie z. B. Excel).

Wenn Sie die Daten in Excel importieren wollen, so müssen Sie in Excel ein Tabellenblatt öffnen und dann in dem Reiter DATEN ❶ den Punkt AUS TEXT auswählen ❷ (siehe Abbildung 7.40).

Abbildung 7.40 Eine CSV-Datei in Excel importieren

Nun öffnet sich ein Dateidialog, in dem Sie die Textdatei angeben müssen, die Sie importieren möchten, also die CSV-Datei. Sobald Sie die Datei ausgewählt und auf ÖFFNEN geklickt haben, erscheint ein neues Fenster (siehe Abbildung 7.41).

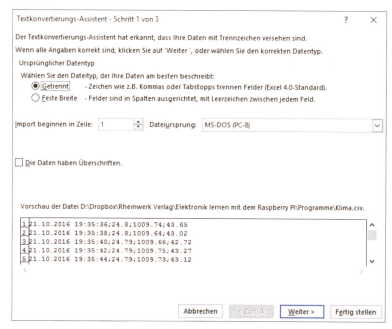

Abbildung 7.41 Wie soll die Datei importiert werden?

In diesem Fenster müssen Sie prüfen, ob der Punkt GETRENNT ausgewählt ist. Anschließend klicken Sie auf WEITER. Jetzt erscheint der Dialog aus Abbildung 7.42.

In diesem Fenster wählen Sie SEMIKOLON als zusätzliches Trennzeichen aus. Sie sehen nun bereits, wie in der Vorschau der Text hinter einem Semikolon durch Linien getrennt wird. Anschließend klicken Sie auf WEITER, woraufhin sich der Bildschirm aus Abbildung 7.43 öffnet.

7.3 Aktuelle Wetterdaten mit dem Raspberry Pi erfassen

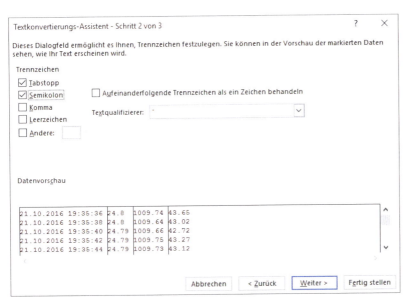

Abbildung 7.42 Auswahl des richtigen Trennzeichens

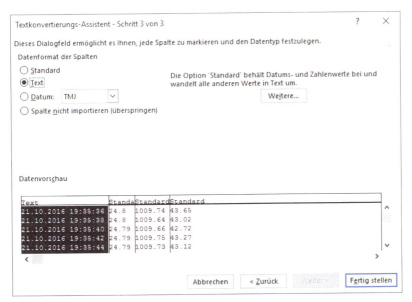

Abbildung 7.43 Soll der Text formatiert werden?

In diesem Fenster können Sie für jede Spalte der CSV-Datei einstellen, wie der zu importierende Text formatiert werden soll. Dies führt gerade bei Zahlen, die einen Punkt als

Trennzeichen verwenden (z. B. bei einer Kommazahl aus Python, die Sie in eine Textdatei schreiben), sehr häufig dazu, dass Excel Ihnen daraus ein Datum etc. erzeugt. Dies wollen wir aber nicht. Daher setzen wir den Punkt auf TEXT – und das für *jede* der vier Spalten! Nun werden die Daten importiert und können mit einer Kennlinie (EINFÜGEN • DIAGRAMME) dargestellt werden, wie Sie es in Abbildung 7.44 sehen.

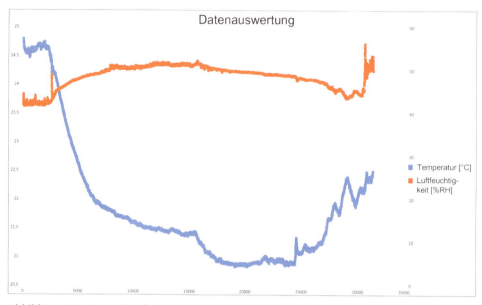

Abbildung 7.44 Der Verlauf der geloggten Temperatur und Luftfeuchtigkeit

Die Excel-Datei können Sie sich, wie auch das Programm, von der Internetseite des Rheinwerk Verlags herunterladen.

Damit kommen wir auch schon zum letzten Teil dieses Kapitels, in dem wir Ihnen zeigen möchten, wie Sie einen handelsüblichen LED-Streifen mit dem Raspberry Pi steuern können. Legen wir los.

7.4 Die Ansteuerung eines WS2801-LED-Streifens – so erzeugen Sie ein buntes Farbspiel

In diesem Abschnitt zeigen wir Ihnen, wie Sie einen WS2801-LED-Treiber mit dem Raspberry Pi ansteuern. Diesen LED-Treiber finden Sie sehr häufig auf LED-Streifen, die sich prima dafür eignen, das heimische Fernsehgerät mit einem Ambilight-Nachbau auszurüsten, um eine LED-Leinwand aufzubauen oder um sie zu Dekozwecken einzusetzen. Im Gegensatz zu dem Port Expander und dem Temperatur-, Luftdruck- und Luftfeuch-

7.4 Die Ansteuerung eines WS2801-LED-Streifens – so erzeugen Sie ein buntes Farbspiel

tigkeitssensor ist die Ansteuerung des LED-Streifens nicht ganz so komplex und ist damit ein schönes Abschlussprojekt für dieses Kapitel. Werfen wir zuerst mal einen Blick auf den WS2801-LED-Streifen, und schauen wir uns an, wie er funktioniert.

Bei dem WS2801 handelt es sich um einen LED-Treiber mit drei Kanälen. Jeder dieser Kanäle besitzt einen programmierbaren PWM-Ausgang für die Farbkanäle Rot, Grün und Blau der RGB-LED, durch den es möglich ist, die angeschlossene LED in ihrer Helligkeit zu variieren. Die Schaltung mit dem LED-Treiber sieht dabei typischerweise so aus wie in Abbildung 7.45.

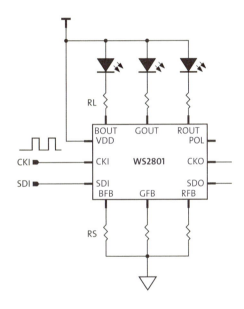

Abbildung 7.45 Schaltungsbeispiel aus dem Datenblatt von »world-semi«

Der LED-Treiber verwendet vier Anschlüsse für eine serielle Kommunikation:

- *SDI*: Serial Data In – Eingang für die seriellen Daten
- *CKI*: Clock In – Takteingang
- *SDO*: Serial Data Out – Ausgang für die seriellen Daten
- *CKO*: Clock Out – Taktausgang

Eine besondere Eigenschaft des LED-Treibers ist, dass Sie mehrere Treiber hintereinanderschalten können. Das nennt man *kaskadieren*. Sie müssen dazu lediglich *SDO* und *CKO* des ersten Treibers mit *SDI* und *CKI* des zweiten Treibers verbinden (siehe Abbildung 7.46).

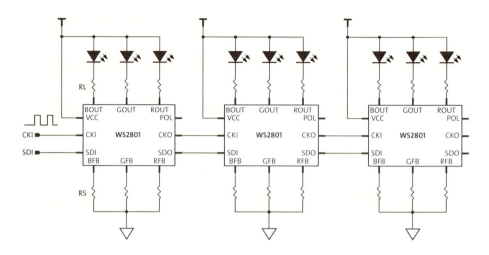

Abbildung 7.46 Kaskadierung von drei WS2801-LED-Treibern

Die Datenübertragung zu den LED-Treibern funktioniert mit einem ganz einfachen Protokoll, in dem für jede der drei Farben (RGB – Rot, Grün, Blau) je ein Byte an Daten gesendet wird (siehe Abbildung 7.47).

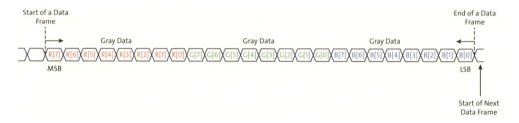

Abbildung 7.47 Datenübertragung zwischen dem WS2801 und einem Master

Wenn Sie nun mehrere LED-Treiber hintereinanderschalten, müssen Sie lediglich die gesendeten Daten um die Daten für die weiteren LED-Treiber erweitern. Die Treiber senden die Daten dann entsprechend weiter.

Wenn Sie das Datenblatt des LED-Treibers lesen, wird Ihnen auffallen, dass der LED-Treiber kein richtiges SPI besitzt und verwendet. Stattdessen ist das Protokoll so aufgebaut, dass es auch ganz einfach per Software nachgebaut werden kann, indem Sie z. B. einen ganz normalen I/O als Clock-Signal und einen weiteren als Daten-Signal verwenden. Diese Methode wird dann *Bit-Banging* genannt.

7.4 Die Ansteuerung eines WS2801-LED-Streifens – so erzeugen Sie ein buntes Farbspiel

Info: Was ist Bit-Banging?

Unter *Bit-Banging* versteht man den Nachbau einer Schnittstelle, wie z. B. I²C, SPI oder 1-Wire mittels Software. Auf diese Weise kann bei einem Prozessor oder einem Mikrocontroller die Schnittstelle über Software »nachgebaut« werden. Diese Methode ist deutlich ineffizienter, als spezialisierte Hardware zu verwenden, da die komplette Kommunikation beim Bit-Banging über die CPU läuft.

Für die Kommunikation mit dem WS2801 wollen wir aber trotzdem das SPI nutzen, da wir mit dem SPI sowohl das Taktsignal als auch die Datenübertragung sehr elegant und ohne viel Programmieren erzeugt bekommen.

Abbildung 7.48 Ein einzelnes WS2801 Modul aus einem LED-Streifen

Den WS2801 erhalten Sie üblicherweise in Form eines LED-Streifens mit einer frei wählbaren Länge. Der Streifen besteht aus vielen kleinen Modulen (siehe Abbildung 7.48) mit einem WS2801, Vorwiderständen und einer RGB-LED.

Wenn Sie den LED-Streifen neu bestellt haben, so müssen Sie gegebenenfalls noch das Anschlusskabel anlöten (siehe Abbildung 7.49). Dafür müssen Sie etwas von der selbstklebenden Folie auf der Rückseite des LED-Streifens entfernen, sodass die Kontakte freigelegt werden.

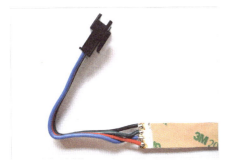

Abbildung 7.49 Der LED-Streifen mit angelötetem Anschlusskabel

337

Dabei müssen Sie aufpassen, dass Sie das Anschlusskabel an der richtigen Seite anlöten.

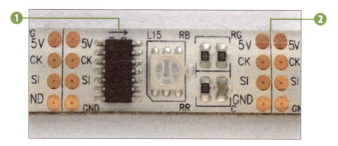

Abbildung 7.50 Trennlinie und Flussrichtung auf dem LED-Streifen

Die »Flussrichtung« der Daten wird bei dem LED-Streifen, den wir in diesem Beispiel verwendet haben, durch einen kleinen Pfeil ❶ oberhalb des LED-Treibers angezeigt, und dementsprechend muss das Anschlusskabel an dem linken Ende des LED-Streifens angelötet werden. Sie können den Streifen nach Belieben unterteilen, indem Sie den Streifen zwischen den beiden Kontaktpärchen durchtrennen ❷ (siehe Abbildung 7.50). Sobald Sie das Anschlusskabel an den LED-Streifen angelötet haben, kann der LED-Streifen mit dem Raspberry Pi verbunden werden (siehe Abbildung 7.51).

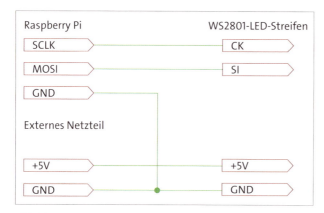

Abbildung 7.51 Der LED-Streifen wird mit dem Raspberry Pi verbunden.

Als externes Netzteil können Sie jedes beliebige 5-V-Netzteil verwenden. Der LED-Streifen benötigt einen Strom von etwa 2 A pro Meter, was bei typischerweise 32 LEDs pro Meter einen Strom von etwa 62,5 mA pro LED ergibt. Zum Vergleich: Der Raspberry Pi allein benötigt etwa 700 mA. Bei einem 1-A-Netzteil für den Raspberry Pi hätten Sie somit genug Strom für etwa 10 LEDs. Daher empfehlen wir Ihnen dringend, je nach Länge des LED-Streifens, ein externes Netzteil für die Stromversorgung des Streifens zu nutzen.

7.4 Die Ansteuerung eines WS2801-LED-Streifens – so erzeugen Sie ein buntes Farbspiel

Damit wäre der LED-Streifen einsatzbereit. Nun wollen wir ein bisschen Farbe ins Spiel bringen.

Dazu öffnen Sie unter MENU • PROGRAMMING PYTHON 3 (IDLE) den Python-Editor und erstellen ein neues Python-Skript. Auch in diesem Skript müssen Sie am Anfang erst einmal das Python-Modul `spidev` laden und ein Schnittstellenobjekt erzeugen:

```
import spidev
WS2801 = spidev.SpiDev()
WS2801.open(0, 0)
```

Die Ansteuerung einer LED lässt sich nun in wenigen Programmzeilen erledigen. Wie Sie bereits wissen, müssen Sie drei Bytes (R – Rot, G – Grün und B – Blau) zum LED-Treiber übertragen. Da der LED-Streifen keinen CS-Pin benötigt, können wir dies mit der Methode `writebytes()` (siehe Tabelle 7.3) des Moduls `spidev` erledigen. Diese Methode erwartet eine Liste mit den zu sendenden Daten, also den drei Farbbytes:

```
WS2801.writebytes([0x00, 0x00, 0x00])
```

Um die erste LED grün leuchten zu lassen, müssen Sie das zweite Byte setzen. Der Wert des Bytes bestimmt dabei die Helligkeit der Farbe, wobei 0 für die niedrigste und 255_{10} (0xFF) für die höchste Helligkeit steht:

```
WS2801.writebytes([0x00, 0xFF, 0x00])
```

Wenn Sie nun statt der ersten LED die zweite LED ansteuern wollen, so müssen Sie einfach ein zweites Datenpaket senden. Der erste LED-Treiber wird dann das zweite Datenpaket ignorieren und es stattdessen weitersenden:

```
WS2801.writebytes([0x00, 0x00, 0x00])
WS2801.writebytes([0x00, 0xFF, 0x00])
```

Sie können also eine bestimmte LED dadurch ansprechen, dass Sie die passende Menge an Datenpaketen senden, nachdem Sie die Farbinformation gesendet haben. Dies lässt sich ideal mit einer `for`-Schleife realisieren:

```
for Paket in range(LED):
  WS2801.writebytes([0x00, 0x00, 0x00])
WS2801.writebytes([0x00, 0xFF, 0x00])
```

Der Wert `LED` steht dabei für die Anzahl LEDs, die Sie ignorieren wollen. Mit dieser `for`-Schleife können Sie sich nun eine Methode `SetLED(Blank, R, G, B)` bauen, um eine LED auf einen bestimmten Farbwert zu setzen.

Diese Methode erwartet für den Wert `Blank` die Nummer der zu überspringenden LEDs und für die Werte `R`, `G`, `B` eine Zahl zwischen 0 und 255 für den jeweiligen RGB-Wert. Der Wert `Blank` muss in der Methode um 2 reduziert werden, da der Wert `Blank` die LED kennzeichnen soll, die Sie ansprechen möchten. Somit müssen Blank - 1 LEDs ausgelassen werden:

```
def SetLED(Blank, R, G, B):
  for Paket in range(Blank):
    WS2801.writebytes([0x00, 0x00, 0x00])
  WS2801.writebytes([R, G, B])
  time.sleep(0.01)
```

Der Aufruf der Methode sleep() wird benötigt, damit dem SPI genug Zeit gegeben wird, die Daten zu senden. Andernfalls entstehen bei der Ansteuerung der LEDs Fehler.

Um die vierte LED auf Rot zu setzen, müssen Sie die Methode wie folgt aufrufen:

```
SetLED(4, 255, 0, 0)
```

Der Nachteil an dieser Methode ist, dass Sie immer nur eine einzelne LED setzen können, da die LED-Treiber nach einer bestimmten Zeit, nachdem das Clock-Signal unterbrochen wurde, die Übertragung als beendet ansehen.

Durch dieses Verhalten können Sie mit den Zeilen

```
SetLED(4, 255, 0, 0)
SetLED(7, 255, 0, 0)
```

nicht erst die LED 4 und unmittelbar danach die LED 7 einschalten. Vielmehr wird kurz LED 4 eingeschaltet und dann LED 7 eingeschaltet und LED 4 ausgeschaltet, da eine neue Übertragung beginnt. Andererseits können Sie den Aufruf der sleep()-Methode nicht weglassen, da beim Einschalten von zwei LEDs mittels

```
SetLED(4, 255, 0, 0)
SetLED(7, 255, 0, 0)
```

erst die LED 4 eingeschaltet und anschließend die LED 11 eingeschaltet wird, da die Daten von der LED 4 um sieben LEDs weitergeschoben werden. Dies ist kein wünschenswertes Verhalten, da die letzte angesteuerte LED somit immer den Ausgangspunkt für die nächste LED bildet.

Um diese Probleme zu umgehen, müssen wir uns eine Methode einfallen lassen, um mehrere LEDs gleichzeitig schalten zu können. Dafür wollen wir uns eine zweite Methode SetLEDs() bauen. Diese Methode bekommt nun aber als Übergabeparameter eine Liste mit Farbinformationen:

```
def SetLEDs(LEDList):
  Code
```

7.4 Die Ansteuerung eines WS2801-LED-Streifens – so erzeugen Sie ein buntes Farbspiel

Der Übergabeparameter `LEDList` ist die Liste mit den Farbinformationen jeder einzelnen LED als 24-Bit-Wert (8 Bit pro Farbe) auf dem LED-Streifen. Die einzelnen Einträge dieser Liste werden nun mit einer `for`-Schleife durchgearbeitet und versendet:

```python
def SetLEDs(LEDList):
  for LED in LEDList:
    R = (LED >> 16) & 0xFF
    G = (LED >> 8) & 0xFF
    B = LED & 0xFF
    WS2801.writebytes([R, G, B])
  time.sleep(0.01)
```

Über Schiebeoperationen und Und-Verknüpfung extrahieren Sie die drei einzelnen Farbbytes aus dem 24-Bit-Wert, die anschließend versendet werden. Auch hier spendieren wir dem Programm am Ende der Methode etwas Zeit, um die Übertragung zu beenden, indem die Methode `sleep()` aufgerufen wird.

Die fertige Methode können Sie dann wie folgt aufrufen:

```python
SetLEDs([0x00FF00, 0xFF0000, 0x000000, 0x0000FF])
```

Wenn Sie das Programm nun starten, wird die LED 1 auf Grün, die LED 2 auf Rot, die LED 3 auf »aus« und die LED 4 auf Blau gesetzt. Ihr Programm sollte nun wie folgt aussehen:

```python
import spidev
import time
NoLEDs = 31
WS2801 = spidev.SpiDev()
WS2801.open(0, 0)
def SetLED(Blank, R, G, B):
  for Paket in range(Blank):
    WS2801.writebytes([0x00, 0x00, 0x00])
  WS2801.writebytes([R, G, B])
  time.sleep(0.01)
def SetLEDs(LEDList):
  for LED in LEDList:
    R = (LED >> 16) & 0xFF
    G = (LED >> 8) & 0xFF
    B = LED & 0xFF
    WS2801.writebytes([R, G, B])
  time.sleep(0.01)
SetLEDs([0x00FF00, 0xFF0000, 0x000000, 0x0000FF])
WS2801.close()
```

Mit der SetLEDs()-Methode haben Sie nun ein optimales Werkzeug an der Hand, um verschiedene Muster mit dem LED-Treiber anzeigen zu können. So können Sie den LED-Streifen auch in Form einer Matrix anordnen. Dazu ordnen Sie die LEDs, wie in Abbildung 7.52 zu sehen ist, in einem bestimmten Muster an, z. B. als Block aus 3 Reihen und 3 Spalten. Das Ende einer jeden Reihe verbinden Sie mit dem Anfang der darauffolgenden Reihe.

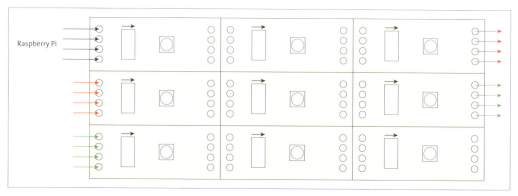

Abbildung 7.52 Beispiel für eine 3 × 3-LED-Matrix aus Elementen des LED-Streifens

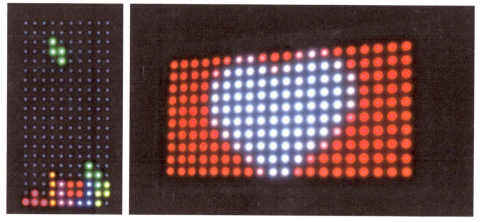

Abbildung 7.53 Zwei Beispiele für LED-Matrizen mit den LEDs von Tinkerforge

Mit einer solchen Matrix können Sie Bilder darstellen. In diesem Beispiel können Sie Bilder mit 9 Pixeln, also 9 Bildpunkten, als 3 × 3-Bild darstellen, das Sie als Liste hinterlegen. So zeichnen Sie z. B. mit der Liste

7.4 Die Ansteuerung eines WS2801-LED-Streifens – so erzeugen Sie ein buntes Farbspiel

```
Bild = [  0x00FF00, 0xFF0000, 0xFF0000,
          0xFF0000, 0x00FF00, 0xFF0000,
          0xFF0000, 0xFF0000, 0x00FF00]
```

eine grüne Diagonale in die Matrix ein, und alle anderen LEDs leuchten rot. Im Internet finden Sie zahllose Beispiele dafür, wie Sie LED-Matrizen – teilweise mit mehreren 100 LEDs – mit dem WS2801 realisieren können.

Der Webshop *Tinkerforge.com* bietet einzelne LEDs mit einem WS2801-LED-Treiber an, die sich ideal für die Verwendung in einer selbst gebauten Matrix eignen (siehe Abbildung 7.54).

Abbildung 7.54 Einzelne LEDs mit einem WS2801-LED-Treiber von Tinkerforge

Diese LEDs sind wasserdicht und können ganz einfach in einer Holzplatte oder Ähnlichem verbaut werden. Die Verkabelung und die Ansteuerung sind identisch mit der des LED-Streifens, den wir Ihnen vorgestellt haben.

Kapitel 8
Zusätzliche Stromversorgung für Projekte mit dem Raspberry Pi und ein Ausblick auf weitere Projekte

Wie Sie bereits bei den Motoren festgestellt haben, ist es sehr häufig notwendig, auf externe Spannungsversorgungen zurückzugreifen, wenn die erforderliche Leistung die Möglichkeiten des Raspberry Pi übersteigt. Dazu haben wir in diesem Kapitel einige Möglichkeiten erläutert, die Sie dafür einsetzen können.

Zur Erinnerung: Der Raspberry Pi liefert an den GPIO-Pins 1 und 17 jeweils 3,3 V, an den Pins 2 und 4 wird die Versorgungsspannung von 5 V durchgeschleift, der Masseanschluss liegt an den Pins 6, 9, 20, 25, 30, 34 und 39. Die übrigen GPIO-Pins liefern als Ausgang 3,3 V bzw. vertragen als Eingang maximal 3,3 V. Der maximale Strom, der über einen GPIO-Pin fließen darf, beträgt 16 mA.

Aus diesem Grunde können Sie Ihre ersten Versuche mit LEDs, Schaltern/Tastern, einfachen Sensoren und ICs wie dem AD-Wandler mit der Spannungsversorgung des Raspberry Pi mit einem Netzteil von 5 V und mindestens 1,5 A durchführen.

Es gibt aber auch elektrische Bauteile, die eine andere Spannung als 3,3 V beziehungsweise 5 V benötigen, eine höhere Stromaufnahme haben, als der GPIO-Pin liefern kann, oder die aufgrund anderer Eigenschaften nicht direkt mit dem Raspberry Pi verbunden werden sollen, um Störungen zu vermeiden. Hierzu zählen z. B. Relais, Servos oder Motoren.

Bei den Lösungsmöglichkeiten unterscheiden wir zwei Fälle:

1. Der Verbraucher hat eine eigene Spannungsversorgung, ist aber dennoch mit dem Raspberry Pi elektrisch verbunden. In diesem Fall wird der GND-Anschluss des Raspberry Pi mit dem GND-Anschluss der externen Spannungsversorgung verbunden.
2. Ein Verbraucher mit externer Spannung und der Raspberry Pi sind elektrisch nicht verbunden. Man spricht hier von *galvanischer Trennung*. Diese erreicht man mit Optokopplern und Relais.

Ein Beispiel zu Fall 1 haben Sie bereits in Kapitel 3, »I/O-Grundlagen – die Ein- und Ausgänge des Raspberry Pi im Detail«, kennengelernt: Man nutzt die Schaltereigenschaft eines Transistors. Der GPIO-Pin liegt dabei an der Basis des Transistors und schaltet die externe Spannungsversorgung vom Kollektor zum Emitter. Typische Vertreter sind der NPN-Transistor BC547 und der PNP-Transistor BC557. Für größere Leistungen nutzt man Feldeffekttransistoren (MOSFETs) oder sogenannte Darlington-Transistoren (im Prinzip zwei hintereinandergeschaltete Transistoren). Für den Raspberry Pi empfehlen wir den IC ULN2803, ein Darlington-Array mit acht Anschlüssen (der ULN2003 hat nur sieben Anschlüsse) als Chip in der Bauform DIP18. Damit können je Anschluss Motoren mit einer Eingangsspannung bis zu 50 V und einer Stromaufnahme von bis zu 500 mA versorgt werden.

Auch den Fall 2, also eine Stromversorgung, die vollständig unabhängig vom Stromkreis des Raspberry Pi ist, haben Sie bereits teilweise kennengelernt. So können Sie ein Relais verwenden, das vom Raspberry Pi angesteuert wird. Die Spannung, die dadurch an den Arbeitskontakten des Relais anliegt, ist komplett galvanisch vom Raspberry Pi getrennt. Einfach ausgedrückt: Es befindet sich tatsächlich ein Luftspalt zwischen dem Stromkreis des Raspberrry Pi und der Arbeitsspannung am Relais, nämlich der Spalt im Inneren des Relais zwischen dem Anker und dem Arbeitskontakt.

In den folgenden Abschnitten finden Sie einige externe Spanungsquellen, die Sie in Ihren Bastelprojekten einsetzen können. Jede der vorgestellten Möglichkeiten hat ihre Vor- und Nachteile beziehungsweise bietet sich für bestimmte Situationen an.

8.1   Das Labornetzteil

Gerade im Bastelprozess haben Sie oft Schaltungen, die Sie vor der endgültigen Anwendung mehrfach testen möchten. Hier bietet sich ein Labornetzteil an (siehe Abbildung 8.1). Labornetzteile sind in den unterschiedlichsten Ausführungen und Preisklassen verfügbar. Wichtig dabei ist, dass das Labornetzteil über eine einstellbare Strom- und Spannungsbegrenzung verfügt. Damit können Sie jederzeit die erforderlichen Werte einstellen und ohne viel Aufwand Schaltungen und Bauteile in Betrieb nehmen.

Wir empfehlen Ihnen ein Netzteil, das einen Spannungsbereich von mindestens 0 bis 12 V abdeckt. Zudem sollte es Strom bis zu mindestens 2 A liefern können. Damit können Sie bereits sehr viele Motoren und leistungshungrige Bauteile versorgen. Achten Sie darauf, dass das Netzteil mit Laborsteckbuchsen ausgestattet ist, damit Sie jederzeit neue Leitungen und Verbinder dazu kaufen können. Zur Kontaktierung bieten sich Prüfspitzen oder Kontaktklemmen an.

Abbildung 8.1 Ein einfaches Labornetzteil mit Strom- und Spannungsregelung

8.2 Batteriefächer

Batteriefächer gibt es für fast alle Arten der gängigen Batterien und Akkus. So erhalten Sie Fächer für 9-V-Blockbatterien, AA- sowie AAA-Batterien und Akkus.

Die Fächer sind in der Regel so ausgelegt, dass die eingelegten Batterien in Reihe geschaltet sind (siehe Abbildung 8.2). Das bedeutet, dass sich die Spannung jeder einzelnen Zelle addiert. So erreichen Sie z. B. mit vier AA-Batterien eine Spannung von 6 V.

Abbildung 8.2 Drei verschiedene Batteriefächer für AA-Batterien

Mignonzellen in den Varianten AA und AAA haben in der Regel eine Spannung von 1,5 V. Die Preisunterschiede, die Sie bei diesen Batterien häufig sehen, rechtfertigen sich durch die höhere Leistung, die in mAh (Milliamperestunden) angegeben ist. Dadurch kann die Batterie mit gleicher Spannung über eine längere Zeit den gleichen Strom liefern. Beachten Sie jedoch, dass Akkus im Vergleich zu Batterien nur eine Zellenspannung von 1,2 V haben. Dadurch erreichen Sie mit vier in Reihe geschalteten Akkus eine Spannung von 4,8 V.

Batterien in Reihe oder parallel schalten?

Wenn Sie Spannungsquellen in Reihe schalten, addieren sich die einzelnen Spannungen jeder Zelle. Schalten Sie jedoch vier Batterien mit 1,2 V und 1000 mAh pro Zelle parallel, so liefert Ihnen diese Schaltung weiterhin 1,2 V, jedoch mit 4000 mAh. Für viele Modellbauprojekte, die neben einer größeren Spannung auch mehr Batterielaufzeit benötigen, bietet sich daher auch eine Kombination aus Reihen- und Parallelschaltung von Batterien an.

8.3 Externe Netzteile

Für Projekte, die fest verbaut werden und deren Einsatzort Zugang zu einer Steckdose ermöglicht, können Sie auf externe Netzteile zurückgreifen. Gerade für den Bastelbereich sind sogenannte Open-Frame-Netzteile sehr interessant, da sie kein Kunststoffgehäuse besitzen und sehr vielseitig verbaut werden können (siehe Abbildung 8.3).

Abbildung 8.3 Zwei Open-Frame-Netzteile

Beim Kauf von Open-Frame-Netzteile sollten Sie bereits vorab über den Strom- und Spannungsbereich Bescheid wissen, den das Netzteil abdecken soll. Oftmals bieten diese Netzteile nur eine feste Spannung an.

Sie können auch alte Computer-Netzteile wiederverwenden. Je nach Ausführung des PC-Netzteils können hier 12 V sowie 5 V an den Steckverbindern abgenommen werden. Eine schöne Übersicht über alle PC-Netzteilmodelle und deren Steckerbelegung finden Sie unter folgendem Link:

http://www.elektronik-kompendium.de/sites/com/0601151.htm

Beim Umgang mit Netzteilen sollten Sie immer darauf achten, dass diese ordnungsgemäß geerdet sind. Vor allem bei Open-Frame-Netzteilen muss die 230-V-Eingangsspannung oftmals mit einzelnen Adern verdrahtet werden. Auch hier gilt wieder der Hinweis: Lassen Sie Arbeiten an 230 V nur von einem Fachmann erledigen. Fehler können hier lebensgefährlich sein!

Zudem ist es sinnvoll, die Ausgangsleitungen des Netzteils mit einer Sicherung abzusichern. Netzteile können oft sehr viel Strom liefern. Bei versehentlichen Kurzschlüssen fließen dann immense Ströme, die Ihnen und Ihrer Schaltung gefährlich werden können. Dazu gibt es Leitungssicherungen (siehe Abbildung 8.4), die Ihnen die Möglichkeit bieten, eine Feinsicherung (siehe Abbildung 8.5) direkt in die Zuleitung Ihrer Schaltung einzubauen.

Abbildung 8.4 Mit Leitungssicherungen können Sie Zuleitungen absichern. In die Mitte des Halters stecken Sie eine Feinsicherung.

Feinsicherungen beinhalten einen dünnen Draht, der für einen definierten Strom ausgelegt ist. Wird dieser Strom überschritten, brennt der Draht sofort durch und durchtrennt so den Stromkreis. Feinsicherungen mit unterschiedlichen Reaktionsgeschwindigkeiten und Stromfestigkeiten finden Sie in jedem Elektronikhandel oder online, z. B. bei Conrad oder Reichelt.

Abbildung 8.5 Feinsicherungen in verschiedenen Typen. Mit Sand gefüllte Sicherungen löschen mögliche Funken beim Durchbrennen des Drahtes. Oben ein Sicherungshalter für Platinen, unten eine SMD-Ausführung.

8.4 Ausgediente Netzteile

Sicherlich haben Sie, genau wie wir, eine Menge an alten Netzteilen im Haushalt, die nicht mehr benötigt werden – sei es von einem alten Handy, einem Drucker oder einer defekten Spielekonsole. Diese Netzteile sind in der Regel beschriftet. So finden Sie meist Angaben zur Ausgangsspannung und zur maximalen Strombelastbarkeit auf der Rückseite dieser Netzteile. Typisch sind z. B. Spannungen von 5 V, 9 V oder 12 V.

Wenn Sie einige von diesen Netzteilen nicht mehr benötigen, so können Sie kurzerhand den Stecker abschneiden und das Netzteil für Ihre eigenen Projekte nutzen. Nutzen Sie auch hier unbedingt Sicherungen in den Leitungen!

8.5 Spannungsregler

Sicherlich werden Sie einmal vor dem Problem stehen, dass Sie z. B. mit einem Batteriefach oder einem Netzteil nicht genau die Spannung erzeugen können, die Sie für Ihre Bauteile benötigen. In diesem Fall können Sie auf sogenannte Spannungsregler zurückgreifen. Das sind elektronische Bauteile, die eine größere Eingangsspannung in eine definierte Ausgangsspannung wandeln können. So können Sie beispielsweise aus einer vorhandenen 12-V-Spannung eine gleichmäßige 5-V-Spannung erzeugen.

Bei der Auswahl eines Spannungsreglers sollten Sie zwei grundlegende Typen kennen: den Linearregler und den Schaltwandler.

8.5.1 Der Linearregler

Der Linearregler ist ein sehr simples und einfach zu verwendendes Bauteil. Sehr beliebt ist hier der Typ LM7805. Das Bauteil hat drei Beinchen, die fast selbsterklärend mit V_{in} (Eingangsspannung), V_{out} (Ausgangsspannung) und GND (gemeinsame Masse) bezeichnet sind.

Schließen Sie an V_{in} eine Spannung von 7,5 V an (das entspricht fünf Batterien zu je 1,5 V), so werden Sie zwischen GND und V_{out} die gewünschten 5 V messen können. Der Knackpunkt bei diesem Bauteil ist allerdings die Spannungsdifferenz zwischen Eingangs- und Ausgangsspannung. So müssen von dem Spannungsregler 2,5 V *vernichtet* werden. Diese Vernichtung der ungewollten Spannung geschieht, indem die Energie in Wärme umgewandelt wird. Das Bauteil erwärmt sich deswegen sehr stark und kann sogar in Rauch aufgehen, wenn Sie es oberhalb seiner Spezifikation betreiben.

Die Erwärmung ist abhängig von der zu vernichtenden Leistung. Zum Verständnis hilft folgende Berechnung: Der Regler wird mit 7,5 V Eingangsspannung versorgt. Nehmen wir an, eine Last, z. B. ein Motor, benötigt (im Mittel) 400 mA Strom, so ergibt sich gemäß folgender Formel eine Leistung von 1 W, die direkt in Wärmeenergie umgewandelt wird:

$U \cdot I = P$

$2,5 \text{ V} \cdot 0,4 \text{ A} = 1 \text{ W}$

Diese Leistung wird ebenfalls aus dem Netzteil oder den Batterien entnommen und verpufft in die Umgebungsluft.

Im Forum von *mikrocontroller.net* finden Sie ein Datenblatt sowie sehr viel Hilfe zur richtigen Verwendung des LM7805:

http://www.mikrocontroller.net/part/LM7805

8.5.2 Der Schaltregler

Als effizientere Alternative bietet sich der Schaltregler LM2596S an (siehe Abbildung 8.6). Ein Schaltregler nutzt eine Spule und einen getakteten Transistor zum Schalten der

Spannung. Im Gegensatz zum Linearregler schaltet der Schaltregler die Eingangsspannung durch einen Transistor an und aus. In den *On-Phasen* steigt die Spannung und die Spule baut ihr Magnetfeld auf. In den *Off-Phasen* sinkt die Spannung und die Spule liefert weiterhin Strom.

Die Frequenz dieser Taktung regelt der Schaltregler intern durch einen Komparator. Sobald die Ausgangsspannung zu hoch wird, schaltet er ab. Wird sie zu klein, schaltet er die Eingangsspannung wieder ein. Extrem vergrößert dargestellt, ergibt sich ein *Zickzack*-Signal. In der Mitte der Berge und Täler liegen die gewünschten 5 V. Auf diese Weise können Schaltregler einen Wirkungsgrad von bis zu 90 % erreichen. Ein Linearwandler hingegen liegt bei einem Wirkungsgrad von nur 50 % bis 60 %.

Ein Schaltregler erwärmt sich viel weniger stark als ein Linearregler. Die Höhe der Differenz zwischen Ein- und Ausgangsspannung hat auf die Wärmeentwicklung des LM2596 keinen Einfluss.

Eine Eigenschaft des Schaltreglers, die oft als Nachteil angesehen wird, ist die zusätzlich benötigte externe Beschaltung. So werden für den Betrieb des Wandlers eine Spule, eine Diode, Kondensatoren sowie Widerstände benötigt. Um sich die Beschaffung der Bauteile sowie die Lötarbeit zu sparen, können Sie in bekannten Online-Auktionshäusern nach Schaltreglern suchen – und werden mit fertigen Platinen samt Einstellungsmöglichkeit für die Ausgangsspannung belohnt. Der Preis liegt meist weit unter 10 EUR. Passende Suchbegriffe sind *DC/DC-Wandler*, *Schaltregler* oder *Switching mode regulator*.

Abbildung 8.6 Ein LM2596-Fertigmodul. Sie müssen nur noch Ein- und Ausgangsleitungen anbringen und über das kleine Poti die korrekte Ausgangsspannung einstellen.

8.6 Wie geht es nun weiter?

Sie haben mit diesem Buch nun die Grundlagen der Elektronik kennengelernt. Auch wenn Sie bereits unzählige Projekte mit dem erlangten Wissen umsetzen können, bietet die Elektronik noch vieles mehr. Nicht umsonst können Sie dazu ganze Studiengänge absolvieren.

Wir möchten Ihnen zum Schluss noch ein paar Bauteile und Ideen mit auf den Weg geben, die Sie entweder mithilfe dieses Buchs bereits verwenden können oder in die Sie sich mit etwas Geduld einarbeiten können.

MCP23017 – der Portexpander

Der MCP23017 ist ein sehr beliebtes Bauteil unter den Raspberry-Pi-Bastlern. Er ähnelt dem MCP23S17, den Sie in diesem Buch kennengelernt haben, kommuniziert jedoch über I^{2}C statt SPI. Generell macht es keinen Unterschied, welches der beiden Bauteile Sie verwenden. Machen Sie es einfach abhängig davon, mit welchem Bus Sie besser zurechtkommen oder welche Schnittstelle Sie in Ihrem Projekt noch verfügbar haben.

Falls Sie mit dem Datenblatt und dem, was Sie in diesem Buch gelernt haben, das Bauteil noch nicht in Betrieb nehmen können, so finden Sie Anleitungen für den MCP23017 am Raspberry Pi zur Genüge im Internet.

MCP4811 – SPI-Digital/Analog-Wandler

Der MCP4811 ist ein D/A-Wandler, den Sie über SPI ansprechen können. Das Bauteil besitzt einen Ausgang zur Erzeugung einer analogen Spannung und bietet eine Auflösung von 2 mV oder 4 mV. Die Baureihe der MCP48XX verfügt noch über den MCP4801 mit 8 mV und 16 mV Auflösung und den MCP4821 mit 0,5 mV und 1 mV Auflösung.

Unter *Auflösung* versteht man den kleinsten Schritt, den das Bauteil erzeugen kann. So kann ein D/A-Wandler bei einer Auflösung von 8 mV z. B. folgende Spannungswerte erzeugen: 8 mV, 16 mV, 24 mV, 32 mV usw.

MCP3008 – SPI-Analog/Digital-Wandler

Genau umgekehrt macht es der MCP3008: Mit ihm können Sie analoge Spannungen erfassen und über den SPI-Bus an den Raspery Pi übermitteln. Mit dem Raspberry Pi betrieben, sprich mit 3,3 V, bietet das Bauteil eine Auflösung von 3,22 mV. Eine Alternative ist hier noch der MCP2308 mit einer kleinstmöglichen Einheit von 0,8 mV. *Auflösung* bedeutet in diesem Fall, dass die Spannung sich z. B. um 3,22 mV verändern muss, damit der MCP3008 eine Änderung überhaupt wahrnimmt und an den Raspberry Pi weitergibt.

In Verbindung mit diesem Bauteil können Sie viele Sensoren auslesen, die ihren Widerstand in Abhängigkeit von der Messgröße ändern. Beispiele für Sensoren finden Sie weiter unten.

MCP4132-XXX – das digitale Potenziometer

Ein Potenziometer, auch Poti genannt, ist ein einstellbarer Widerstand. Diesen kennen Sie bereits aus Abschnitt 1.3.3, »Veränderliche Widerstände«. In der Regel kennt man Potis als Bauteile mit einem mechanischen Drehregler. Durch Drehen an dem Regler kann der gewünschte Widerstand eingestellt werden. Ein digitales Poti hingegen können Sie optisch nicht als Poti erkennen, da die Bauform einem typischen IC entspricht. Sie können per SPI Werte an das Bauteil senden, das sich dann auf den gewünschten Widerstandswert einstellt.

Das Bauteil gibt es in den Ausführungen für 10 kΩ, 50 kΩ und 100 kΩ. Dabei geben die ersten beiden Stellen der Bauteilnummer den Basiswert an und die letzte Stelle die Zehnerpotenz:

- **MCP4132-502:** $50 \times 10^2 = 5000$ (5 $k\Omega$)
- **MCP4132-104:** $10 \times 10^4 = 100.000$ (100 $k\Omega$)

A4988 – der Schrittmotortreiber

Der A4988 ist ein beliebter Schrittmotortreiber für bipolare Schrittmotoren. Sie finden dazu haufenweise fertige Boards im Internet und Anleitungen zur Ansteuerung. Im Prinzip macht der A4988 es Ihnen noch viel einfacher, als wir es Ihnen in Abschnitt 4.3, »Schrittmotoren«, beigebracht haben. Wenn Sie ihn einmal angeschlossen haben, müssen Sie nun einen Eingang des Treiberbausteins mit einem Impuls beaufschlagen, und schon macht der Motor einen Schritt nach vorn. Sie brauchen sich um keine Schrittfolgen mehr kümmern; all das erledigt der A4988 durch seine integrierte Logik.

Suchen Sie im Internet einmal nach *Pololu A4988*, und Sie finden zahlreiche Online-Shops mit diesem Bauteil sowie Anleitungen.

HCSR04 – das Ultraschallmodul

Mit dem Ultraschallmodul können Sie Schallwellen aussenden und die Zeit bis zu ihrer Rückkehr messen. So können Sie, ähnlich wie die Fledermaus, Entfernungen per Ultraschall messen. Das Modul ist ebenfalls in der Raspery-Pi-Community sehr beliebt und günstig zu beschaffen. Für die Ansteuerung benötigen Sie lediglich einen GPIO-Pin als Ausgang und einen als Eingang. Hier ist kein Bus-System notwendig!

Foto- und Thermowiderstände

Sie kennen bereits die fest bedrahteten Widerstände und einstellbare Potis in mechanischer oder digitaler Ausführung. Jedoch gibt es noch weitere Bauteile, die ihren Widerstandswert durch bestimmte Einflüsse verändern können. Ein Fotowiderstand verändert seinen Wert je nach Umgebungslicht. Ein temperaturabhängiger Widerstand reagiert auf die Umgebungstemperaturwechsel, indem er seinen Widerstandswert anpasst. Temperaturabhängige Widerstände werden NTC (*Negative Temperature Coefficient*) oder PTC (*Positive Temperature Coefficient*) genannt. Durch die beiden Typen können Sie bestimmen, ob der Widerstand bei steigender Temperatur steigen oder fallen soll. In Kombination bieten sich Fotowiderstände und temperaturabhängige Widerstände perfekt für eine kleine Wetterstation an.

DHT22

Um das Thema Wetterstation noch einmal aufzugreifen, möchten wir Ihnen noch kurz den DHT22 ans Herz legen. Dieser Sensor kann die Temperatur und die Luftfeuchtigkeit erfassen und an den Raspberry Pi kommunizieren. Eine Wetterstation ist ein wunderbares Projekt, um sehr viel über Elektronik und Sensoren zu lernen. Schlussendlich hat das Ganze sogar noch einen Nutzen!

8.7 Alles hat ein Ende – eine kurze Zusammenfassung

Damit wären wir auch schon am Ende dieses Kapitels und am Ende dieses Buches. Sie beherrschen nun die Grundlagen von allen Schnittstellen des Raspberry Pi und besitzen grundlegende Kenntnisse im Bereich der Elektronik. Mit diesen Werkzeugen können Sie nun eigene Schaltungen realisieren und die verwendeten Komponenten, wie z. B. LEDs oder separate Chips für bestimmte Funktionen, ansteuern und mit ihnen arbeiten.

In Tabelle 8.1 finden Sie eine Liste mit verschiedenen Bausteinen und Modulen, die Sie mit dem Wissen ansteuern und bedienen können, das Sie in diesem Buch erworben haben.

	Leicht	Schwer	Bemerkung
UART			
CSN-AS-T Thermodrucker	✓		Ein kleiner Drucker, der über einfache Textkommandos angesteuert werden kann
I²C			
DS1307 Real-Time Clock	✓		Bei sehr vielen Händlern als fertiges Modul für kleines Geld erhältlich

Tabelle 8.1 Erweiterungsmöglichkeiten für den Raspberry Pi

	Leicht	Schwer	Bemerkung
PCF8574 8-Bit Port Expander	✓		Einfacher I²C-Port-Expander
MPU6050 Beschleunigungs- und Lagesensor		✓	Module und passende Beispiele sind im Internet zu finden.
TGS 2600 CO2-Sensor + ADS1015		✓	Ein analoger CO_2-Sensor. Zum Auslesen wird ein ADC benötigt.
SPI			
MCP4812 10-Bit DAC	✓		
Waveshare 0.95 inch 96 × 64 RGB OLED		✓	Ein farbiges OLED-Display, das Sie wahlweise über SPI oder I²C ansteuern können
GPIO			
DHT22 Feuchtigkeitssensor		✓	Eine fertige Lösung gibt es z. B. bei Adafruit zum Download.
HC-SR04 Ultraschallmodul	✓		Ein sehr einfaches Modul für eine Abstands-messung, das sich z. B. ideal für einen eigenen Roboter eignet

Tabelle 8.1 Erweiterungsmöglichkeiten für den Raspberry Pi (Forts.)

Mit dem Erlernten können Sie nun eine Vielzahl von elektronischen Bausteinen an den verschiedenen Bussystemen und Pins des Raspberry Pi anschließen. Dabei hilft vielfach das Internet, in dem andere Nutzer, Programmierer oder Hacker ihre Projekte beschreiben oder auf YouTube zeigen.

Ganz wichtig ist auch der Blick in das Datenblatt des Herstellers für den jeweiligen Chip. Der Hersteller oder das Datenblatt ist nach Eingabe der Chip-Bezeichnung in eine Suchmaschine unter den ersten Suchergebnissen zu finden. Sie haben in den vorangehenden Kapiteln gelernt, die wesentlichen Informationen aus dem Datenblatt herauszulesen und anzuwenden. Im Datenblatt finden Sie zunächst den Zweck, die Eigenschaften, die Bauformen und – ganz wichtig – die Pin-Belegung des Chips. Sofern es fertige Platinen mit den teilweise winzigen Sensoren gibt, sollten Sie diese auswählen. Bei größeren Chips empfehlen wir die Bauform DIP, mit der man sehr gut auf dem Steckbrett (Breadboard) experimentieren kann. Auch zum Einlöten auf einer Platine eignet sich diese

8.7 Alles hat ein Ende – eine kurze Zusammenfassung

Bauform, da zunächst ein Stecksockel eingelötet wird und dann darin der Chip eingesteckt wird.

Als Nächstes entnehmen Sie dem Datenblatt die ausführliche Beschreibung der Funktionsweise, häufig in Verbindung mit einem funktionalen Blockschaltbild.

Bei der genauen Anschlussbelegung sehen Sie die Spannungsversorgung des ICs, die Signaleingänge und -ausgänge sowie gegebenenfalls Anschlüsse für die Adresse, für Interrupts und Reset.

Besonders herausfordernd sind die ICs, die für ihren Zweck selbst programmiert werden müssen. Dies geschieht über sogenannte Register, die einen griffigen Namen sowie eine Adresse im Hexadezimalsystem haben. Die eigentliche Programmierung erfolgt durch Auslesen, Verändern und Schreiben der einzelnen Bits. Diese Bit-Operationen wie Und- bzw. Oder-Verknüpfung oder Bit-Verschiebungen haben Sie am Beispiel des MCP23S17 kennengelernt. Zweckmäßigerweise schreiben Sie dazu eigene Funktionen oder Methoden.

Es kann selbstverständlich auch vorkommen, dass ein Datenblatt Informationen enthält, die für Ihr eigenes Projekt nicht zutreffen. Diese Informationen sollten Sie schnell erkennen und herausfiltern können, um keine Energie darauf zu verschwenden. So werden in manchen Datenblättern mehrere ICs der Chip-Familie beschrieben. Das Datenblatt des MCP23S17 (der hier behandelten SPI-Variante des Port Expanders) enthält wegen der vielen gemeinsamen Aspekte auch die I²C-Variante MCP23017. Die dafür zutreffenden Angaben können Sie genauso überspringen wie die Angaben zu Umweltbedingungen, sofern Sie Ihr Gerät nicht jenseits der Polarkreise oder im tropischen Regenwald einsetzen wollen.

Mit ein bisschen Übung finden Sie sich rasch in den Datenblättern und Schaltungen zurecht, aber noch einmal der Hinweis: Sie müssen das Rad nicht neu erfinden. Fast immer finden Sie Erläuterungen zu ähnlichen Projekten mit Hinweisen auf geeignete ICs, Schaltpläne, notwendige Python-Module usw., die Sie dann in Ihrem Sinne anpassen können.

Wir wünschen Ihnen gutes Gelingen!

Index

A

Akku 53
Amperestunden 53
Analog/Digital-Wandler 229
Analoge Servos 265
Analoge Signale 210
ASCII-Zeichensatz 175
Asynchrone Schnittstelle 160
Auflösung 211
Ausgleichsstrom 52

B

Bar 304
Baudrate 160
Belasteter Spannungsteiler 37
Binärsystem 152
Bit 150
Bit-Banging 337
Bitshift 220
Byte 150

C

Callback 301
Checksumme 184
Comma-Separated Values 330
CSV → Comma-Separated Values

D

Darlington-Schaltung 141
Dateioperationen 73
Dezimalsystem 152
Differential 231
Digital/Analog-Wandler 209
Digitale Servos 265
Digitale Signale 209
Dioden 125
Double 320
Duty Cycle 250

E

Einrichtung 61
  Installation 61
  PiBakery 61
  raspi-config 62
  SSH-Verbindung 67
  WLAN 65
Elektrische Arbeit 35
Elektrische Leistung 35
Elektrischer Leitwert 18
Elektrischer Strom 13
Elektrischer Widerstand 14
Elektronen 13
Entkoppeln 250
Ersatzschaltbild 47
ESD-Schutz 83

F

Farad 297
Float 320
Floating 78
Floating Point Unit 325
FPU 325
Freilaufdiode 104

G

Galvanische Zellen 52
Gleichgröße 40
Globale Variable 322
GPIO-Pins
  Ausgänge 80
  Eingänge 78
  Nummerierung 76

H

Hall-Effekt 242
H-Brückenschaltung 122
Heißleiter 29
Hexadezimalsystem 152

High-Impedance 205
Höchstwertiges Byte 237

I

i2cdetect 217
IC 280
Innenwiderstand 46
Inter-Integrated Circuit 203
Interrupts 279

J

J8-Header 75
   GPIO-Pins 75
   Pinbelegung 76
Jumper Wire 82

K

Kalibrierung 247
Kaltleiter 29
Kapazität 53
Kaskadierung 275, 335
Kelvin 30
Kennlinie 34
Kirchhoffsches Gesetz 20
Knotenregel 25
Kurzschluss 17, 50
Kurzschlussstrom 50

L

L298 123
Ladung 12
LCD 169
LCD-Backpack 169
Least Significant Byte 236
LED 84
   Flussspannungen 87
Leerlaufspannung 47
Leistung 34
Logikanalysator 45
Logikpegel 171
Logische Operatoren 185

Lookup-Table 225
LSB 236

M

Maschenregel 20
Master 204
MAX232 160
Mischgröße 40
Most Significant Byte 237
Motoren 119
   Gleichstrommotor 119
   Schrittmotor 139
   Servormotor 135
MSB 237

N

Nichtlineare Widerstände 29
Niederwertigstes Byte 236
NTC 29

O

Objekt 173
Ohmsches Gesetz 15
Open-Collector-Ausgang 204
Open-Frame-Netzteil 348
Oszilloskop 44

P

Parallele Datenübertragung 158
Parallelschaltung 25
   von Spannungsquellen 51
Paritätsbit 160
Pascal 304
pigpio 99
Point-to-Point-Verbindung 158
Potenzialdifferenzen 12
Potenziometer 28, 117
Prellen 111, 296
Prescalers 258
Programmable Gain Amplifier 230
Pt1000 33

Pull-down-Widerstand 78
Pull-up-Widerstand 78, 204
Pulsweitenmodulierte Spannung 249
PuTTY 164
PWM 97, 249
   Duty-Cycle 98
   Hardware-PWM 99
   Software-PWM 99

R

R2R-Netzwerk 210
RC-Glied 296
Referenzspannung 211
Register 156, 234
Register summary 254
Reihenschaltung 19
   von Spannungsquellen 51
Relais 101
RFID 181
Root-Rechte 70
RS232-Schnittstelle 160

S

Sensoren 112
   PIR-Sensor 112
Serielle Datenübertragung 158
Serielle Schnittstelle 156
Short 318
Signed Char 319, 320
Signed Short 319
Single-Ended 231
Slave 204
SMBus 219
Soft-PWM 249
Software installieren 71
Spannung 12
Spannungsteiler 23
   belasteter 37
Spezifischer Widerstand 15
Spule 104

Stromsensor 242
Stromversorgung 345
   alte Netzteile 350
   Batteriefach 347
   externes Netzteil 348
   Labornetzteil 346
   Linearregler 351
   Schaltregler 351
   Spannungsregler 350
Synchrone Datenübertragung 160

T

Taster 106
totem pole 256
Transistor 93
   Basiswiderstand 95

U

UART → Universal Asynchronous Receiver Transmitter
ULN2003A 140
Universal Asynchronous Receiver Transmitter 156
Unsigned Char 320
Updates 72
USART 156

V

Vollduplex 274

W

Wechselgröße 39
Widerstände 18
Widerstandsmessung 43

X

XOR-Verknüpfung 185

- Grundlagen verstehen, spannende Projekte umsetzen

- Schnittstellen des Pi, Schaltungsaufbau, Steuerung mit Python

- Erweiterungen für den Pi: Gertboard, PiFace, Quick2Wire

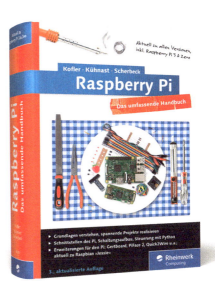

Michael Kofler, Charly Kühnast, Christoph Scherbeck

Raspberry Pi
Das umfassende Handbuch

Aktuell zum Raspberry Pi 3 und Zero sowie allen Vorgängerversionen: Hier erwartet Sie Bastelwissen in seiner umfassendsten Form. Lernen Sie Linux mit dem RasPi kennen, steigen Sie ein in die Python-Programmierung, machen Sie sich mit den Grundlagen und fortgeschrittenen Techniken der Elektronik vertraut und stellen Sie Ihr Wissen in herausfordernden Praxisprojekten unter Beweis! Das Autorenteam Michael Kofler, Charly Kühnast und Christoph Scherbeck steht Ihnen hilfreich zur Seite. Mit viel Witz, zahlreichen Praxistipps und spannenden Versuchsaufbauten verstehen es die drei Profis, das nötige Wissen leicht nachvollziehbar und unterhaltsam zu vermitteln.

1.085 Seiten, gebunden, in Farbe, mit CD, 39,90 Euro
ISBN 978-3-8362-4220-2
www.rheinwerk-verlag.de/4169

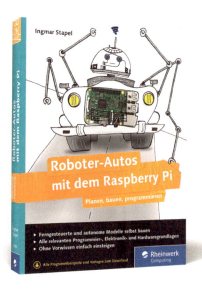

Ingmar Stapel

Roboter-Autos mit dem Raspberry Pi
Planen, bauen, programmieren

Raspberry Pi und Robotik interessieren Sie? Dann bringt Sie dieses Buch sicher richtig in Fahrt! Schritt für Schritt zeigt es Ihnen, wie Sie mithilfe des RasPi ein ferngesteuertes Roboter-Auto entwickeln und es autonom fahren lassen. Quasi im Vorbeifahren lernen Sie alle Grundlagen, die Sie für Ihr Roboter-Auto benötigen: Hardware, Elektronik, Bau Ihres ganz individuellen Auto-Chassis und natürlich die Programmierung der Roboter-Software in Scratch und Python. Ein spannendes RasPi-Projekt für Einsteiger und erfahrene Maker.

338 Seiten, broschiert, in Farbe, 29,90 Euro
ISBN 978-3-8362-4294-3
www.rheinwerk-verlag.de/4212

Das gesamte Buchprogramm: www.rheinwerk-verlag.de

- Einfach einsteigen, kein Vorwissen erforderlich; für Maker von 9 bis 99

- Alle Grundlagen: Arduino-Programmierung, Elektronik und Robotik

- Einen eigenen Roboter bauen und schrittweise um neue Fähigkeiten erweitern

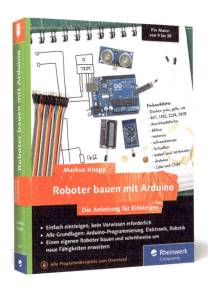

Markus Knapp

Roboter bauen mit Arduino

Die Anleitung für Einsteiger

Sie möchten Ihren eigenen Roboter bauen und nebenbei den Arduino »richtig« kennenlernen? Dann ist das Ihr Buch! Zuerst richten Sie Ihren Arduino ein und erhalten eine fundierte Einführung in die Arduino-Programmierung, Robotik und Elektronik. Dann geht es gleich ans Eingemachte: Schritt für Schritt montieren Sie Ihren eigenen Roboter und statten ihn mit Motoren, Servo, Rädern und Sensoren aus. Viele farbige Abbildungen, fertige Programme und Erweiterungstipps unterstützen Sie dabei. Für Einsteiger ohne Vorwissen geeignet!

411 Seiten, broschiert, in Farbe, 29,90 Euro
ISBN 978-3-8362-4351-3
www.rheinwerk-verlag.de/4242

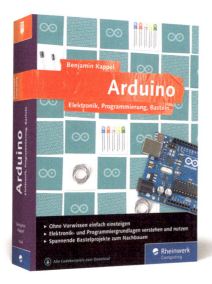

- Ohne Vorwissen loslegen, mit Freude einfach einsteigen
- Grundlagen der Ektronik und der Programmierung verstehen
- Spannende und vollständige Projekte; kompletter Beispielcode zum Download

Benjamin Kappel

Arduino

Elektronik, Programmierung, Basteln

Welches Projekt darf es sein: Der Bordcomputer K.I.T.T. aus Knight Rider? Ein Wohnungspflanzen-Pflegeautomat? Ein elektronisches Spielzeug, das Ihre Katze auf Trab hält? Mit diesem Buch gelingen Ihnen die ersten Arduino-Projekte spielend. Und obendrein lernen Sie den Arduino von Grund auf richtig kennen. Hier ist alles dabei, was Sie brauchen: Hardware- und Elektronikgrundlagen, Programmiereinstieg mit C, Netzwerk-Shields, Erweiterungstipps und natürlich jede Menge Praxisprojekte, die das Maker-Herz erfreuen.

672 Seiten, broschiert, in Farbe, 29,90 Euro
ISBN 978-3-8362-3648-5
www.rheinwerk-verlag.de/3797

Nur im Rheinwerk-Shop: Buch, E-Book und Bundle

- Grundlagen, Planung, technische Umsetzung

- Vernetzung von KNX, DALI, 1-Wire, EnOcean und Linux-Server

- Inkl. Automation mit HomeServer, Raspberry Pi, Cubietruck und vollständigem Praxisszenario

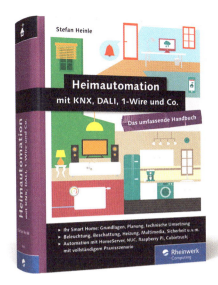

Stefan Heinle

Heimautomation mit KNX, DALI, 1-Wire und Co.

Das umfassende Handbuch

Das smarte Eigenheim: Mit diesem Buch wird es zur Realität. denn hier lernen Sie, wie Sie Ihr Zuhause teilweise oder vollständig professionell mit KNX automatisieren. Das Buch begleitet Sie bei allen Schritten von der Planung über die Auswahl der Komponenten bis hin zu Einbau, Parametrierung, Vernetzung und Absicherung – inklusive nützlicher Planungshilfen, Einkaufslisten und jeder Menge Praxistipps! Selbstverständlich mit dabei: zentrale Grundlagen der Elektrik, der intelligenten Gebäudetechnik und der Programmierung.

1.267 Seiten, gebunden, 49,90 Euro
ISBN 978-3-8362-3461-0
www.rheinwerk-verlag.de/3749

- Schritt für Schritt zum eigenen, sicheren Homeserver

- Installation, Linux- und Netzwerkgrundlagen, Sicherheit, Wartung

- Vom Samba-, FTP-, ownCloud-, OpenVPN-Server über Multimedia-Streaming, Blog- und Chatserver bis hin zur eigenen Telefonanlage

Dennis Rühmer

Heimserver mit Raspberry und Banana Pi
Das Praxisbuch

So gelingt Ihnen der Sprung in die private Cloud! Genießen Sie Ihre Musik, Videos und Fotos völlig unabhängig auf Tablet und Laptop per Multimedia-Streaming und halten Sie Ihre Adressen, Dokumente und E-Mails stets im direkten Zugriff. Dieses Buch zeigt Ihnen, wie Sie Ihren eigenen Heimserver einrichten. Sie lernen alle relevanten Grundlagen kennen und erfahren Schritt für Schritt, was der Heimserver leistet, und wie Sie alle gewünschten Dienste sicher zum Laufen bringen.

733 Seiten, gebunden, 34,90 Euro
ISBN 978-3-8362-4052-9
www.rheinwerk-verlag.de/4075

Immer gut informiert: Bestellen Sie unseren Newsletter!

Das E-Book zum Buch

Sie haben das Buch gekauft und möchten es zusätzlich auch elektronisch lesen? Dann nutzen Sie Ihren Vorteil. Zum Preis von nur 5 € bekommen Sie zum Buch zusätzlich das E-Book hinzu.

Dieses Angebot ist unverbindlich und gilt nur für Käufer der Buchausgabe.

So erhalten Sie das E-Book

1. Gehen Sie im Rheinwerk-Webshop auf die Seite: www.rheinwerk-verlag.de/E-Book-zum-Buch
2. Geben Sie dort den untenstehenden Registrierungscode ein.
3. Legen Sie dann das E-Book in den Warenkorb, und gehen Sie zur Kasse.

Ihr Registrierungscode

KS4N-VJA3-F2GB-Q8EZ-3A

Sie haben noch Fragen? Dann lesen Sie weiter unter:
www.rheinwerk-verlag.de/E-Book-zum-Buch